Heike Homrighausen

Klett

Ich kann ... Mathe

Geometrie
5./6. Klasse

ÜBEN UND VERSTEHEN IN KLEINEN SCHRITTEN

Klett Lerntraining

Heike Homrighausen ist Gymnasiallehrerin für Mathematik, in der Lehreraus- und -weiterbildung tätig und langjährige Autorin von Lernhilfen.

Bibliografische Information der Deutschen Nationalbibliothek
Die Deutsche Nationalbibliothek verzeichnet diese Publikation in der Deutschen Nationalbibliografie; detaillierte bibliografische Daten sind im Internet über http://dnb.dnb.de abrufbar.

2. Auflage 2025

www.klett-lerntraining.de

Satz: DTP-Studio Andrea Eckhardt, Göppingen
Druck: Gebr. Geiselberger GmbH, Altötting
Printed in Germany
ISBN 978-3-12-927644-0

Kompetenzübersicht

1 Geometrische Grundbegriffe

Ich kann ...

2 Kreise und Winkel

Ich kann ...

3 Figuren und Flächeninhalte

Ich kann …

4 Körper und Volumen

Ich kann …

Liebe Schülerin, lieber Schüler,

mit diesem Buch kannst du den Themenbereich „Geometrie der 5. und 6. Klasse“ wiederholen und üben – in ganz kleinen Schritten.

Der komplette Stoff ist **Kompetenzen** zugeordnet – die kennst du vielleicht aus der Schule. Kompetenzen fangen immer mit dem Satz „Ich kann …“ an und beschreiben genau, was du können musst.

kompetent sein = etwas können

Die Abbildungen in diesem Buch dienen zur Veranschaulichung. Sie sind aus Platzgründen häufig verkleinert und/oder nicht maßstäblich abgebildet, wenn man nur mit den angegebenen Maßen rechnen muss.

So arbeitest du mit dem Buch:
Suche dir im Inhaltsverzeichnis das Thema heraus, das du wiederholen möchtest. (Suchst du nach einer einzelnen Kompetenz, findest du sie in der Kompetenzübersicht.)

Schritt 1:

Kompetenzcheck

Überprüfe, wie fit du bist und löse die Aufgaben im Kompetenzcheck. Jeder Aufgabe ist einer Kompetenz (Ich kann …) zugeordnet.

Überprüfe deine Ergebnisse mit den Lösungen. Die passende Seitenzahl findest du unter den Smileys.

Hake den entsprechenden Smiley ab:
- 🙂 = richtig gelöst
- 😐 = teilweise richtig gelöst
- 🙁 = nicht richtig gelöst

Dann siehst du, welche Themen du schon gut kannst oder was du noch üben solltest.

Schritt 2:

Schritt-für-Schritt-Erklärungen

Lies die Erklärungen gründlich durch. Hier findest du alle wichtigen Fachbegriffe und Formeln. Alles ist ganz kleinschrittig und mit vielen Beispielen erklärt, damit du leicht verstehst, wie du vorgehen musst und was du beachten solltest.

Schritt 3:

Übungsaufgaben

Löse die Übungsaufgaben. An den Punkten neben der Aufgabennummer siehst du, wie schwierig die Aufgabe ist. (●○○ = leicht, ●●○ = mittel, ●●● = schwierig)

Die Lösungen zu den Aufgaben findest du hinten im Buch. Sei ehrlich zu dir selbst und sieh erst nach, wenn du Aufgaben fertig bearbeitet hast.

Schritt 4:

Abschlusskompetenzcheck

Wenn du ein ganzes Kapitel abgeschlossen hast, teste dich mit dem Abschlusskompetenzcheck. Er enthält Aufgaben zu allen Kompetenzen des Kapitels.

Überprüfe deine Ergebnisse mit den Lösungen hinten im Buch und hake richtig gelöste Aufgaben ab.

Wir wünschen dir viel Erfolg!

1 Geometrische Grundbegriffe

Punkt, Strecke, Strahl/Halbgerade, Gerade

Kompetenzcheck

Ich kann …	Aufgabe	Ergebnis
… die geometrischen Grundobjekte Punkt, Strecke, Halbgerade und Gerade benennen.	**Aufgabe 1** Gib in der Abbildung eine Strecke, eine Halbgerade und eine Gerade an. 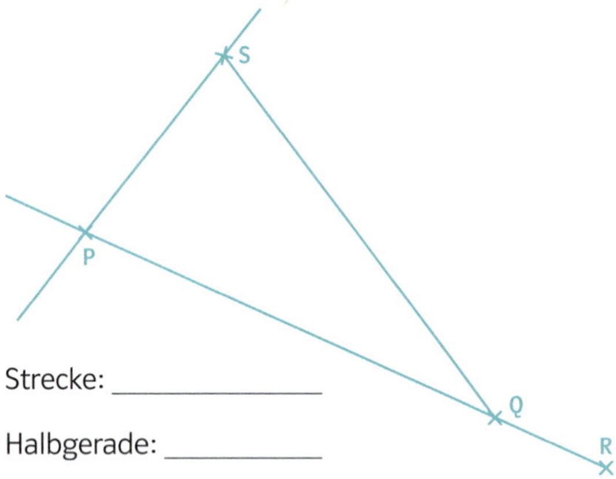 Strecke: __________ Halbgerade: __________ Gerade: __________	→ S. 164
… die geometrischen Grundobjekte Punkt, Strecke, Halbgerade und Gerade fachgerecht anwenden.	**Aufgabe 2** a) Zeichne die Strecke $\overline{AB}$ und miss ihre Länge. b) Zeichne die Halbgerade CD. c) Zeichne die Gerade AC. 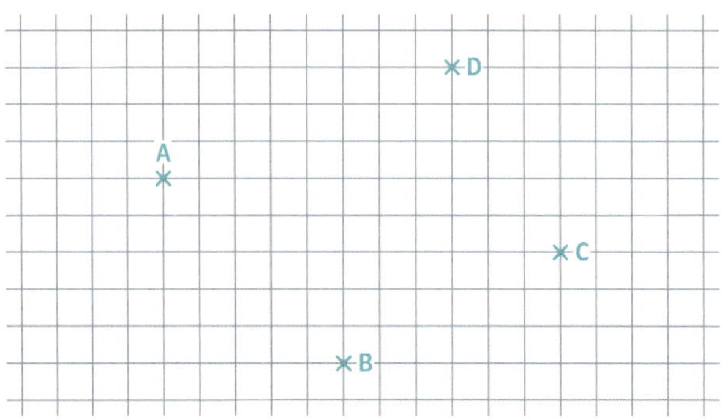	→ S. 164

Schritt-für-Schritt-Erklärung

Beim Rechnen hast du Zahlen oder Platzhalter, mit denen du viele Berechnungen oder Modellierungen aufstellen und damit fast alle Aufgaben bewältigen kannst. In der Geometrie braucht man die vier Grundobjekte **Punkt**, **Strecke**, **Strahl / Halbgerade** und **Gerade**, auf die man aufbauen kann.

Aus Punkten und Strecken kannst du z. B. Figuren wie Dreiecke oder Vierecke und Körper wie Würfel oder Quader „bauen".

Fachbegriffe

Was ist ein Punkt?

Da der Punkt ein Grundbegriff der Geometrie ist, kann man ihn eigentlich gar nicht genau definieren, aber man kann versuchen zu beschreiben, was ein Punkt wirklich ist. Der Punkt ist sozusagen **das kleinste geometrische Element**, hat eigentlich keine Größe (ist also ganz klein) und wäre somit unsichtbar. Damit man ihn aber trotzdem sehen kann, kennzeichnen ihn Mathematiker mit einem **kleinen Kreuz x** und genau in der Mitte des Kreuzchens befindet sich der Punkt.

In der Geometrie werden Punkte mit einem **Großbuchstaben** gekennzeichnet.

Fachbegriffe

Was ist eine Strecke?

In der Geometrie ist eine Strecke die **geradlinige Verbindung von zwei Punkten**. Damit ist eine Strecke die **kürzeste Verbindung** zwischen zwei Punkten.
Für die Strecke mit dem Anfangspunkt A und dem Endpunkt B schreibt man kurz $\overline{\mathbf{AB}}$. Oft sind der Anfang und das Ende einer Strecke auch mit kleinen Strichen gekennzeichnet. Mit einem Lineal oder Geodreieck kannst du die **Länge einer Strecke messen**. Für die Länge der Strecke $\overline{AB}$ schreibt man entweder $|\overline{AB}|$ oder einfach auch nur $\overline{AB}$ oder $|AB|$.
Die **Länge der Strecke** $\overline{AB}$ entspricht dem **Abstand** der beiden Punkte.

Strecke $\overline{PQ}$

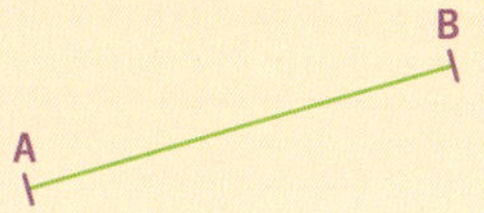

Strecke $\overline{AB}$
Länge der Strecke $\overline{AB}$:
$|\overline{AB}| = 3\,\text{cm}$

Wenn man sagt, die Strecke zwischen Stuttgart und Berlin beträgt 512 km, dann meint man damit die direkte Entfernung der beiden Städte, also die Luftlinie. Wenn man umgangssprachlich von der Bahnstrecke redet, ist dies mathematisch keine Strecke, da diese Verbindung nicht die kürzeste ist.

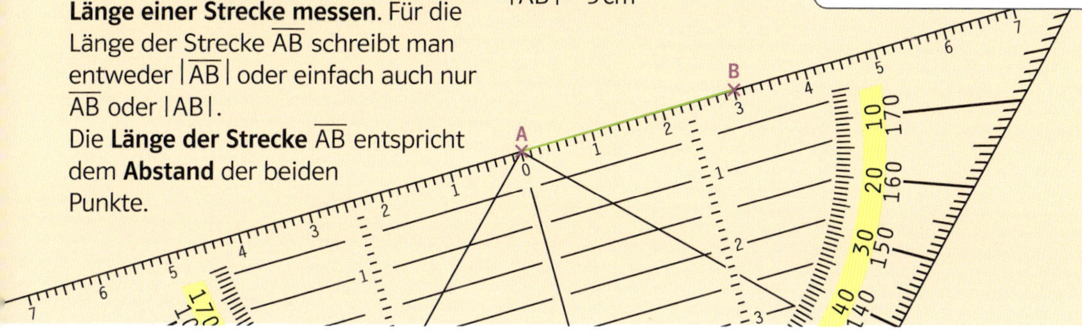

Schritt-für-Schritt-Erklärung

Was ist eine Gerade?

Fachbegriffe

Eine Gerade ist eine gerade Linie, das heißt, sie hat keine „Kurven“. Im Gegensatz zu einer Strecke hat eine Gerade **keinen Anfang und kein Ende**, das heißt, sie ist unbegrenzt und unendlich lang; man kann also keine Länge messen oder angeben.
Geraden werden mit einem **Kleinbuchstaben** gekennzeichnet.

Eine Gerade kann man auch durch zwei Punkte, die auf der Geraden liegen, darstellen und zeichnen. Man sagt dann: „Die Gerade g geht durch die Punkte AB.“

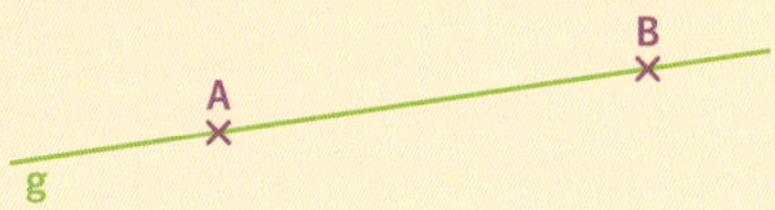

Gerade AB oder Gerade g

Beachte, dass du auf einem Blatt Papier immer einen Ausschnitt einer Geraden zeichnen kannst. Eigentlich würde die Gerade immer über das Blatt Papier hinausgehen.

Was ist eine Halbgerade?

Fachbegriffe

Eine Halbgerade ist eine Gerade, **die einen Anfangspunkt, aber keinen Endpunkt** hat. Eine Halbgerade wird deshalb auch **Strahl** genannt. Das bedeutet, dass auch eine Halbgerade unbegrenzt ist und (auf einer Seite) unendlich weiter geht.

Auch eine Halbgerade kann durch zwei Punkte gekennzeichnet werden. Hier ist es wichtig, dass du bei der Bezeichnung den Anfangspunkt zuerst nennst.

Halbgerade AB

Halbgerade BA

Aus dem Alltag kennst du z. B. den Begriff Sonnenstrahl, aus der Mathematik kennst du den Zahlenstrahl, der bei 0 beginnt und dann eigentlich unendlich weiter geht, was die Pfeilspitze rechts darstellen soll.

Übungsaufgaben

Aufgabe 1 ●●○

Entscheide, ob eine Strecke, Halbgerade oder Gerade dargestellt ist und begründe deine Entscheidung.

a)

b)

c)

d)
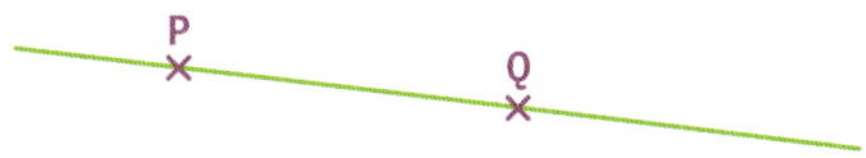

e)

f)
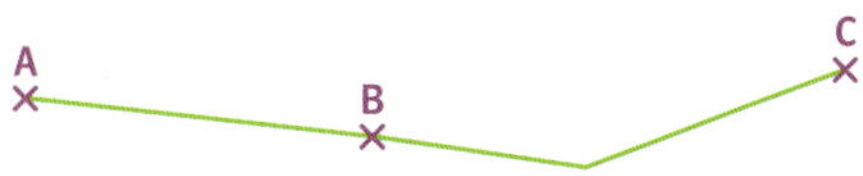

Aufgabe 2 ●○○

Gib in der Abbildung eine Strecke, eine Halbgerade und eine Gerade an.

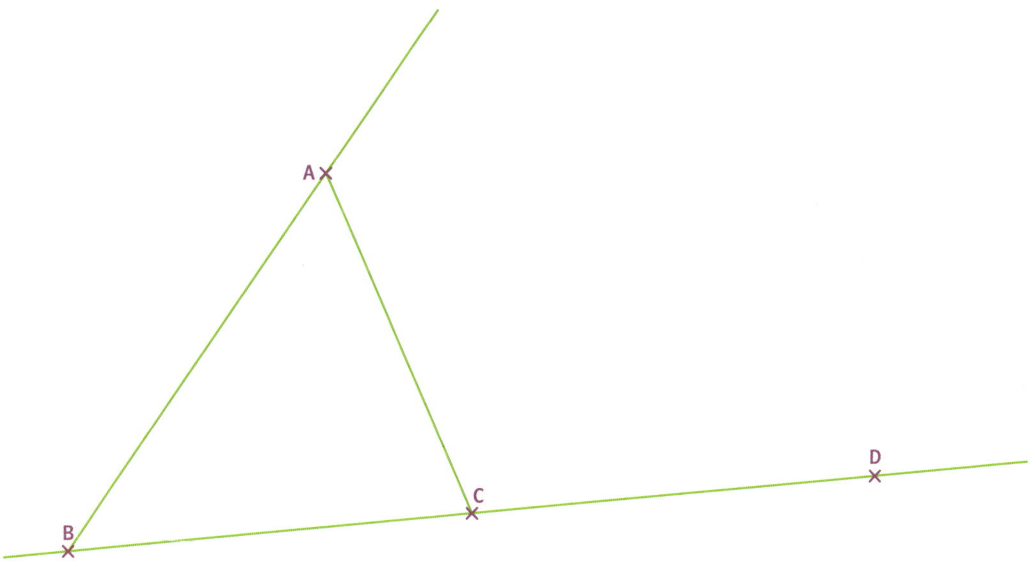

Übungsaufgaben

Aufgabe 3 ●○○

a) Zeichne die Strecken $\overline{AE}$ und $\overline{BD}$ und miss ihre Längen.
b) Zeichne die Halbgerade CD.
c) Zeichne die Geraden CE und DE.

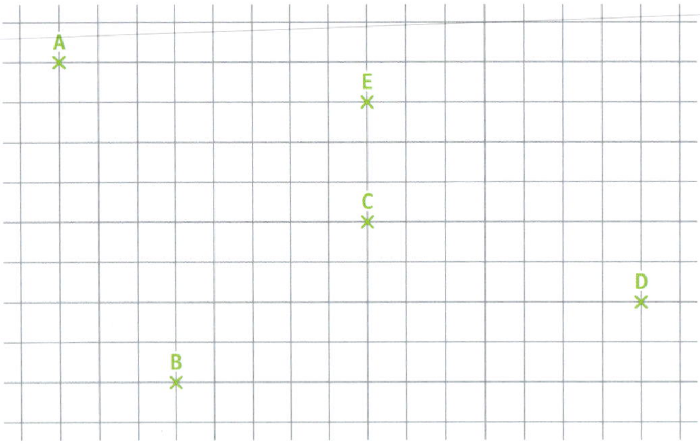

Aufgabe 4 ●○○

Gib in der Abbildung alle Strecken und Geraden an und benenne sie korrekt.

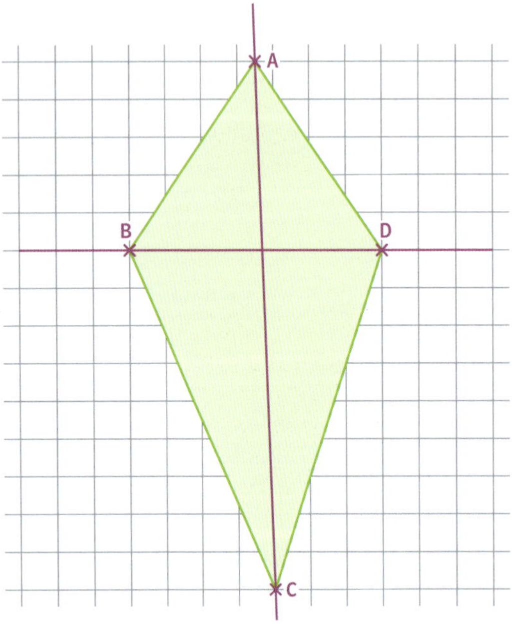

Das Koordinatensystem

Kompetenzcheck

Ich kann …	Aufgabe	Ergebnis
… die Lage von Punkten im Koordinatensystem angeben.	**Aufgabe 1** Gib für jeden Punkt seine Koordinaten an. 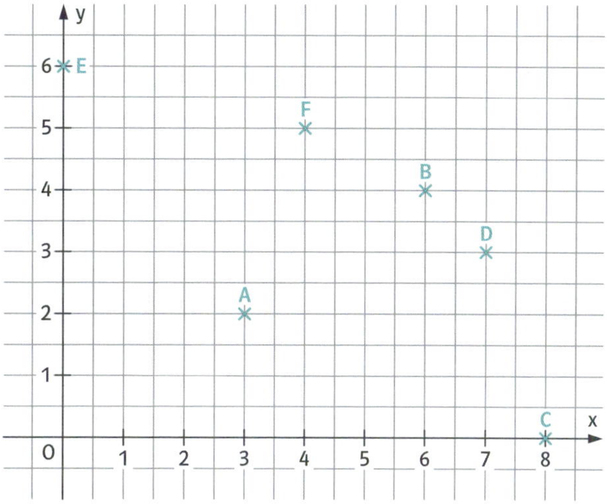	→ S. 164
… Punkte im Koordinatensystem zeichnen.	**Aufgabe 2** Zeichne ein Koordinatensystem mit der Längeneinheit 1 cm (LE 1 cm) und trage die angegebenen Punkte ein. A (2 | 4), B (0 | 5), C (3 | 3), D (1 | 7), E (5 | 2), F (2 | 0)	→ S. 164
… geometrische Objekte in einem Koordinatensystem darstellen.	**Aufgabe 3** Zeichne ein Koordinatensystem mit der Längeneinheit 1 cm und trage die Punkte A (0 | 3), B (4 | 1), C (3 | 3) und D (6 | 1) ein. a) Zeichne die Gerade AB. Gib an, in welchem Punkt E die Gerade die x-Achse schneidet. b) Zeichne die Gerade CD. Gib an, in welchem Punkt F die Gerade die y-Achse schneidet. c) Gib einen Punkt an, der auf der Geraden BC liegt.	→ S. 164

Schritt-für-Schritt-Erklärung

Fachbegriffe

In der Mathematik werden Koordinatensysteme dafür verwendet, die genaue Lage von Punkten durch zwei Zahlen, die Koordinaten, anzugeben.

Was ist ein Koordinatensystem?

Ein (mathematisches) Koordinatensystem (manchmal auch Quadratgitter genannt) besteht aus einem festgelegten Bezugspunkt, dem **Ursprung O**, und **zwei sich darin schneidenden Zahlenstrahlen**, die zueinander senkrecht sind. Der Zahlenstrahl nach rechts wird auch **Rechtsachse** oder **x-Achse** genannt, der Zahlenstrahl nach oben heißt **Hochachse** oder **y-Achse**. Mithilfe dieser beiden Achsen kann man die Lage eines Punktes P eindeutig angeben.

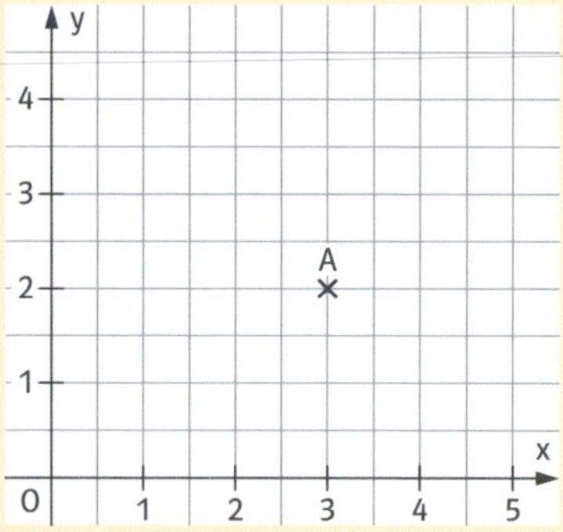

Koordinatensysteme können auch andere Längeneinheiten haben. Achte darauf, wie die Achsen beschriftet sind.

Beachte: Den Namen der Achsen schreibt man immer an die Pfeile. Meist ist die **Längeneinheit** (LE) 1 cm, kurz 1 LE = 1 cm oder LE 1 cm.

So gehst du vor

Wie kann man Punkte im Koordinatensystem darstellen?

Im Koordinatensystem rechts ist der Punkt P(3 | 1) eingezeichnet. Man sagt dazu: „Der Punkt P hat die Koordinaten 3 und 1" oder kurz „P drei eins". Das bedeutet: Gehe vom Ursprung O aus 3 Einheiten nach rechts und 1 Einheit nach oben. Die erste Zahl gibt an, wie weit man in x-Richtung laufen muss; sie heißt deshalb auch x-Koordinate. Die zweite Zahl gibt an, wie weit man in y-Richtung laufen muss; sie heißt deshalb auch y-Koordinate. Allgemein gilt für jeden Punkt im Koordinatensystem

P(x | y)

x-Koordinate ↗ ↖ y-Koordinate

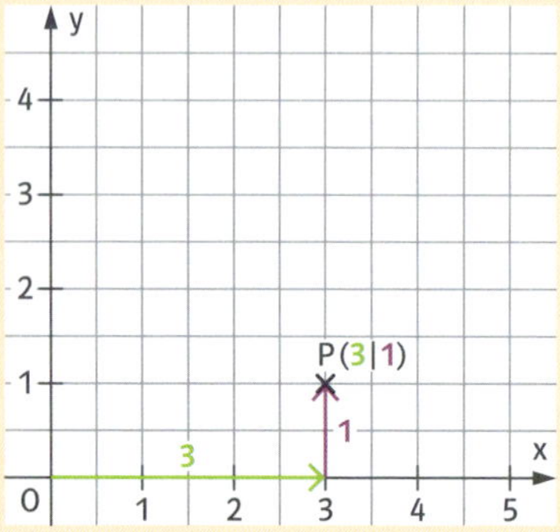

Die Reihenfolge entspricht der Reihenfolge der Namen der Koordinaten im Alphabet: x kommt vor y.

So zeichnest du den Punkt P(3 | 1) ein:

1. Gehe 3 Längeneinheiten in x-Richtung.
2. Gehe 1 Schritt in y-Richtung.
3. Markiere den Punkt mit einem Kreuz und schreibe den Namen und die Koordinaten daneben.

Übungsaufgaben

Aufgabe 5 ●○○
Zeichne die Punkte A(4|6), B(1|5), C(8|8), D(3|7), E(6|1), F(0|2), G(4|0) in ein Koordinatensystem mit LE 1 cm.

Aufgabe 6 ●●○
Zeichne die Punkte A(15|10), B(10|5), C(8|12), D(20|0), E(0|13), F(12|6), G(16|11) in ein Koordinatensystem mit LE 0,5 cm.

Aufgabe 7 ●●○
Zeichne ein Koordinatensystem mit LE 1 cm, das etwa 12 cm breit und hoch ist.
Trage die Punkte A(6|1), B(10|5), C(8|12) und D(4|8) in das Koordinatensystem ein.

a) Zeichne die Gerade AB. Gib an, in welchem Punkt S die Gerade AB die x-Achse schneidet.
b) Zeichne die Gerade CD. Gib an, in welchem Punkt T die Gerade CD die y-Achse schneidet.
c) Gib mindestens einen weiteren Punkt an, der auf der Geraden AB liegt.

Aufgabe 8 ●●○
Ein Hydrant ist eine Einrichtung zur Entnahme von Wasser aus einem Wasserverteilungssystem, z. B. für die Feuerwehr, wenn es brennt und sie Löschwasser braucht. Die Lage von Hydranten ist durch ein Schild gekennzeichnet, das die Lage ausgehend vom Schild angibt.
Das Schild bedeutet, dass sich der Hydrant 2 m rechts und 3 m vor dem Schild befindet.

a) Trage die Lage des Hydranten in ein Koordinatensystem ein, wenn sich das Schild im Punkt P(0|4) befindet und markiere den Punkt mit H_1 und den zugehörigen Koordinaten.
b) Trage die Lage des Hydranten in das Koordinatensystem ein, wenn sich das Schild im Punkt Q(4|7) befindet und markiere den Punkt mit H_2 und den zugehörigen Koordinaten.

Schritt-für-Schritt-Erklärung

So gehst du vor

So kannst du die Lage von Punkten im Koordinatensystem ablesen:

Möglichkeit 1:

1. Zeichne vom gegebenen Punkt aus Parallelen zur x-Achse und y-Achse so, dass diese die Achsen schneiden. Dann kannst du die Koordinaten direkt ablesen.
2. Schreibe die Koordinaten in der richtigen Reihenfolge P(x | y) auf.

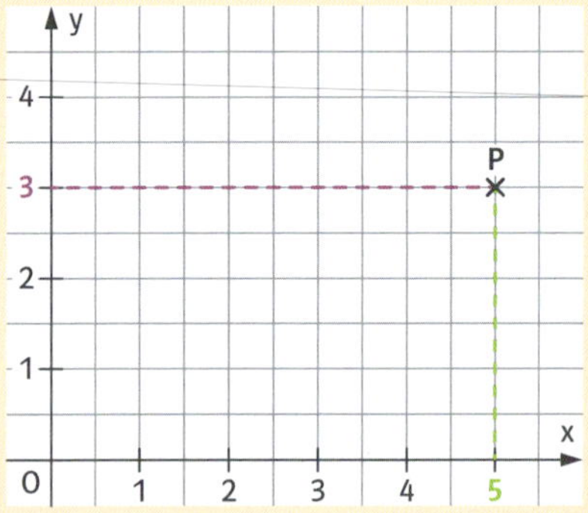

P(5 | 3)

So gehst du vor

Möglichkeit 2:

1. Gehe vom Punkt aus so viele Schritte, bis du an der x-Achse bist; das ist die x-Koordinate.
2. Lies die x-Koordinate ab.
3. Gehe vom Punkt aus so viele Schritte, bis du an der y-Achse bist; das ist die y-Koordinate.
4. Lies die y-Koordinate ab.
5. Schreibe die Koordinaten in der richtigen Reihenfolge P(x | y) auf.

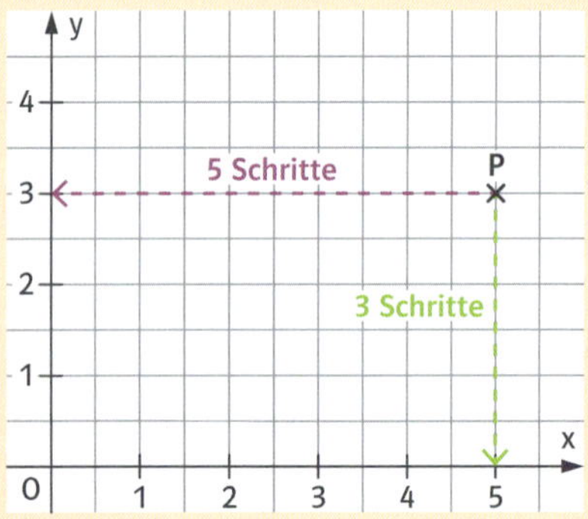

P(5 | 3)

Das Ablesen der Koordinaten von Punkten im Koordinatensystem ist die Umkehraufgabe zum Einzeichnen von Punkten. Deshalb geht man die Schritte vom Einzeichnen rückwärts.

Übungsaufgaben

Aufgabe 9 ●○○
Gib für jeden Punkt die zugehörigen Koordinaten an.

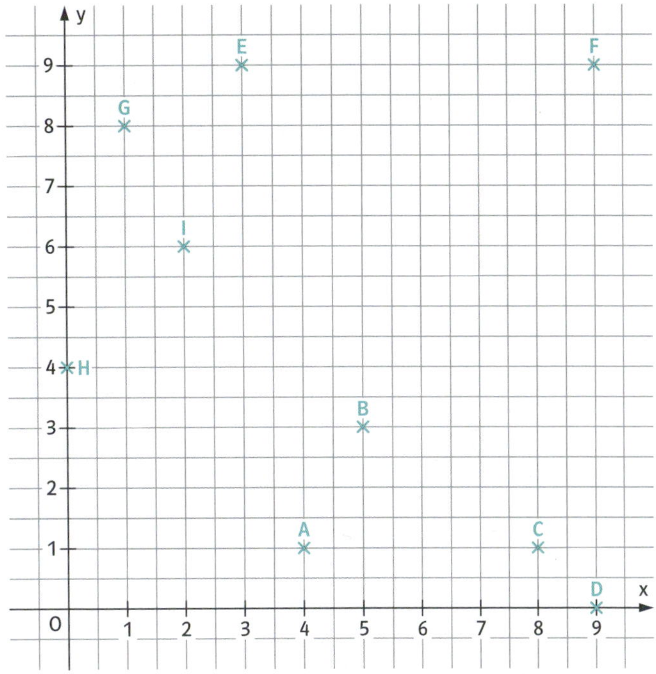

Aufgabe 10 ●○○
Gib für jeden Punkt die zugehörigen Koordinaten an.

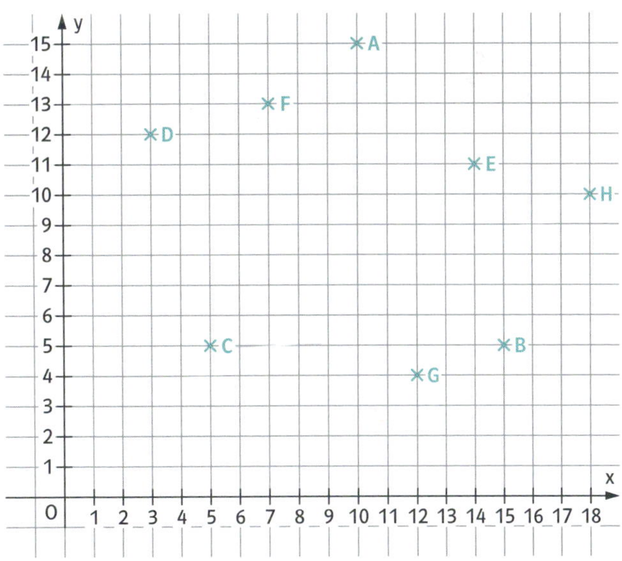

Parallele und zueinander senkrechte Geraden

Kompetenzcheck

Ich kann …	Aufgabe	Ergebnis
… die Lagebeziehung von Geraden mit dem Geodreieck untersuchen.	**Aufgabe 1** Untersuche mit dem Geodreieck, welche Geraden parallel und welche senkrecht zueinander sind. 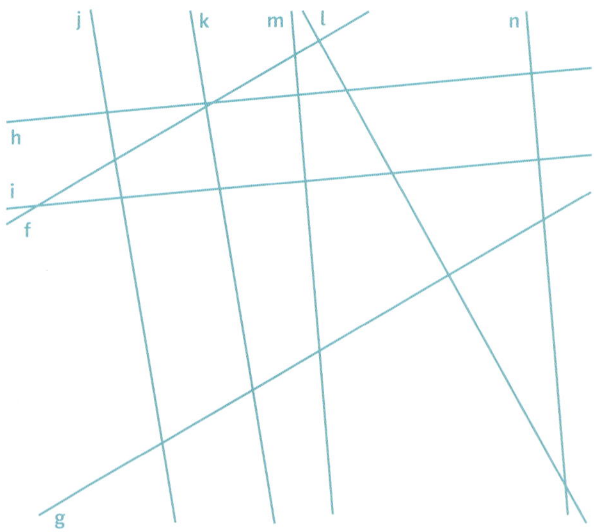	→ S. 165
… parallele und senkrechte Geraden mit dem Geodreieck zeichnen.	**Aufgabe 2** a) Zeichne mit dem Geodreieck eine Parallele zu g durch die Punkte A und B. b) Zeichne mit dem Geodreieck eine Senkrechte zu g durch die Punkte B und C. 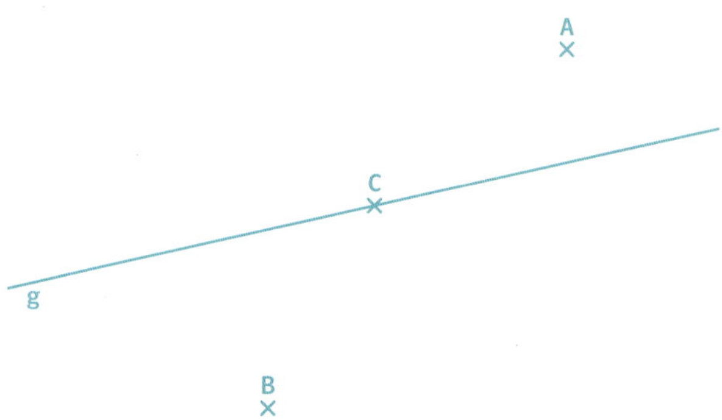	→ S. 165

Schritt-für-Schritt-Erklärung

Zwei Geraden oder Strecken können **besondere Lagen** zueinander haben.
Zwei Geraden können sich in einem Punkt **senkrecht schneiden** oder aber keinen Schnittpunkt haben.
Beachte, dass das umgangssprachliche „senkrecht" eine andere Bedeutung hat als das mathematische „senkrecht zu".

Fachbegriffe

Wann sind zwei Geraden senkrecht zueinander?

Zwei sich schneidende Geraden g und h sind **senkrecht (orthogonal) zueinander**, wenn
- sie sich in einem rechten Winkel schneiden

oder
- beim Falten an einer Geraden die anderen Teile der Geraden aufeinander liegen.

Dazu sagt man auch, die Geraden g und h liegen senkrecht oder orthogonal zueinander oder kurz **g ist senkrecht (orthogonal) zu h**. Dafür schreibt man **g ⊥ h**. In einer Zeichnung verwendet man für zwei Geraden, die sich senkrecht schneiden, das Zeichen ⊾.

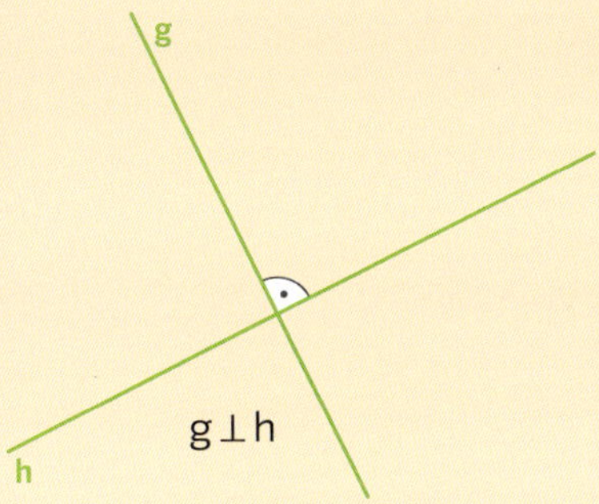

Umgangssprachlich nennt man Geraden, die senkrecht zur Erdoberfläche sind, lotrecht, vertikal oder einfach nur senkrecht wie z. B. bei einer Ampel am Hang.

In der Mathematik wird immer die Lage von zwei Objekten zueinander beschrieben, deshalb spricht man dort immer von „senkrecht zu" oder auch „orthogonal zu".

So gehst du vor

Ob sich zwei Geraden senkrecht schneiden bzw. ob sie senkrecht zueinander sind, kannst du leicht mit dem Geodreieck überprüfen.

Möglichkeit 1:
Lege das Geodreieck mit der breiten Spitze genau auf den Schnittpunkt. Wenn die beiden Geraden genau auf den beiden Kanten liegen, sind die beiden Geraden senkrecht zueinander.

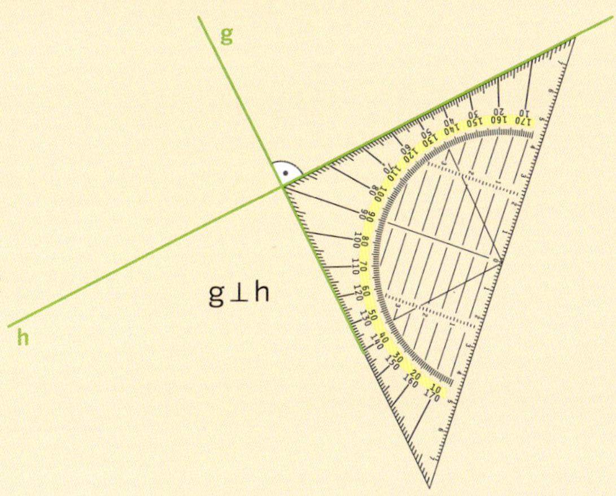

Schritt-für-Schritt-Erklärung

So gehst du vor

Möglichkeit 2:
Lege das Geodreieck mit der **0 auf den Schnittpunkt** und mit der **Mittellinie auf eine Gerade**. Wenn die andere Gerade genau an der großen Kante liegt, dann sind die beiden Geraden senkrecht zueinander.

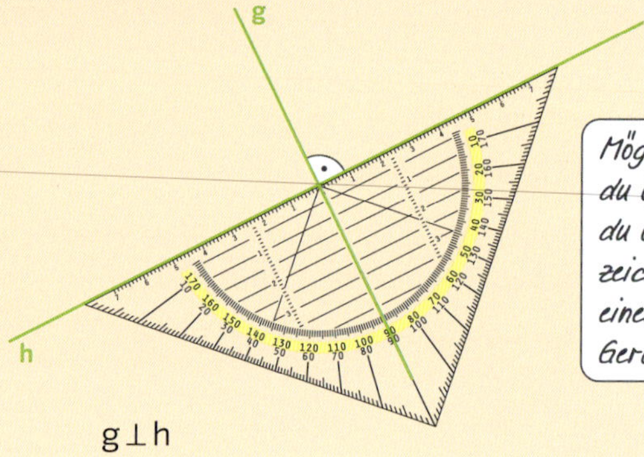

g ⊥ h

Möglichkeit 2 brauchst du öfter, z. B., wenn du orthogonale Geraden zeichnen oder den Abstand eines Punktes zu einer Geraden bestimmen musst.

Übungsaufgaben

Aufgabe 11 ●○○
Überprüfe mit dem Geodreieck, welche Geraden senkrecht zueinander sind.

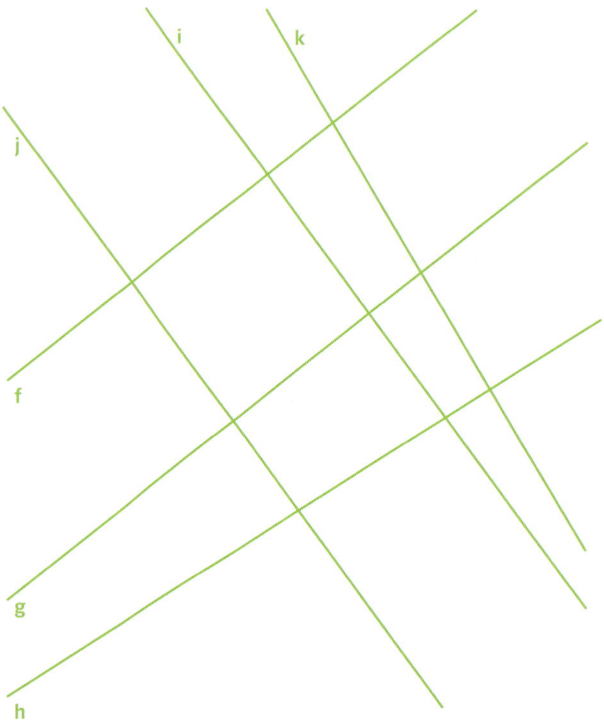

Schritt-für-Schritt-Erklärung

So gehst du vor

So kannst du zwei zueinander senkrechte Geraden zeichnen:

Lege das Geodreieck mit der **Mittellinie auf die gegebene Gerade**. Ist ein Punkt gegeben, durch den die senkrechte Gerade gehen soll, dann muss der **Punkt an der Kante des Geodreiecks** liegen.
Halte das Geodreieck gut fest und zeichne mit einem dünnen Stift eine Gerade entlang der Kante des Geodreiecks.

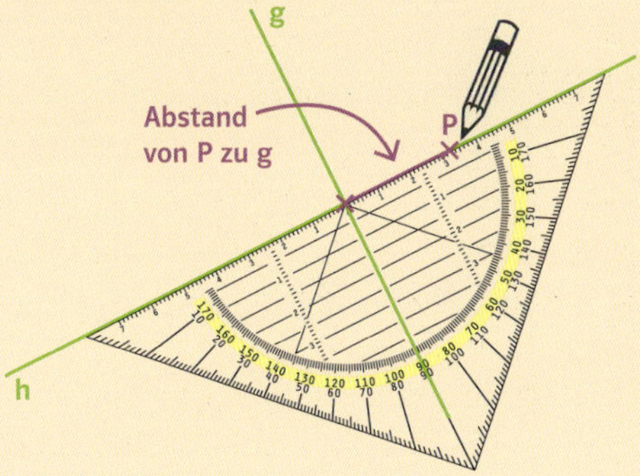

Die Strecke von dem Punkt zum Nullpunkt des Geodreiecks nennt man **Abstand vom Punkt zur Geraden**.

Tipp:
Drehe dein Blatt so, dass die gegebene Gerade senkrecht zur Tischkante ist. Dann liegt das Geodreieck „waagrecht" und du kannst es gut festhalten und eine saubere Gerade zeichnen.

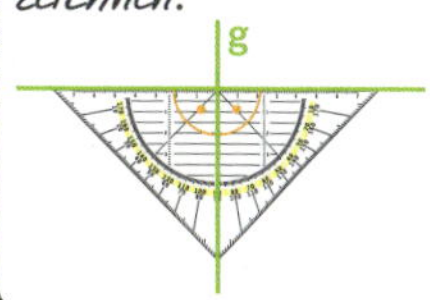

Übungsaufgaben

Aufgabe 12 ●○○

Zeichne mit dem Geodreieck senkrechte Geraden zu g durch die gegebenen Punkte.

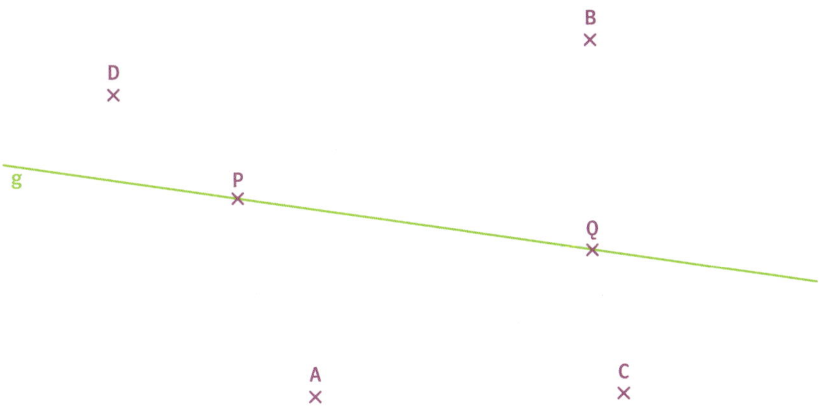

Übungsaufgaben

Aufgabe 13 ●○○

Zeichne mit dem Geodreieck jeweils senkrechte Geraden zu g und h durch die gegebenen Punkte.

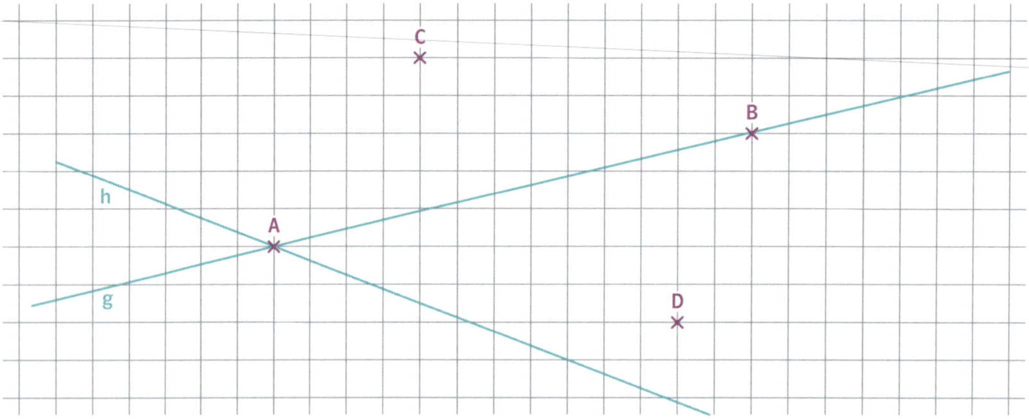

Aufgabe 14 ●○○

Zeichne die Punkte A(4 | 6), B(6 | 2), C(0 | 7), D(5 | 9), E(1 | 9) und F(8 | 6) in das Koordinatensystem.

a) Zeichne die Gerade g durch AB und die Gerade h durch CD.

b) Zeichne mit dem Geodreieck jeweils senkrechte Geraden zu g und h durch die Punkte E und F.

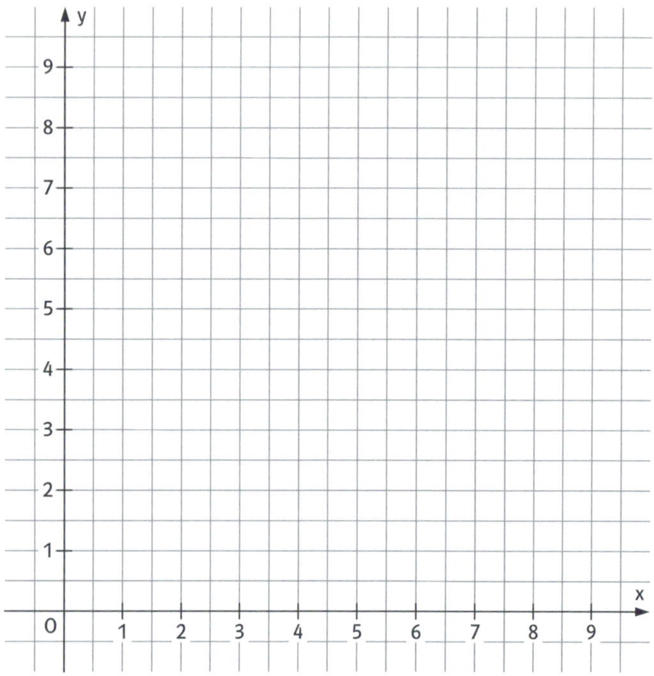

Schritt-für-Schritt-Erklärung

Fachbegriffe

Wann sind zwei Geraden parallel?

Zwei Geraden g und h sind **parallel** zueinander, wenn sie (überall) den gleichen Abstand haben. Dafür schreibt man kurz **g ∥ h**.
Zwei parallele Geraden haben **keinen Schnittpunkt**.
Es gilt auch umgekehrt:
Haben zwei Geraden keinen Schnittpunkt, dann sind sie parallel.

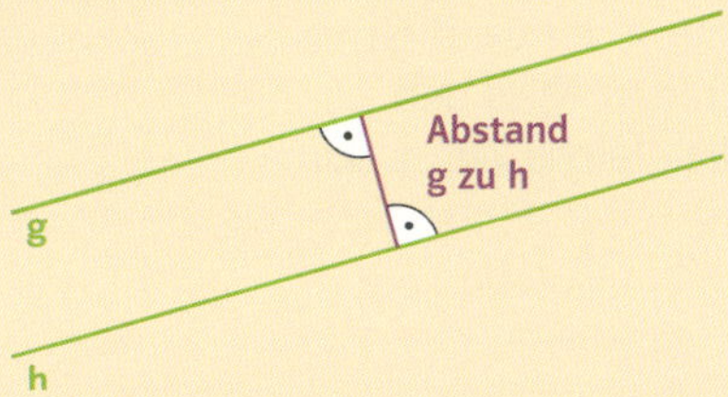

g ∥ h

Das kannst du dir so merken:
In dem Wort parallel kommt auch das Symbol // vor.

Haben zwei Geraden **einen Schnittpunkt**, dann sind sie **nicht parallel**, kurz **g ∦ h**.
Beachte: Es kann sein, dass du den Schnittpunkt nicht auf dem Papier siehst.

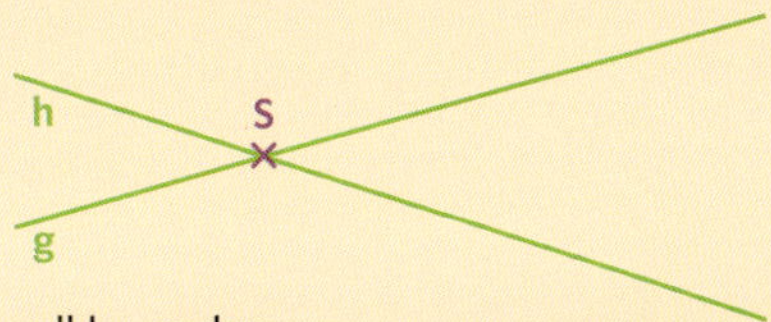

g ∦ h oder

g ∦ h

Auch zwei **Strecken** können **parallel** zueinander sein.
Hier ist $\overline{AB} \parallel \overline{CD}$.

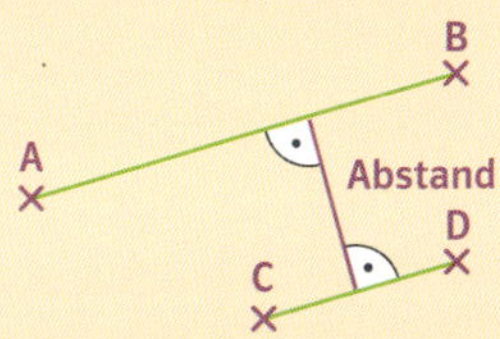

Beachte:
Die Strecken müssen nicht gleich lang sein; wichtig ist, dass sie den gleichen Abstand haben.

So gehst du vor

Ob zwei Geraden parallel zueinander sind, kannst du leicht mit dem Geodreieck überprüfen.

Möglichkeit 1:
Lege das Geodreieck mit der **Kante genau auf eine Gerade**. Wenn die zweite Geraden genau auf den **parallelen Hilfslinien** oder genau den gleichen Strichen liegen, sind die beiden Geraden parallel zueinander.

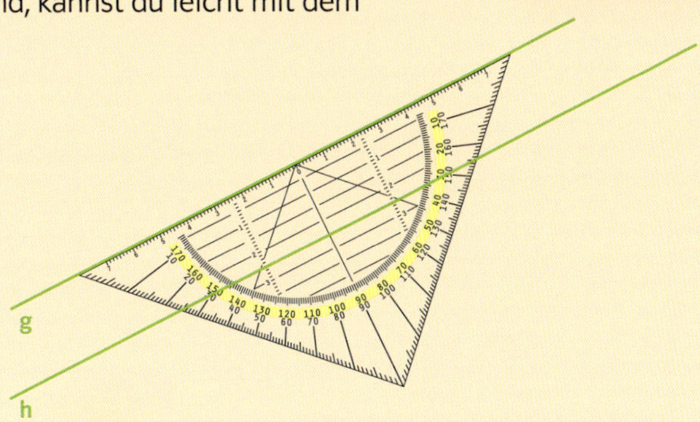

g ∥ h

Schritt-für-Schritt-Erklärung

So gehst du vor

Möglichkeit 2:
Lege das Geodreieck mit der **Mittellinie auf eine Gerade** und mit der **0 auf einen Punkt** auf dieser Geraden. Miss den **Abstand**. Miss auf die gleiche Weise den Abstand von einem zweiten Punkt auf der Geraden zur zweiten Geraden. Wenn die Abstände gleich sind, dann sind die beiden Geraden parallel zueinander.

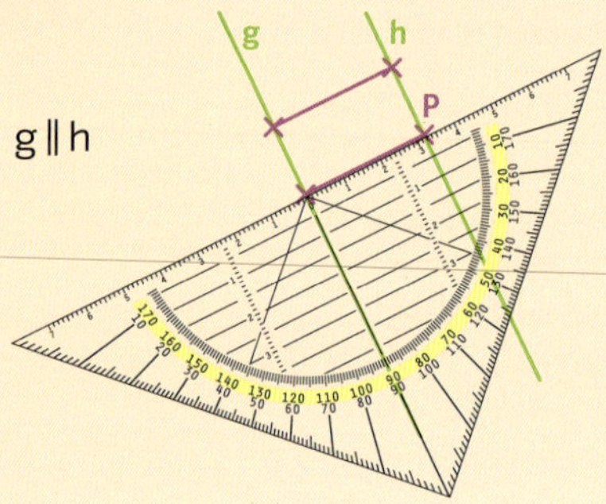

Übungsaufgaben

Aufgabe 15 ●○○
Überprüfe mit dem Geodreieck, welche Geraden parallel zueinander sind.

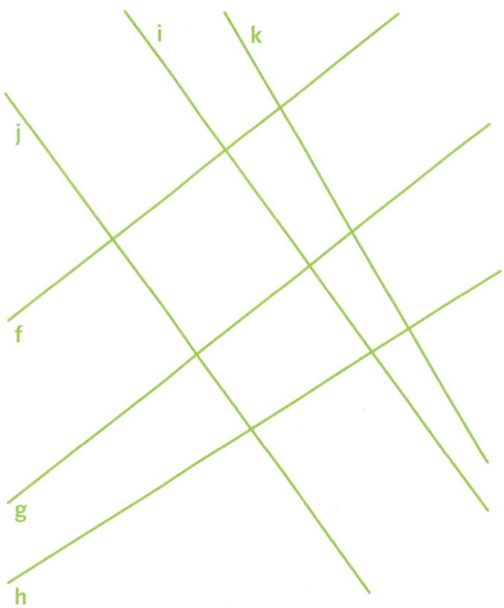

Aufgabe 16 ●●○
Stimmt das? Überlege dir mithilfe einer Skizze.

a) Zwei Geraden haben entweder keinen oder genau einen Schnittpunkt.
b) Drei Geraden haben mindestens einen Schnittpunkt.
c) Zu einer Geraden g gibt es genau eine senkrechte Gerade h, die durch einen Punkt geht, der nicht auf der Geraden g liegt.

Schritt-für-Schritt-Erklärung

So gehst du vor

So kannst du zwei zueinander parallele Geraden zeichnen:

Möglichkeit 1:
Lege das Geodreieck mit den **Hilfsparallelen auf die gegebene Gerade**. Ist ein Punkt gegeben, durch den die parallele Gerade gehen soll, dann muss der **Punkt an der Kante des Geodreiecks** liegen.
Halte das Geodreieck gut fest und zeichne mit einem dünnen Stift eine Gerade entlang der Kante des Geodreiecks.

Möglichkeit 2:
Zeichne eine Gerade, die zu der gegebenen Gerade **senkrecht** ist. Lege das Geodreieck mit der **Mittellinie auf die „senkrechte" Gerade** und mit der **0 auf einen Punkt** auf dieser Geraden.

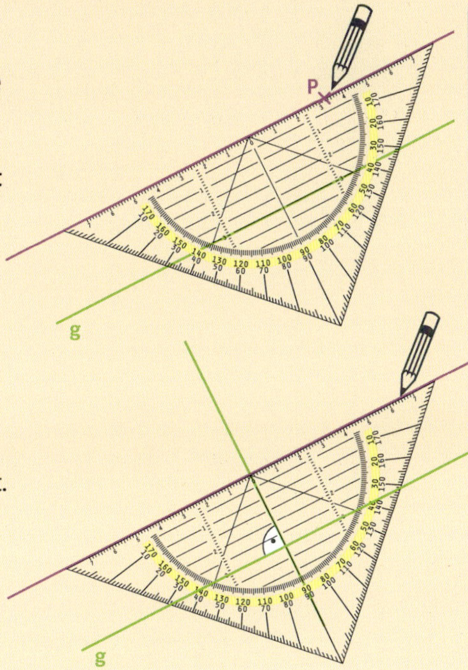

Tipp:
Drehe dein Blatt so, dass die gegebene Gerade waagrecht zur Tischkante ist. Dann liegt das Geodreieck auch „waagrecht", und du kannst es gut festhalten und eine saubere Gerade zeichnen.

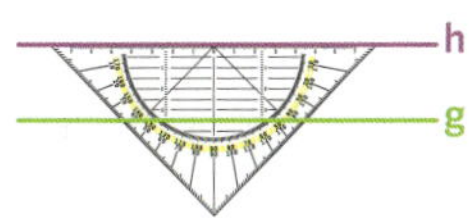

Übungsaufgaben

Aufgabe 17 ●○○
Zeichne mit dem Geodreieck parallele Geraden zu g durch die gegebenen Punkte.

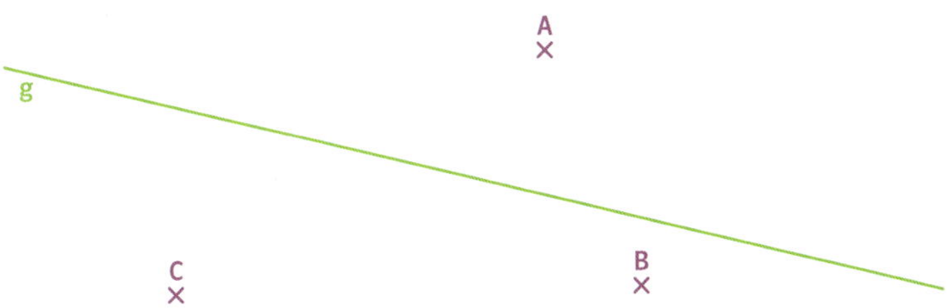

Übungsaufgaben

Aufgabe 18 ●○○

Zeichne mit dem Geodreieck jeweils parallele Geraden zu g und h durch die gegebenen Punkte.

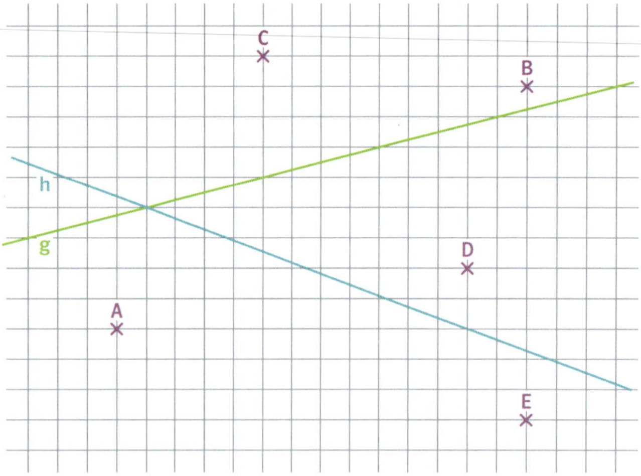

Aufgabe 19 ●○○

Untersuche mit dem Geodreieck, welche Geraden parallel und senkrecht zueinander sind.

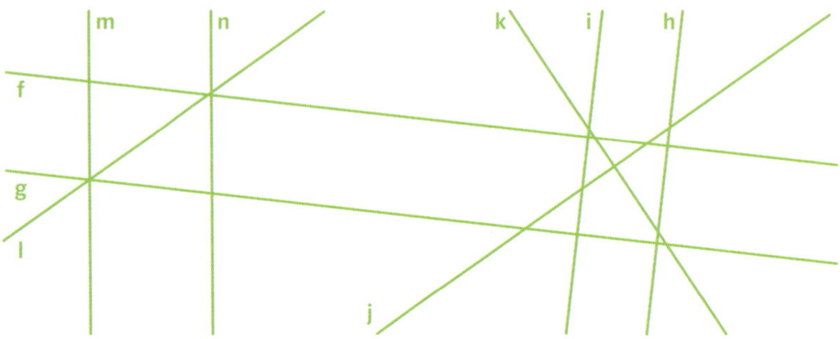

Aufgabe 20 ●●○

Zeichne die Gerade g durch die Punkte A (2 | 3) und B (6 | 5) in ein Koordinatensystem mit LE 1 cm.

a) Zeichne die Senkrechte zu g durch den Punkt C (8 | 8). Gib zwei weitere Punkte an, die auf dieser Geraden liegen. Gib an, in welchem Punkt die Gerade die x-Achse schneidet.
b) Zeichne die Parallele zu g durch den Punkt D (4 | 7). Gib zwei weitere Punkte an, die auf dieser Geraden liegen. Gib an, in welchem Punkt die Gerade die y-Achse schneidet.

Abstände

Kompetenzcheck

Ich kann …	Aufgabe	Ergebnis
… den Abstand eines Punktes von einer Geraden bestimmen.	**Aufgabe 1** Bestimme den Abstand des Punktes P von der Geraden g. 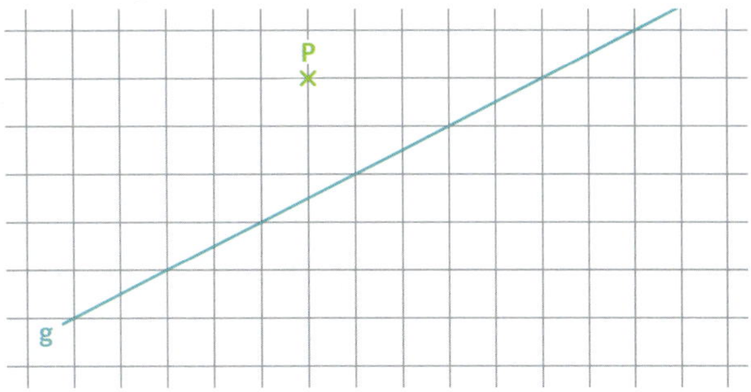	☺ 😐 ☹ → S. 165
… den Abstand von zwei parallelen Geraden bestimmen.	**Aufgabe 2** Bestimme den Abstand der Geraden g und h. 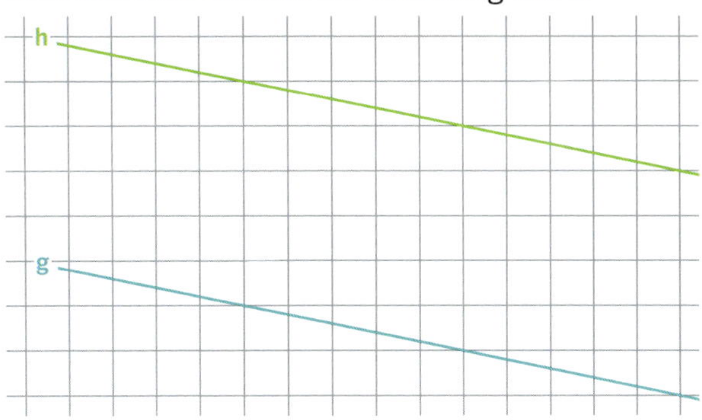	☺ 😐 ☹ → S. 165
… zwei parallele Geraden mit einem vorgegebenen Abstand zeichnen.	**Aufgabe 3** Zeichne zu der Geraden g eine parallele Gerade im Abstand von 2 cm. 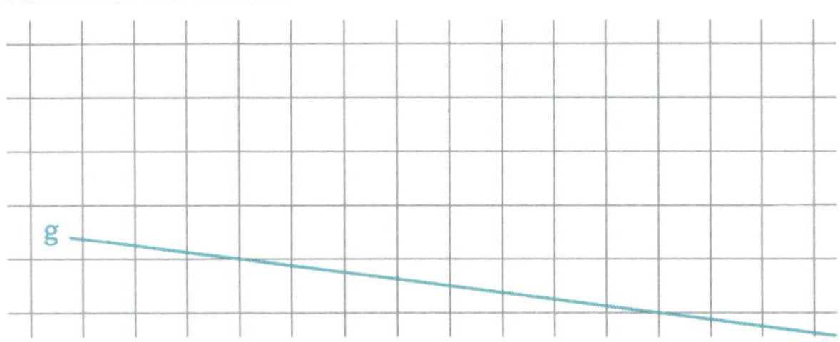	☺ 😐 ☹ → S. 165

Schritt-für-Schritt-Erklärung

Was ist der Abstand?

In der Mathematik ist der **Abstand** immer die **kürzeste Verbindung** zwischen zwei geometrischen Objekten. Musst du mathematisch den Abstand bestimmen, musst du also immer die kürzeste Verbindung suchen bzw. messen.
Der **Abstand zwischen zwei Punkten** A und B ist deshalb die Länge der Strecke $\overline{AB}$, kurz $|\overline{AB}|$.

Fachbegriffe

In der Mathematik wird der Abstand häufig mit d (engl. distance = Abstand, Distanz) bezeichnet und abgekürzt.

Von einem Punkt P aus gibt es viele Verbindungsstrecken zu einer Geraden g. Wenn du beachtest, dass der Abstand die kürzeste Verbindungsstrecke ist, dann ist klar, dass **der Abstand zwischen einem Punkt und einer Geraden** die Verbindungsstrecke ist, die **senkrecht** auf der Geraden steht.

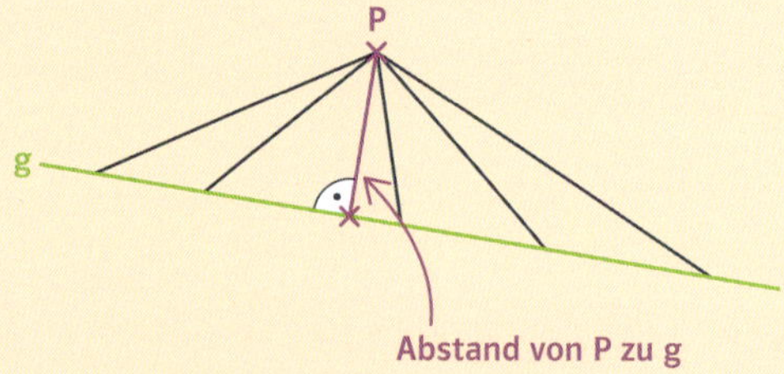

So kannst du den Abstand von einem Punkt zu einer Geraden bestimmen:

1. Zeichne durch P eine Gerade, die senkrecht zur gegebenen Gerade ist.
2. Markiere den Schnittpunkt.
3. Miss die Länge der Strecke von P und dem Schnittpunkt.

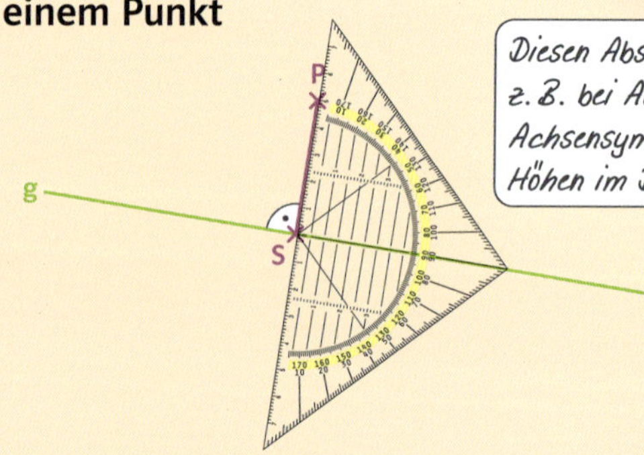

So gehst du vor

Diesen Abstand brauchst du z. B. bei Achsenspiegelungen/Achsensymmetrie oder bei Höhen im Dreieck.

So kannst du den Abstand von zwei parallelen Geraden bestimmen:

Lege das Geodreieck mit der Mittellinie auf eine Gerade. Miss den Abstand zur parallelen Geraden.
Tipp: Musst du den Abstand darstellen, zeichne die zu den Geraden **senkrechte Strecke** ein.

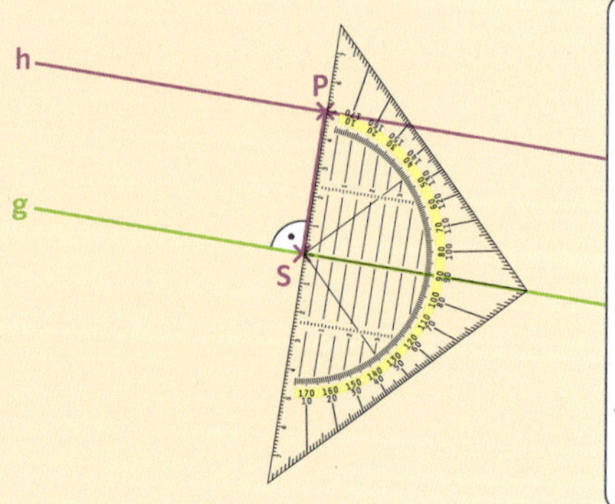

So gehst du vor

Tipp: Drehe dein Blatt so, dass die gegebene Gerade senkrecht zur Tischkante ist. Dann liegt das Geodreieck „waagrecht" und du kannst es gut festhalten und den Abstand leichter messen.

Übungsaufgaben

Aufgabe 21 ●○○

Bestimme den Abstand der beiden Punkte voneinander.

a) 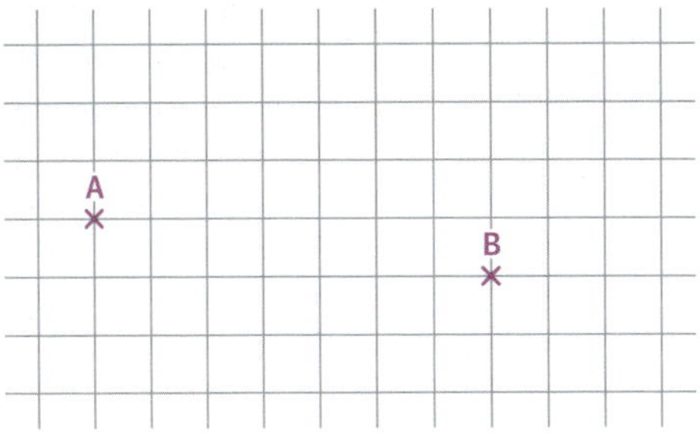

b) 

Aufgabe 22 ●○○

Bestimme den Abstand des Punktes von der Geraden.

a) 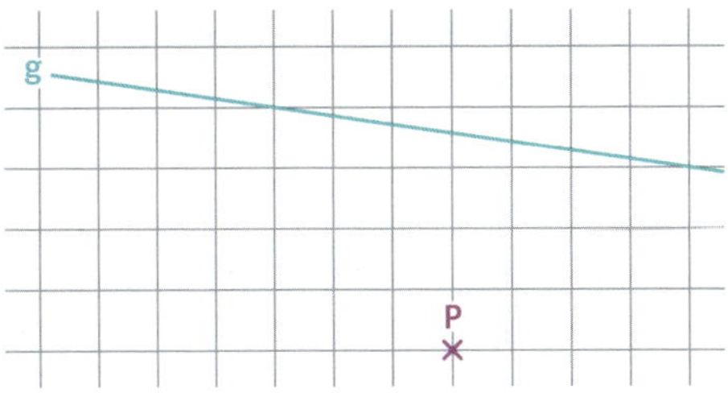

b) 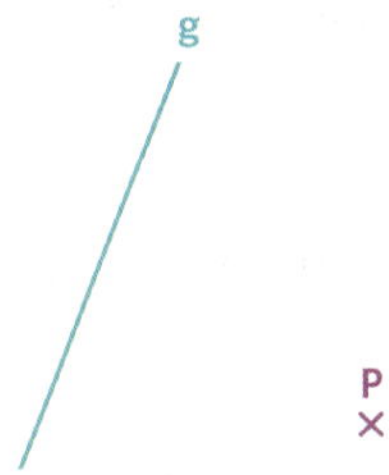

c) 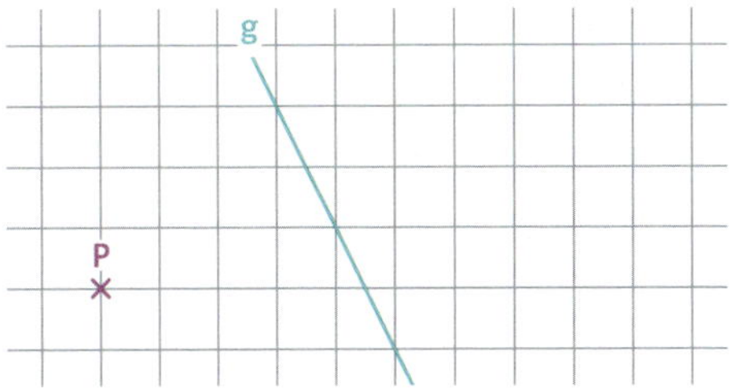

d) 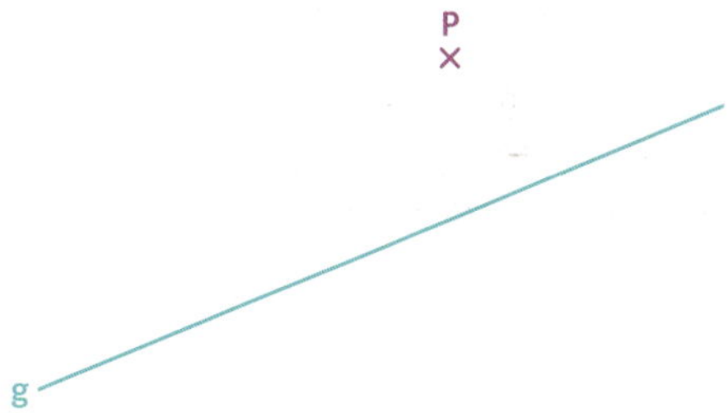

Aufgabe 23 ●○○

Bestimme den Abstand des Punktes von der Geraden.

a) 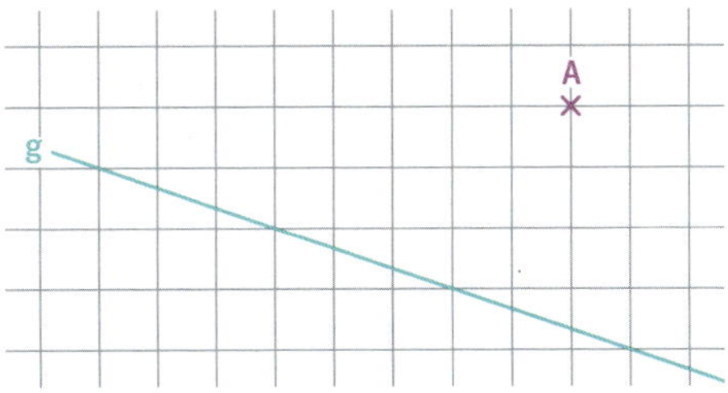

b) 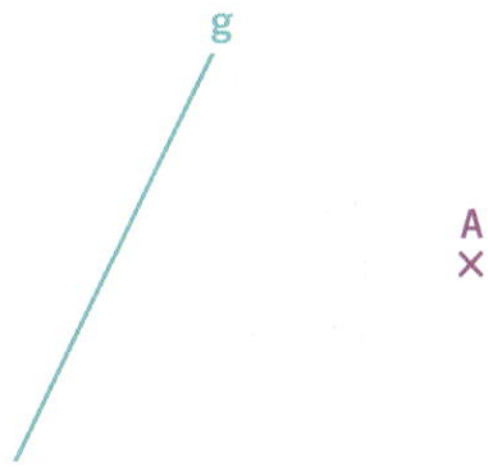

Übungsaufgaben

Aufgabe 24 ●○○

Zeichne jeweils eine zur Geraden g parallele Gerade mit dem Abstand

a) 2 cm. b) 3,5 cm. c) 2,3 cm.

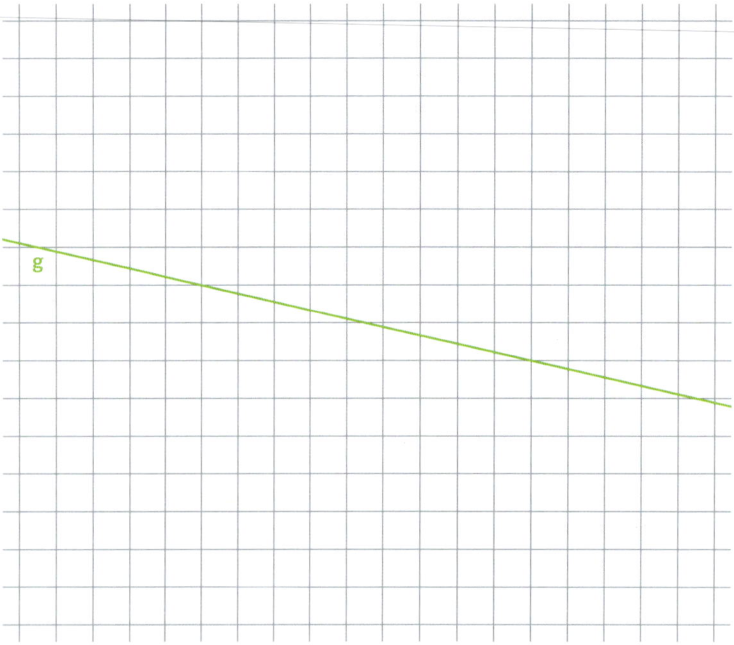

Aufgabe 25 ●○○

Bestimme den Abstand der Geraden.

a)

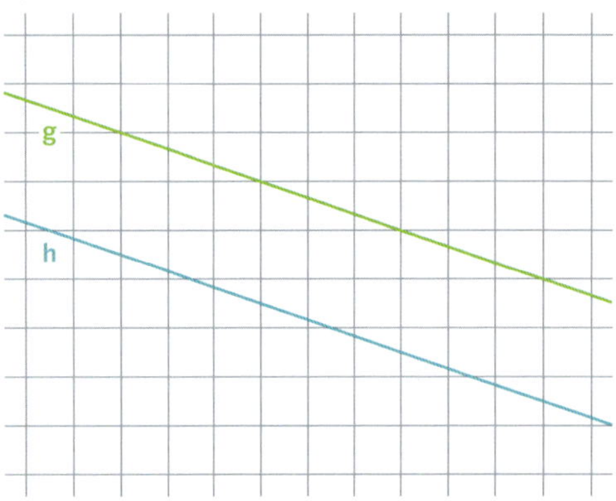

b)

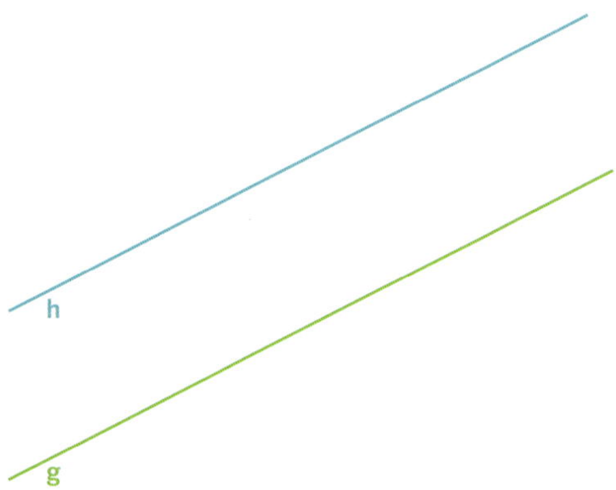

Aufgabe 26 ●●○

Zeichne eine Gerade, die genau in der Mitte der beiden Geraden liegt.

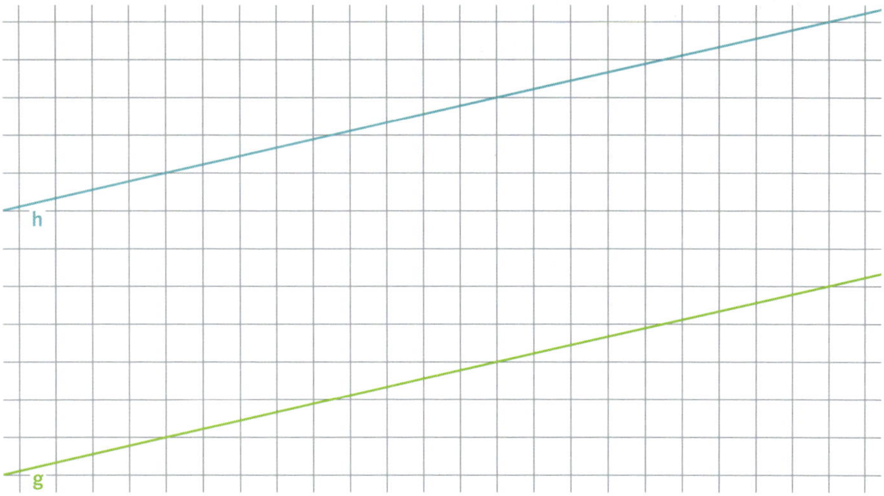

Aufgabe 27 ●●○

a) Markiere alle Punkte violett, die von g und h den Abstand 2 cm haben.
b) Markiere alle Punkte gelb, die von g und h einen Abstand von höchstens 2 cm haben.
c) Markiere alle Punkte rot, die von g und h einen Abstand von mindestens 2 cm haben.

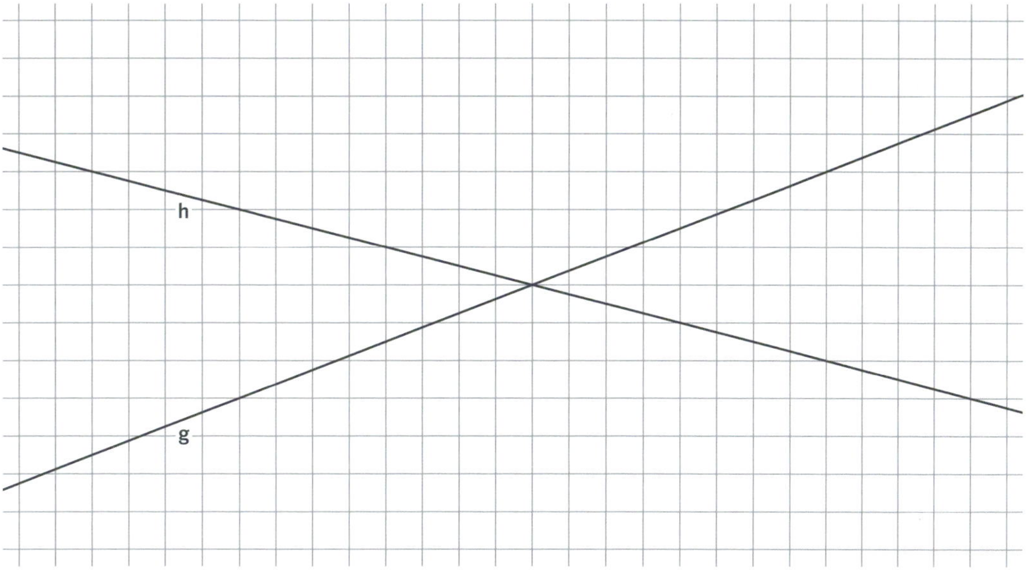

Achsensymmetrie und Achsenspiegelung

Kompetenzcheck

Ich kann ...	Aufgabe	Ergebnis
... überprüfen, ob ein Bild/eine Figur achsensymmetrisch ist und bei achsensymmetrischen Figuren die Symmetrieachse zeichnerisch ermitteln.	**Aufgabe 1** Untersuche, ob die Figur achsensymmetrisch ist. Wenn ja, zeichne die Symmetrieachse ein. a) 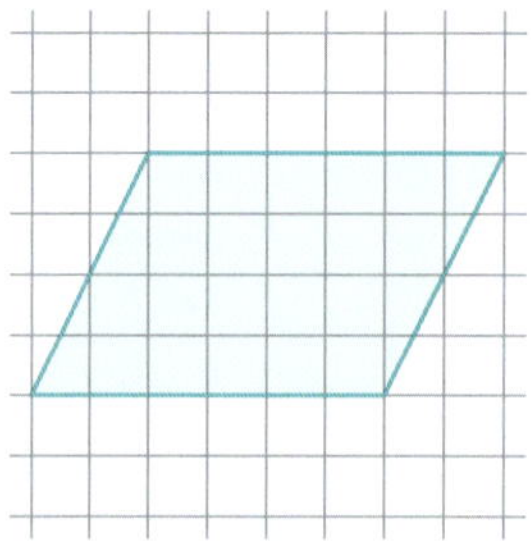 b) 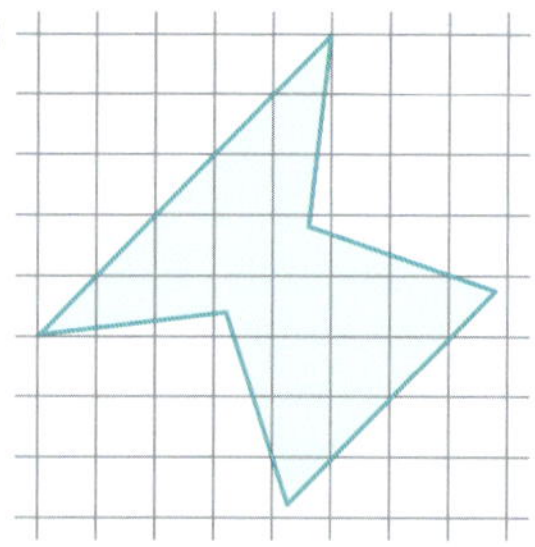	→ S. 165
... eine Figur an einer Geraden spiegeln.	**Aufgabe 2** Spiegle die Figur an der Geraden. 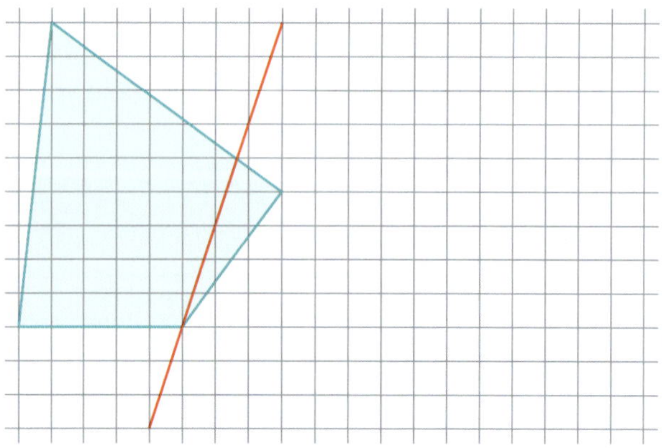	→ S. 166
... Figuren zu achsensymmetrischen Figuren ergänzen.	**Aufgabe 3** Spiegle die Figur an der Geraden. 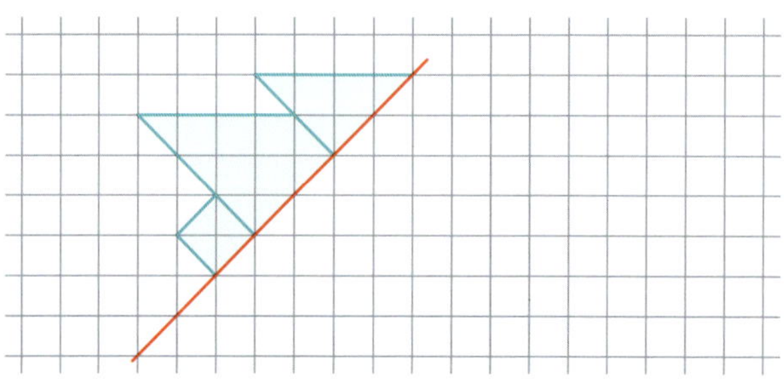	→ S. 166

Schritt-für-Schritt-Erklärung

Oft benutzt du **Eigenschaften**, um Dinge oder Personen zu beschreiben, z. B. das Auto ist grau oder der Lehrer ist nett. Häufig wird das Aussehen beschrieben, damit man Dinge oder Personen leichter erkennen kann.
In der Mathematik ist eine besondere Eigenschaft, die Figuren beschreibt, die **Symmetrie**.

Fachbegriffe

Wann ist eine Figur achsensymmetrisch?

Man nennt eine Figur **achsensymmetrisch**, wenn es eine Gerade (die **Spiegelachse** oder **Symmetrieachse**) gibt, mit deren Hilfe man die Figur in zwei spiegelbildliche Teile zerlegen kann. Diese beiden Teile müssen **deckungsgleich** sein. Wenn man deckungsgleiche Figuren ausschneidet und übereinanderlegt, passen sie genau aufeinander.

Spiegelpunkte werden in der Regel mit dem gleichen Buchstaben und einem kleinen Strich gekennzeichnet, z. B. ist A' der Spiegelpunkt von A.

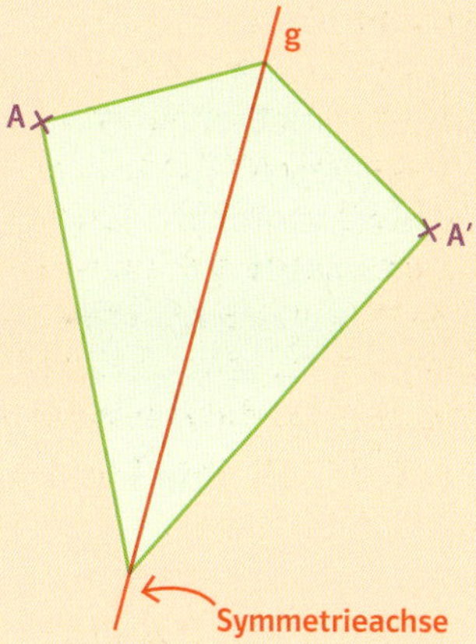

Tipp: Eine Figur kannst du besser auf Achsensymmetrie überprüfen, wenn die Figur so liegt, dass die Spiegelachse senkrecht zur unteren Tischkante liegt.

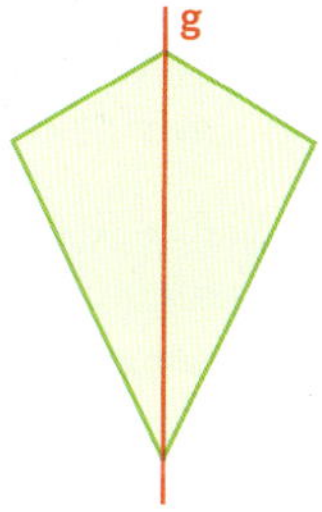

Eine Figur kann auch mehrere Symmetrieachsen haben.

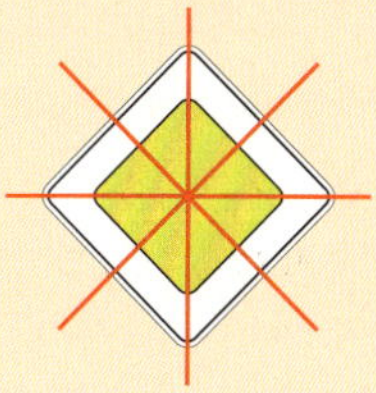

Das Vorfahrtsschild hat 4 Symmetrieachsen.

Schritt-für-Schritt-Erklärung

Fachbegriffe

Welche Eigenschaften hat eine achsensymmetrische Figur?

- Verbindet man einen Punkt und seinen Spiegelpunkt, dann liegt diese Verbindungsstrecke **senkrecht zu der Symmetrieachse**.
- Punkt und Spiegelpunkt sind gleich weit von der Symmetrieachse entfernt, d.h. der **Abstand von Punkt und Spiegelpunkt zur Symmetrieachse ist gleich**.
- Liegt ein Punkt auf der Symmetrieachse, dann liegt sein Spiegelpunkt genau auf dem Punkt, d.h. der Punkt ist gleichzeitig auch der Spiegelpunkt.

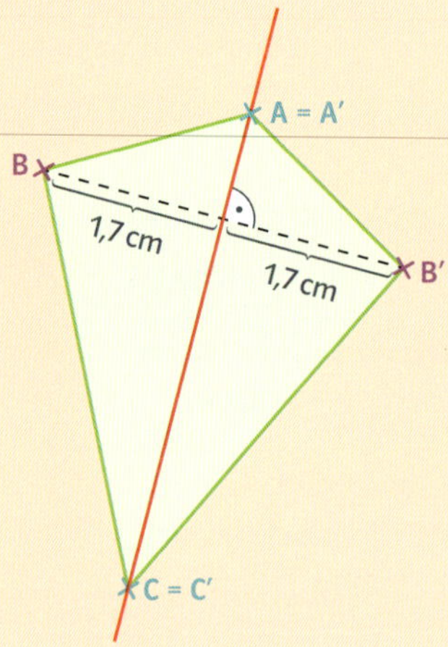

Ist ein Punkt gleich seinem Spiegelpunkt, dann nennt man diesen Punkt auch Fixpunkt, d.h. er ist fest (fix) und ändert seine Lage bei einer Spiegelung nicht.

So gehst du vor

So kannst du überprüfen, ob eine Figur achsensymmetrisch ist:

1. Markiere einen Punkt und seinen Spiegelpunkt.
2. Zeichne die Verbindungsstrecke.
3. Halbiere die Verbindungsstrecke und zeichne die orthogonale Gerade durch den Mittelpunkt.
4. Verbinde weitere Punkte und ihre Spiegelpunkte und überprüfe, ob die mögliche Symmetrieachse senkrecht durch die Mitte der Verbindungsstrecke geht.

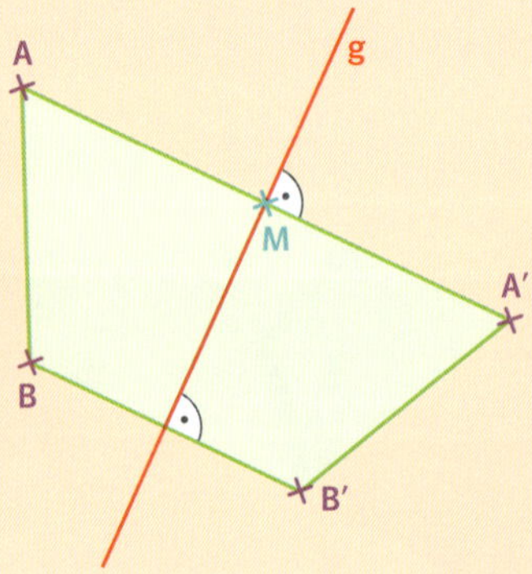

Beachte:
Du musst bei einer Figur immer alle Teile beachten. Das Stoppschild hat z.B. eine symmetrische Figur, die Schrift ist aber nicht symmetrisch, also ist das Stopp-Schild nicht achsensymmetrisch.

So gehst du vor

So kannst du in eine achsensymmetrische Figur die Symmetrieachse einzeichnen:

1. Markiere einen Punkt und seinen Spiegelpunkt.
2. Zeichne die Verbindungsstrecke.
3. Halbiere die Verbindungsstrecke und zeichne die orthogonale Gerade durch den Mittelpunkt.

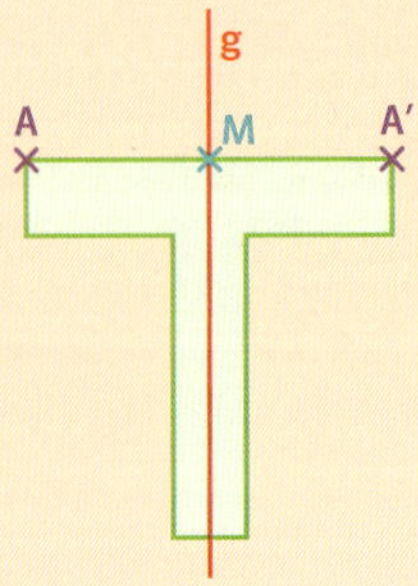

Tipp:
Besonders einfach kannst du die Symmetrieachse einzeichnen, wenn sie auf den Karos deines Blattes liegt.

Übungsaufgaben

Aufgabe 28 ●○○

Überprüfe, ob die Figuren achsensymmetrisch sind. Wenn ja, zeichne die Symmetrieachsen ein.

a) 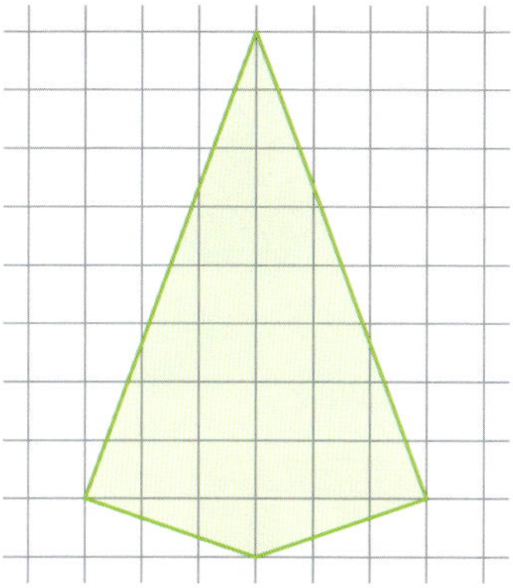

b) 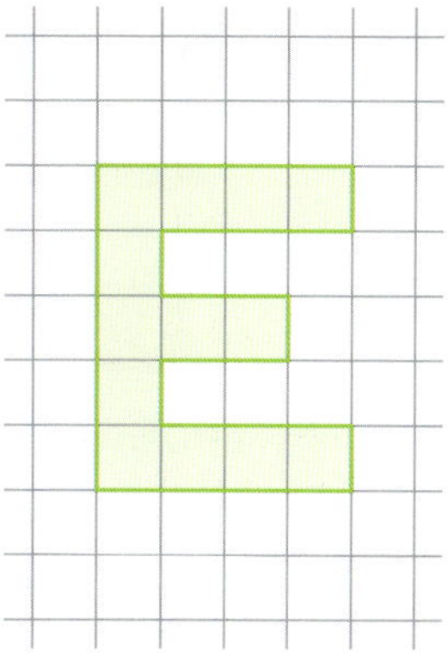

c) 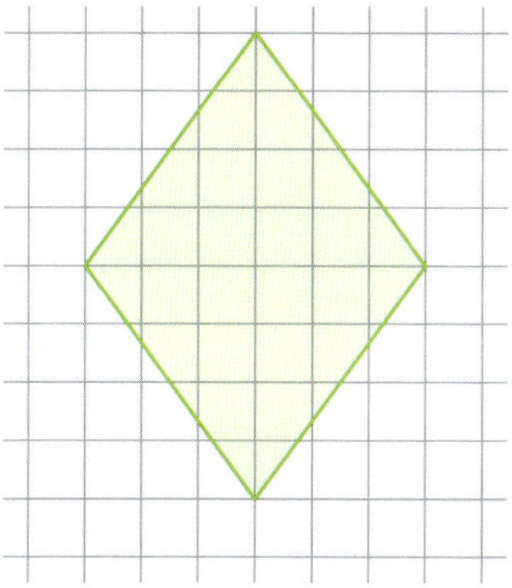

d) 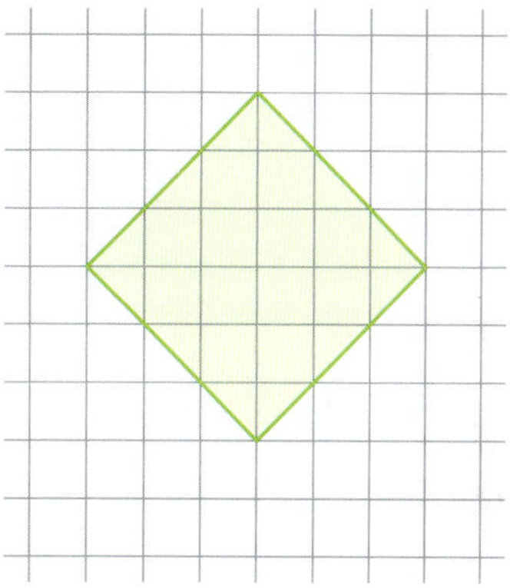

Aufgabe 29 ●○○

Überprüfe, ob die Figuren achsensymmetrisch sind. Wenn ja, zeichne die Symmetrieachsen ein.

Übungsaufgaben

Aufgabe 30 ●○○

Überprüfe, welche Flaggen achsensymmetrisch sind. Wenn ja, zeichne die Symmetrieachse(n) ein.

a) Deutschland

b) Österreich

c) Kanada

d) Italien

e) Dänemark

f) Schweiz

Aufgabe 31 ●○○

Der große Druckbuchstabe A ist achsensymmetrisch. Zeichne drei große achsensymmetrische Druckbuchstaben und alle ihre Symmetrieachsen.

Aufgabe 32 ●●○

Überprüfe, welche Wörter achsensymmetrisch geschrieben sind und zeichne die Symmetrieachse ein.

a) **OTTO**
b) **ICH**
c) **DIE**
d) **OMA**
e) **CHIC**

Aufgabe 33 ●●●

Peter stellt folgende Behauptungen zum Thema Achsensymmetrie auf. Hat Peter jeweils Recht? Begründe.

a) Hat eine Figur genau zwei Spiegelachsen, dann sind diese immer senkrecht zueinander.
b) Eine Figur kann höchstens drei Spiegelachsen haben.

Schritt-für-Schritt-Erklärung

Wenn du in einen Spiegel schaust, dann entsteht ein Bild von dir auf einer glatten Fläche. Mathematisch gesehen spiegelst du keinen Körper an einem Spiegel (einer Ebene), sondern ebene Figuren an einer Geraden. Dies nennt man **Achsenspiegelung**. Man erzeugt also zu einer Figur eine zweite, spiegelbildliche Figur. Beide Figuren sind dann **zueinander achsensymmetrisch**.

Fachbegriffe

Was ist eine Achsenspiegelung?

Mathematisch gesprochen ist eine Achsenspiegelung eine **Abbildung**, d.h., man erzeugt zu einem **Originalbild** (auch **Urbild** genannt) ein **Bild** (auch **Spiegelbild** genannt). Die Abbildung bzw. Achsenspiegelung besteht also aus zwei Figuren. Diese beiden Figuren sind dann **zueinander achsensymmetrisch** und deckungsgleich.

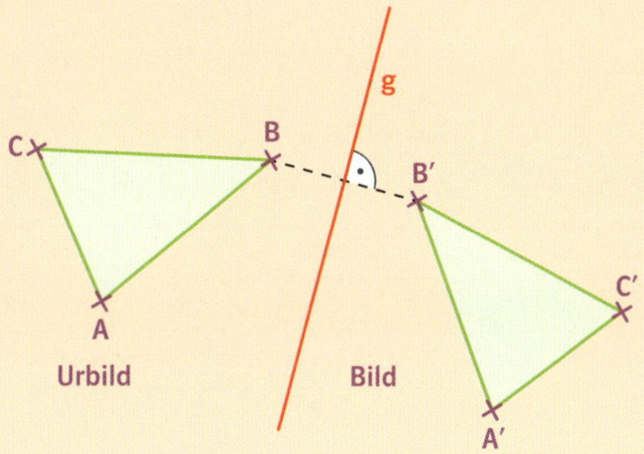

Bei jeder Achsenspiegelung gilt:
- *Originalbild und Spiegelbild passen genau aufeinander.*
- *Entsprechende Strecken sind gleich lang.*
- *Entsprechende Winkel sind gleich groß.*

So gehst du vor

So kannst du einen Punkt bzw. eine Figur an einer Achse spiegeln:

Hier gehst du genauso vor wie beim Bestimmen des Abstands von einem Punkt zu einer Geraden: Lege dazu das Geodreieck mit der Mittellinie auf die Spiegelachse, so dass der Punkt genau auf der Kante liegt.

1. Wähle einen Punkt (z.B. B) der Originalfigur aus und zeichne durch diesen eine Gerade, die senkrecht zur Spiegelachse ist.
2. Trage den Abstand von B zur Spiegelachse auf die andere Seite ab. Markiere den Punkt B'.
3. Verfahre ebenso mit anderen Punkten der Figur.
4. Verbinde die gespiegelten Punkte z.B. durch gerade Strecken.

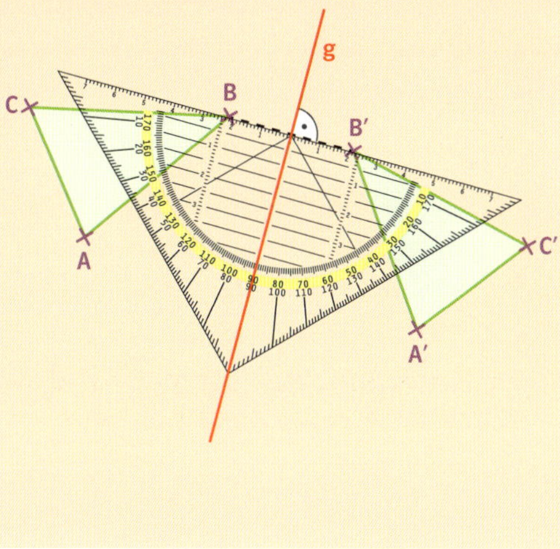

Tipp:
Lege dein Blatt so, dass die Spiegelachse senkrecht zur unteren Tischkante liegt.

Übungsaufgaben

Aufgabe 34 ●○○

Spiegle die Figuren an der Geraden.

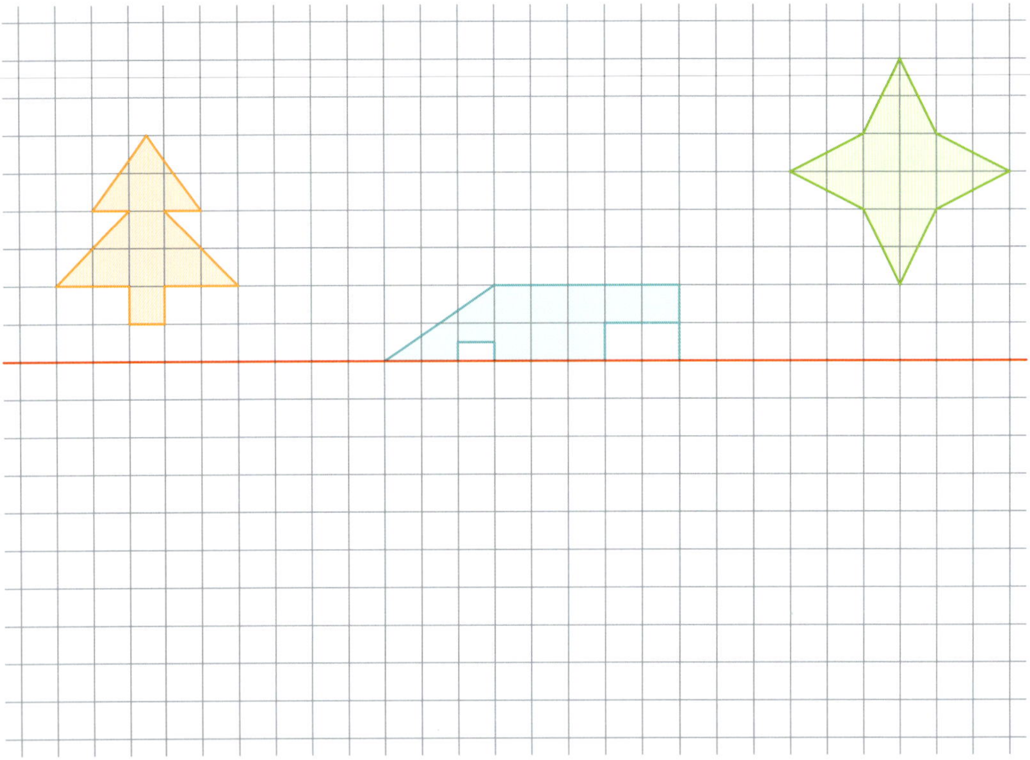

Aufgabe 35 ●○○

Spiegle die Figuren an den Geraden.

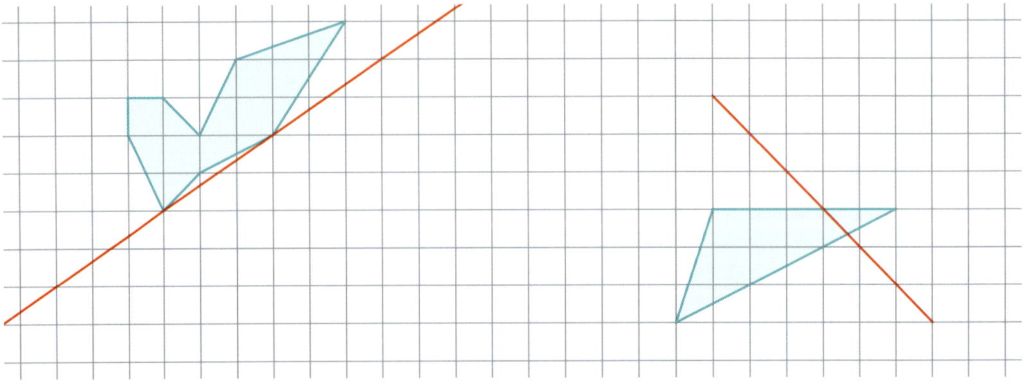

Aufgabe 36 ●○○

Spiegle das Viereck an der Spiegelgeraden. Gib die Koordinaten der Spiegelpunkte an.

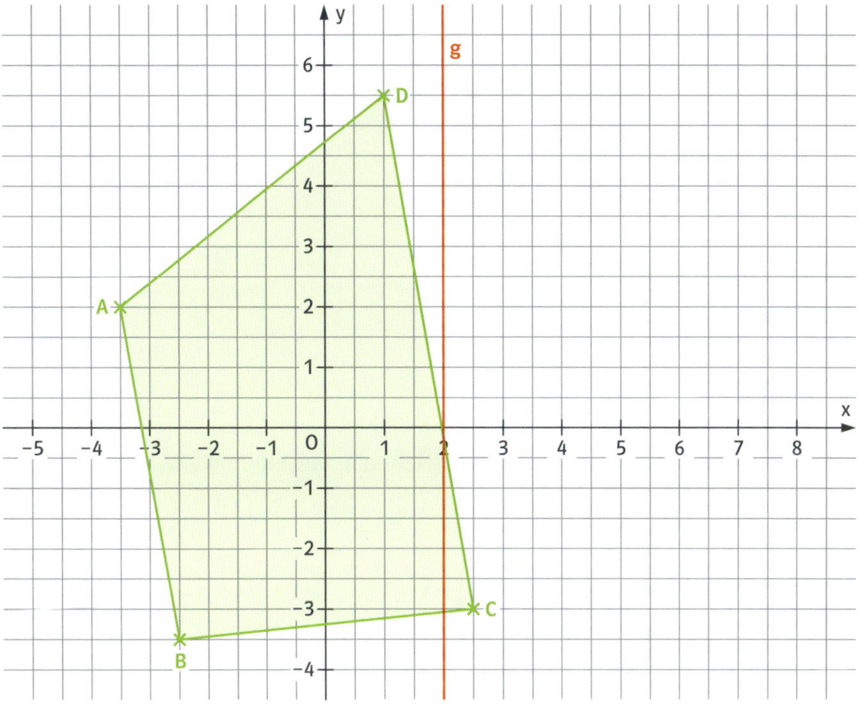

Aufgabe 37 ●○○

Ergänze die Figuren zu achsensymmetrischen Figuren.

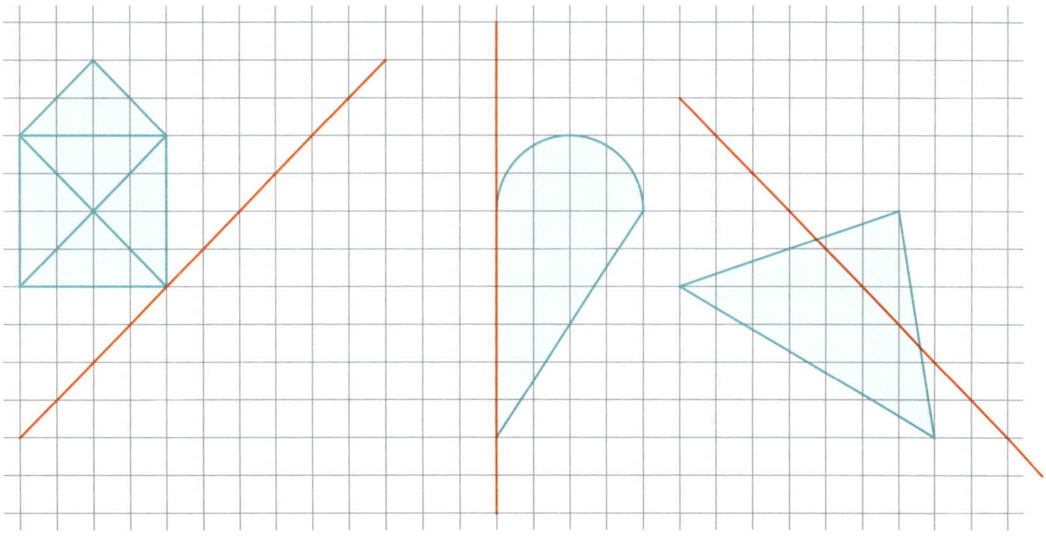

Übungsaufgaben

Aufgabe 38 ●●○

Herr Einstein wurde nicht korrekt gespiegelt. Finde die Fehler.

Aufgabe 39 ●●○

Überprüfe, ob die eingezeichnete Gerade die Symmetrieachse der Figur ist. Begründe.

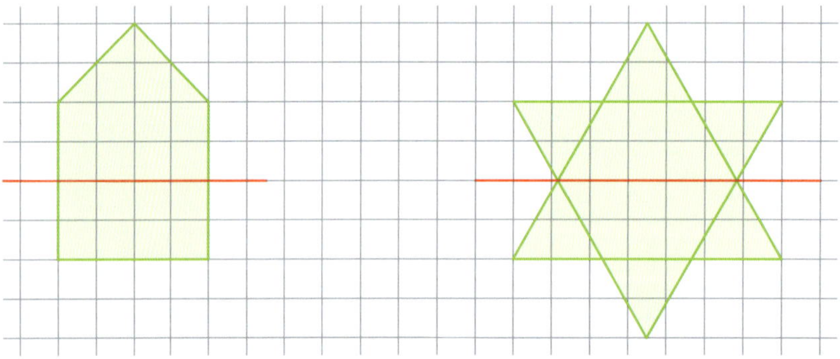

Aufgabe 40 ●●○

Spiegle diese Vierecke an ihren Diagonalen.

Eine Diagonale ist eine Verbindungsstrecke zwischen nicht benachbarten Ecken eines Vielecks.

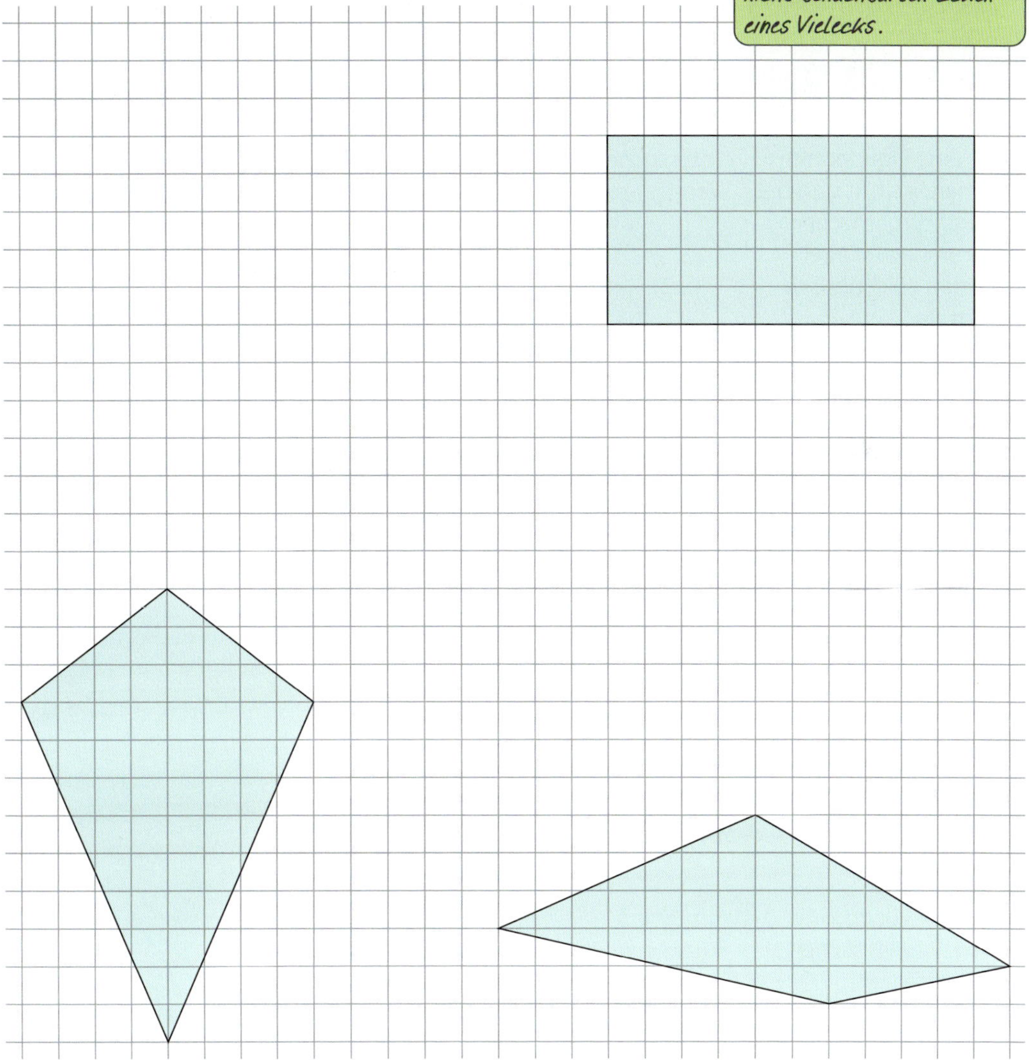

Aufgabe 41 ●●●

Wie spiegelt man einen Kreis an einer Geraden? Schreibe eine kurze Erklärung.

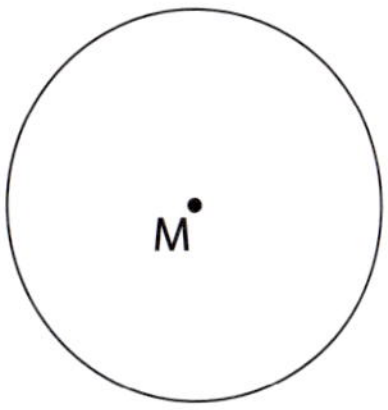

Punktspiegelung und Punktsymmetrie

Kompetenzcheck

<table>
<tr><th>Ich kann …</th><th>Aufgabe</th><th>Ergebnis</th></tr>
<tr><td>… überprüfen, ob ein Bild/eine Figur punktsymmetrisch ist und bei punktsymmetrischen Figuren das Spiegelzentrum zeichnerisch ermitteln.</td><td>Aufgabe 1
Untersuche, ob die Figur punktsymmetrisch ist. Wenn ja, zeichne das Spiegelzentrum ein.
a) 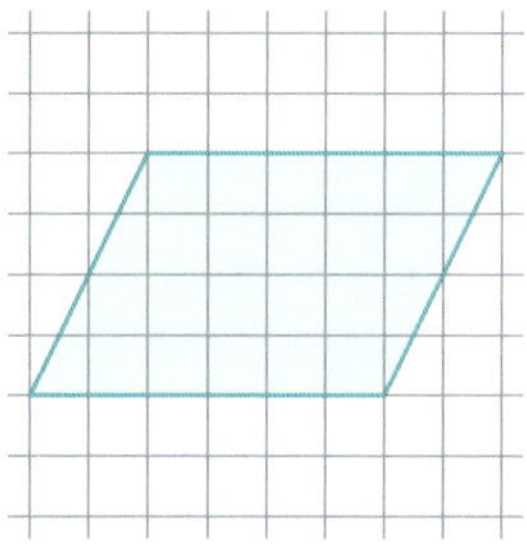 b) 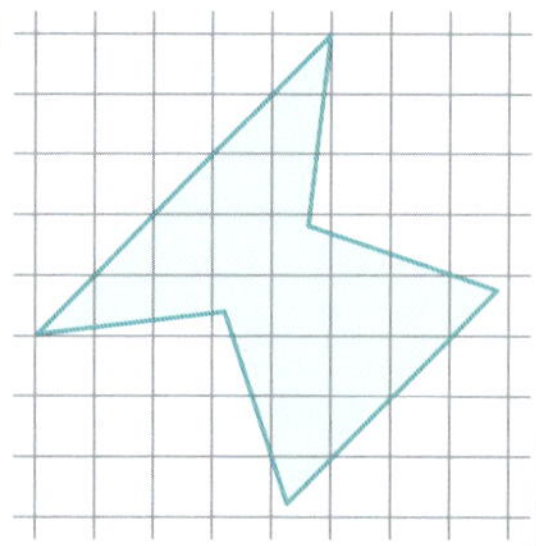</td><td>→ S. 166</td></tr>
<tr><td>… eine Figur an einem Symmetriezentrum spiegeln.</td><td>Aufgabe 2
Spiegle das Dreieck am Punkt Z.
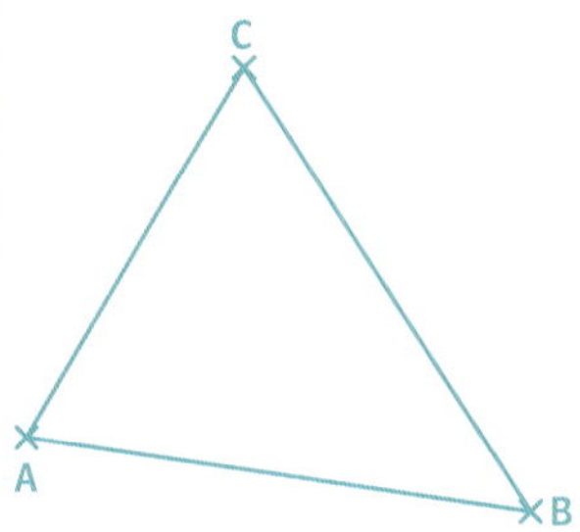
</td><td>→ S. 166</td></tr>
<tr><td>… eine Figur zu einer punktsymmetrischen Figur ergänzen.</td><td>Aufgabe 3
Ergänze zu einer punktsymmetrischen Figur.
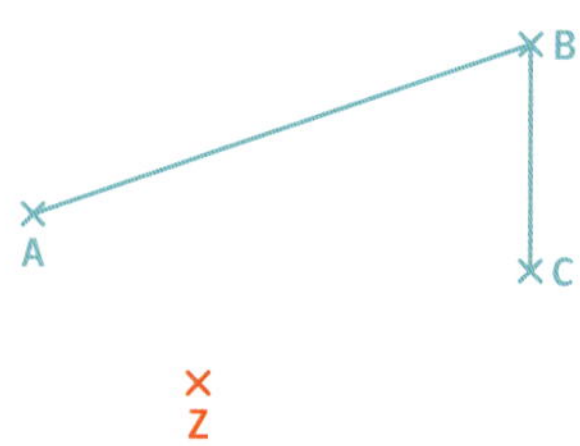
</td><td>→ S. 166</td></tr>
</table>

Schritt-für-Schritt-Erklärung

Fachbegriffe

Wann ist eine Figur punktsymmetrisch?

Man nennt eine Figur **punktsymmetrisch**, wenn alle Verbindungsstrecken zueinander gehörender Punkte sich in einem Punkt Z, dem **Symmetriezentrum** oder **Symmetriepunkt**, schneiden und **die Verbindungsstrecke durch den Punkt Z** halbiert wird. Diese beiden Teile einer Figur müssen **deckungsgleich** sein. Wenn man deckungsgleiche Figuren ausschneidet und übereinanderlegt, passen sie genau aufeinander.

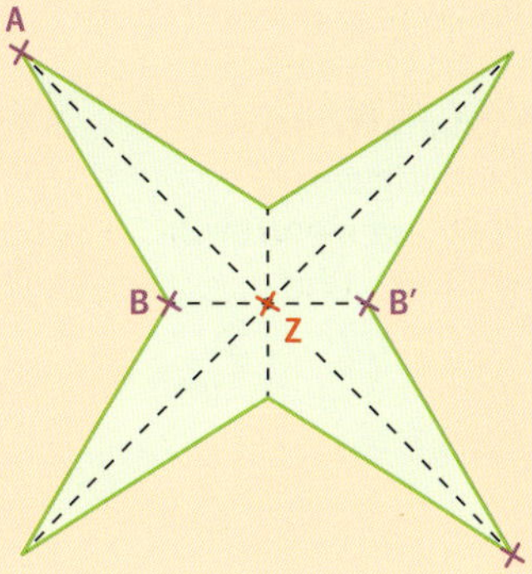

Hinweis:
Eine Figur nennt man punktsymmetrisch, wenn sie durch eine Halbdrehung auf sich selbst passt, also deckungsgleich ist. Eine Punktspiegelung ist also ein spezieller Fall einer Drehung, nämlich eine Halbdrehung oder eine Drehung um 180°.

Wie bei achsensymmetrischen Figuren werden Spiegelpunkte in der Regel mit dem gleichen Buchstaben und einem kleinen Strich gekennzeichnet, z.B. ist A′ der Spiegelpunkt von A.

Beispiele:

Der rote Punkt in den Abbildungen ist das Symmetriezentrum.

Fachbegriffe

Welche Eigenschaften hat eine punktsymmetrische Figur?

- Verbindet man einen Punkt und seinen Spiegelpunkt, dann geht diese Verbindungsstrecke **durch das Symmetriezentrum**.
- Strecke und Bildstrecke sind gleich weit vom Symmetriezentrum entfernt, d.h. der **Abstand von Punkt und Spiegelpunkt zum Symmetriezentrum ist gleich**.
- Liegt ein Punkt auf dem Symmetriezentrum, dann liegt sein Spiegelpunkt genau auf dem Punkt, d.h. der Punkt ist gleichzeitig auch der Spiegelpunkt.

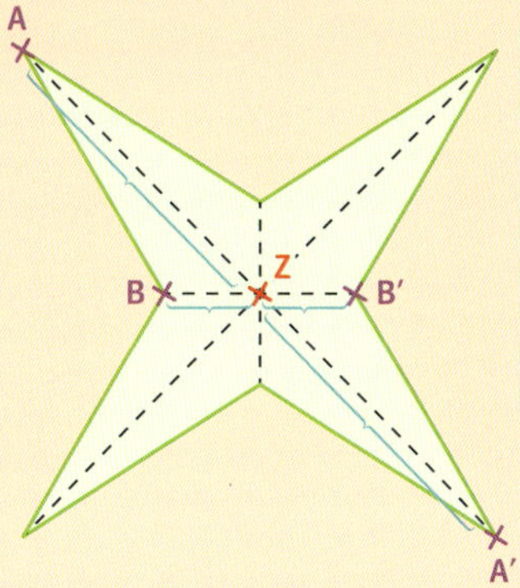

Ist ein Punkt gleich seinem Spiegelpunkt, dann nennt man diesen Punkt auch Fixpunkt, d.h. er ist fest (fix) und ändert seine Lage bei einer Spiegelung nicht.

Schritt-für-Schritt-Erklärung

So gehst du vor

So kannst du überprüfen, ob eine Figur punktsymmetrisch ist:

1. Markiere einen Punkt und seinen Spiegelpunkt.
2. Zeichne die Verbindungsstrecke.
3. Halbiere die Verbindungsstrecke und markiere das Spiegelzentrum.
4. Verbinde weitere Punkte und ihre Spiegelpunkte und überprüfe, ob die Verbindungsstrecken durch das Symmetriezentrum gehen.

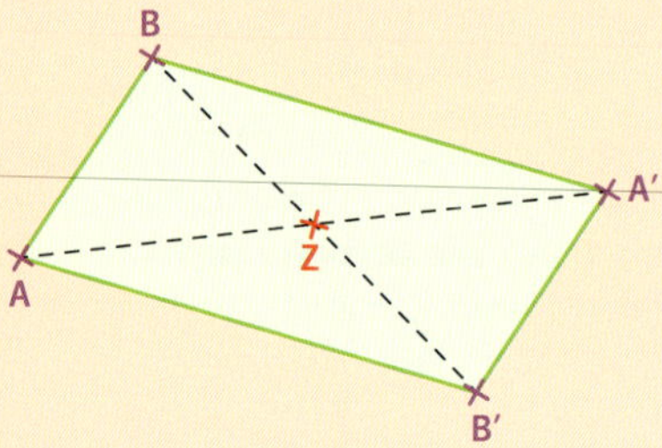

Beachte:
Du musst bei einer Figur immer alle Teile beachten. Das Stoppschild hat z. B. eine punktsymmetrische Figur, die Schrift hat aber kein symmetrisches Bild, also ist auch das Stopp-Schild nicht punktsymmetrisch.

So gehst du vor

So kannst du in eine punktsymmetrische Figur das Symmetriezentrum einzeichnen:

1. Markiere einen Punkt und seinen Spiegelpunkt.
2. Zeichne die Verbindungsstrecke.
3. Halbiere die Verbindungsstrecke und zeichne den Mittelpunkt ein.

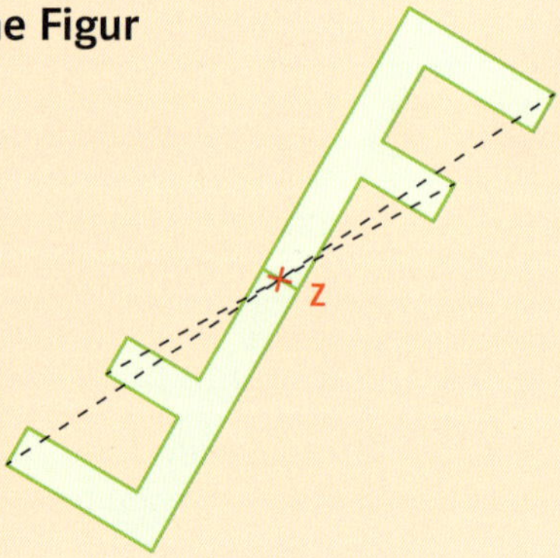

Übungsaufgaben

Aufgabe 42 ●○○

Überprüfe, ob die Figuren punktsymmetrisch sind. Wenn ja, zeichne das Symmetriezentrum ein.

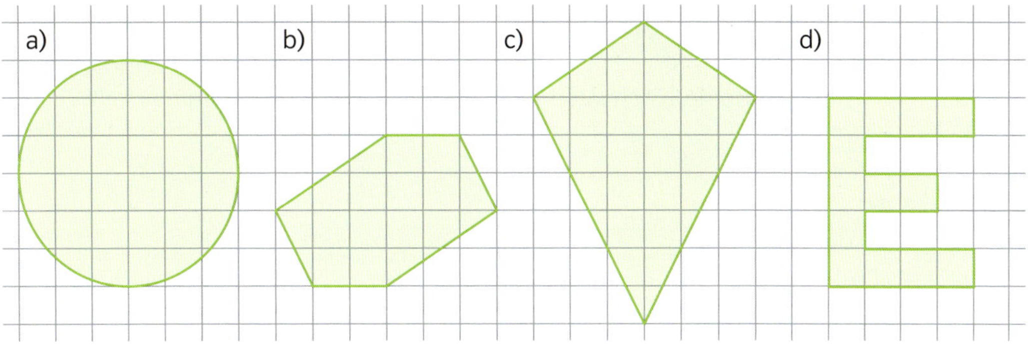

Aufgabe 43 ●○○

Überprüfe, ob die Figuren punktsymmetrisch sind. Wenn ja, zeichne das Symmetriezentrum ein.

Aufgabe 44 ●○○

Überprüfe, welche Flaggen punktsymmetrisch sind. Wenn ja, zeichne das Symmetriezentrum ein.

a) Deutschland

b) Österreich

c) Kanada

d) Italien

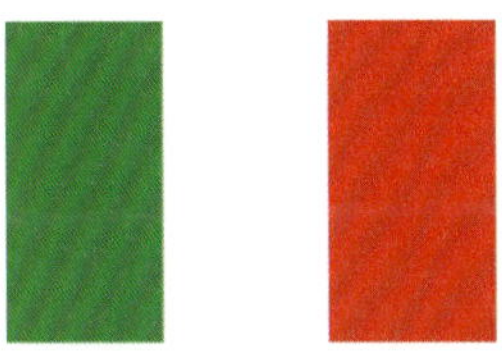

e) Dänemark

f) Schweiz

Übungsaufgaben

Aufgabe 45 ●○○

Der große Druckbuchstabe H ist punktsymmetrisch. Zeichne drei große punktsymmetrische Druckbuchstaben mit ihrem Symmetriezentrum.

Aufgabe 46 ●●○

Das Wort WM ist punktsymmetrisch geschrieben. Finde weitere punktsymmetrische Wörter.

Aufgabe 47 ●○○

Vervollständige das Bild zu einer punktsymmetrischen Figur.

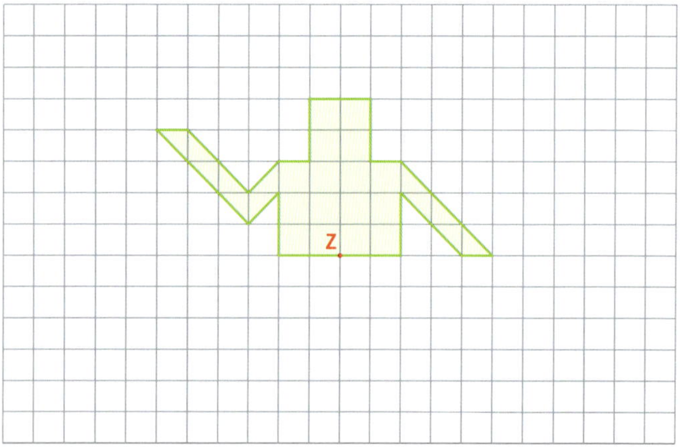

Aufgabe 48 ●○○

Paul hat das Bild rechts gezeichnet. Er behauptet, es sei ein punktsymmetrisches Bild. Stimmt das? Wenn ja, zeichne das Symmetriezentrum ein.

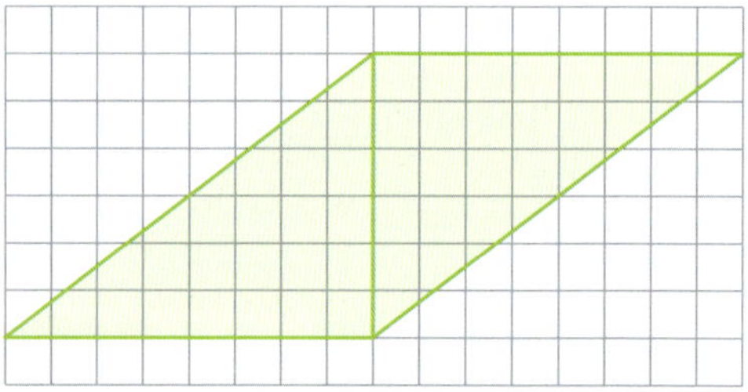

Aufgabe 49 ●●○

Feyza stellt folgende Behauptungen zum Thema Punktsymmetrie auf. Hat Feyza jeweils Recht? Begründe.

a) Eine punktsymmetrische Figur kann auch achsensymmetrisch sein.
b) Eine punktsymmetrische Figur kann zwei verschiedene Symmetriezentren haben.

Schritt-für-Schritt-Erklärung

Wenn man eine Figur an einem Spiegelzentrum spiegelt, nennt man dies eine **Punktspiegelung**. Man erzeugt also zu einer Figur eine zweite, spiegelbildliche Figur. Beide Figuren sind dann **zueinander punktsymmetrisch**.

Fachbegriffe

Was ist eine Punktspiegelung?

Mathematisch gesprochen ist eine Punktspiegelung eine **Abbildung**, d.h., man erzeugt zu einem **Originalbild** (auch **Urbild** genannt) ein **Bild** (auch **Spiegelbild** genannt). Die Abbildung bzw. Punktspiegelung besteht also aus zwei Figuren. Diese beiden Figuren sind dann **zueinander punktsymmetrisch** und deckungsgleich.

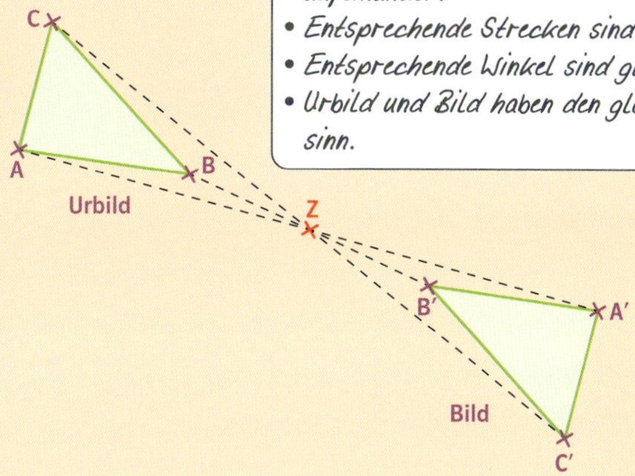

Bei jeder Punktspiegelung gilt:
- Originalbild und Spiegelbild passen genau aufeinander.
- Entsprechende Strecken sind gleich lang.
- Entsprechende Winkel sind gleich groß.
- Urbild und Bild haben den gleichen Umlaufsinn.

So gehst du vor

So kannst du einen Punkt bzw. eine Figur an einem Symmetriezentrum spiegeln:

1. Wähle einen Punkt (z.B. B) der Originalfigur aus und zeichne durch diesen eine Gerade, die durch das Symmetriezentrum (z.B. Z) geht.
2. Trage den Abstand von B zum Symmetriezentrum Z auf die andere Seite der Geraden ab. Markiere den Punkt B'.
3. Verfahre ebenso mit anderen Punkten der Figur.
4. Verbinde die gespiegelten Punkte z.B. durch gerade Strecken.

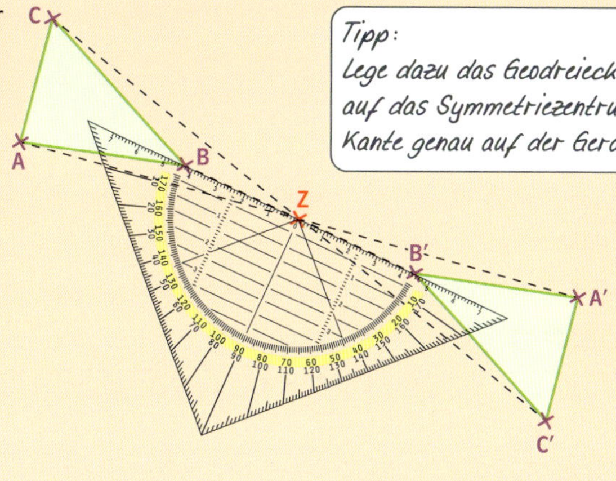

Tipp:
Lege dazu das Geodreieck mit der Null auf das Symmetriezentrum, so dass die Kante genau auf der Geraden liegt.

Übungsaufgaben

Aufgabe 50 ●○○

Spiegle die Figuren am Punkt Z.

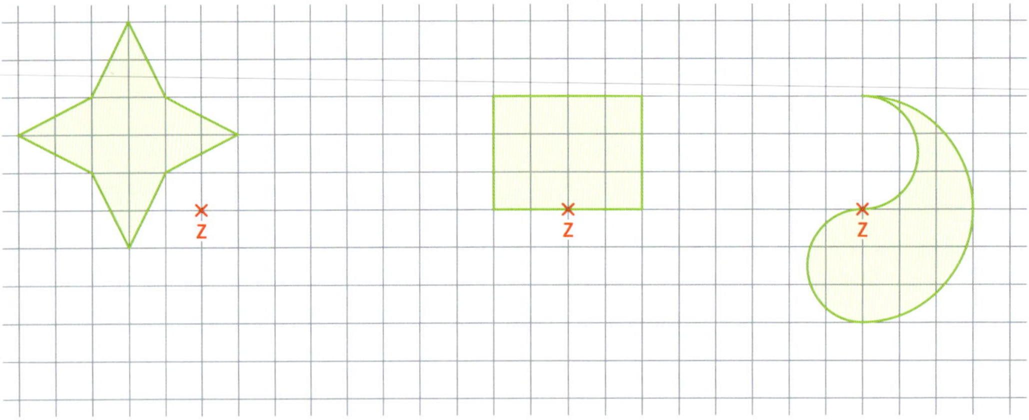

Aufgabe 51 ●●○

Spiegle die Figuren am Punkt Z.

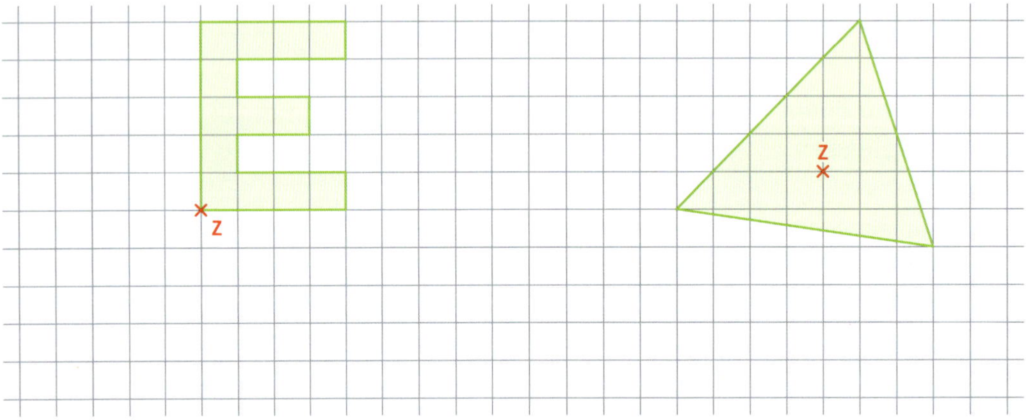

Aufgabe 52 ●○○

Spiegle die Figur am Ursprung.

Zur Erinnerung: Der Ursprung ist der Punkt O(0|0).

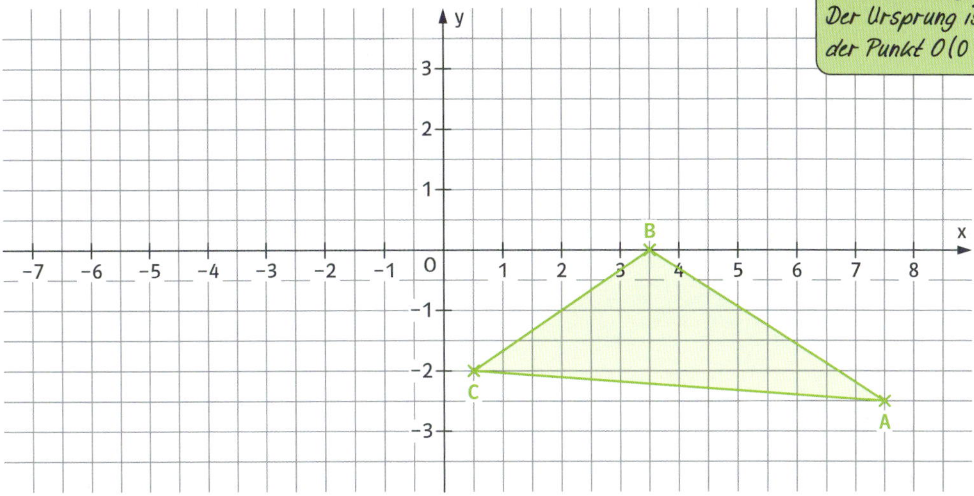

Aufgabe 53 ●○○

Ergänze das Bild so, dass der rechte Teil das Bild des linken Teils bei einer Punktspiegelung an Z ist.

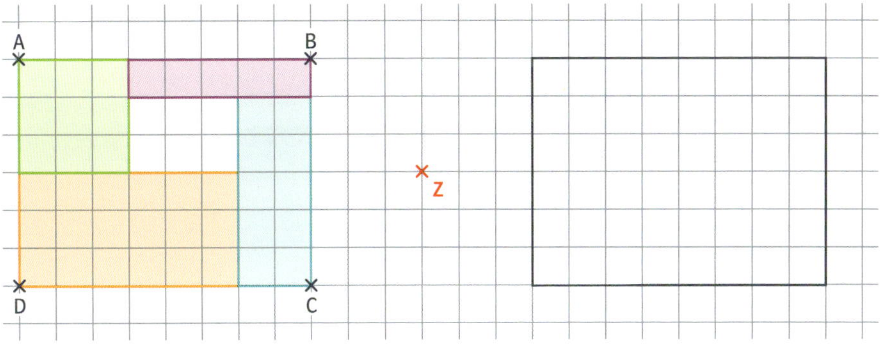

Übungsaufgaben

Aufgabe 54 ●●○

a) Vervollständige diese Figur so, dass sie punktsymmetrisch wird.

b) Lies die Koordinaten der Punkte ab, die dann A und B gegenüberliegen.

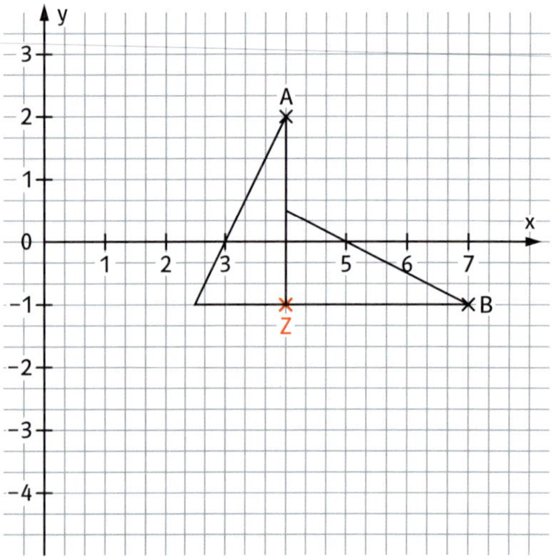

Aufgabe 55 ●●○

Überprüfe, ob der eingezeichnete Punkt Z das Symmetriezentrum der Figur ist. Begründe.

a)

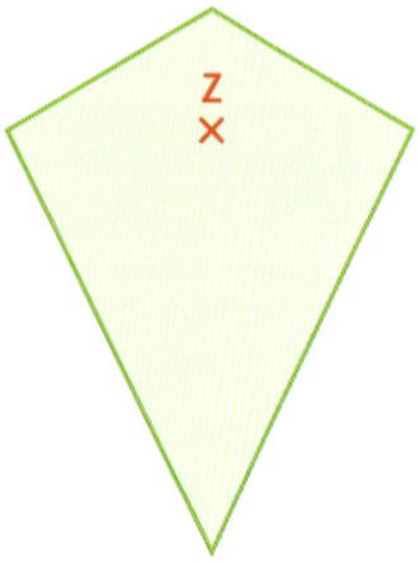

b)

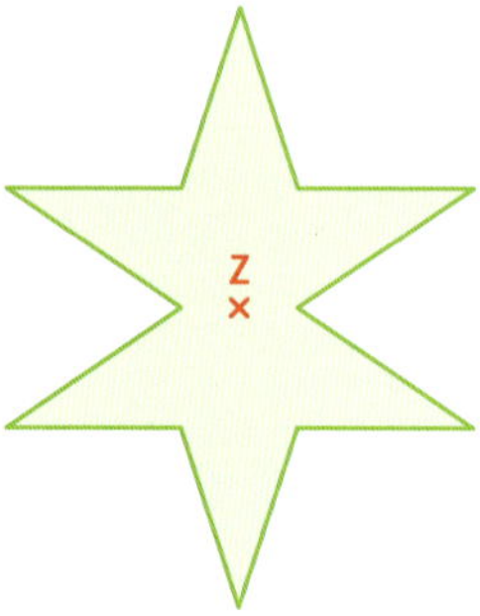

c)

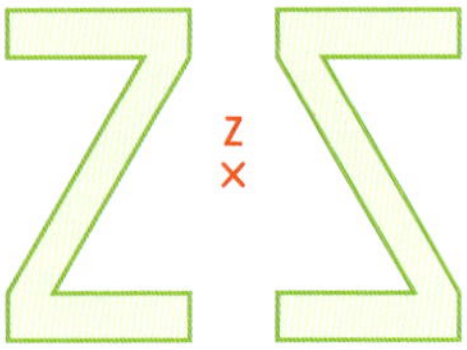

d)

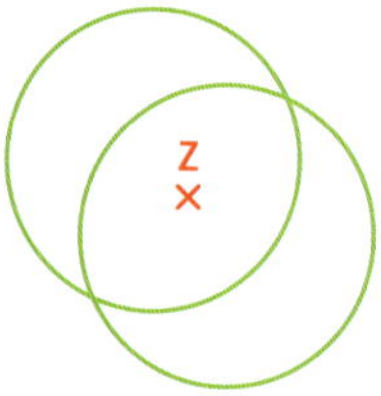

Aufgabe 56 ●○○

Hier fehlt das Symmetriezentrum. Konstruiere es.

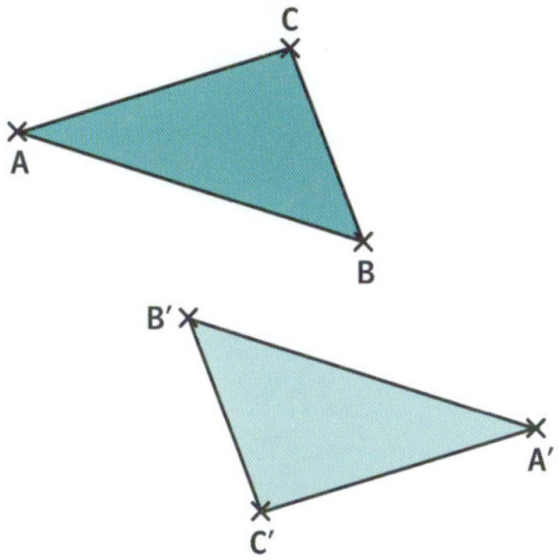

Aufgabe 57 ●●●

Es sind zwei Punkte A und B gegeben mit A(7 | −2) und B(1 | 1). Diese werden durch eine Punktspiegelung gespiegelt auf A′(−1 | 6) und B′(5 | 3).

a) Konstruiere das Symmetriezentrum.
b) Beschreibe, wie man die Koordinaten des Symmetriezentrums auch rechnerisch bestimmen kann.

Achtung: Diese Aufgabe kannst du nur lösen, wenn du schon negative Zahlen kennst.

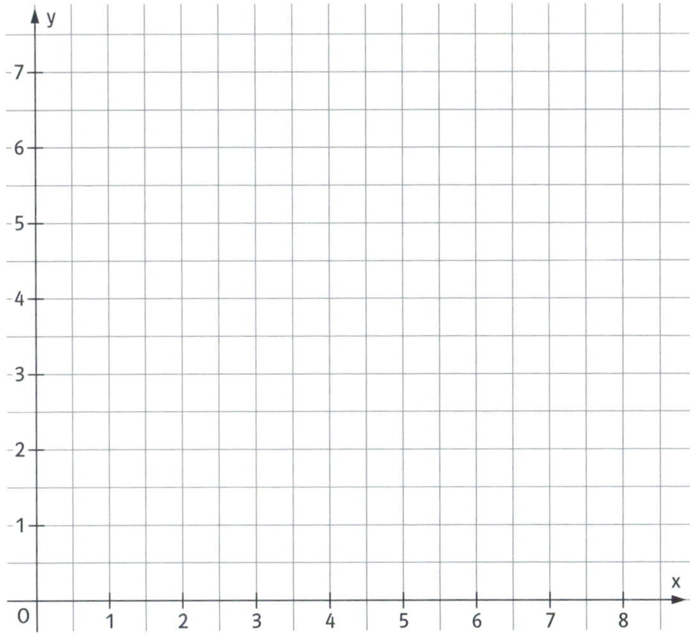

Abschlusskompetenzcheck

	Ich kann ...	✓
1	**... die geometrischen Grundobjekte Punkt, Strecke, Halbgerade und Gerade fachgerecht anwenden.** a) Zeichne die Strecke $\overline{AD}$ und miss ihre Länge. b) Zeichne die Halbgerade BA. c) Zeichne die Gerade BC. 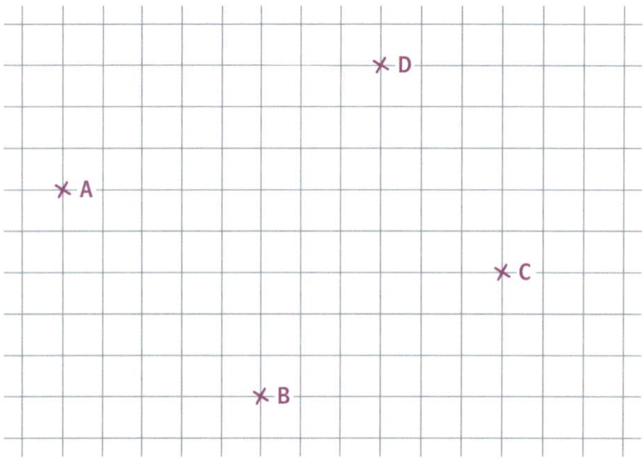	
2	**... die Lage von Punkten im Koordinatensystem angeben.** Gib für jeden Punkt seine Koordinaten an. 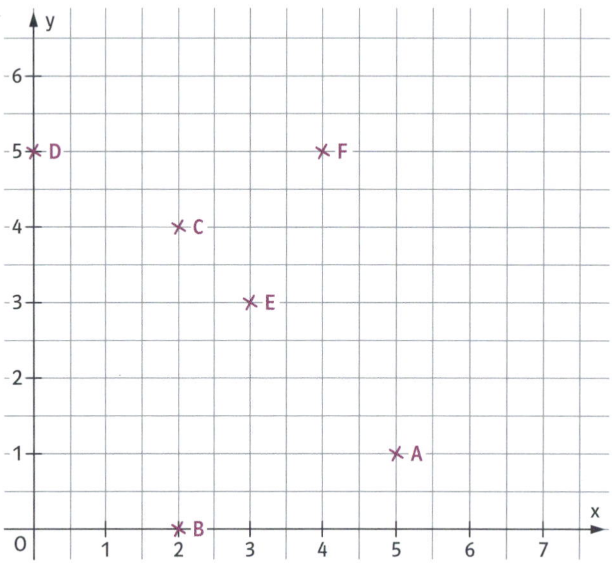	

	Ich kann ...	✓
3	**... Punkte im Koordinatensystem zeichnen.** Zeichne die angegebenen Punkte in das Koordinatensystem ein. A(0|4), B(2|3), C(1|2), D(3|0), E(5|4), F(6|2) 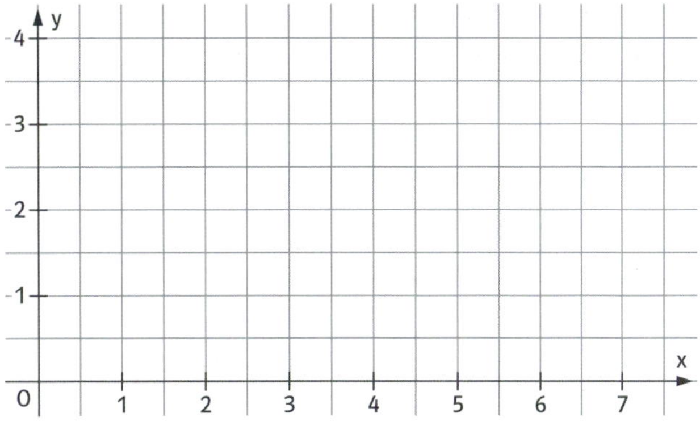	
4	**... geometrische Objekte in einem Koordinatensystem darstellen.** Zeichne die Punkte A(5|2), B(5|6), C(6|4) und D(3|4) in das Koordinatensystem. a) Zeichne die Gerade BC. Gib an, in welchem Punkt E die Gerade BC die x-Achse schneidet. b) Zeichne die Gerade AD. Gib an, in welchem Punkt F die Gerade AD die y-Achse schneidet. c) Gib einen Gitterpunkt an, der auf der Geraden AC liegt. 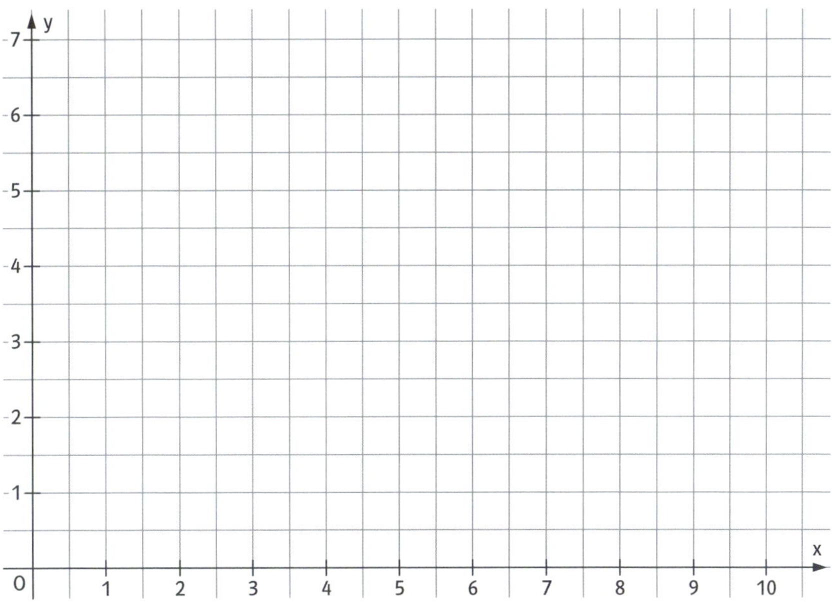	

	Ich kann …	✓
5	**… die Lagebeziehung von Geraden mit dem Geodreieck untersuchen.** Untersuche mit dem Geodreieck, welche Geraden parallel und welche senkrecht zueinander sind. 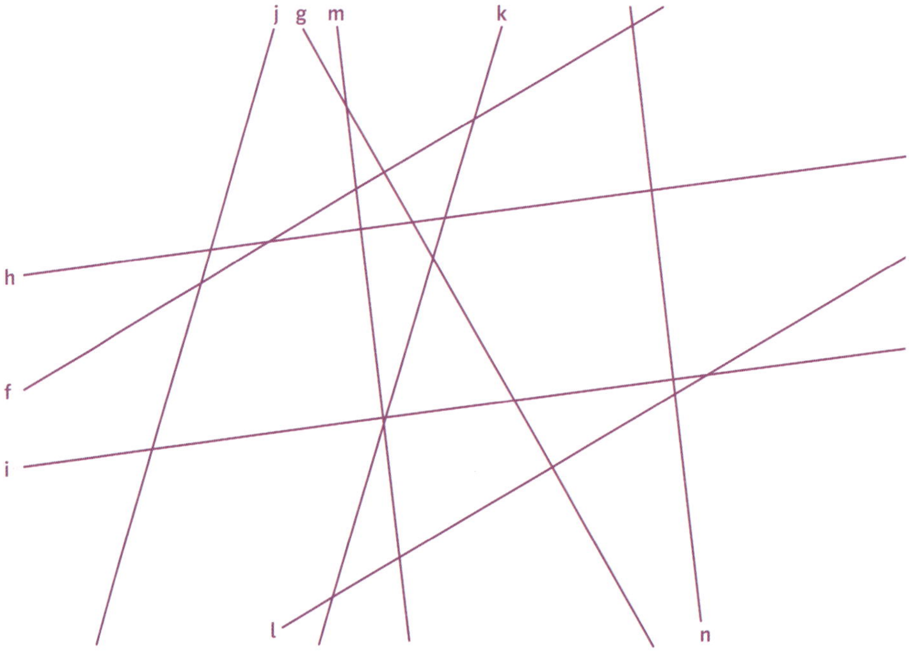 	
6	**… parallele und senkrechte Geraden mit dem Geodreieck zeichnen.** a) Zeichne mit dem Geodreieck eine Parallele zu g durch die Punkte A und B. b) Zeichne mit dem Geodreieck eine Senkrechte zu g durch die Punkte B und C. 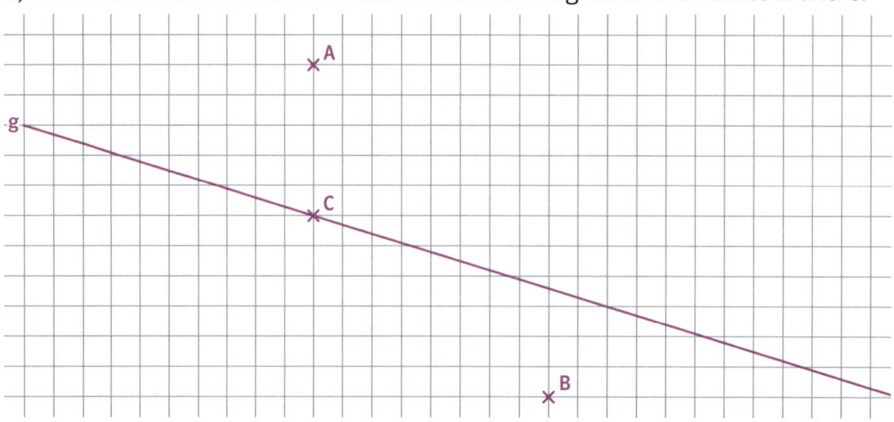 	

	Ich kann ...	✓
7	**... den Abstand eines Punktes von einer Geraden bestimmen.** Bestimme den Abstand des Punktes P von der Geraden g. 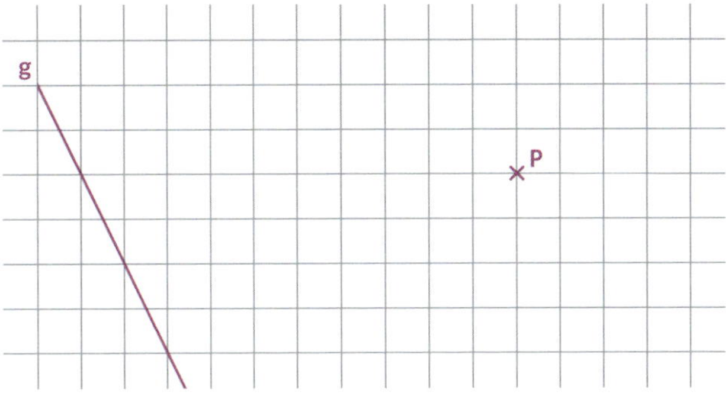 	
8	**... den Abstand von zwei parallelen Geraden bestimmen.** Bestimme, wenn möglich, den Abstand der Geraden f, g und h voneinander. 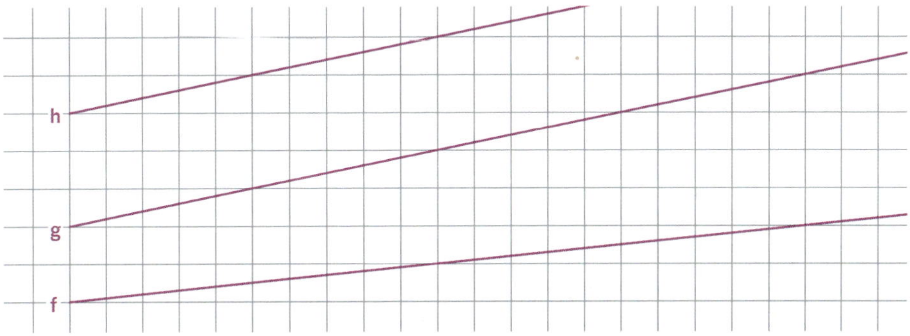 	
9	**... zwei parallele Geraden mit einem vorgegebenen Abstand zeichnen.** Zeichne zu der Geraden g eine parallele Gerade h im Abstand von 2 cm. 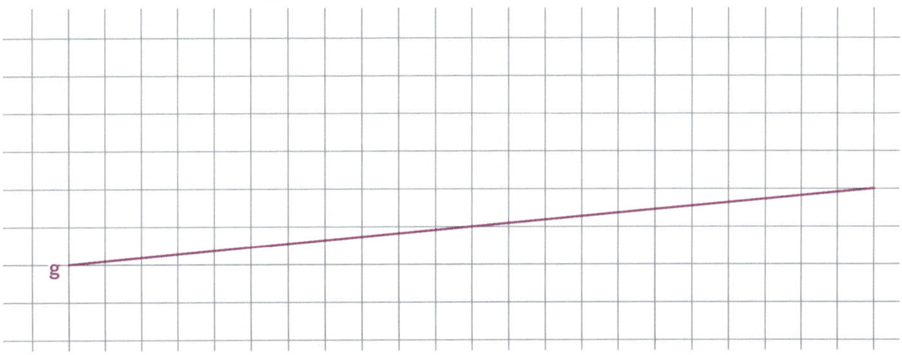 	

	Ich kann ...	✓
10	**... überprüfen, ob ein Bild/eine Figur achsensymmetrisch ist und bei achsensymmetrischen Figuren die Symmetrieachse zeichnerisch ermitteln.** Untersuche, ob die Figur achsensymmetrisch ist. Wenn ja, zeichne die Symmetrieachse ein. a) 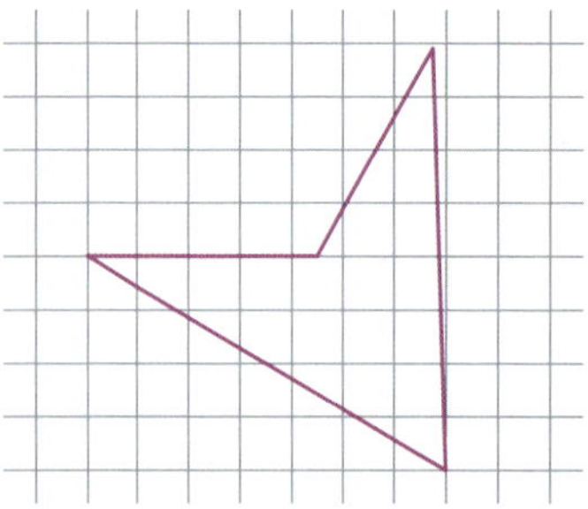 b) 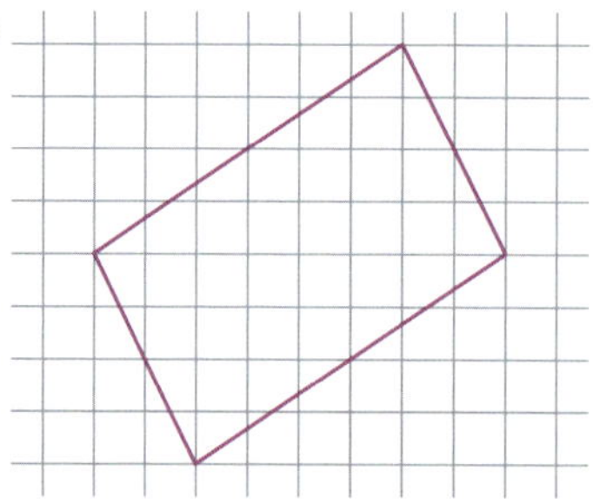	
11	**... eine Figur an einer Geraden spiegeln.** Spiegle die Figur an der Geraden. 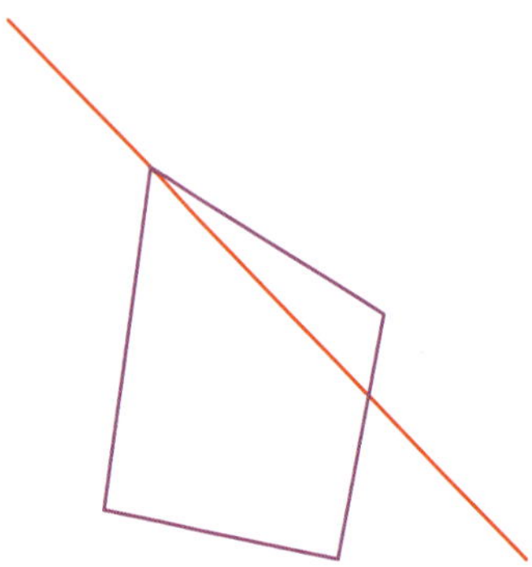	

	Ich kann ...	✓
12	**... überprüfen, ob ein Bild/eine Figur punktsymmetrisch ist und bei punktsymmetrischen Figuren das Spiegelzentrum zeichnerisch ermitteln.** Untersuche, ob die Figur punktsymmetrisch ist. Wenn ja, zeichne das Spiegelzentrum ein.	
13	**... eine Figur an einem Symmetriezentrum spiegeln.** Spiegle das Dreieck am Punkt Z.	

12 a)

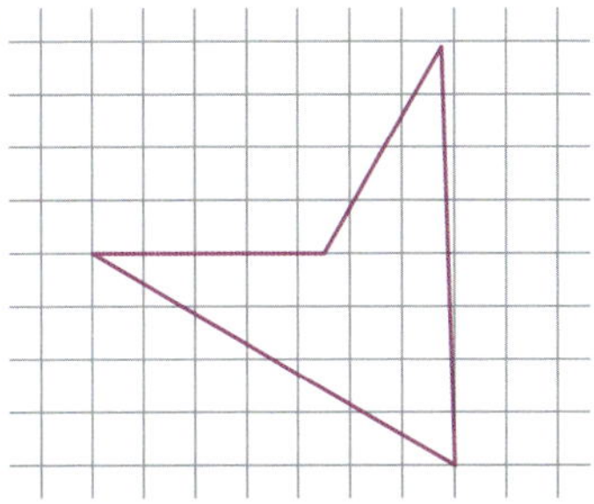

12 b)

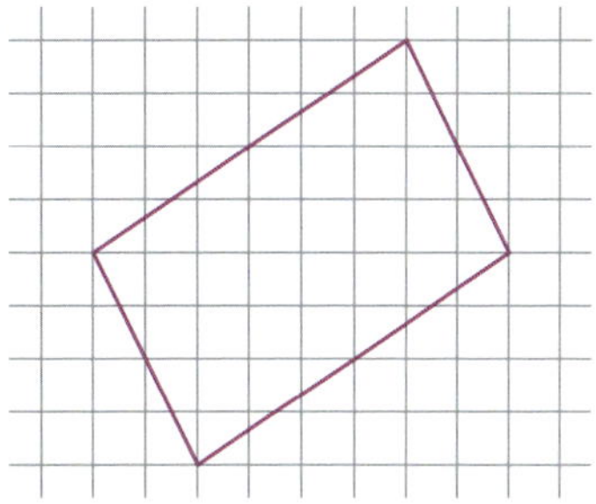

13

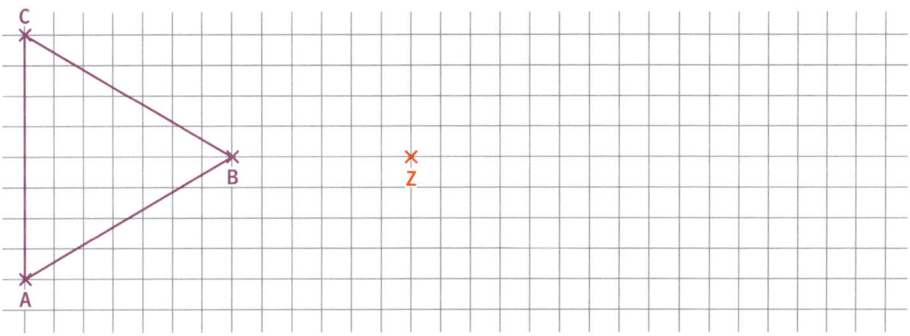

2 Kreise und Winkel

Kreise und Kreisfiguren

Kompetenzcheck

Ich kann …	Aufgabe	Ergebnis
… einen Kreis zeichnen.	**Aufgabe 1** a) Zeichne mit dem Zirkel einen Kreis mit dem Radius $r = 2{,}5\,cm$. Gib den Durchmesser an. b) Zeichne mit dem Zirkel einen Kreis mit Durchmesser $d = 4\,cm$. Gib den Radius an. c) Zeichne zwei Kreise mit dem Radius $r_1 = 2\,cm$ und $r_2 = 3\,cm$, die sich in genau einem Punkt berühren. Beschreibe, was für die Mittelpunkte der beiden Kreise gelten muss.	→ S. 183
… Kreismuster zeichnen.	**Aufgabe 2** Zeichne das Kreismuster auf ein Blatt. Das Quadrat hat eine Seitenlänge von 6 cm. 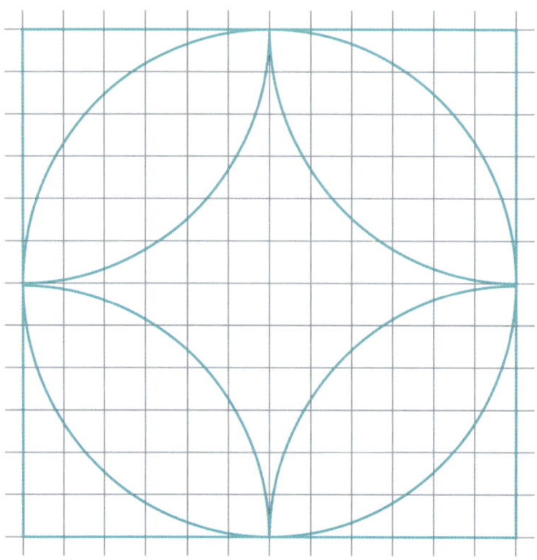	→ S. 183

Schritt-für-Schritt-Erklärung

Fachbegriffe

Ein Kreis ist eine besondere geometrische Figur, weil er regelmäßig ist und keine Kanten hat.

Alle Punkte auf einem Kreis haben vom Mittelpunkt M aus denselben Abstand r. Dieser Abstand **r** heißt **Radius** des Kreises.

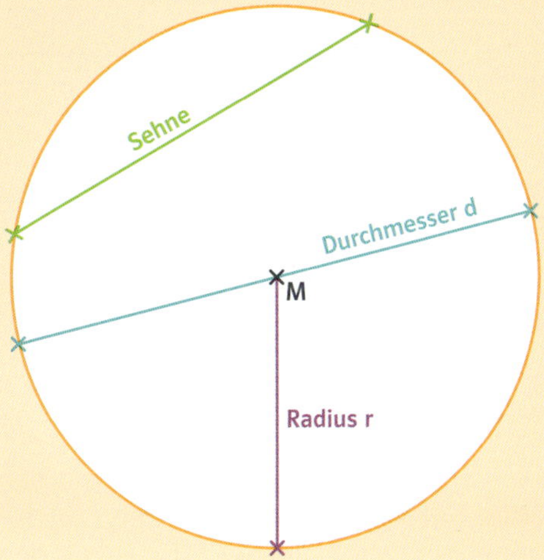

Die Verbindungsstrecke von zwei Punkten auf dem Kreis heißt **Sehne**. Geht eine Sehne durch den Mittelpunkt M des Kreises, erhältst du den **Durchmesser d**. Der Durchmesser ist also doppelt so lang wie der Radius. Es gilt: $\mathbf{d = 2 \cdot r}$.

Der Kreis ist also die **Ortslinie** aller Punkte, die von einem Punkt M denselben Abstand haben.

So gehst du vor

So kannst du einen Kreis zeichnen:

Kreise werden mit einem Zirkel gezeichnet. Dabei entspricht die Zirkelweite dem Radius r.

1. Berechne gegebenenfalls den Radius r und stelle die Zirkelweite mithilfe eines Geodreiecks oder Lineals auf den Radius ein.
2. Markiere den Mittelpunkt M und stich mit der Spitze des Zirkels genau in M ein.
3. Halte den Zirkel ganz oben und zeichne den Kreis um M.

Beispiel: Zeichne einen Kreis mit Durchmesser $d = 6\,\text{cm}$.
Mit $d = 2 \cdot r$ ist $r = 3\,\text{cm}$.

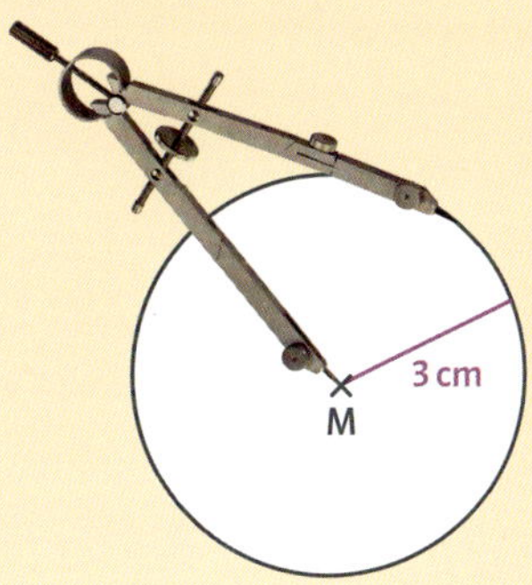

Tipp:
Wenn du mit einem Zirkel einen Kreis zeichnen musst, lege eine Unterlage unter dein Blatt Papier. Dann hält der Zirkel und verrutscht nicht.

Übungsaufgaben

Aufgabe 1 ●○○

Zeichne einen Kreis mit dem angegebenen Radius r auf ein Blatt Papier.
Gib den Durchmesser an.

a) r = 4 cm b) r = 4,3 cm c) r = 37 mm d) r = 2 cm 9 mm

Aufgabe 2 ●○○

Zeichne einen Kreis mit dem angegebenen Durchmesser d auf ein Blatt Papier.
Gib den Radius r an.

a) d = 5 cm b) d = 7,2 cm c) d = 48 mm d) d = 1 dm 6 mm

Aufgabe 3 ●○○

Zeichne ein Koordinatensystem mit LE 1 cm.

a) Zeichne einen Kreis um den Punkt M (5 | 4) mit dem Radius r = 3 cm.
Gib an, welche Gitterpunkte auf dem Kreis liegen.
b) Zeichne einen Kreis um den Punkt M (4 | 6) mit dem Durchmesser d = 8 cm.
Gib an, welche Gitterpunkte auf dem Kreis liegen.

Aufgabe 4 ●●○

Zeichne die Punkte A (3 | 1), B (2 | 2) und C (6 | 6) in ein Koordinatensystem mit LE 1 cm.
Zeichne durch jeden Punkt einen Kreis mit Mittelpunkt M (4 | 3). Beschreibe, wie du den Radius bestimmen kannst.

Aufgabe 5 ●●○

Ein Wetterradar (Köln) hat eine durchschnittliche Reichweite von 100 km.

a) Gib an, welche Städte sich im Bereich des Wetterradars befinden.
b) Gib an, welche Städte direkt auf der Grenze des Wetterradars liegen.
c) Beschreibe, wo sich der Standort eines zweiten Wetterradars befinden müsste, damit alle auf der Karte eingezeichneten Städte im Bereich des Wetterradars liegen.

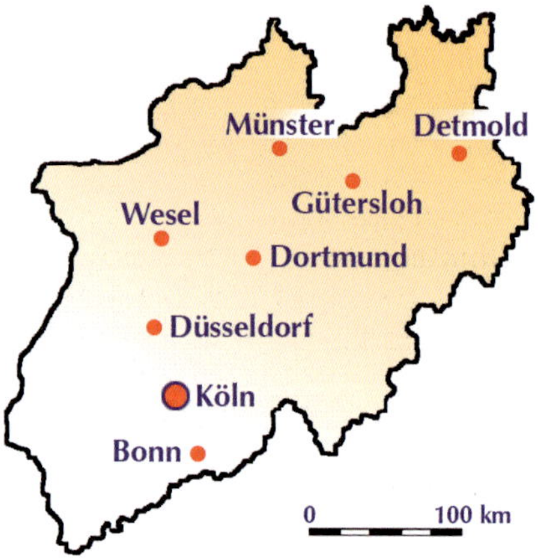

Aufgabe 6 ●●●

Zeichne die Punkte A (0 | 2), B (0 | 6), C (6 | 6) und D (6 | 2) in ein Koordinatensystem mit LE 1 cm.

a) Zeichne einen Kreis, der durch alle vier Punkte geht und gib die Koordinaten seines Mittelpunktes an.
b) Beschreibe, wie du den Mittelpunkt gefunden hast.

Aufgabe 7 ●●○

Zeichne einen Kreis mit Radius r = 3 cm. Zeichne ein Rechteck, das mit allen vier Ecken auf dem Kreis liegt. Eine Seite des Rechtecks soll 4 cm lang sein.

a) Beschreibe, wie du das Rechteck in den Kreis zeichnen kannst.
b) Gib an, wie lang die andere Seite des Rechtecks ist.

Schritt-für-Schritt-Erklärung

So können zwei Kreise zueinander liegen:

Zwei oder mehrere Kreise können sich **schneiden**, in einem Punkt **berühren** oder **keine gemeinsamen Punkte** haben.

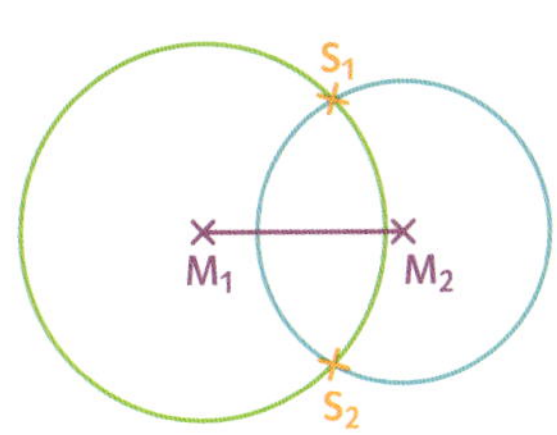	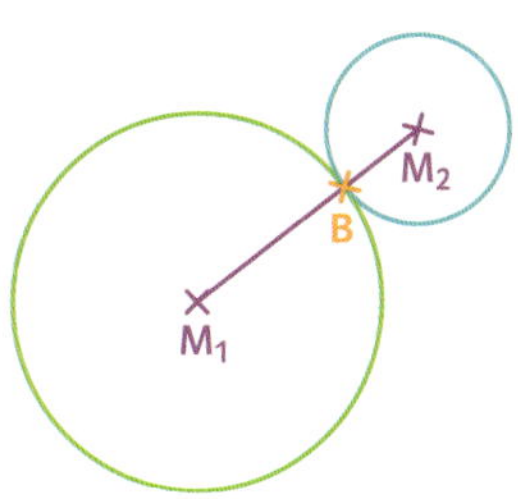	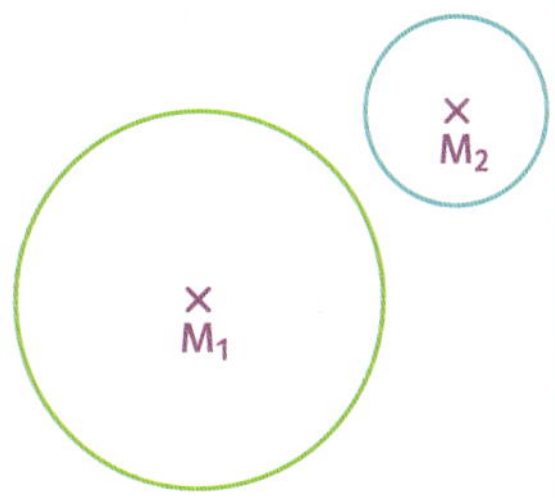
Zwei Kreise haben **zwei Schnittpunkte**. Die Mittelpunkte bilden die Endpunkte einer Strecke.	Zwei Kreise **berühren** sich in einem Punkt B. Die Mittelpunkte bilden die Endpunkte einer Strecke.	Zwei Kreise haben **keinen gemeinsamen Punkt**. Die Mittelpunkte bilden die Endpunkte einer Strecke.
Der Abstand der Mittelpunkte ist kleiner als die Summe der beiden Radien.	Der Abstand der Mittelpunkte ist die Summe der beiden Radien.	Der Abstand der Mittelpunkte ist größer als die Summe der beiden Radien.

Übungsaufgaben

Aufgabe 8 ●○○

Zeichne zwei Kreise mit den Radien 3 cm und 4 cm, die sich

a) nicht berühren.
b) in zwei Punkten schneiden.
c) einen gemeinsamen Punkt haben.

Aufgabe 9 ●○○

Markiere jeweils die Mittelpunkte von Kreisen bzw. Kreisausschnitten und zeichne die beiden Figuren ab.

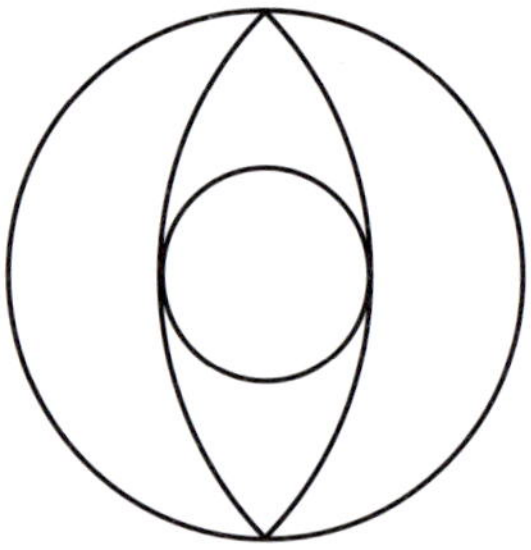

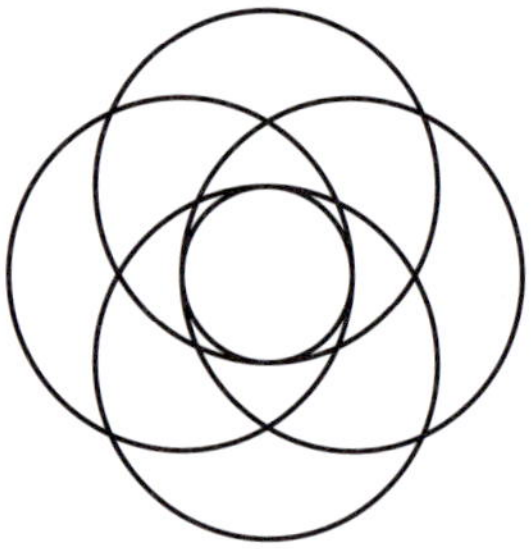

Aufgabe 10 ●○○

a) Zeichne ein regelmäßiges Sechseck mit der Seitenlänge 3 cm. Zeichne dazu diese Kreisfigur und verbinde je zwei benachbarte Schnittpunkte miteinander.
b) Zeichne die Kreisfigur nochmals und zeichne die Diagonalen im Sechseck farbig ein. Gib an, welche Figur du dann erhältst.

Aufgabe 11 ●●○

Zeichne die Kreismuster im Quadrat. Überlege, wo du den Zirkel einstechen musst und wie groß die Radien der Kreisteile sein müssen.

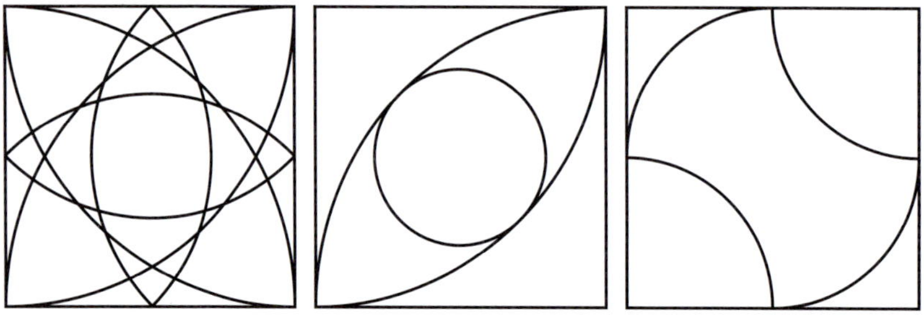

Winkel

Kompetenzcheck

Ich kann …	Aufgabe	Ergebnis
… Winkel mithilfe der Fachbegriffe beschreiben.	**Aufgabe 1** Markiere in der Figur jeden Winkel mit dem richtigen griechischen Buchstaben. $\alpha = ∢\,BAD$; $\beta = ∢\,b,a$; $\gamma = ∢\,BCD$; $\delta = ∢\,c,d$ 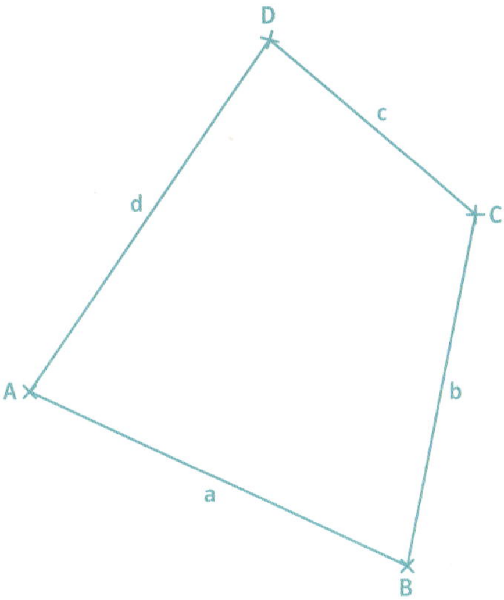 	→ S. 183
	Aufgabe 2 Bezeichne die Winkel. 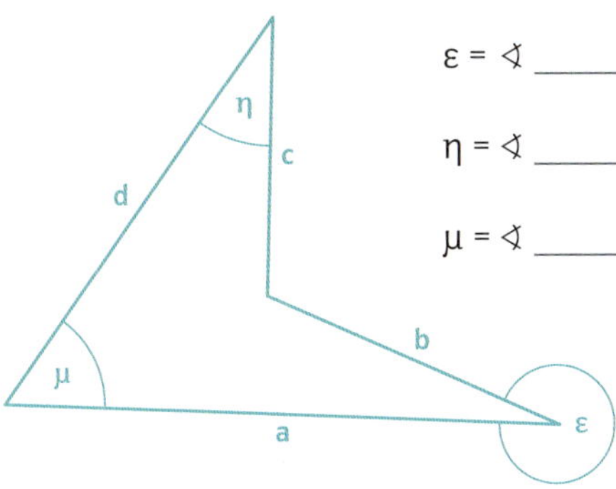 $\varepsilon = ∢$ ____________ $\eta = ∢$ ____________ $\mu = ∢$ ____________	→ S. 183

Schritt-für-Schritt-Erklärung

Fachbegriffe

Was ist ein Winkel?

Unter dem Blickwinkel beim Auge versteht man das Seh- oder Blickfeld, das das Auge sehen kann. Unterschiedliche Lebewesen haben unterschiedlich große Blickwinkel. Auch in der Mathematik gibt es Winkel.

Dreht man eine **Halbgerade gegen den Uhrzeigersinn**, also **linksherum** um ihren Anfangspunkt S, dann wird ein Gebiet überstrichen. Dieses Gebiet nennt man auch **Winkel**.
Ein Winkel in der Mathematik ist also begrenzt durch **zwei Halbgeraden**, auch **Schenkel** genannt, und den **Scheitelpunkt S** (kurz **Scheitel**).
Durch den Scheitel und zwei Schenkel werden **zwei** Winkel vorgegeben. Durch einen kleinen Kreisbogen und einen **griechischen Buchstaben** kennzeichnet man, welcher Winkel gemeint ist.

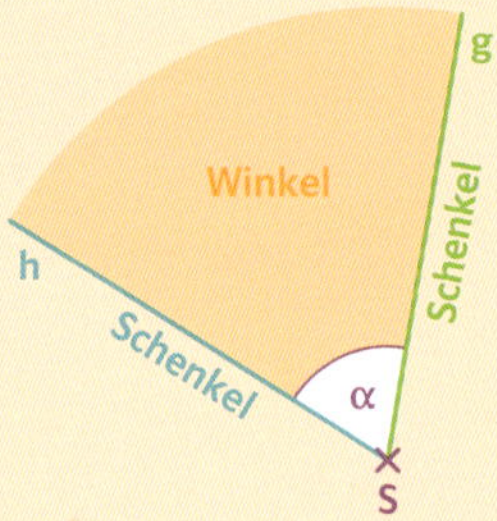

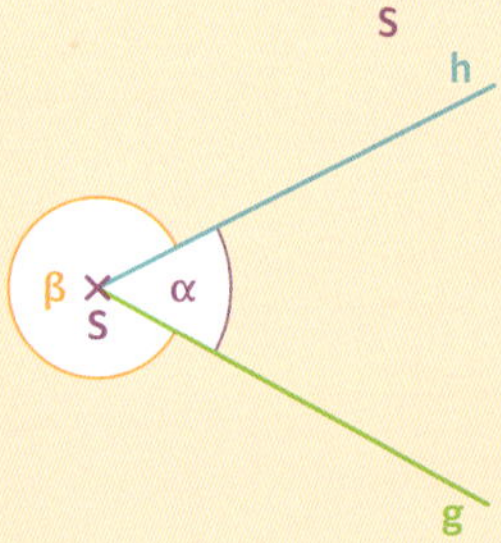

Merke:
Eine Halbgerade ist eine gerade Linie. Sie hat einen Anfangspunkt, aber keinen Endpunkt. Sie ist also auf einer Seite unbegrenzt.
Sie wird wie eine Gerade auch mit einem kleinen Buchstaben bezeichnet.

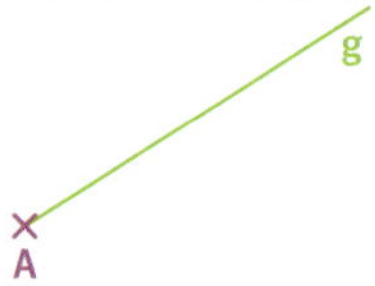

Winkel können auf verschiedene Arten bezeichnet werden:

1. mit kleinen griechischen Buchstaben
   Man sagt dazu:
   „der Winkel alpha".

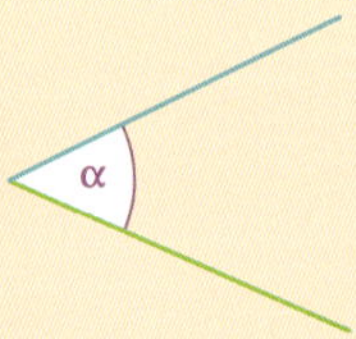

2. durch die beiden Schenkel
   Man sagt dazu:
   „der Winkel zwischen g und h".

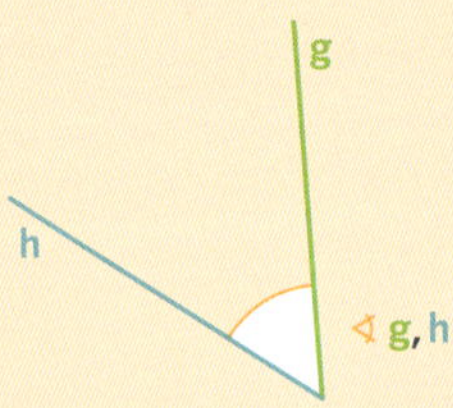

3. durch 3 Punkte, von denen zwei auf den Schenkeln liegen und einer der Scheitel ist
   Man sagt dazu auch:
   „der Winkel ASB".

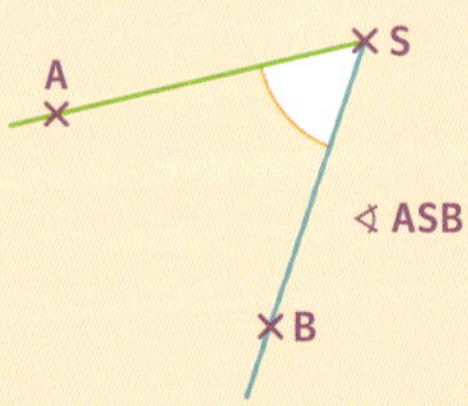

Merke:
α *alpha*
β *beta*
γ *gamma*
δ *delta*
ε *epsilon*
η *eta*
μ *mü*
π *pi*

Merke:
Der Scheitelpunkt steht immer in der Mitte und der Schenkel mit dem erstgenannten Buchstaben wird linksherum auf den Schenkel mit dem zweitgenannten Buchstaben gedreht.

Übungsaufgaben

Aufgabe 12 ●○○

Bezeichne die markierten Winkel.

a)

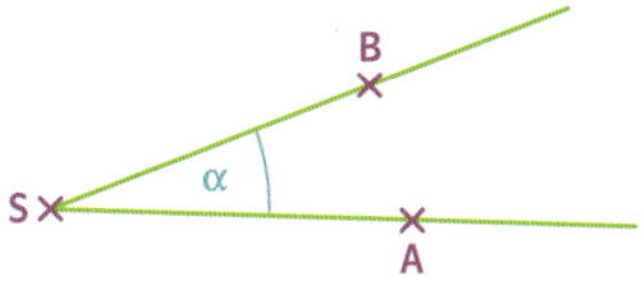

b)

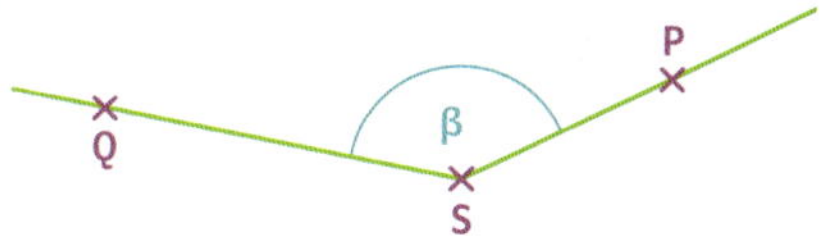

c)

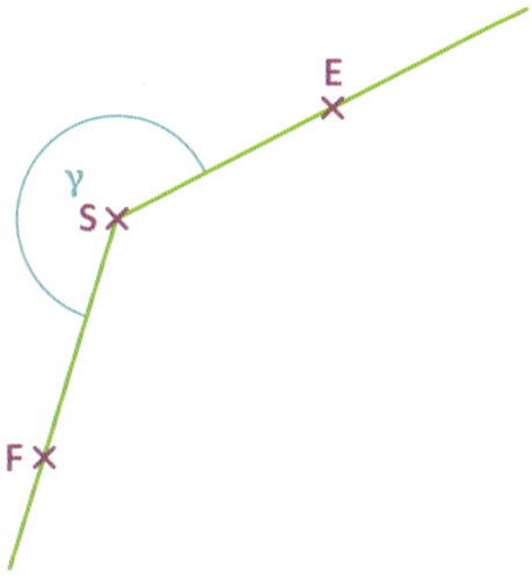

d)

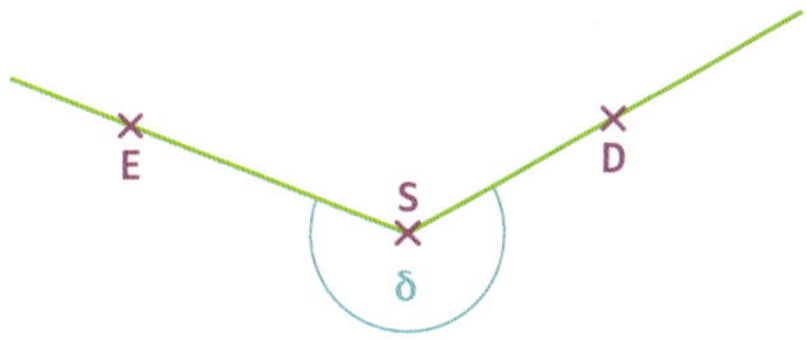

Aufgabe 13 ●○○

Bezeichne die markierten Winkel.

a)

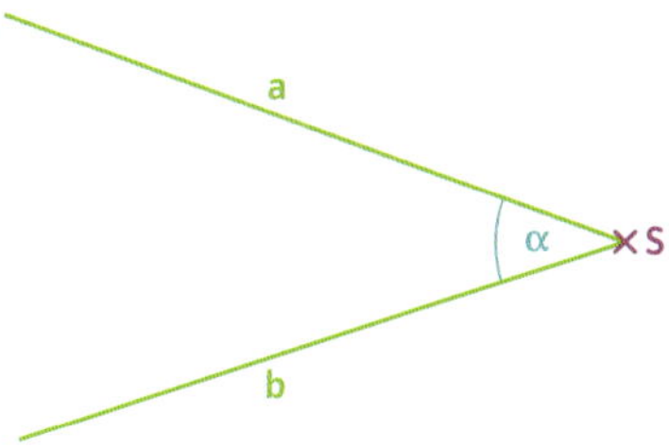

b)

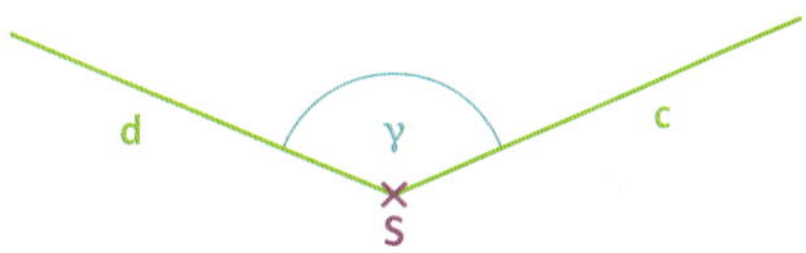

c)

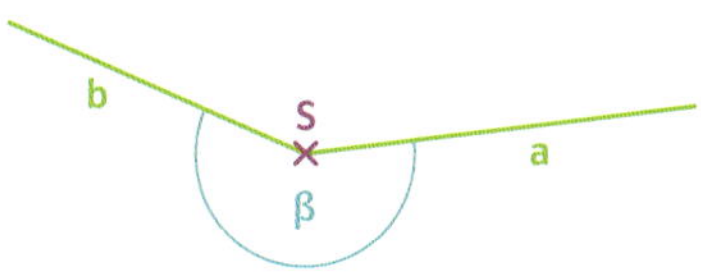

d)

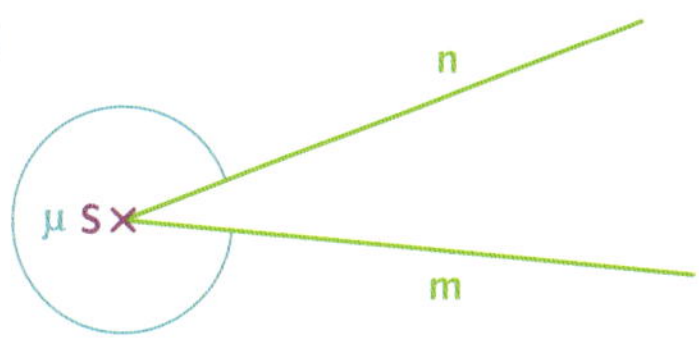

Übungsaufgaben

Aufgabe 14 ●○○

Markiere die Winkel in der Figur und bezeichne sie mit den richtigen griechischen Buchstaben.

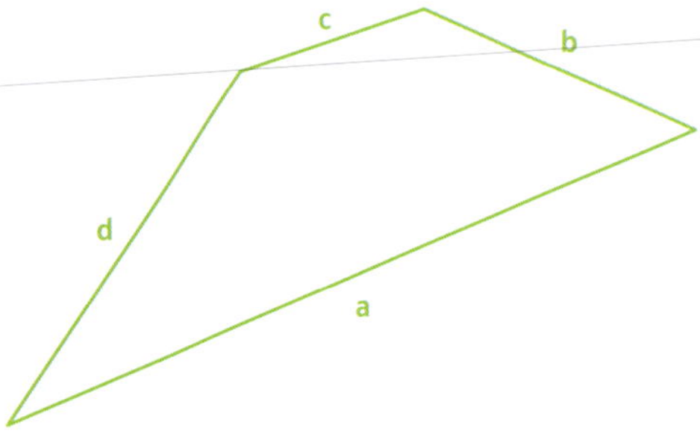

$\alpha = \sphericalangle\, a,d$; $\beta = \sphericalangle\, b,c$; $\gamma = \sphericalangle\, d,c$; $\delta = \sphericalangle\, d,a$

Aufgabe 15 ●○○

Markiere die Winkel in der Figur und bezeichne sie mit den richtigen griechischen Buchstaben.

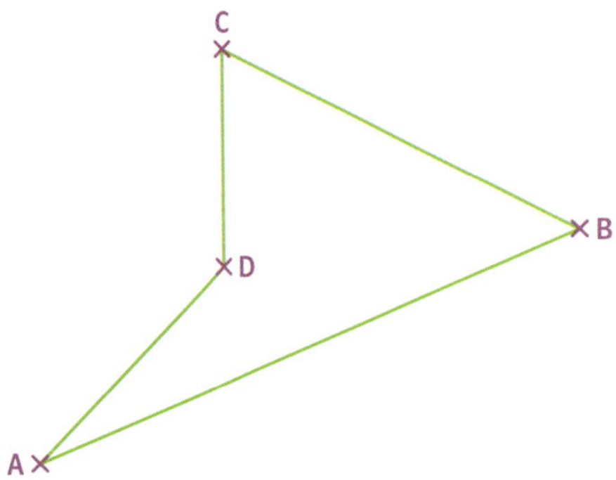

$\alpha = \sphericalangle\, DAB$; $\beta = \sphericalangle\, ABC$; $\gamma = \sphericalangle\, DCB$; $\delta = \sphericalangle\, CDA$

Winkelarten

Kompetenzcheck

Ich kann …	Aufgabe	Ergebnis
… Winkelarten angeben.	**Aufgabe 1** Gib an, um welche Winkelart es sich handelt. 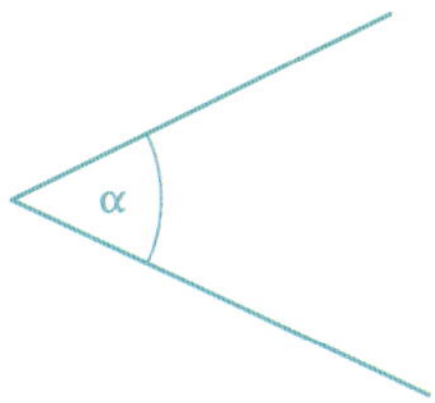 ________________ 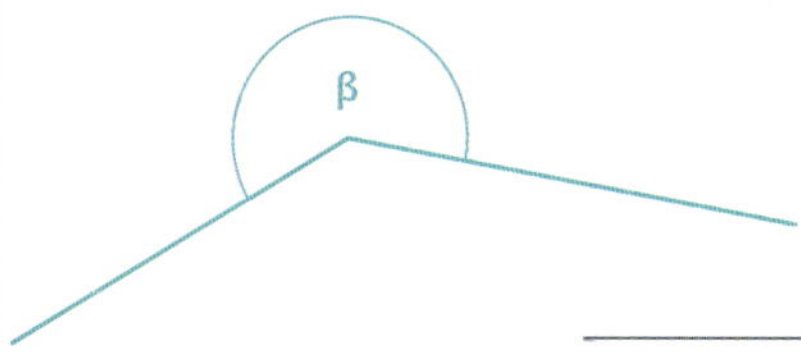 ________________ 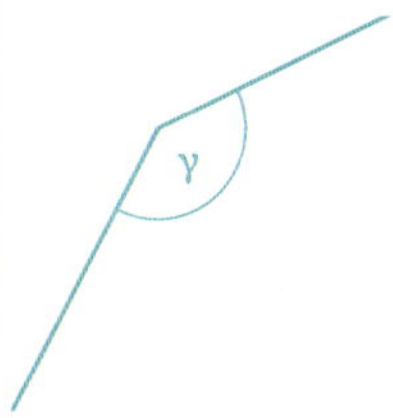 ________________	→ S. 184
… Winkelarten in einer Figur markieren.	**Aufgabe 2** Markiere in der Figur einen spitzen, einen stumpfen und einen überstumpfen Winkel. 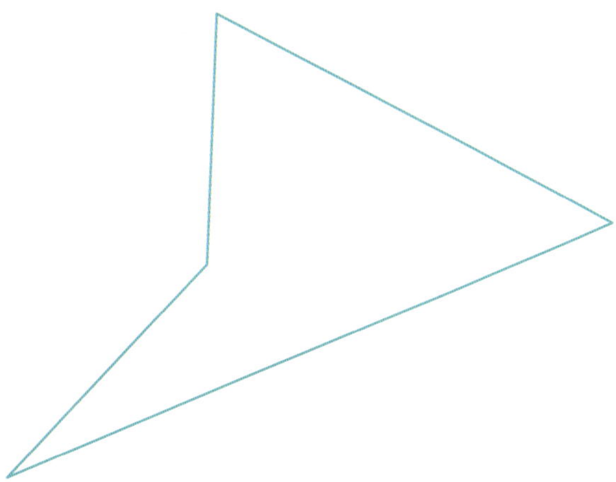	→ S. 184

Schritt-für-Schritt-Erklärung

Fachbegriffe

Bei einer Uhr bilden die zwei Zeiger verschiedene Winkel. Dabei entsprechen verschiedene Uhrzeiten bzw. Zeigerdarstellungen verschiedenen Winkelarten.

> *Merke:*
> *Mathematisch überstreicht ein Winkel ein Gebiet bzw. Feld. Bei der Zeit sagt man sprichwörtlich auch: „Die Zeit verstreicht." Oder „Es ist viel Zeit verstrichen".*

Um die **Größe** bzw. **Weite eines Winkels** mathematisch genau angeben zu können, benötigt man eine Größeneinheit für Winkel, die Einheit **Grad** (kurz: °).

Einen Winkel von **1 Grad** (kurz: **1°**) erhält man, wenn man einen Kreis in 360 gleich große Teile aufteilt. Genau diese Einteilung findest du auf deinem **Geodreieck** wieder. Dort findest du an den beiden kürzeren Außenkanten und an dem Halbkreis innen die **Einteilung in Grad**.

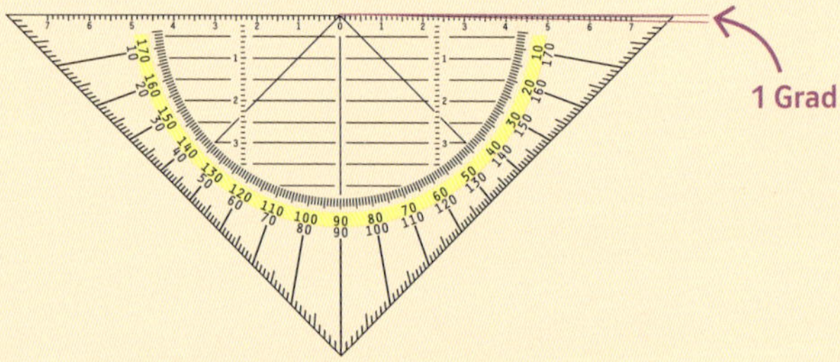

Verschiedene Winkelgrößen kann man in **Winkelarten** einteilen.

Fachbegriffe

Diese Winkelarten musst du kennen:

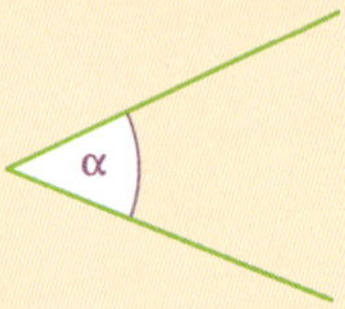

spitzer Winkel
$0° < \alpha < 90°$

rechter Winkel
$\alpha = 90°$

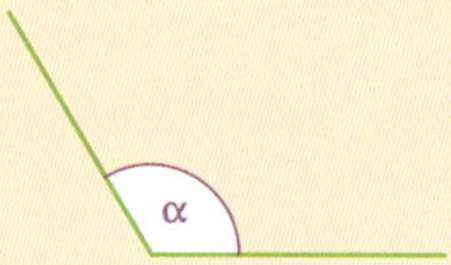

stumpfer Winkel
$90° < \alpha < 180°$

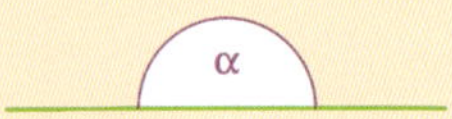

gestreckter Winkel
$\alpha = 180°$

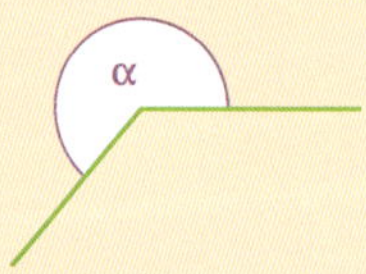

überstumpfer Winkel
$180° < \alpha < 360°$

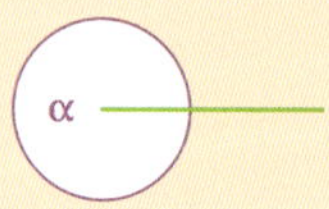

Vollwinkel
$\alpha = 360°$

Übungsaufgaben

Aufgabe 16 ●○○

Gib an, um welche Winkelart es sich handelt.

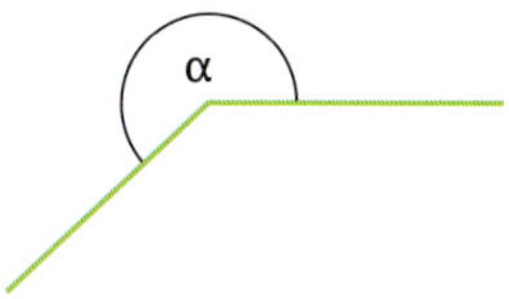

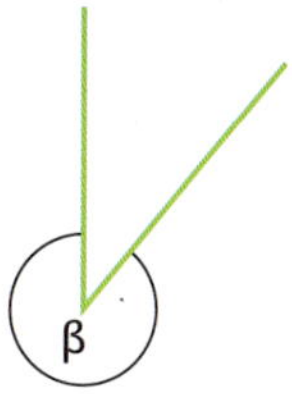

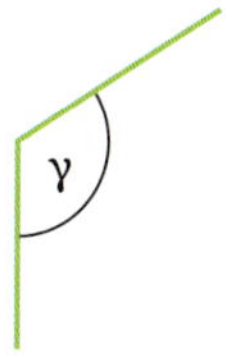

______________ Winkel ______________ Winkel ______________ Winkel

Ordne die Winkel nach der Größe. ______ < ______ < ______

Aufgabe 17 ●○○

Zeichne jeweils einen spitzen, einen stumpfen und einen überstumpfen Winkel.

Aufgabe 18 ●○○

Bei Uhren mit Zeigerdarstellung überstreichen die Zeiger für jede Uhrzeit einen bestimmten Winkel. Gib für jede Uhrzeit an, um welche Winkelart es sich handelt.

a)

b)

c)

d)

______________ Winkel ______________ Winkel ______________ Winkel ______________ Winkel

Übungsaufgaben

Aufgabe 19 ●○○

Gib bei jedem Innenwinkel des Dreiecks an, um was für einen Winkel es sich handelt. Ordne die Innenwinkel nach der Größe und benutze das <-Zeichen.

a)

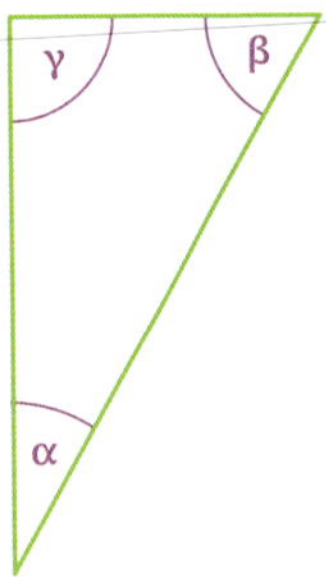

b)

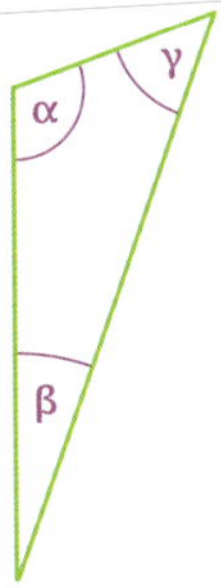

c)

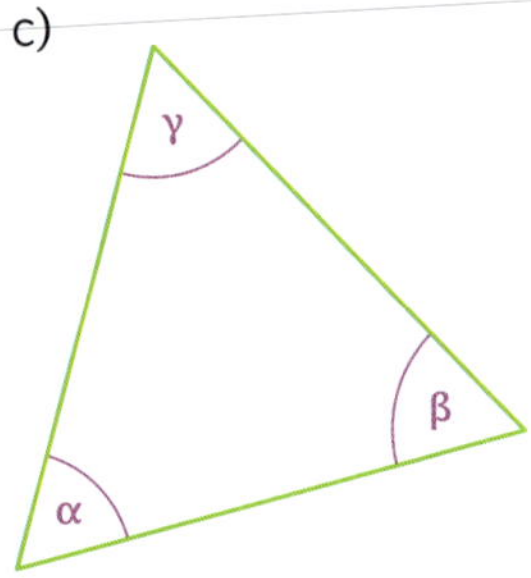

Aufgabe 20 ●●○

Zeichne, wenn möglich, ein Dreieck mit

a) drei spitzen Winkeln.
b) einem rechten Winkel.
c) einem stumpfen Winkel.
d) zwei stumpfen Winkeln.

Aufgabe 21 ●○○

Gib bei jedem Innenwinkel des Vierecks an, um was für einen Winkel es sich handelt. Ordne die Innenwinkel nach der Größe und benutze das <-Zeichen.

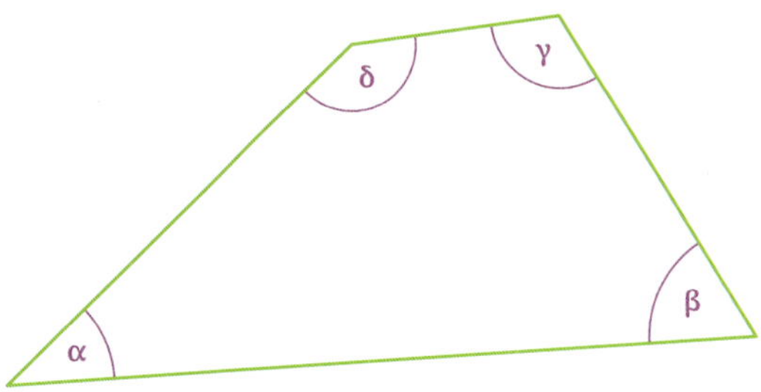

Aufgabe 22 ●●○

Zeichne, wenn möglich, ein Viereck mit

a) drei spitzen Winkeln.
b) zwei spitzen und zwei stumpfen Winkeln.
c) einem überstumpfen Winkel.
d) zwei überstumpfen Winkeln.
e) mindestens einem rechten Winkel.

Winkel schätzen und messen

Kompetenzcheck

Ich kann …	Aufgabe	Ergebnis
… Winkelgrößen bis 180° messen.	**Aufgabe 1** Miss die Winkelgrößen. 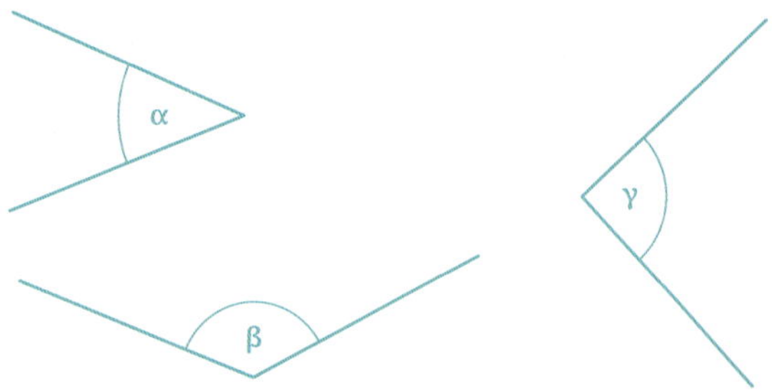 α = ________ ° β = ________ ° γ = ________ °	→ S. 184
… Winkelgrößen bis 360° messen.	**Aufgabe 2** Miss die Winkelgrößen. 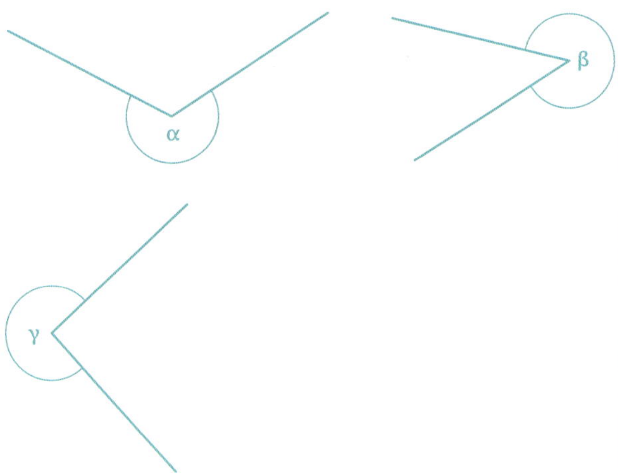 α = ________ ° β = ________ ° γ = ________ °	→ S. 184

Schritt-für-Schritt-Erklärung

Fachbegriffe

Was ist die Größe eines Winkels?

Der 360. Teil des Vollwinkels ist **1 Grad**, kurz **1°**.

Hat ein Winkel α die Größe 52°, kurz α = 52°, dann bedeutet das, dass der Winkel 52-mal so groß ist wie der Winkel von 1°.

> *Beachte:*
> *Für die Größe eines Winkels spielt es keine Rolle, wie lang die Schenkel sind.*

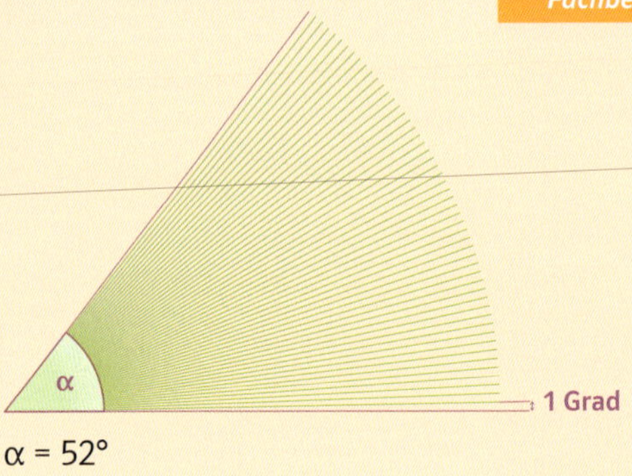

So gehst du vor

So kannst du Winkel zwischen 0° und 180° messen:

Möglichkeit I:

0. Lege das Blatt Papier mit dem Winkel so, dass der untere Schenkel parallel zur Tischkante liegt.
1. Lege dein Geodreieck von **oben** mit der Grundseite an den ersten Schenkel (s. Abbildung). Achte darauf, dass die Grundkante genau auf dem Schenkel und der Nullpunkt genau auf dem Scheitel liegen.
2. Lies die Winkelgröße direkt an der **äußeren** Skala ab.

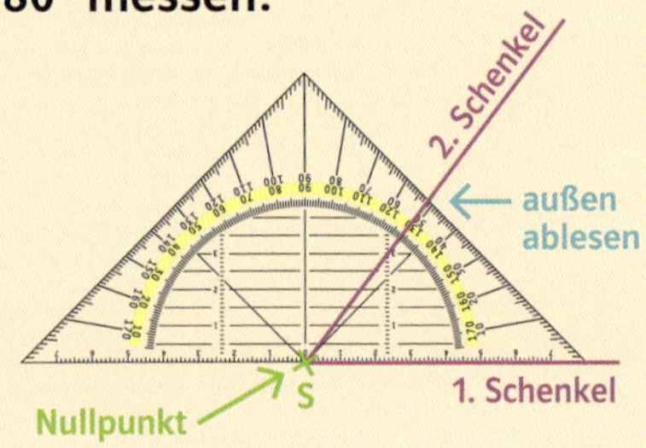

> *Ist nichts anderes angegeben, werden Winkel immer linksherum, also gegen den Uhrzeigersinn gemessen.*

Möglichkeit II:

0. Lege das Blatt Papier mit dem Winkel so, dass der untere Schenkel parallel zur Tischkante liegt.
1. Lege dein Geodreieck von **unten** mit der Grundseite an den ersten Schenkel (s. Abbildung). Achte darauf, dass die Grundkante genau auf dem Schenkel und der Nullpunkt genau auf dem Scheitel liegen.
2. Drehe nun das Geodreieck so lange, bis die Grundseite den zweiten Schenkel berührt.
3. Lies die Winkelgröße direkt an der **inneren** Skala ab. Wenn du dir unsicher bist, beginne am zweiten Schenkel mit 0° und gehe dann beim Drehen schrittweise auf der inneren Skala bis zum ersten Schenkel weiter.

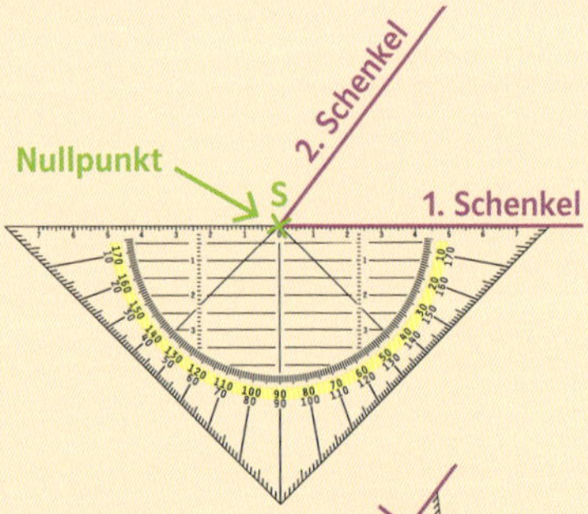

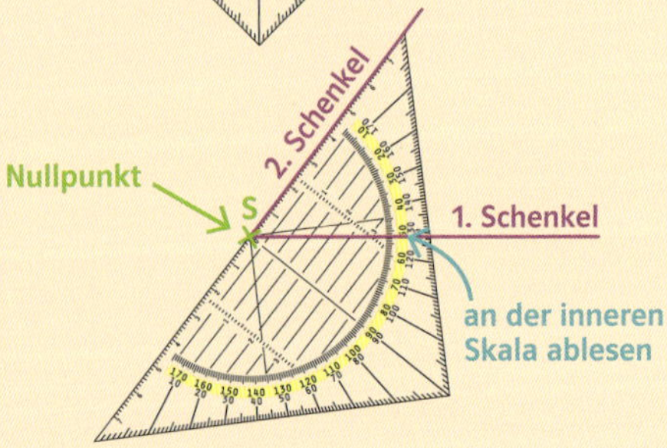

Übungsaufgaben

Aufgabe 23 ●○○

Lies die Größe der Winkel ab.

a)

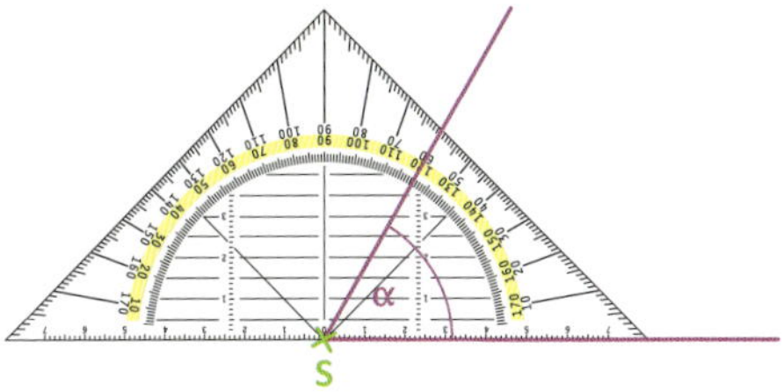

α = ________________

b)

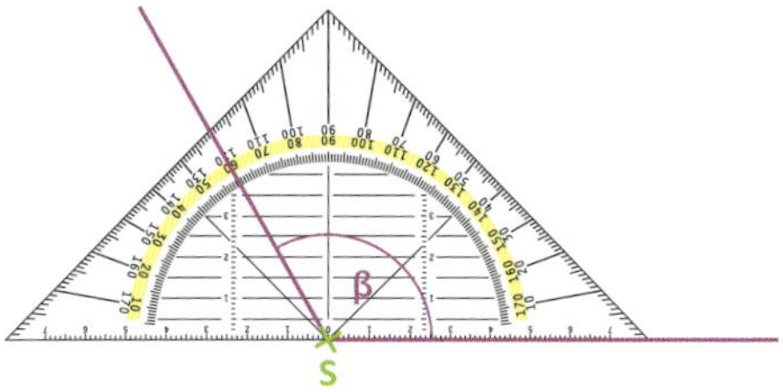

β = ________________

Aufgabe 24 ●○○

Schätze zuerst die Winkelgröße und miss anschließend die genaue Größe mit dem Geodreieck.

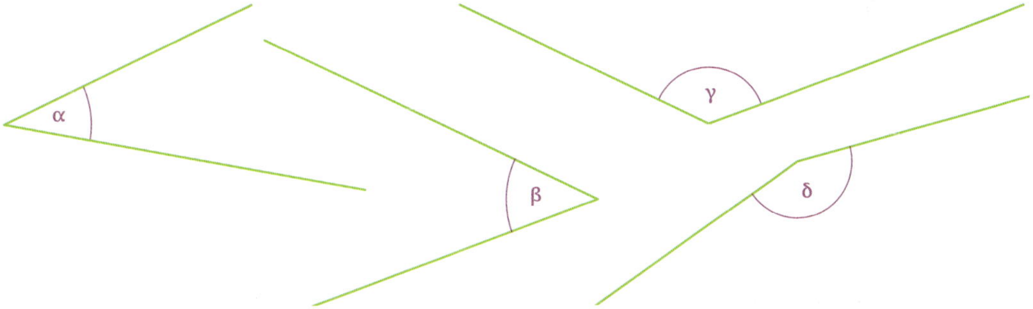

geschätzt: α ≈ ________________ geschätzt: β ≈ ________________

gemessen: α = ________________ gemessen: β = ________________

geschätzt: γ ≈ ________________ geschätzt: δ ≈ ________________

gemessen: γ = ________________ gemessen: δ = ________________

Aufgabe 25 ●○○

Es gibt Verkehrsschilder, die die Steigung von Straßen anzeigen. Miss den jeweils zugehörigen Steigungswinkel.

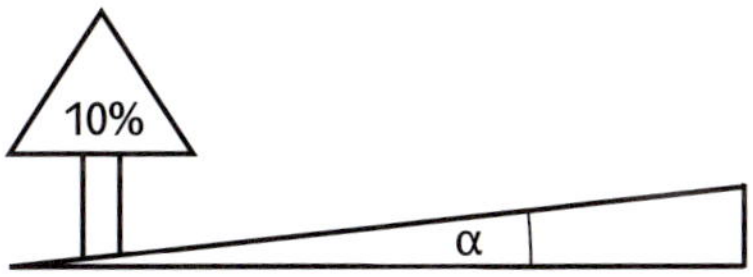

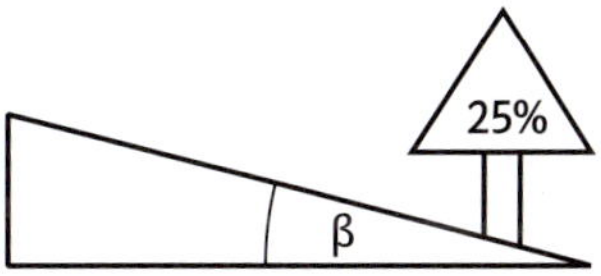

Übungsaufgaben

Aufgabe 26 ●○○

Miss die Innenwinkel der Dreiecke.

a)

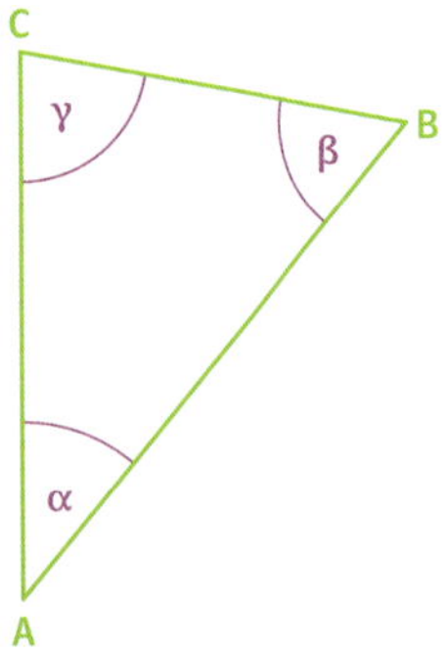

b)

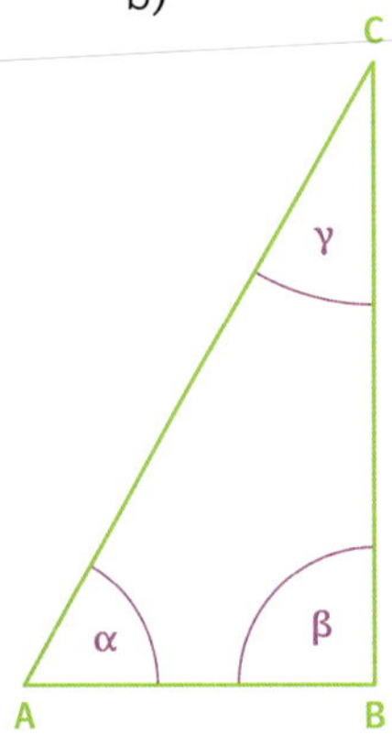

c)

> *Tipp:*
> *Schätze erst die Größe des Winkels mithilfe der Winkelarten. Dann hast du eine Kontrolle, ob du richtig gemessen hast.*

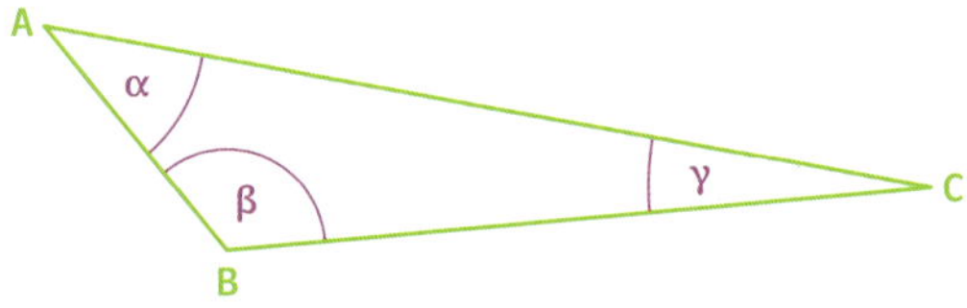

Aufgabe 27 ●○○

Zeichne in das Koordinatensystem das Viereck ABCD mit A (2 | 1), B (8 | 4), C (1 | 9), D (0 | 5) und miss die Innenwinkel.

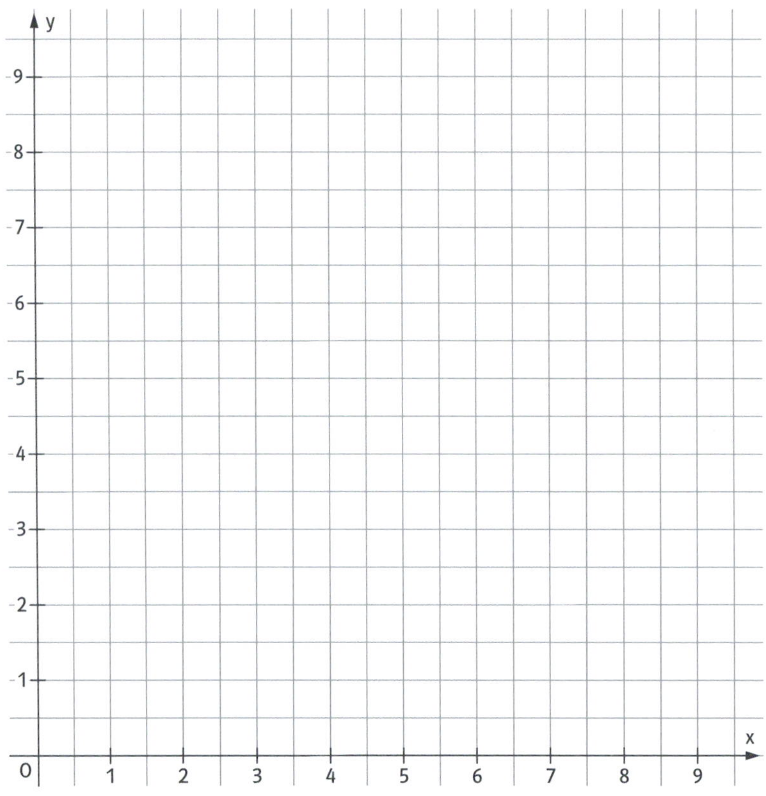

Schritt-für-Schritt-Erklärung

So gehst du vor

So kannst du Winkel zwischen 180° und 360° messen:

Möglichkeit I:

0. Lege das Blatt Papier mit dem Winkel so, dass der erste rechte Schenkel parallel zur Tischkante liegt.
1. Lege dein Geodreieck von unten mit der Grundseite an den ersten Schenkel (s. Abbildung). Achte darauf, dass die Grundkante genau auf dem Schenkel und der Nullpunkt genau auf dem Scheitel liegen. Verlängere gegebenenfalls den Schenkel über den Nullpunkt hinaus.
2. Lies die Winkelgröße links beginnend direkt an der **äußeren** Skala ab. Wenn du dir unsicher bist, beginne am **verlängerten** Schenkel mit 0° und gehe dann schrittweise auf der Skala bis zum zweiten Schenkel weiter.
3. Zum abgelesenen Wert musst du noch 180° addieren.

Beachte:
Eigentlich misst du hier zwei Winkel: den gestreckten mit 180° und den spitzen oder stumpfen Winkel, auf dem das Geodreieck liegt.

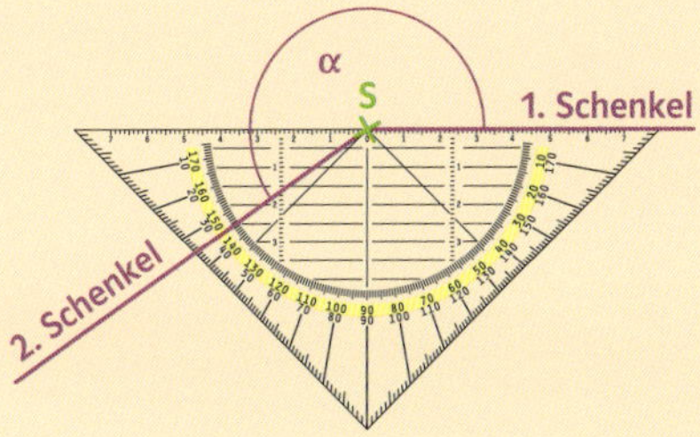

abgelesen: 35°
$\alpha = 180° + 35° = 215°$

Möglichkeit II:

Du weißt, dass durch zwei Schenkel auch zwei Winkel bestimmt sind. Beide Winkel sind zusammen genau 360° groß.

1. Markiere den kleineren Winkel. Lege das Blatt Papier mit dem kleineren Winkel so, dass der erste rechte Schenkel parallel zur Tischkante liegt.
2. Miss den kleineren Winkel mit einer der beiden Möglichkeiten.
3. Den abgelesenen Wert musst du von 360° subtrahieren.

Beachte:
Bei dieser Möglichkeit misst du den Winkel zwischen dem 2. Schenkel und dem 1. Schenkel.

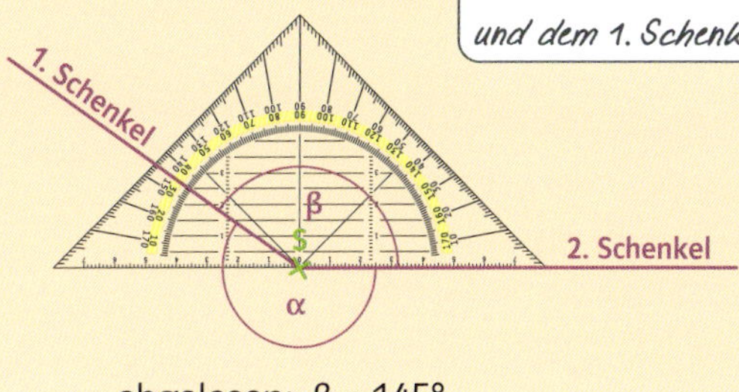

abgelesen: $\beta = 145°$
$\alpha = 360° - 145° = 215°$

Übungsaufgaben

Aufgabe 28 ●○○

Ordne jeder Winkelart die entsprechende Winkelgröße zu und fülle die Tabelle aus.
Schätze zuerst und miss dann die genaue Winkelgröße.

a)

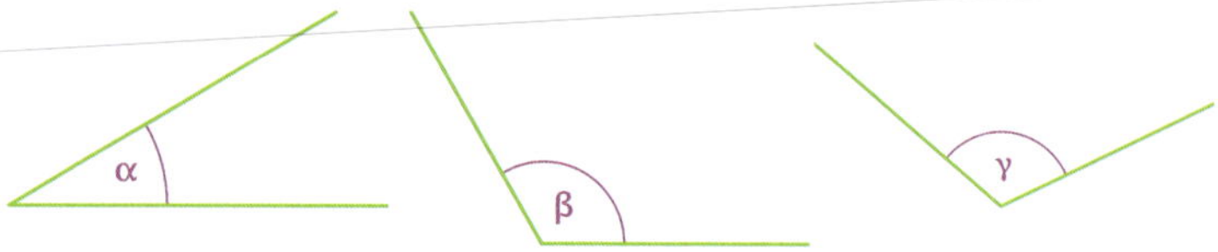

Winkelart			
geschätzte Winkelgröße			
Winkelgröße gemessen			

b)

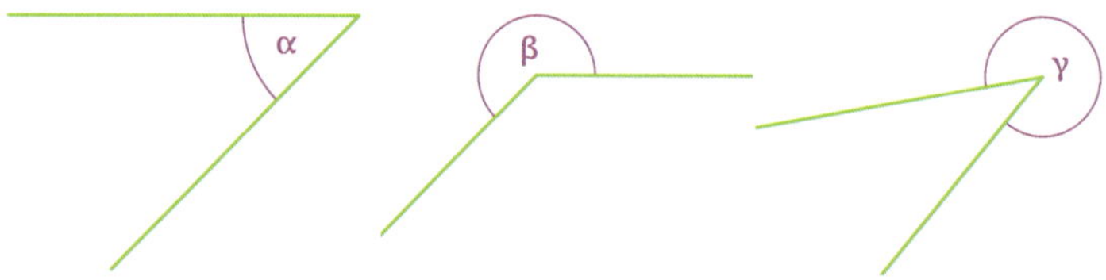

Winkelart			
geschätzte Winkelgröße			
Winkelgröße gemessen			

Aufgabe 29 ●○○

Miss die Winkel in der Figur.

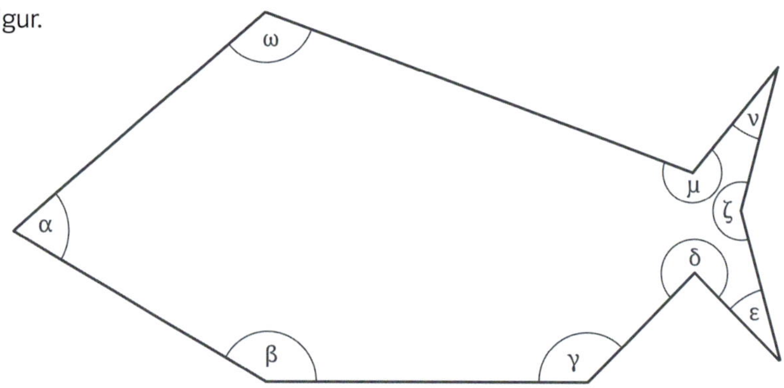

Aufgabe 30 ●○○

Zeichne in ein Koordinatensystem mit LE 1 cm das Viereck ABCD mit A (3 | 2), B (7 | 4), C (9 | 1), D (10 | 8) und miss die Innenwinkel.

Winkel zeichnen

Kompetenzcheck

Ich kann …	Aufgabe	Ergebnis
… Winkel bis 180° zeichnen.	**Aufgabe 1** a) Zeichne einen Winkel α mit $\alpha = 72°$. b) Ergänze die Halbgerade g zu einem Winkel β mit $\beta = 156°$. 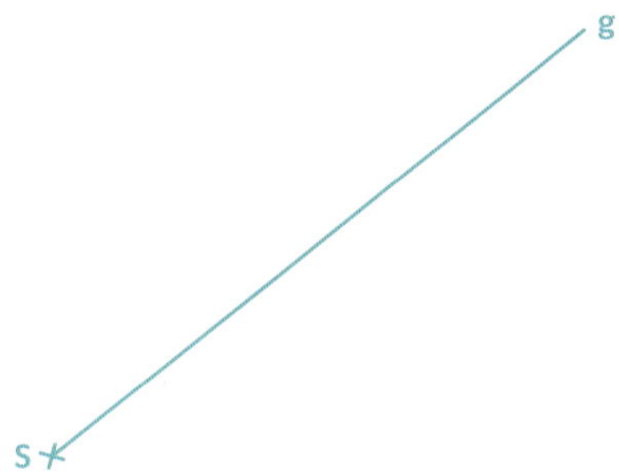	→ S. 184
… Winkel zwischen 180° und 360° zeichnen.	**Aufgabe 2** a) Zeichne einen Winkel α mit $\alpha = 293°$. b) Ergänze die Halbgerade g zu einem Winkel β mit $\beta = 222°$. 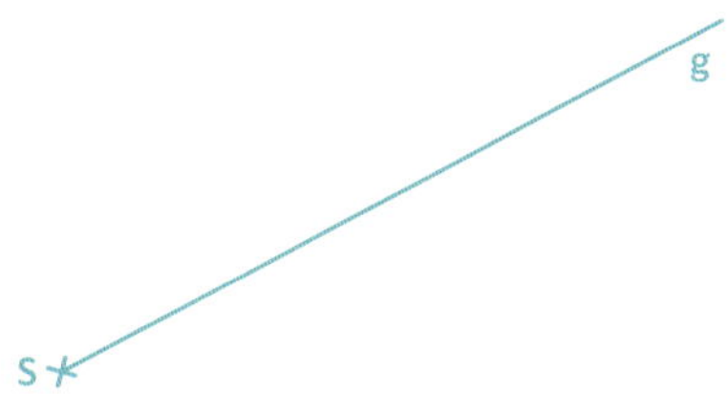	→ S. 184

Schritt-für-Schritt-Erklärung

So gehst du vor

So kannst du Winkel zwischen 0° und 180° zeichnen:

Winkel zwischen 0° und 180° kannst du direkt mit dem Geodreieck zeichnen.

> *Beachte:*
> *Winkel werden immer linksherum, also gegen den Uhrzeigersinn gezeichnet. Vielleicht hilft es dir, die Drehrichtung immer zu Beginn mit einem Pfeil anzudeuten.*

Möglichkeit I:

0. Lege das Blatt Papier mit dem ersten Schenkel oder zeichne den ersten Schenkel so, dass der Schenkel parallel zur Tischkante und der Scheitel links davon liegt. Markiere den Scheitel.

1. Lege dein Geodreieck von **oben** mit der Grundseite an den Schenkel (s. Abbildung). Achte darauf, dass die Grundkante genau auf dem Schenkel und der Nullpunkt genau auf dem Scheitel liegen.

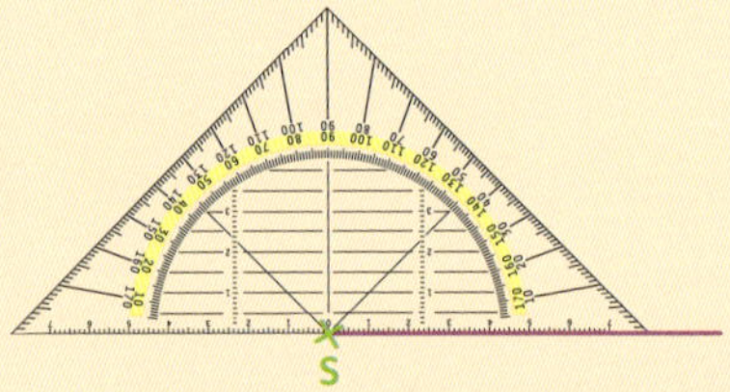

> *Beachte:*
> *Winkel kleiner 90° (spitze Winkel) werden rechts von Mittellinie des Geodreiecks abgetragen, Winkel größer 90° (stumpfe Winkel) links davon.*

2. Trage die Winkelgröße an der **äußeren** Skala ab. Wenn du dir unsicher bist, beginne rechts bei 0° und gehe dann schrittweise auf der äußeren Skala bis zur gewünschten Winkelgröße weiter.

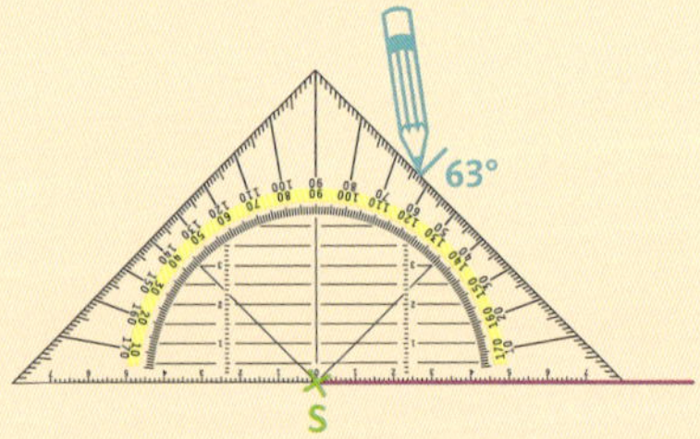

> *Tipp:*
> *Drehe das Papier so, dass du den Schenkel gut zeichnen kannst, also dass das Geodreieck ungefähr parallel zur Tischkante liegt.*
>
> 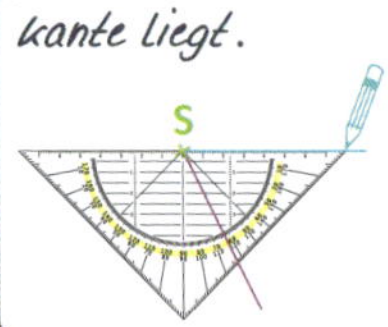
>

3. Nimm das Geodreieck weg und lege es neu an, so dass du den Scheitel mit der neuen Markierung verbinden kannst.

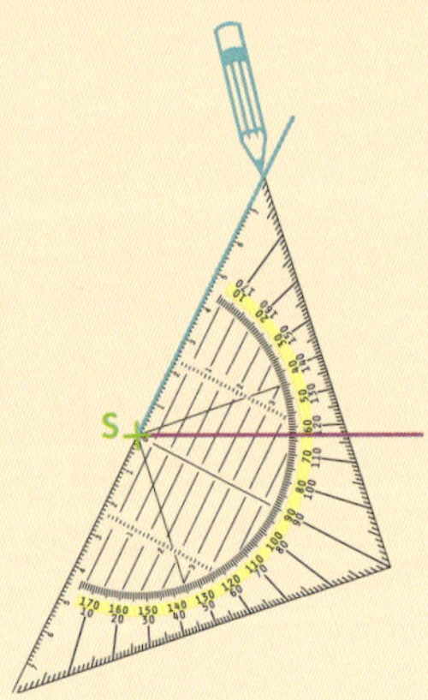

Schritt-für-Schritt-Erklärung

So gehst du vor

Möglichkeit II:

0. Lege das Blatt Papier mit dem Winkel so, dass der untere Schenkel parallel zur Tischkante und der Scheitel links davon liegt.

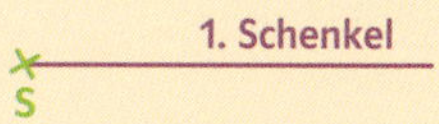

1. Lege dein Geodreieck von **unten** mit der Grundseite an den ersten Schenkel (s. Abbildung). Achte darauf, dass die Grundkante genau auf dem Schenkel und der Nullpunkt genau auf dem Scheitel liegen.

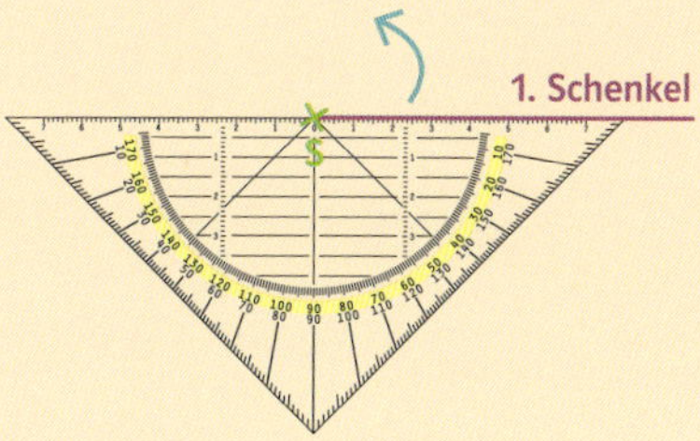

2. Drehe nun das Geodreieck so lange **nach links**, bis du die gewünschte Winkelgröße auf der **inneren Skala** am ersten Schenkel ablesen kannst. Wenn du dir unsicher bist, beginne am ersten Schenkel auf der **inneren Skala** mit 0° und gehe dann beim Drehen schrittweise auf der **inneren Skala** weiter.

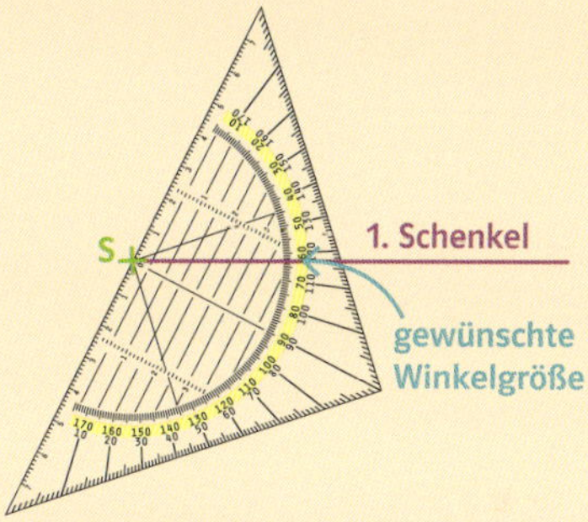

Tipp:
Halte das Geodreieck gut fest. Achte beim Drehen und auch beim Zeichnen immer darauf, dass der Nullpunkt auf dem Scheitel liegt!

3. Zeichne den zweiten Schenkel an der Grundkante des Geodreiecks entlang.

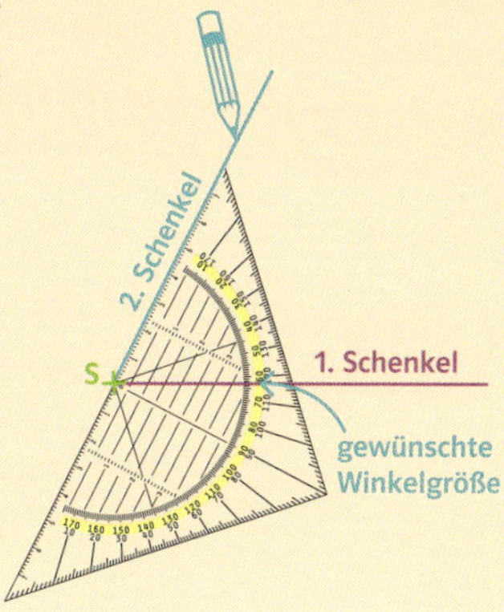

Übungsaufgaben

Aufgabe 31 ●○○

Zeichne einen beliebigen spitzen und stumpfen Winkel und gib die zugehörige Winkelweite an.

Aufgabe 32 ●○○

Zeichne die Winkel. Überlege dir im Vorfeld, um was für einen Winkel es sich handelt.

a) $\alpha = 36°$
b) $\alpha = 76°$
c) $\alpha = 122°$
d) $\alpha = 5°$
e) $\alpha = 45°$
f) $\alpha = 168°$

Aufgabe 33 ●○○

Ergänze die Halbgerade g zu einem Winkel mit der angegebenen Winkelweite.

a) $\alpha = 68°$

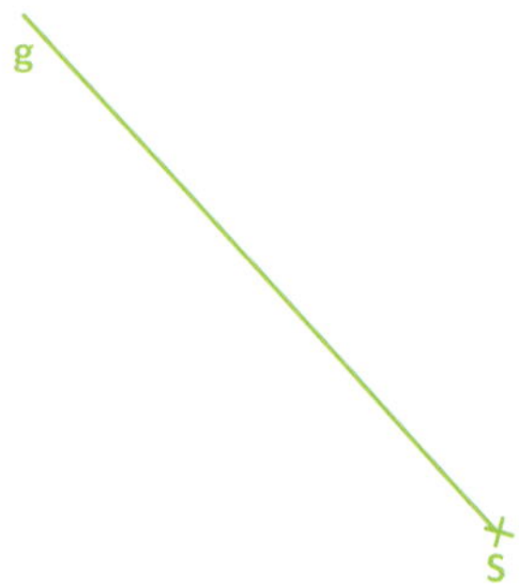

b) $\alpha = 135°$

Aufgabe 34 ●●○

Konstruiere ein Dreieck mit den angegebenen Winkeln und der gegebenen Seitenlänge.

a) $c = 5\,cm$, $\alpha = 45°$, $\beta = 45°$
b) $c = 5\,cm$, $\alpha = 20°$, $\beta = 100°$
c) $c = 3{,}3\,cm$, $\alpha = 60°$, $\beta = 60°$
d) $a = 3\,cm$, $\beta = 110°$, $\gamma = 30°$
e) $b = 5\,cm$, $\alpha = 50°$, $\gamma = 40°$

Tipp:
Zeichne zuerst die Seite mit der gegebenen Länge. An diese Seite zeichnest du die zwei Winkel. Verlängere gegebenenfalls die Schenkel so lange, bis sie sich schneiden. Der Schnittpunkt ist der fehlende dritte Punkt des Dreiecks.

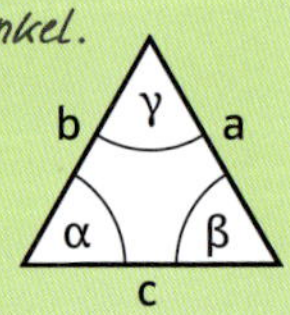

Schritt-für-Schritt-Erklärung

So gehst du vor

So kannst du Winkel zwischen 180° und 360° zeichnen:

Mit dem Geodreieck kannst du **direkt nur Winkel zwischen 0° und 180°** zeichnen. Um einen Winkel zwischen 180° und 360° zeichnen zu können, musst du den Winkel von 180° ergänzen.

> *Beachte:*
> *Winkel werden immer Linksherum, also gegen den Uhrzeigersinn gezeichnet. Vielleicht hilft es dir, die Drehrichtung immer zu Beginn mit einem Pfeil anzudeuten.*

Möglichkeit I:
Subtrahiere 180° vom gegebenen Winkel.
Diese Differenz nennen wir hier im Beispiel α′.

0. Lege das Blatt Papier mit dem ersten Schenkel oder zeichne den ersten Schenkel so, dass der Schenkel parallel zur Tischkante und der Scheitel links davon liegt. Markiere den Scheitel.

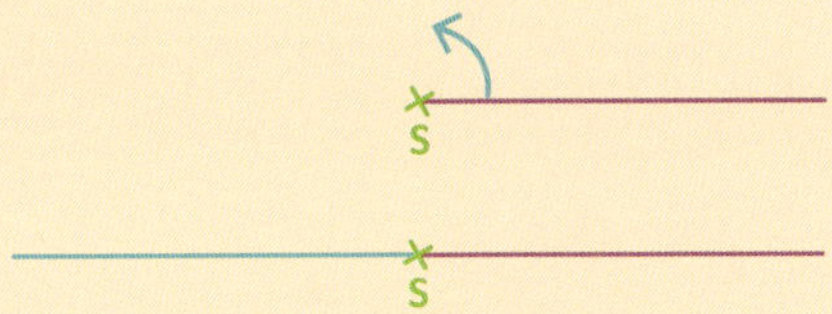

1. **Verlängere diesen Schenkel** mit einer Hilfslinie zu einem 180°-Winkel.

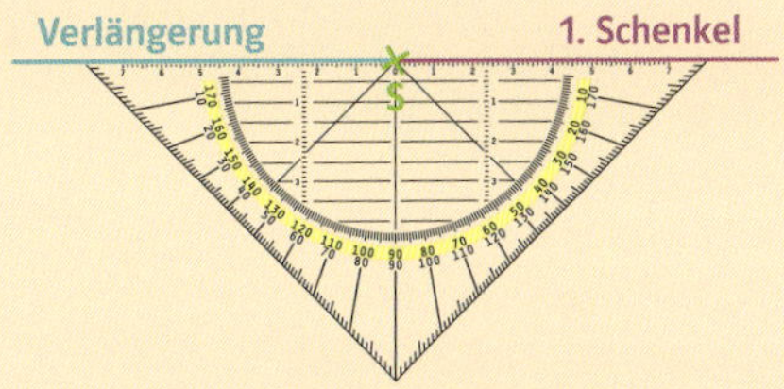

$\alpha' = \alpha - 180°$

2. Lege dein Geodreieck von **unten** mit der Grundseite an den Schenkel (s. Abbildung). Achte darauf, dass die Grundkante genau auf dem Schenkel und der Nullpunkt genau auf dem Scheitel liegen.

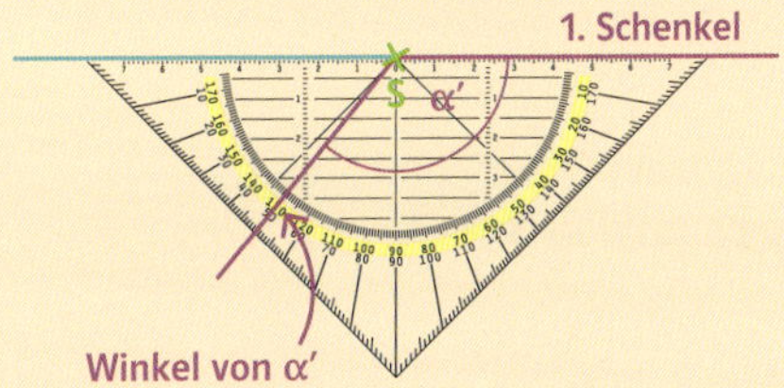

3. Trage die Winkelgröße von **α′** an der **äußeren Skala** ab. Wenn du dir unsicher bist, beginne bei 0° und gehe dann schrittweise auf der **äußeren Skala** bis zur gewünschten Winkelweite weiter.

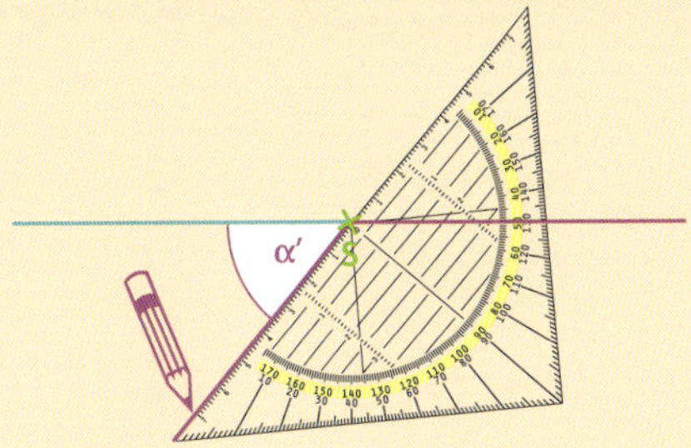

4. Nimm das Geodreieck weg und lege es neu an, so dass du den Scheitel mit der neuen Markierung verbinden kannst. Der gesuchte Winkel ist der größere (obere) Winkel.

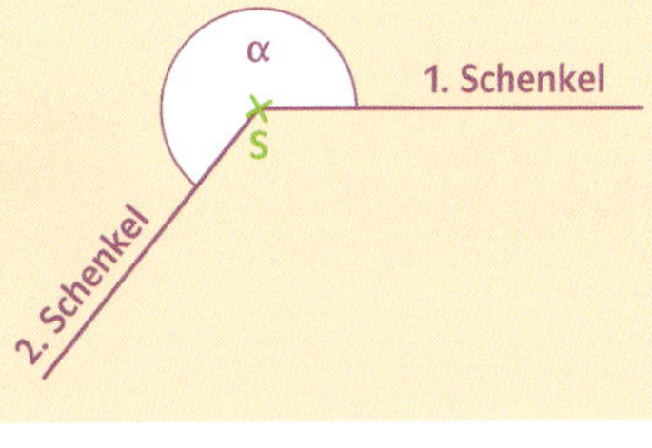

Schritt-für-Schritt-Erklärung

So gehst du vor

Möglichkeit II:
Subtrahiere den gegebenen Winkel **von 360°**. Diese Differenz nennen wir hier im Beispiel α'.

0. Lege das Blatt Papier mit dem ersten Schenkel oder zeichne den ersten Schenkel so, dass der Schenkel parallel zur Tischkante und der Scheitel links davon liegt. Markiere den Scheitel.

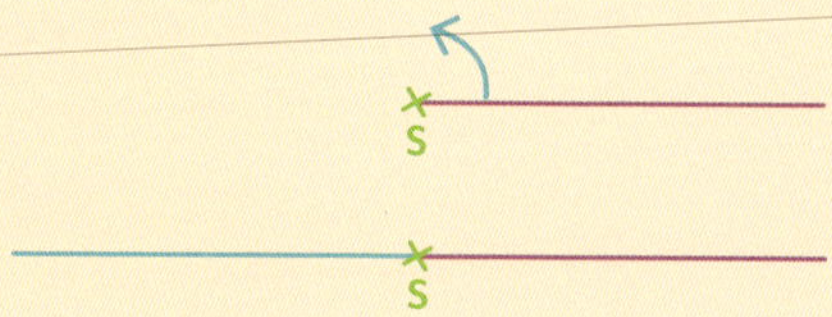

1. Zeichne nach einer der beiden Möglichkeiten den Winkel α', der kleiner als 180° ist.
   Du kannst dazu auch dein Geodreieck von unten mit der Grundseite an den Schenkel (s. Abbildung). Achte darauf, dass die Grundkante genau auf dem Schenkel und der Nullpunkt genau auf dem Scheitel liegen.
   Trage die Winkelweite von **α' beginnend am 1. Schenkel** an der **inneren Skala** ab. Wenn du dir unsicher bist, beginne bei 0° und gehe dann schrittweise auf der **inneren Skala** bis zur gewünschten Winkelweite weiter.

$\alpha' = 360° - \alpha$

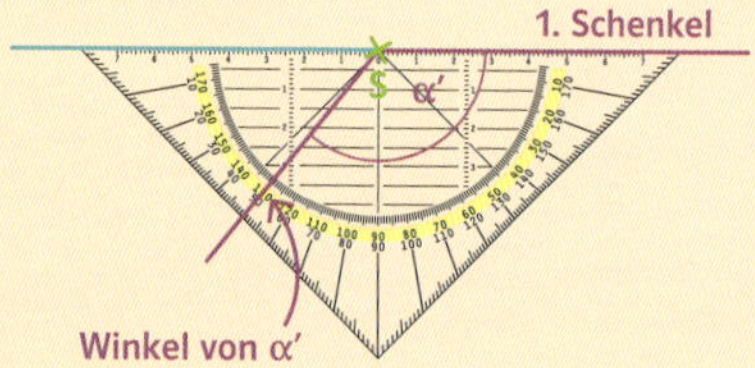

2. Nimm das Geodreieck weg und lege es neu an, so dass du den Scheitel mit der neuen Markierung verbinden kannst. Der gesuchte Winkel ist der größere Winkel.

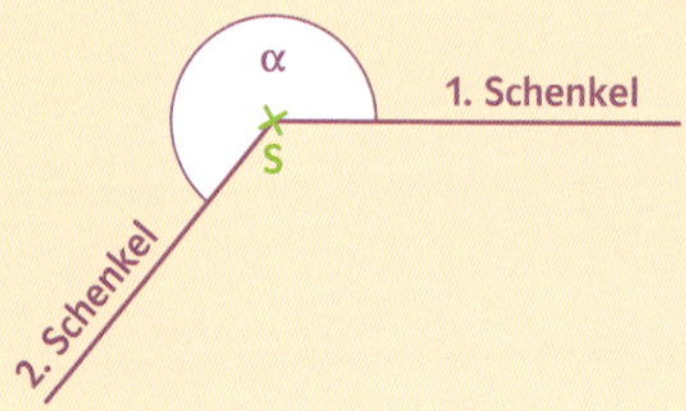

Übungsaufgaben

Aufgabe 35 ●○○
Zeichne zwei beliebige überstumpfe Winkel und gib die zugehörige Winkelweite an.

Aufgabe 36 ●○○
Zeichne die Winkel. Überlege dir vorher, um was für einen Winkel es sich handelt.

a) $\alpha = 285°$
b) $\alpha = 328°$
c) $\alpha = 297°$
d) $\alpha = 115°$
e) $\alpha = 78°$
f) $\alpha = 198°$

Aufgabe 37 ●○○
Ergänze die Halbgerade g zu einem Winkel mit der angegebenen Winkelweite.

a) $\alpha = 213°$

b) $\alpha = 333°$

Aufgabe 38 ●●○
Zeichne ein Koordinatensystem mit LE 1 cm. Zeichne in das Koordinatensystem die angegebenen Punkte S und A. Verbinde sie zur Halbgeraden SA. S ist der Scheitel. Zeichne dann den Winkel α.

a) S(3 | 4), A(2 | 1), $\alpha = 235°$
b) S(2 | 4), A(5 | 0), $\beta = 297°$
c) S(6 | 7), A(0 | 1), $\gamma = 65°$

Abschlusskompetenzcheck

	Ich kann …	✓

1 **… einen Kreis zeichnen.**
Zeichne in ein Koordinatensystem mit LE 1 cm einen Kreis mit dem Mittelpunkt M(4|3) und dem Durchmesser $d = 6\,cm$.
a) Gib den Radius an.
b) Gib an, welche ganzzahligen Gitterpunkte auf dem Kreis liegen.
c) Zeichne einen zweiten Kreis mit Radius $r = 2\,cm$, der diesen Kreis berührt. Beschreibe, was für den Mittelpunkt gelten muss.

2 **… Kreismuster zeichnen.**
a) Gib an, wie viele verschiedene Radien für das Kreismuster benötigt werden.
b) Markiere die Punkte in der Kreisfigur, an denen ein Zirkel eingestochen wurde.
c) Zeichne das Kreismuster auf ein Blatt. Der äußerste, große Kreis hat einen Radius von 5 cm.

3 **… Winkel mithilfe der Fachbegriffe beschreiben.**
Markiere die Winkel mit dem richtigen griechischen Buchstaben.
$\alpha = \sphericalangle BAD$; $\beta = \sphericalangle b, a$;
$\gamma = \sphericalangle BCD$; $\delta = \sphericalangle c, d$

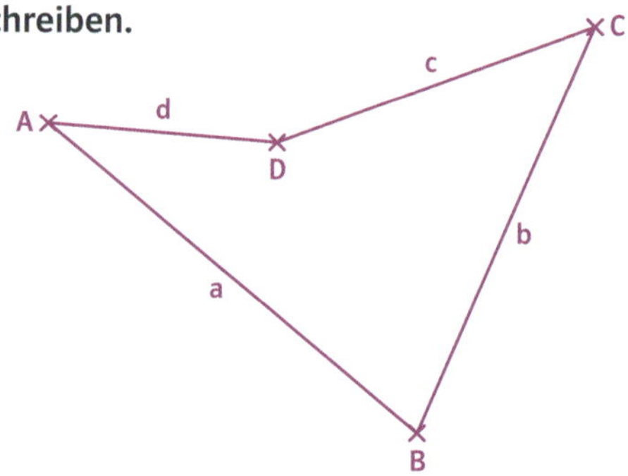

4 **… Winkelarten angeben.**
Gib an, um welche Winkelart es sich handelt.

a)

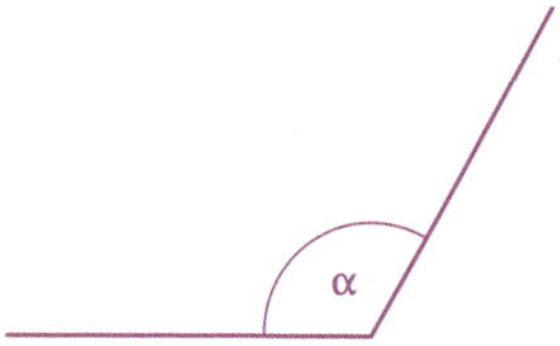

b)

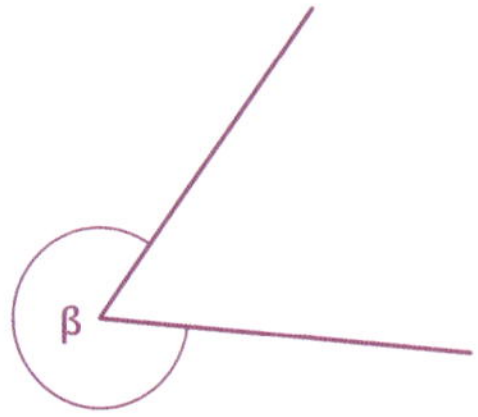

c)

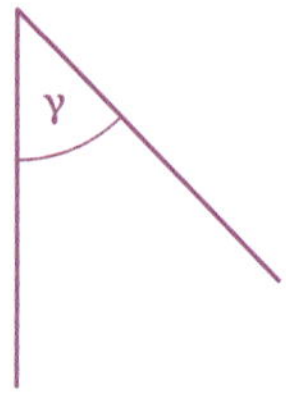

	Ich kann …	✓
5	**… Winkelarten in einer Figur markieren.** Markiere in der Figur einen spitzen, einen stumpfen und einen überstumpfen Winkel. 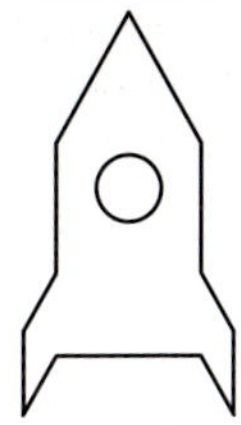	
6	**… Winkelgrößen bis 180° messen.** Miss die Innenwinkel im Dreieck. 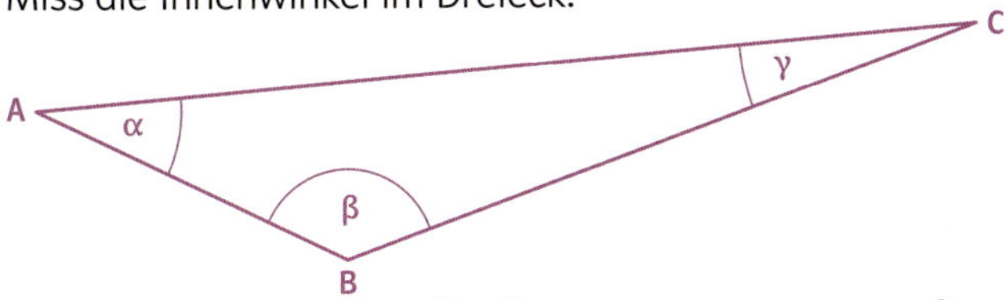 α = ________ ° β = ________ ° γ = ________ °	
7	**… Winkelgrößen bis 360° messen.** Trage die Punkte A(2|4), B(6|1), C(10|4) und D(6|7) in ein Koordinatensystem (LE 1 cm) ein und verbinde sie in alphabetischer Reihenfolge. Markiere die Winkel $\alpha = \sphericalangle BAD$, $\beta = \sphericalangle ABC$ und $\gamma = \sphericalangle ADC$ und miss ihre Größe.	
8	**… Winkel bis 180° zeichnen.** a) Zeichne einen Winkel α mit $\alpha = 65°$. b) Ergänze die Halbgerade g zu einem Winkel β mit $\beta = 164°$. a)  b) 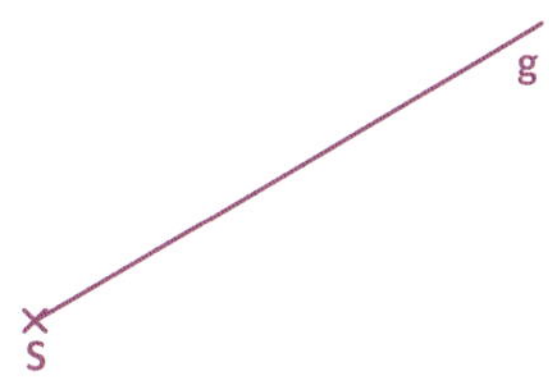	
9	**… Winkel zwischen 180° und 360° zeichnen.** a) Zeichne einen Winkel α mit $\alpha = 265°$. b) Ergänze die Halbgerade g zu einem Winkel β mit $\beta = 303°$. a)  b) 	

3 Figuren und Flächeninhalte

Vierecke und ihre speziellen Eigenschaften beschreiben

Kompetenzcheck

Ich kann …	Aufgabe	Ergebnis
… die Eigenschaften von besonderen Vierecken nennen und damit Vierecke beschreiben.	**Aufgabe 1** Gib an und begründe, um welches Viereck es sich jeweils handelt. a) 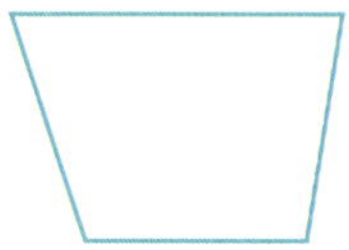 ______ b)  ______ c) 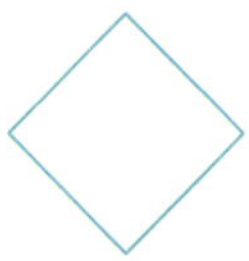 ______ d) 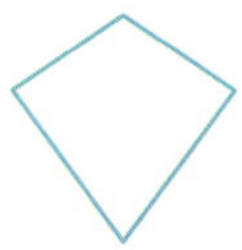 ______	→ S. 193
… besondere Vierecke zeichnen.	**Aufgabe 2** a) Zeichne ein Quadrat mit Seitenlänge 4 cm. b) Zeichne ein Parallelogramm, das weder ein Rechteck noch eine Raute ist. c) Ergänze die Punkte ABC so, dass ein Parallelogramm ABCD entsteht. 	→ S. 193
… Vierecke in ein Koordinatensystem zeichnen.	**Aufgabe 3** Zeichne die Punkte A(4 | 4), B(8 | 7) und C(6 | 8) in ein Koordinatensystem. Ergänze einen Punkt D so, dass das Viereck ein Parallelogramm ist. Gib die Koordinaten des Schnittpunktes der Diagonalen an.	→ S. 193

Schritt-für-Schritt-Erklärung

Aus den geometrischen Grundobjekten Punkt und Strecke kannst du weitere geometrische Objekte wie ebene Figuren oder Körper bilden.

Fachbegriffe

Was ist eine Fläche bzw. eine ebene Figur?

Unter einer **ebenen Figur** versteht man eine **Fläche**, die begrenzt ist. Typische ebene Figuren sind Dreiecke, Vierecke oder Kreise. Auch bei Körpern spricht man von Flächen, etwa bei der Oberfläche oder bei den Begrenzungsflächen.
Eine **Fläche** entsteht, wenn man mehrere Punkte (die nicht alle auf einer Geraden liegen) mit Strecken oder die Anfangs- und Endpunkte von Strecken miteinander verbindet.

Auch im Alltag gibt es Flächen, z. B. die Tischfläche.

Eine ebene Figur kannst du dir so vorstellen: Man kann eine Schnur um die Figur spannen.

Stoßen zwei Strecken aufeinander, dann spricht man von einer **Ecke**. Die Ecken werden in der Regel mit **großen Buchstaben** gegen den Uhrzeigersinn, also **linksherum**, bezeichnet.

Die Strecken, die eine ebene Figur begrenzen, nennt man **Seite**. Die Anzahl an Ecken bzw. Seiten ist eine Eigenschaft, mit der man ebene Figuren beschreiben kann.

Der **Kreis** ist eine ebene Figur, die nur aus einer gekrümmten Seite, dem Kreis, besteht und keine Ecken hat.

Was ist ein Viereck?

Ein **Viereck** ist eine ebene Figur, die aus **4 Ecken** und **4 Seiten** (den 4 Verbindungsstrecken zwischen diesen Punkten) besteht, die nicht alle auf einer Geraden liegen.

Merke: In Deutschland werden eckige Figuren nach der Anzahl ihrer Ecken benannt, z. B. Dreieck, Viereck, Fünfeck, Sechseck, …

Beispiele für Vierecke:

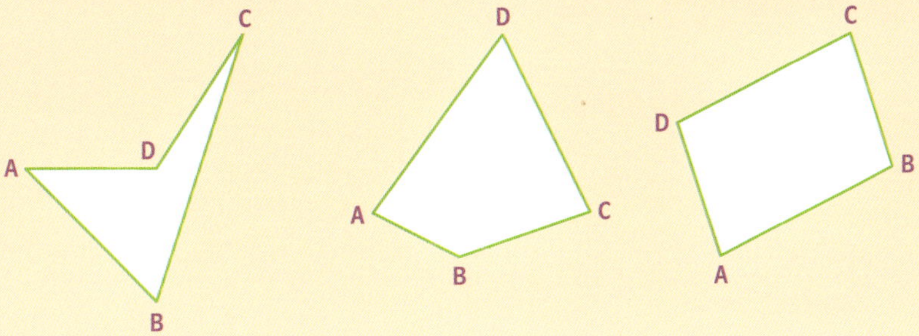

Schritt-für-Schritt-Erklärung

Fachbegriffe

Diese Vierecke und ihre Eigenschaften musst du kennen:

Viereck	Seiten	Winkel	Diagonalen	Symmetrie
Trapez 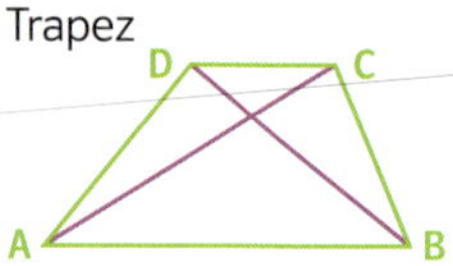	Ein Paar gegenüberliegender Seiten ist parallel.	vier unterschiedlich große Winkel	zwei Diagonalen	keine Symmetrie
Drachen (Drachenviereck) 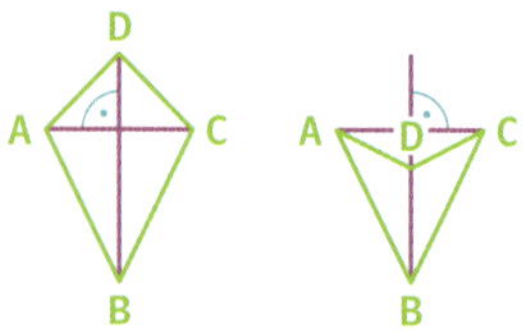	zwei Paar gleich lange Seiten (aneinanderliegend)	Ein Paar gegenüberliegender Winkel ist gleich groß.	Diagonalen sind senkrecht zueinander.	achsensymmetrisch
gleichseitiges Trapez 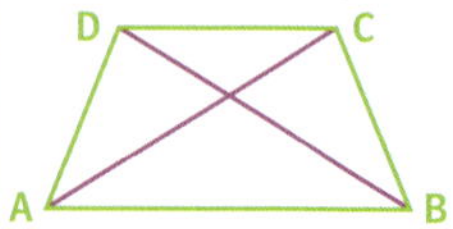	Ein Paar gegenüberliegender Seiten ist parallel und ein Paar gegenüberliegender Seiten ist gleich lang.	Die Winkel an den parallelen Seiten sind gleich groß.	Diagonalen sind gleich lang.	achsensymmetrisch
Parallelogramm 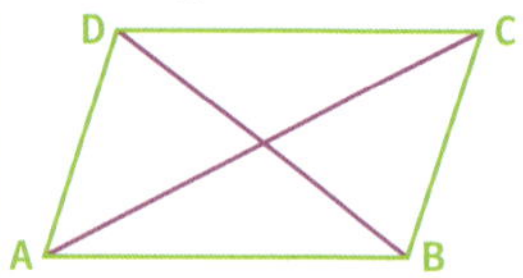	Gegenüberliegende Seiten sind parallel. oder Gegenüberliegende Seiten sind gleich lang.	Gegenüberliegende Winkel sind gleich groß.	Diagonalen halbieren sich.	punktsymmetrisch
Raute 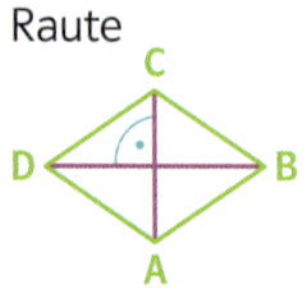	Alle vier Seiten sind gleich lang.	Gegenüberliegende Winkel sind gleich groß.	Diagonalen halbieren sich und stehen senkrecht aufeinander.	achsen- und punktsymmetrisch
Rechteck 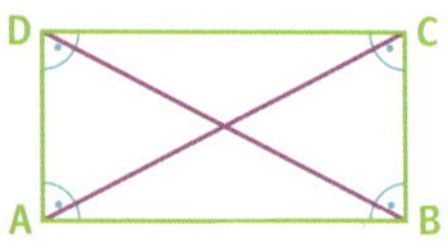	Gegenüberliegende Seiten sind gleich lang.	vier rechte Winkel	Diagonalen sind gleich lang und halbieren sich.	achsen- und punktsymmetrisch
Quadrat 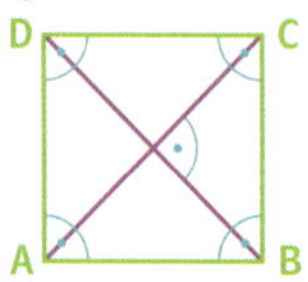	vier gleich lange Seiten	vier rechte Winkel	Diagonalen sind gleich lang, halbieren sich und stehen senkrecht aufeinander.	achsen- und punktsymmetrisch

Übungsaufgaben

Aufgabe 1 ●○○

Gib die Namen der Figuren an.

a) 

b) 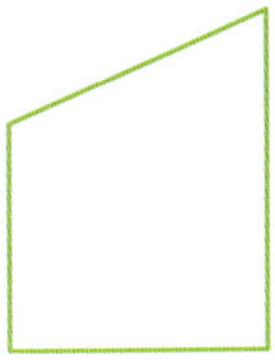

c) 

d) 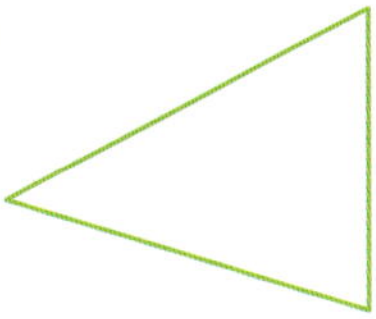

e) 

f) 

g) 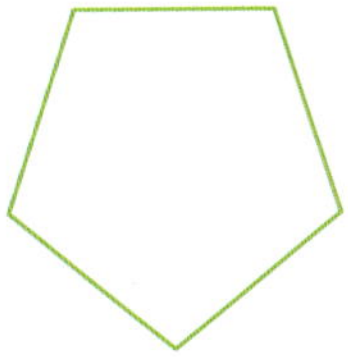

Aufgabe 2 ●○○

Kreuze an, welche Figuren Parallelogramme sind.

a) 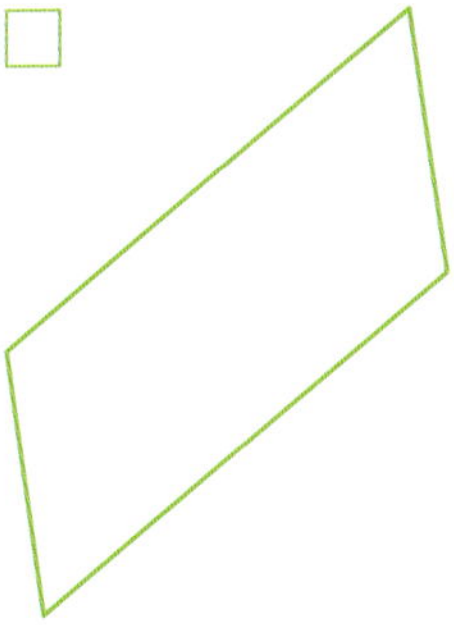

b) 

c) 

d) 

e) 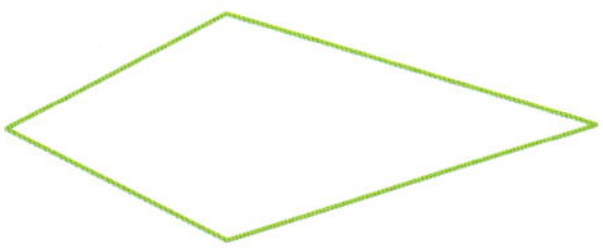

Übungsaufgaben

Aufgabe 3 ●○○

Kreuze an, ob die Aussage wahr oder falsch ist. Ist die Aussage falsch, gib ein Gegenbeispiel an.

	wahr	falsch	Gegenbeispiel
Jedes Quadrat ist ein Rechteck.	☐	☐	
Jedes Parallelogramm mit vier gleich langen Seiten ist ein Quadrat.	☐	☐	
Bei einem Trapez sind alle Seiten gleich lang.	☐	☐	
Bei jeder Raute sind die Diagonalen gleich lang.	☐	☐	
Bei jedem Rechteck sind die beiden Diagonalen unterschiedlich lang.	☐	☐	
Jedes Viereck, bei dem sich die Diagonalen senkrecht schneiden, ist ein Quadrat.	☐	☐	

Schritt-für-Schritt-Erklärung

So gehst du vor

So kannst du besondere Vierecke zeichnen:

Bevor du ein besonderes Viereck zeichnest, überlege dir, welche **besonderen Eigenschaften** das Viereck hat.
Vorgegebene Längen sowie senkrechte oder parallele Seiten kannst du mit deinem Geodreieck gut zeichnen.

Beispiel: Rechteck

1. Zeichne eine Seite.
2. Zeichne eine senkrechte Seite. Lege dazu die Mittellinie auf die Seite.
3. Zeichne die Parallele zur Grundseite und Senkrechte zur zweiten Seite.
4. Ergänze die letzte fehlende Seite.

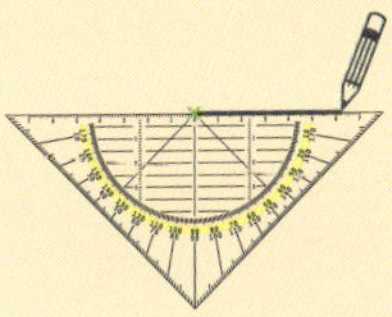
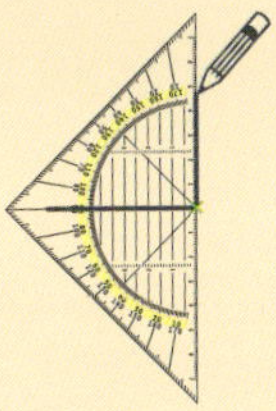
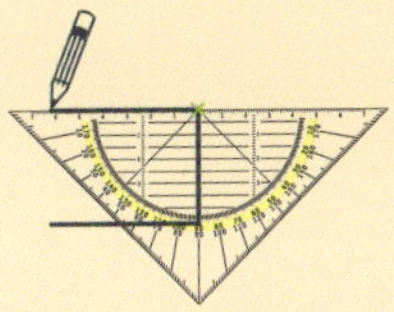
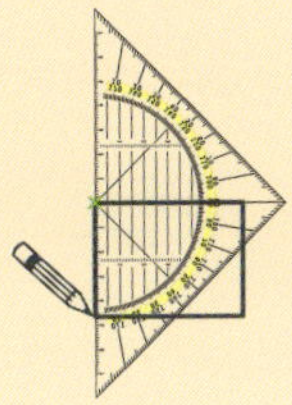

Beispiel: Parallelogramm

1. Zeichne eine Seite.
2. Zeichne, wenn gegeben, den Winkel und die Seite in der entsprechenden Länge.
3. Zeichne die Parallele zur Grundseite.
4. Ergänze die letzte fehlende Seite.

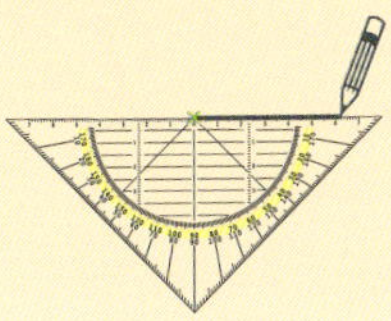
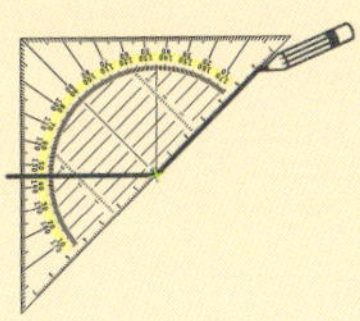
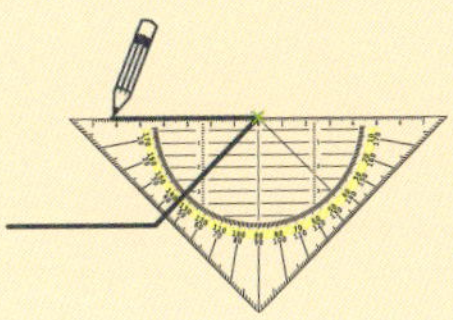
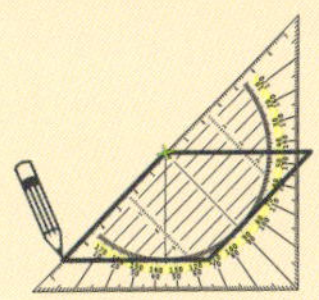

Tipp:
Mache zuerst eine Skizze und beschrifte mit den gegebenen Größen.

Übungsaufgaben

Aufgabe 4 ●○○

Ergänze die Figur zu einem Quadrat.

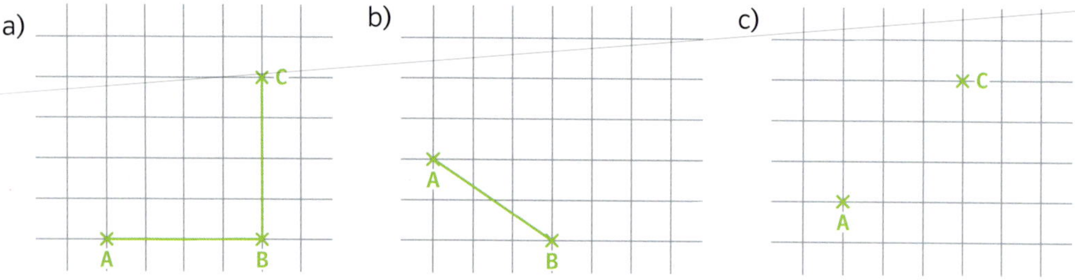

Aufgabe 5 ●○○

Ergänze die Figur zu einem Rechteck.

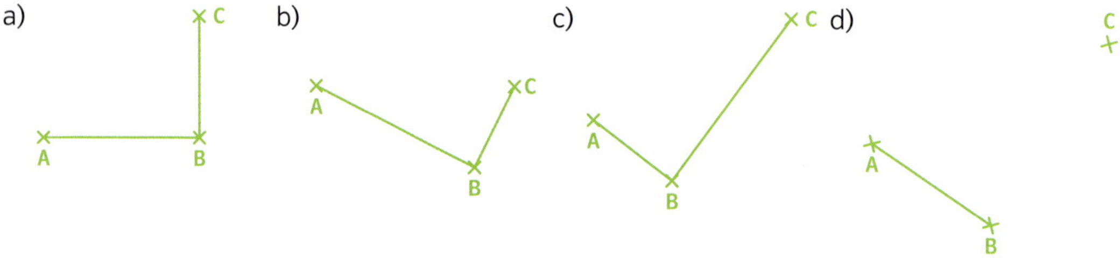

Aufgabe 6 ●○○

Ergänze die Figuren jeweils zu einem Parallelogramm ABCD.

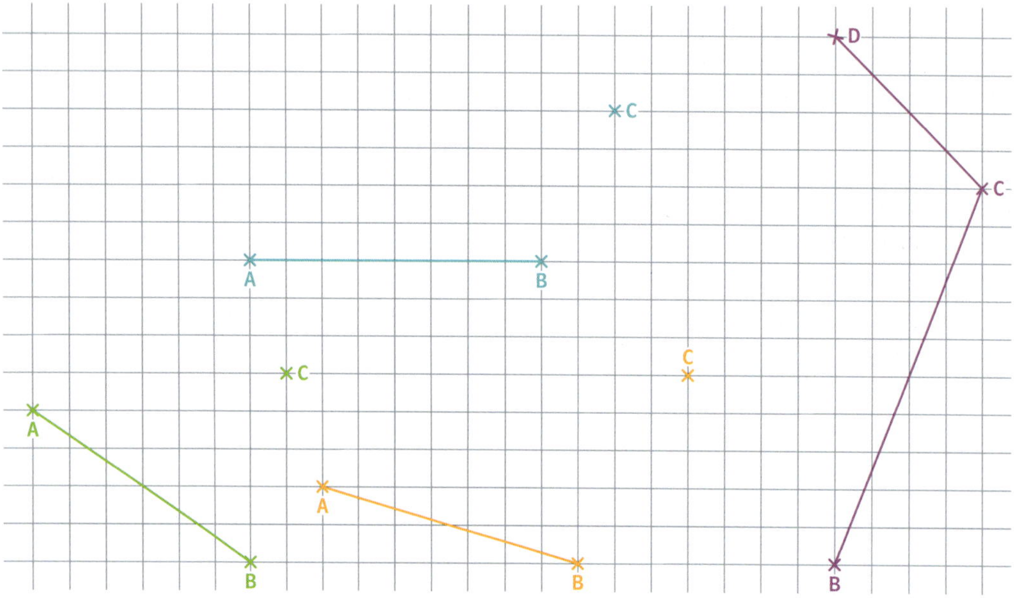

Aufgabe 7 ●○○

Ergänze die Figuren jeweils zu einer Raute ABCD.

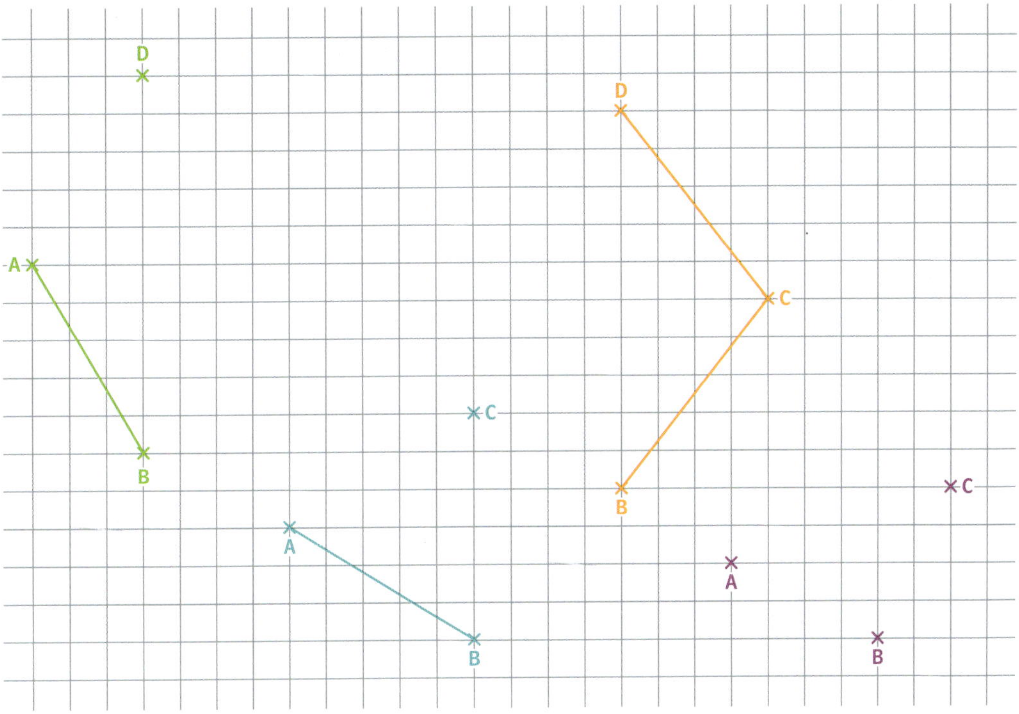

Aufgabe 8 ●●○

a) Zeichne ein Rechteck mit den Seitenlängen 3 cm und 5 cm.

b) Zeichne ein Quadrat, dessen Diagonalen 2 cm lang sind.

c) Zeichne eine Raute, deren Diagonalen 2 cm und 3 cm lang sind.

Aufgabe 9 ●○○

Zeichne die Punkte in ein Koordinatensystem mit LE 1 cm und verbinde sie in alphabetischer Reihenfolge. Gib an, welches Viereck entsteht.

a) A(2 | 1), B(4 | 0), C(5 | 2), D(3 | 3)

b) A(3 | 5), B(5 | 2), C(7 | 3), D(5 | 6)

c) A(0 | 7), B(4 | 7), C(3 | 9), D(0 | 9)

d) A(6 | 7), B(9 | 6), C(10 | 8), D(7 | 9)

e) A(5 | 2), B(9 | 0), C(10 | 2), D(6 | 4)

Flächen und Flächenmessung

Kompetenzcheck

Ich kann …	Aufgabe	Ergebnis
… den Flächeninhalt von ebenen Figuren durch Auslegen bestimmen.	**Aufgabe 1** Bestimme den Flächeninhalt der Figuren in Kästchen. a) 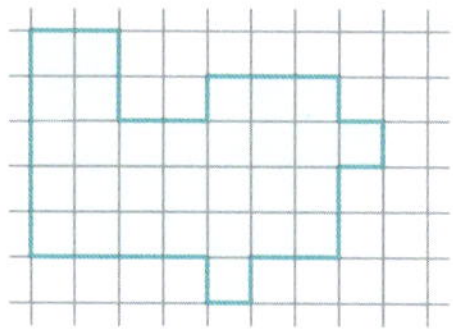 b) 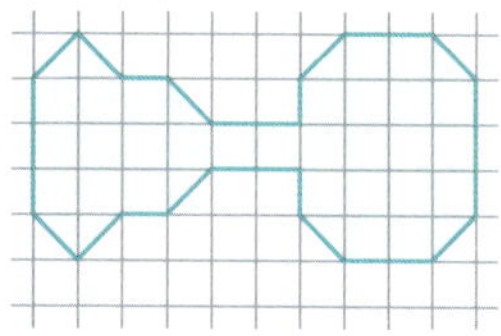 c) 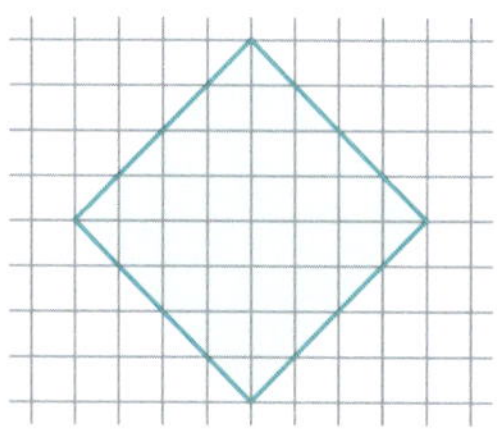 d) 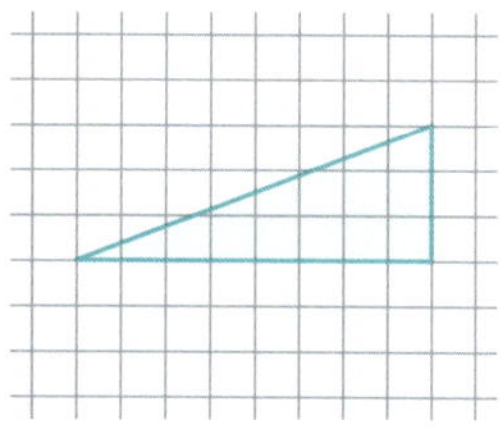	→ S. 194
… die Größe von Flächen vergleichen.	**Aufgabe 2** Begründe, welche Figuren den gleichen Flächeninhalt haben. a) 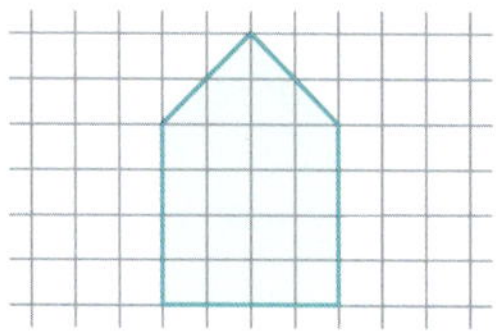 b) 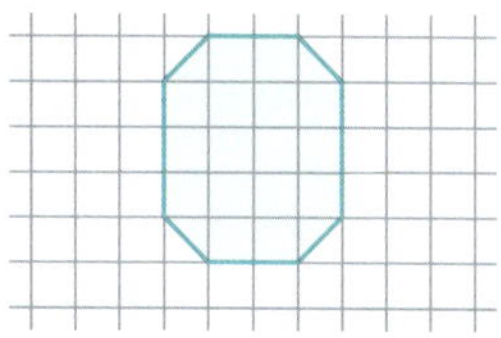 c) 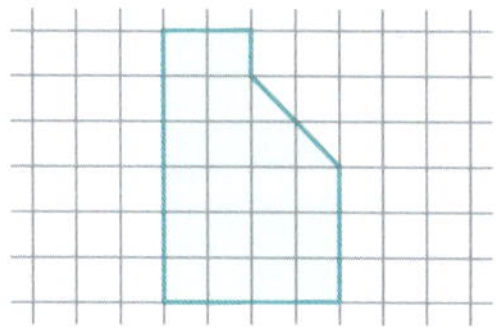 d) 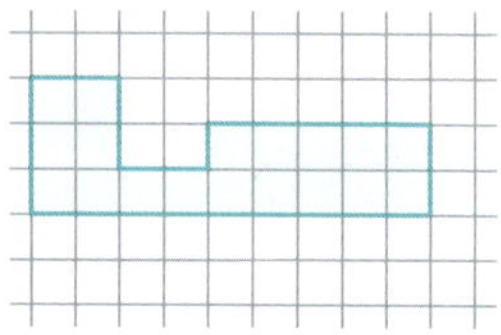	→ S. 194

Schritt-für-Schritt-Erklärung

Fachbegriffe

Was ist der Flächeninhalt?

Die **Größe einer Fläche** nennt man **Flächeninhalt**. Man kann ihn z. B. durch **Auslegen mit gleichgroßen Flächenstücken**, z. B. Kästchen, messen.
Es kann dabei auch vorkommen, dass du halbe Kästchen zählen musst oder auch die Figur zu einer größeren Figur ergänzen musst.

Beispiele:

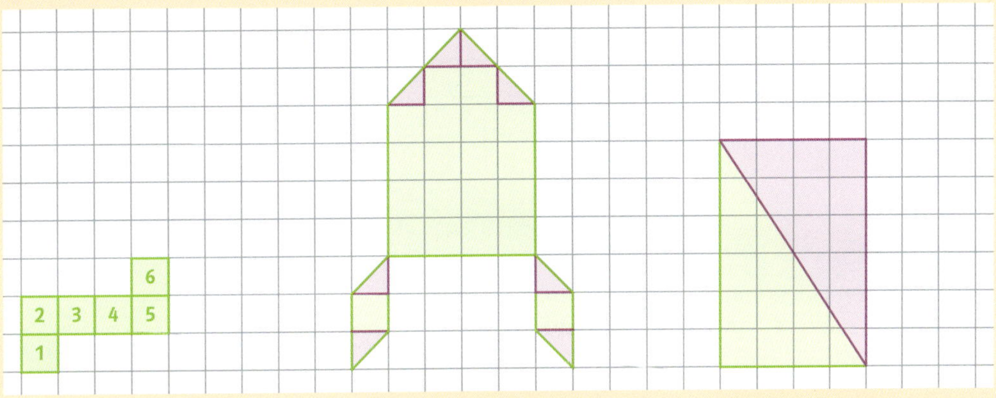

Flächeninhalt: 6 Kästchen

ganze Kästchen: 20
halbe Kästchen: 8,
also 8 : 2 = 4 ganze Kästchen
insgesamt:
20 Kästchen + 4 Kästchen
= 24 Kästchen

Ergänzen zu einem Rechteck
ganzes Rechteck: 24 Kästchen
halbes Rechteck ≙ Dreieck:
24 ganze Kästchen : 2
= 12 Kästchen

Übungsaufgaben

Aufgabe 10 ●○○
Bestimme den Flächeninhalt der Figuren.

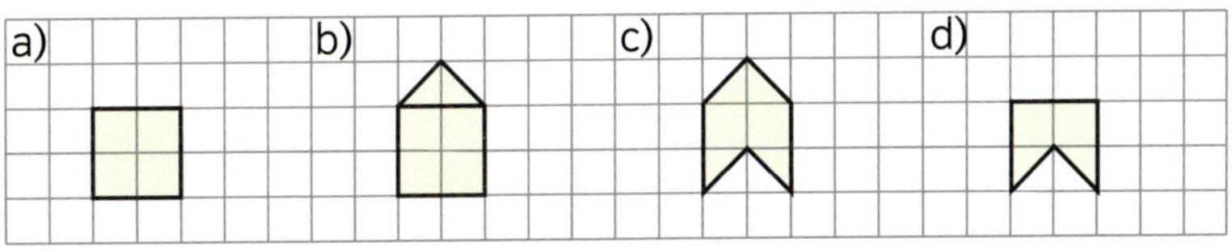

Beim Auslegen mit Kästchen spielt es keine Rolle, wie groß die Kästchen sind; wichtig ist, dass sie gleich groß sind.

Übungsaufgaben

Aufgabe 11 ●○○

Bestimme den Flächeninhalt der Figuren. Ordne die Figuren der Größe nach.

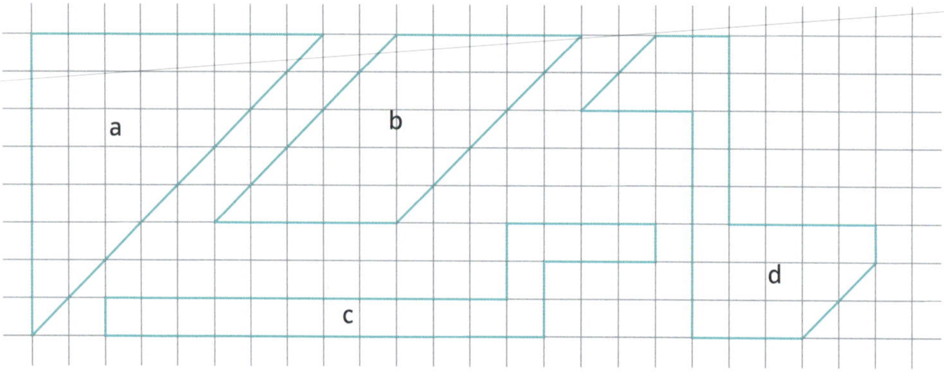

Aufgabe 12 ●○○

a) Bestimme den Flächeninhalt der Figuren.
b) Zeichne drei weitere Figuren mit einem Flächeninhalt von 8 Kästchen.

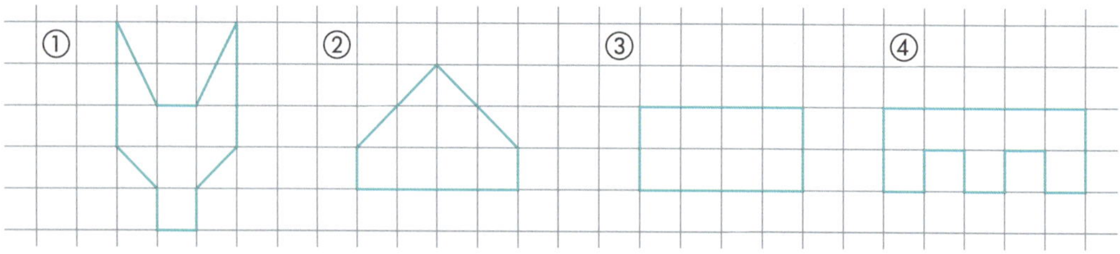

Aufgabe 13 ●○○

Bestimme den Flächeninhalt der Figuren.

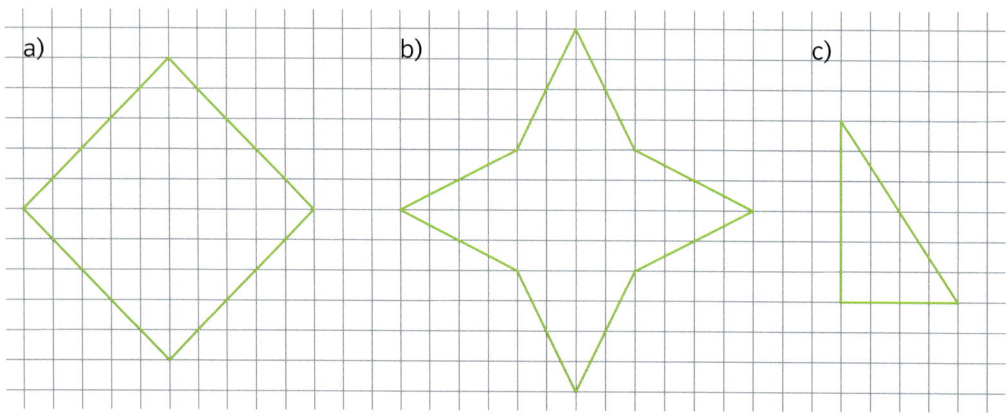

Maßeinheiten für Flächeninhalte

Kompetenzcheck

Ich kann …	Aufgabe	Ergebnis
… Einheiten für den Flächeninhalt verwenden.	**Aufgabe 1** a) Welche Flächeninhalte gehören zu welchem Gegenstand? Ordne zu.	→ S. 194

1 mm²	72 cm²	2 m²	6 dm²	1,6 a

b) Gib an, welche Maßeinheit zur Angabe des Flächeninhalts sinnvoll ist.

Fußballfeld	
Wohnzimmer	
Buchseite	
Größe einer Stadt	
Taste auf der Computertastatur	
Buchstabe im Buch	

Ich kann …	Aufgabe	Ergebnis
… Einheiten für den Flächeninhalt in benachbarte Einheiten umwandeln.	**Aufgabe 2** Schreibe in der nächstgrößeren Einheit. a) $200\,cm^2$ = ________ b) $400\,ha$ = ________ c) $1500\,m^2$ = ________ d) $140\,dm^2$ = ________ e) $5432\,a$ = ________ f) $72\,mm^2$ = ________	→ S. 195

Kompetenzcheck

Ich kann …	Aufgabe	Ergebnis
… Einheiten für den Flächeninhalt in benachbarte Einheiten umwandeln.	**Aufgabe 3** Schreibe in der nächstkleineren Einheit. a) $5\,m^2$ = ______ b) 2 ha = ______ c) $93\,dm^2$ = ______ d) $12{,}6\,km^2$ = ______ e) 0,6 a = ______ d) $1{,}03\,cm^2$ = ______	🙂 😐 🙁 → S. 195
… Einheiten für den Flächeninhalt umwandeln.	**Aufgabe 4** Schreibe in der gemischten Schreibweise. a) $246\,dm^2$ = ______ b) $7531\,mm^2$ = ______ c) $502\,m^2$ = ______ d) $26{,}97\,cm^2$ = ______ e) 46,8 ha = ______ f) 4,02 a = ______	🙂 😐 🙁 → S. 195
	Aufgabe 5 Schreibe in der kleineren Einheit. a) $3\,dm^2\ 12\,cm^2$ = ______ b) $4\,m^2\ 25\,dm^2$ = ______ c) $62\,km^2$ 75 ha = ______ d) $2\,cm^2\ 3\,mm^2$ = ______ e) 50 ha 2 a = ______ f) 20 a $20\,m^2$ = ______	🙂 😐 🙁 → S. 195
	Aufgabe 6 Gib in der angegebenen Einheit an. a) $30\,000\,cm^2$ = ______ m^2 b) 4000 a = ______ km^2 c) $6200\,m^2$ = ______ ha d) $0{,}02\,dm^2$ = ______ mm^2 e) $3\,m^2\ 57\,cm^2$ = ______ cm^2 d) 12 ha = ______ m^2	🙂 😐 🙁 → S. 195

Schritt-für-Schritt-Erklärung

Flächeninhalte kann man mit Kästchen und Auszählen bestimmen. Zum Vergleichen und genauen Messen von Flächeninhalten braucht man aber wie bei den Größen auch verschiedene **Maßeinheiten**.
Die Längeneinheiten reichen zur Bestimmung von Flächeninhalten nicht aus, da eine Fläche aus zwei „Richtungen" besteht, beim Rechteck z. B. aus einer Länge und einer Breite. Deshalb werden aus Längeneinheiten durch Multiplikation **Flächeneinheiten**.

Fachbegriffe

Diese Flächeneinheiten musst du kennen:

Die Grundeinheit bei Längen ist der Meter, bei Flächeneinheiten ist die Grundeinheit Meter mal Meter, kurz m^2 (sprich **Quadratmeter**).
Die Fläche von $1\,m^2$ entspricht dabei einem **Quadrat mit Seitenlänge** 1 m.
Nach dem gleichen Prinzip funktionieren die weiteren Flächeninhalte.
Ein Quadrat mit Seitenlänge 1 cm hat den Flächeninhalt $1\,cm^2$ (sprich 1 **Quadratzentimeter**).
Ein Quadratzentimeter besteht aus
$10\,mm \cdot 10\,mm = 100\,mm^2$.

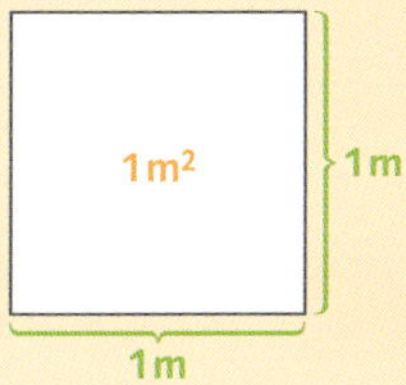

Eine Potenz ist eine Kurzschreibweise für eine Multiplikation mit gleichen Faktoren. Statt $3 \cdot 3$ schreibt man kurz auch 3^2. Das Gleiche gilt für Einheiten:
$m \cdot m = m^2$

1 ha entspricht einem Quadrat mit Seitenlänge 100 m, 1 a einem Quadrat mit Seitenlänge 10 m.

Entsprechend erhältst du die Zusammenhänge zwischen den anderen Maßeinheiten:

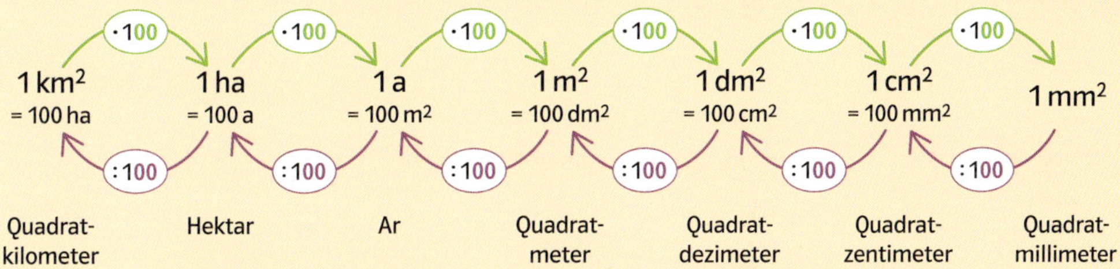

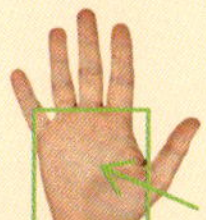
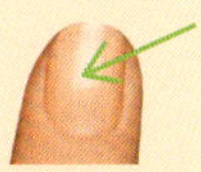

Die **Umrechnungszahl** bei Flächeneinheiten ist also $10 \cdot 10 = \mathbf{100}$.

Übungsaufgaben

Aufgabe 14 ●○○
Welche Flächeninhalte gehören zu welchem Gegenstand? Ordne zu.

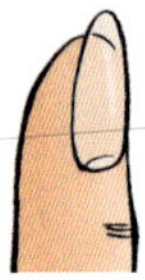

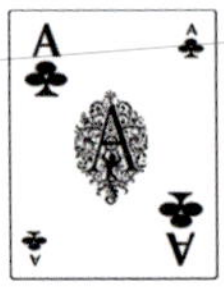

1 cm^2	6 cm^2	6 dm^2	51 cm^2	12 dm^2

Aufgabe 15 ●○○
Gib an, welche Maßeinheit zur Angabe des Flächeninhalts sinnvoll ist.

a) Basketballfeld ____________
b) Schreibtischplatte ____________
c) Postkarte ____________
d) Passfoto ____________
e) Garagentor ____________
f) Acker (Feld) ____________
g) Landkreis ____________
h) Klassenzimmer ____________
i) Grundstück für ein Haus ____________

Aufgabe 16 ●○○
Welche Flächeninhalte gehören zu welchem Gegenstand? Verbinde.

Tischtennisplatte	6,25 dm^2
Wohnzimmer	4,5 m^2
DIN-A4-Blatt	10 m^2
1-Cent-Münze	1 cm^2
Parkplatz	25 m^2

Aufgabe 17 ●●○

Bestimme durch Auslegen mit Quadraten, wie groß der Flächeninhalt der Gegenstände ist.

a) Blatt Toilettenpapier

b) 5-€-Schein

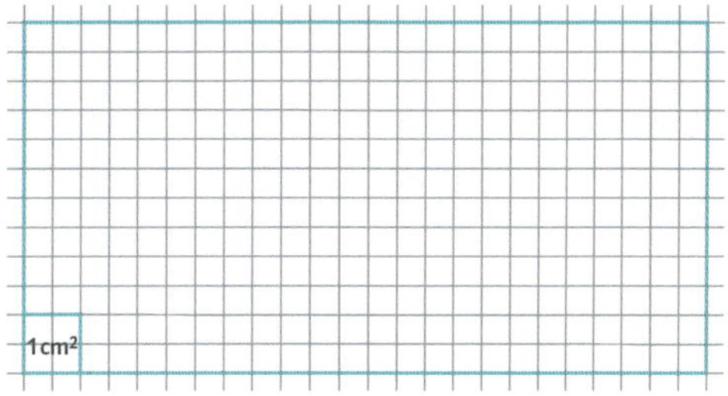

c) Bauplatz 1

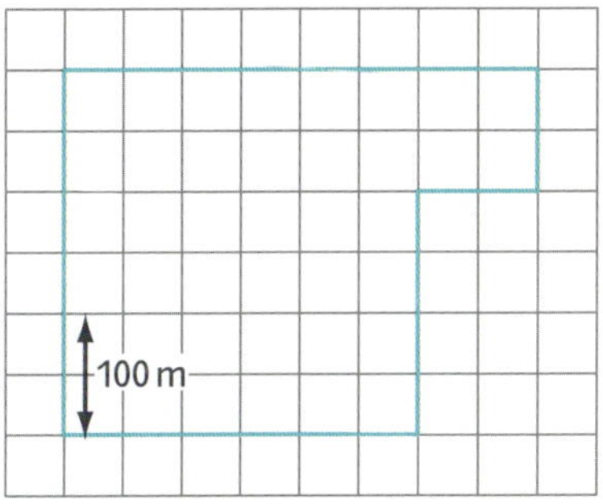

d) Bauplatz 2

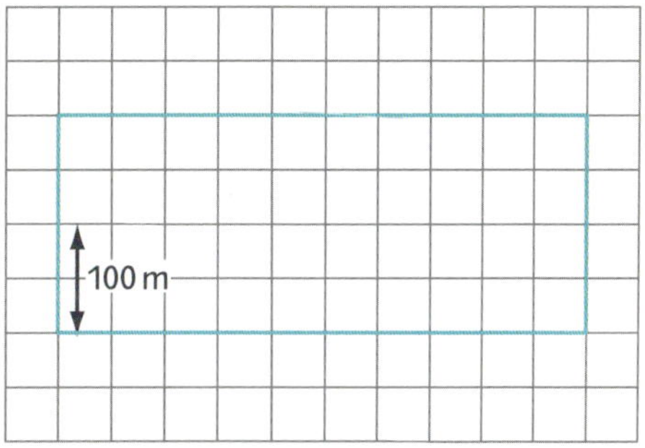

Aufgabe 18 ●●●

Bestimme die ungefähre Größe von Baden-Württemberg. Beschreibe, wie du vorgegangen bist.

Schritt-für-Schritt-Erklärung

So gehst du vor

So kannst du Flächeneinheiten umwandeln:

Da die Umwandlungszahl für Flächeneinheiten **100** ist, gilt für die nächstgrößere Einheit

2 Nullen hinzufügen oder
das Komma um **2 Stellen** nach rechts verschieben →

1 km²   1 ha   1 a   1 m²   1 dm²   1 cm²   1 mm²

← **2 Nullen** streichen oder
das Komma um **2 Stellen** nach links verschieben

Beispiele:

a) Schreibe in der nächstgrößeren Einheit.
500 cm² = 5 dm²   **2 Nullen streichen**
234 a = 2,34 ha   **Komma 2 Stellen nach links**

b) Schreibe in der nächstkleineren Einheit.
2 a = 200 m²   **2 Nullen dazu**
0,8 km² = 80 ha   **Komma 2 Stellen nach rechts**

Beim Umwandeln von Flächeneinheiten kann dir eine **Stellenwerttafel** helfen. Trage dazu die Maßzahl in die Stellenwerttabelle ein.

Beachte: Lücken müssen mit Nullen aufgefüllt werden.

Beispiele: Umwandeln mit der Stellenwerttafel

km²		ha		a		m²		dm²		cm²		mm²		gemischt	eine Einheit (ohne und mit mit Komma)
Z	E	Z	E	Z	E	Z	E	Z	E	Z	E	Z	E		
			2	0	0	0	0								2 ha = 200 a = 20 000 m²
								5	6	7	8			56 dm² 78 cm²	5678 cm² = 56,78 dm²
					1	2	0							1 a 20 m²	120 m² = 1,2 a
	3	0	4											3 km² 4 ha	304 ha = 3,04 km²
									5	0	2	7	2	5 dm² 2 cm² 72 mm²	50 272 mm² = 5,0272 dm²

Übungsaufgaben

Aufgabe 19 ●○○

Schreibe in der nächstgrößeren Einheit.

a) 400 mm²   b) 900 m²   c) 1000 dm²   d) 5000 ha
e) 700 a   f) 3000 cm²   g) 20 000 dm²   h) 300 m²

Übungsaufgaben

Aufgabe 20 ●○○
Schreibe in der nächstgrößeren Einheit.

a) 240 dm^2 b) 432 ha c) 2460 cm^2 d) 9807 ha
e) 60 a f) 42 mm^2 g) 24 680 m^2 h) 70 cm^2

Aufgabe 21 ●○○
Schreibe in der nächstkleineren Einheit.

a) 7 m^2 b) 9 ha c) 42 dm^2 d) 56 km^2
e) 567 a f) 2 cm^2 g) 20 dm^2 h) 300 km^2

Aufgabe 22 ●●○
Schreibe in der nächstkleineren Einheit.

a) 5,43 dm^2 b) 7,2 ha c) 5,03 km^2 d) 0,45 a
e) 12,3 m^2 f) 0,5 cm^2 g) 0,06 m^2 h) 0,987 cm^2

Aufgabe 23 ●●○
Schreibe in der gemischten Schreibweise.

a) 765 cm^2 b) 686 dm^2 c) 204 ha d) 4576 m^2
e) 24,63 a f) 9,40 m^2 g) 4,06 km^2 h) 0,468 dm^2

Aufgabe 24 ●●○
Schreibe in einer Einheit.

a) 5 ha 12 a b) 12 dm^2 2 cm^2 c) 21 km^2 98 ha
d) 4 cm^2 1 mm^2 e) 10 m^2 3 dm^2 f) 50 a 5 m^2

Aufgabe 25 ●●○
Schreibe mit Komma und in einer Einheit ohne Komma.

a) 4 cm^2 56 mm^2 b) 54 ha 91 a c) 23 km^2 30 ha d) 15 dm^2 11 cm^2
e) 6 m^2 40 dm^2 f) 45 cm^2 6 mm^2 g) 3 a 5 m^2 h) 70 km^2 5 ha

Aufgabe 26 ●●○
Schreibe in der in Klammern angegebenen Einheit.

a) 50 000 mm^2 (dm^2) b) 230 000 m^2 (ha) c) 3 ha (m^2)
d) 340 a (ha) e) 0,5 m^2 (cm^2) f) 0,375 ha (m^2)
g) 9510 dm^2 (a) h) 69 000 m^2 (mm^2) i) 98,02 a (m^2)

Flächeninhalt und Umfang von Rechtecken und Quadraten

Kompetenzcheck

Ich kann … | **Aufgabe** | **Ergebnis**

… den Umfang und Flächeninhalt eines Quadrats und eines Rechtecks berechnen.

Aufgabe 1

Bestimme Umfang und Flächeninhalt der Rechtecke und ergänze die Tabelle.

Rechteck	a)	b)	c)
Länge	5 cm	12 m	2 dm
Breite	4 cm	12 m	15 cm
Flächeninhalt			
Umfang			

→ S. 195

… die fehlende Seite eines Rechtecks berechnen, wenn der Umfang oder Flächeninhalt gegeben sind.

Aufgabe 2

Bestimme die fehlenden Größen der Rechtecke.

Rechteck	a)	b)	c)
Länge	8 cm		
Breite		7 dm	
Flächeninhalt	40 cm²		36 m²
Umfang		20 dm	24 m

→ S. 195

… den Umfang und Flächeninhalt von aus Rechtecken zusammengesetzten Figuren bestimmen.

Aufgabe 3

Bestimme den Flächeninhalt und Umfang der Figuren.

a)

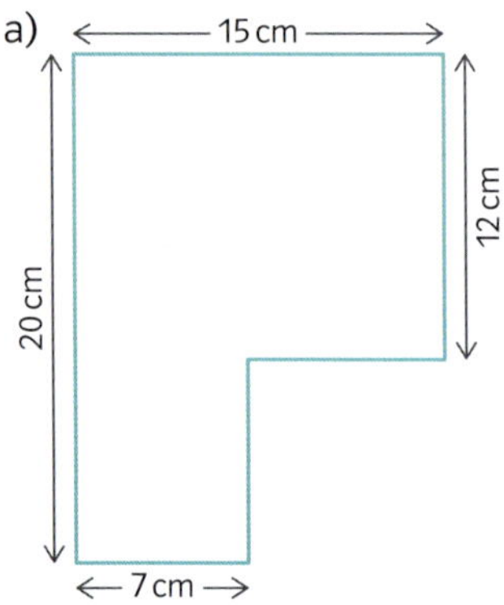

b)

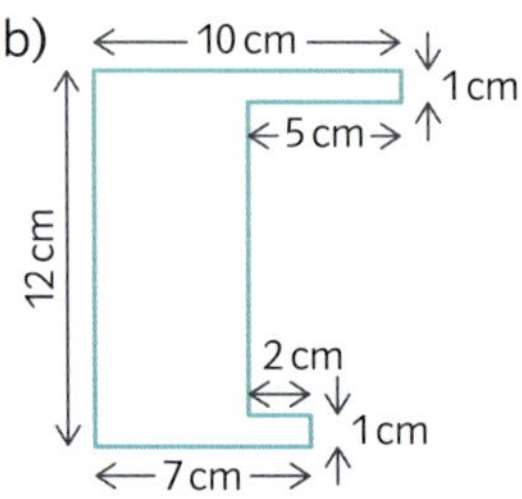

→ S. 196

Schritt-für-Schritt-Erklärung

Wenn du im Sportunterricht genau einmal (auf der Außenlinie) um ein Fußballfeld herumläufst, dann erhältst du den **Umfang**. Die Länge der Außenlinie entspricht also dem **Umfang**. Bei kleineren Figuren oder Gegenständen kannst du den Umfang bestimmen, wenn du eine Schnur oder einen Faden um die Figur herumlegst und dann die Länge der Schnur misst. Den Umfang von Rechtecken kannst du mit einer Formel leicht berechnen.

So gehst du vor

Wie kann man den Umfang eines Rechtecks bestimmen?

Du hast ein **Rechteck** der Länge a und der Breite b.
Stell dir vor, das Rechteck ist aus Draht und du faltest das Rechteck auseinander. Der „auseinander gefaltete" Umfang sieht dann so aus:

Für die Länge des **Umfangs u** gilt dann:

u = Länge + Breite + Länge + Breite
oder kurz

$\mathbf{u = a + b + a + b} = a + a + b + b$
$\mathbf{= 2 \cdot a + 2 \cdot b}$
$\mathbf{= 2 \cdot (a + b)}$

Ein **Quadrat** ist ein Rechteck, bei dem alle Seiten gleich lang sind.

Hinweis:
Beachte, dass Länge und Breite die gleichen Einheiten haben.

Für den **Umfang u** eines Quadrats mit Seitenlänge a gilt dann:

$\mathbf{u = a + a + a + a}$
$\mathbf{= 4 \cdot a}$

So gehst du vor

Beispiel: Umfang berechnen

Berechne den Umfang des Rechtecks mit Länge 5 cm und Breite 3 cm.

1. Einsetzen von Länge und Breite in die Formel $u = 2 \cdot a + 2 \cdot b$

$u = 2 \cdot 5\,cm + 2 \cdot 3\,cm$
$= 10\,cm + 6\,cm$
$= 16\,cm$

2. Antwortsatz schreiben

Der Umfang des Rechtecks beträgt 16 cm.

Tipp:
Du kannst zum Rechnen die Einheiten weglassen. Beachte dann aber, dass du bei der Antwort die richtige Einheit ergänzen musst.

Schritt-für-Schritt-Erklärung

So gehst du vor

Beispiel: Rechteck mit vorgegebenem Umfang zeichnen

Zeichne ein Rechteck mit Umfang 18 cm.

1. Teile den Umfang durch 2. So groß sind Länge und Breite zusammen.
   18 cm : 2 = 9 cm
2. Wähle eine Länge und eine Breite, die zusammen, also addiert, so groß sind wie der halbe Umfang.
   Wähle Länge a = 3 cm, dann ist die Breite 9 cm − 3 cm = 6 cm.
3. Zeichne das Rechteck.

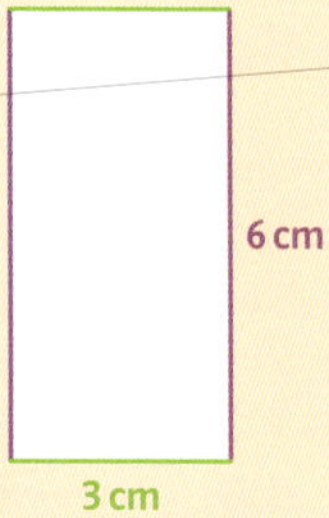

Hinweis:
Es ist egal, ob die Länge länger ist als die Breite oder kürzer. Das Rechteck ist immer dasselbe.

So gehst du vor

Wie kann man den Flächeninhalt eines Rechtecks bestimmen?

Du hast ein **Rechteck** der Länge a und der Breite b.

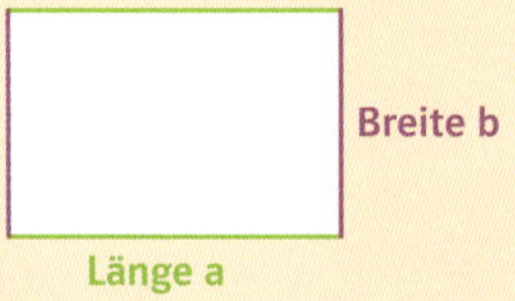

Stell dir vor, du legst das Rechteck mit Kästchen aus. Ein Streifen besteht dann aus a Quadraten und das Rechteck hat b Streifen.

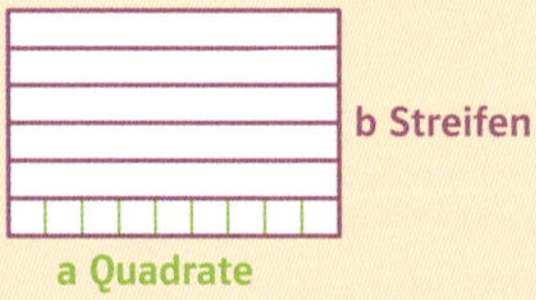

Hinweis:
Beachte, dass Länge und Breite die gleichen Einheiten haben. Aus der Multiplikation von zwei Längeneinheiten entsteht eine Flächeneinheit.

Für den **Flächeninhalt A** gilt dann: A = Länge · Breite
oder kurz
$\mathbf{A = a \cdot b}$

Hinweis:
Die Abkürzung A für den Flächeninhalt kommt von dem engl. Wort „area" für Gebiet, Fläche. Im Deutschen gibt es auch das Wort „Areal" für ein bestimmtes Gebiet.

Ein **Quadrat** ist ein Rechteck, bei dem alle Seiten gleich lang sind. Für den **Flächeninhalt A** eines Quadrats mit Seitenlänge a gilt dann:

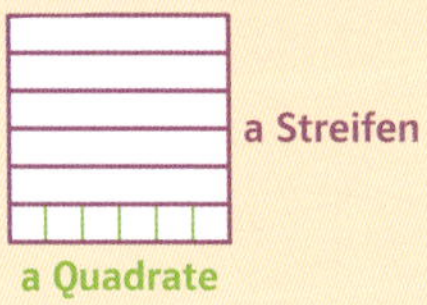

$\mathbf{A = a \cdot a = a^2}$
sprich: „a Quadrat"

Schritt-für-Schritt-Erklärung

Beispiel: Flächeninhalt berechnen

1. Einsetzen von Länge und Breite in die Formel $A = a \cdot b$
2. Antwortsatz schreiben

Berechne den Flächeninhalt des Rechtecks mit Länge 5 cm und Breite 3 cm.
$A = 5\,\text{cm} \cdot 3\,\text{cm} = 15\,\text{cm}^2$
Der Flächeninhalt des Rechtecks beträgt $15\,\text{cm}^2$.

Tipp:
Du kannst zum Rechnen die Einheiten weglassen. Beachte aber, dass du bei der Antwort die richtige Flächeneinheit ergänzen musst.

Beispiel: Rechteck mit vorgegebenem Flächeninhalt zeichnen

1. Ist eine Seite gegeben, dann teilt man den Flächeninhalt durch die gegebene Seite. Du erhältst die Länge der fehlenden Seite.
   Oder wähle Länge und Breite so, dass sie multipliziert den Flächeninhalt ergeben.
2. Zeichne das Rechteck.

Zeichne ein Rechteck mit Flächeninhalt $18\,\text{cm}^2$.
$18\,\text{cm}^2 = 9\,\text{cm} \cdot 2\,\text{cm}$
Wähle Länge $a = 9\,\text{cm}$, dann ist die Breite 2 cm.

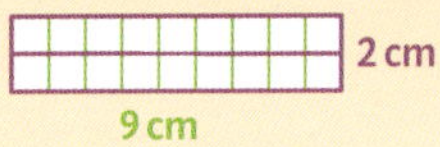

Übungsaufgaben

Aufgabe 27 ●○○

Bestimme Umfang und Flächeninhalt der Rechtecke. Fülle dazu die Tabelle aus.

Rechteck	Länge	Breite	Flächeninhalt	Umfang
a)	20 cm	20 cm		
b)	5 m	12 m		
c)	12 mm	8 mm		

Aufgabe 28 ●●○

Bestimme Umfang und Flächeninhalt der Rechtecke. Fülle dazu die Tabelle aus.

Rechteck	Länge	Breite	Flächeninhalt	Umfang
a)	12 cm	2,5 cm		
b)	8 cm	2 dm		
c)	1,5 m	6 dm		

Übungsaufgaben

Aufgabe 29 ●●○

a) Zeichne zwei verschiedene Rechtecke mit Flächeninhalt 20 cm².
b) Zeichne ein Rechteck mit den Seiten 4 cm und 9 cm. Zeichne ein Quadrat mit demselben Flächeninhalt.
c) Zeichne zwei verschiedene Rechtecke mit Umfang 20 cm. Zeichne ein Quadrat mit demselben Umfang.
d) Zeichne ein Rechteck mit den Seiten 2 cm und 7 cm. Zeichne dann ein Rechteck mit gleichem Umfang, das aber einen größeren Flächeninhalt hat.

Aufgabe 30 ●●○

Bestimme die fehlenden Größen der Rechtecke. Fülle dazu die Tabelle aus.

Rechteck	Länge	Breite	Flächeninhalt	Umfang
a)	8 cm		72 cm²	
b)		5 dm		30 dm
c)		7 dm	49 m²	

Aufgabe 31 ●●○

Berechne Umfang und Flächeninhalt der Fußballfelder in den Stadien und vergleiche.

a) Schwarzwaldstadion Freiburg: 100 m × 68 m; A = ____________; u = ____________
b) Allianz Arena München: 105 m × 68 m; A = ____________; u = ____________
c) Rayo Vallecano Madrid: 102 m × 64 m; A = ____________; u = ____________

Aufgabe 32 ●●●

Wähle zwei Beispiele und begründe, wie sich der Flächeninhalt eines Rechtecks verändert, wenn

Tipp: Du kannst für die Seitenlängen Werte (Zahlen) einsetzen und untersuchen, was passiert.

a) eine Seite verdoppelt wird.
b) beide Seiten verdoppelt werden.
c) eine Seite halbiert und die andere Seite verdoppelt wird.

Schritt-für-Schritt-Erklärung

Aus Quadraten und Rechtecken kann man Figuren zusammensetzen.
Und umgekehrt kann man viele Figuren in Rechtecke zerlegen.

So gehst du vor

So kannst du den Flächeninhalt von zusammengesetzten Figuren bestimmen:

Möglichkeit 1: Zerlegen in einzelne Rechtecke

Bestimme den Flächeninhalt der Figur.

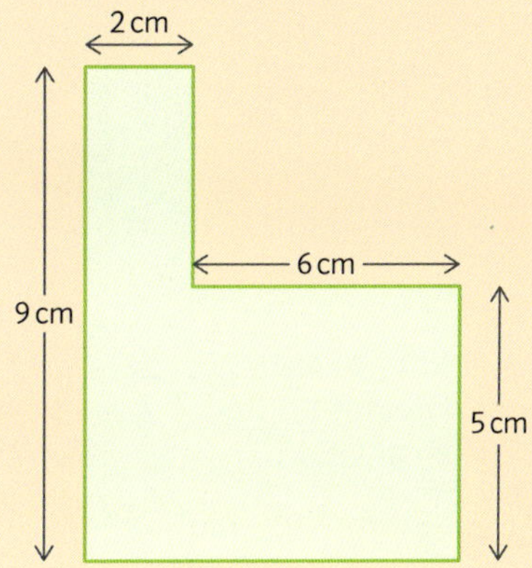

Tipp:
Den Umfang von zusammengesetzten Figuren berechnest du, indem du wie bei anderen Figuren auch alle Streckenlängen, die den Rand bilden, addierst.

1. Unterteile die Figur in Rechtecke. Es kann dir helfen, wenn du die zugehörigen Seiten mit ihren Längen entsprechend farbig markierst.

   Oft gibt es mehrere Möglichkeiten, die Figur zu unterteilen. Wenn dir bei der Unterteilung Seitenlängen fehlen, musst du die fehlenden Längen aus den anderen gegebenen Angaben bestimmen.

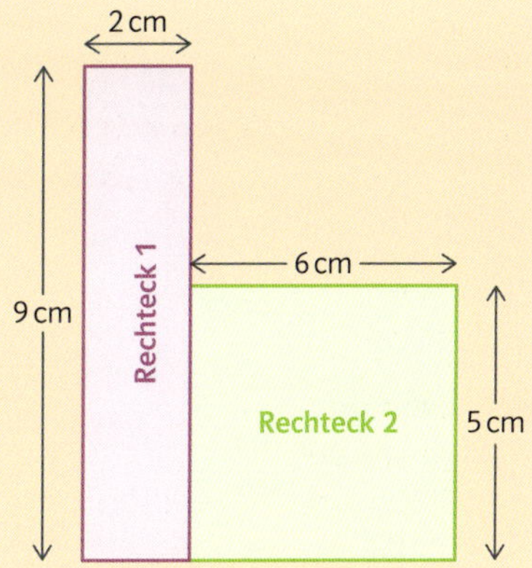

Beachte:
Diese Unterteilung ist für die Aufgabe nicht so geschickt:

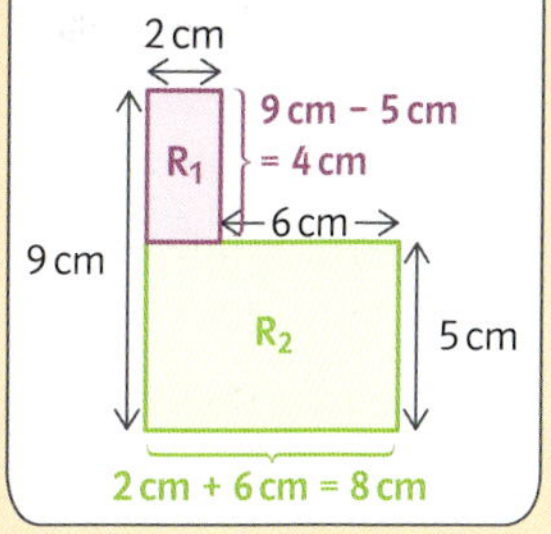

2. Bestimme den Flächeninhalt der einzelnen Rechtecke.
3. Addiere die Flächeninhalte.

$A_1 = 2\,cm \cdot 9\,cm = 18\,cm^2$
$A_2 = 6\,cm \cdot 5\,cm = 30\,cm^2$
$A_{Figur} = A_1 + A_2$
$= 18\,cm^2 + 30\,cm^2 = 48\,cm^2$

4. Antwortsatz schreiben

Die Figur hat einen Flächeninhalt von **48 cm²**.

Schritt-für-Schritt-Erklärung

So gehst du vor

Möglichkeit 2: Ergänzen zu einer ganzen Figur

Bestimme den Flächeninhalt der Figur.

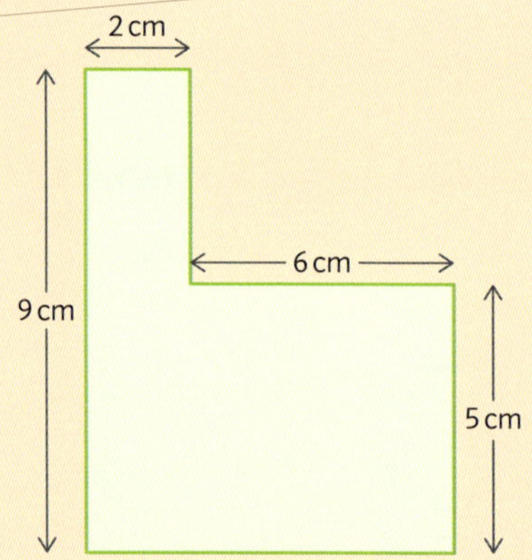

1. Ergänze die Figur zu einem ganzen Rechteck. Dazu kannst du eines (oder mehrere) Rechtecke anlegen.

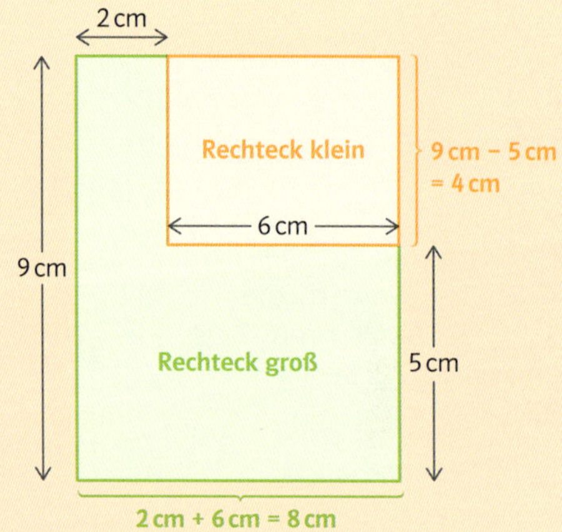

2. Bestimme den Flächeninhalt des großen Rechtecks und des ergänzten Rechtecks.

$A_{groß} = 8\,cm \cdot 9\,cm = 72\,cm^2$
$A_{klein} = 6\,cm \cdot 4\,cm = 24\,cm^2$

3. Subtrahiere den Flächeninhalt des kleineren, ergänzten Rechtecks vom Flächeninhalt des großen Rechtecks.

$A_{Figur} = A_{groß} - A_{klein}$
$= 72\,cm^2 - 24\,cm^2$
$= \mathbf{48\,cm^2}$

4. Antwortsatz schreiben

Die Figur hat einen Flächeninhalt von **48 cm²**.

Übungsaufgaben

Aufgabe 33 ●○○

Bestimme den Flächeninhalt der Figuren. Unterteile dazu die Figuren in geeignete Rechtecke.

a)

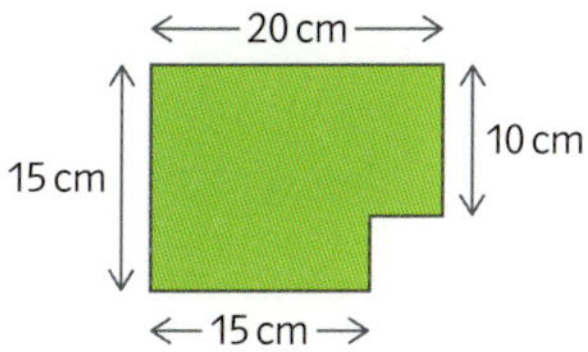

b)

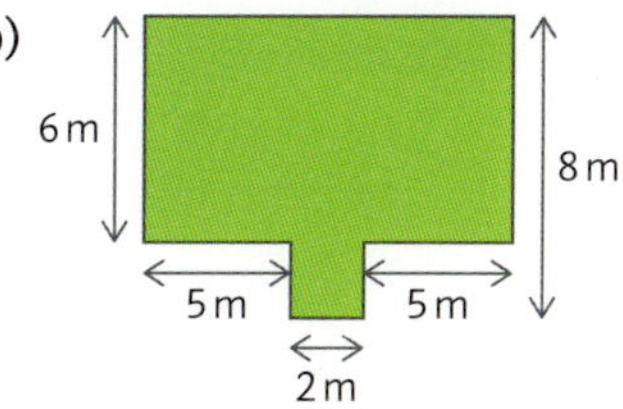

Aufgabe 34 ●●○

Bestimme den Flächeninhalt der farbigen Figuren.

a)

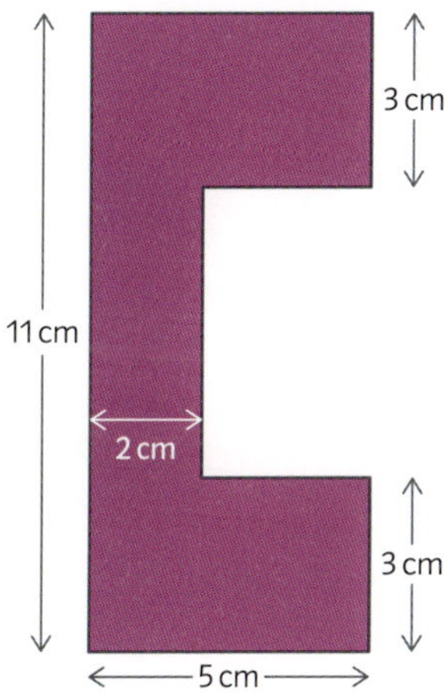

b)

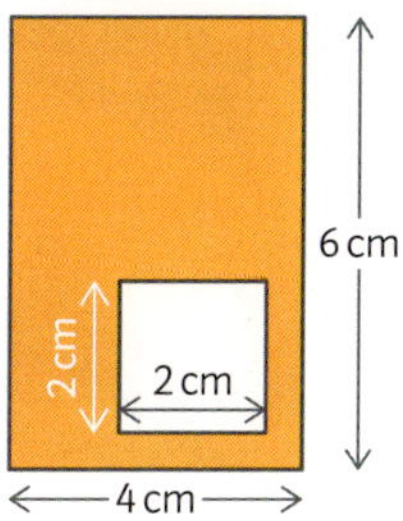

c)

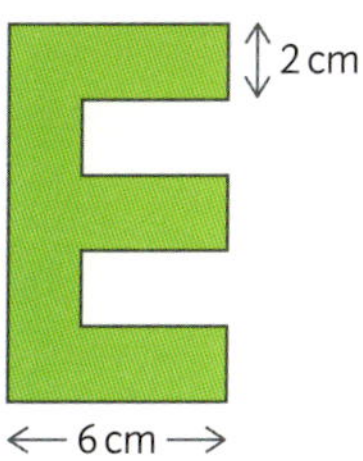

d)

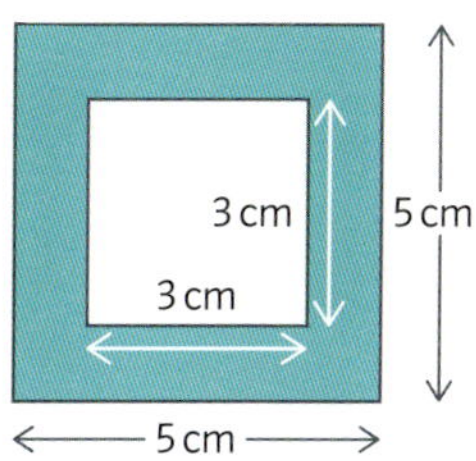

Flächeninhalt und Umfang von Parallelogrammen

Kompetenzcheck

Ich kann …	Aufgabe	Ergebnis
… den Flächeninhalt und Umfang eines Parallelogramms bestimmen.	**Aufgabe 1** a) Berechne den Flächeninhalt der Parallelogramme. 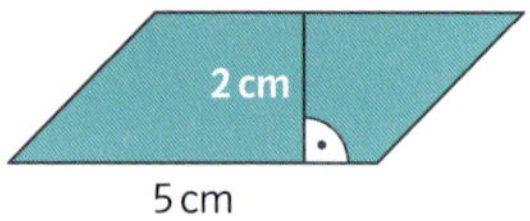 A = ________ 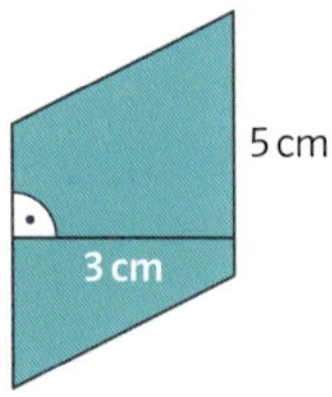 A = ________ 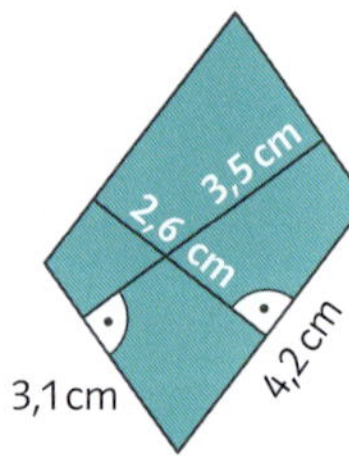 A = ________ b) Miss die benötigten Größen und bestimme den Flächeninhalt und Umfang der Parallelogramme. 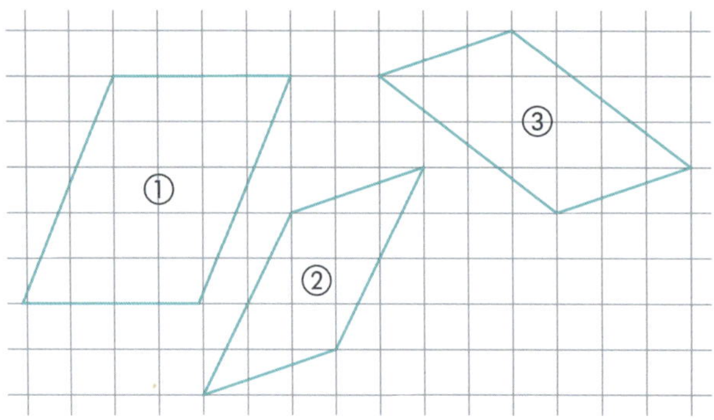 A = ________ A = ________ A = ________ u = ________ u = ________ u = ________	☺ ◉ ☹ → S.196

Schritt-für-Schritt-Erklärung

Die Formel für die Berechnung des Flächeninhalts von Vierecken kann man häufig mithilfe der Formel zur Berechnung des Flächeninhalts von Rechtecken herleiten.

So gehst du vor

So kannst du den Flächeninhalt und Umfang eines Parallelogramms bestimmen:

Ein Parallelogramm kann man in ein **Rechteck mit gleichem Flächeninhalt** verwandeln, indem man ein rechtwinkliges Dreieck an einer Ecke des Parallelogramms abschneidet und an der anderen Ecke der Seite anlegt.
Für den **Flächeninhalt eines Parallelogramms** gilt damit:
Flächeninhalt = Seite · zugehörige Höhe, kurz **A = g · h**
Der **Umfang** besteht aus der Gesamtlänge aller Seiten, kurz **u = 2 · g + 2 · a**.

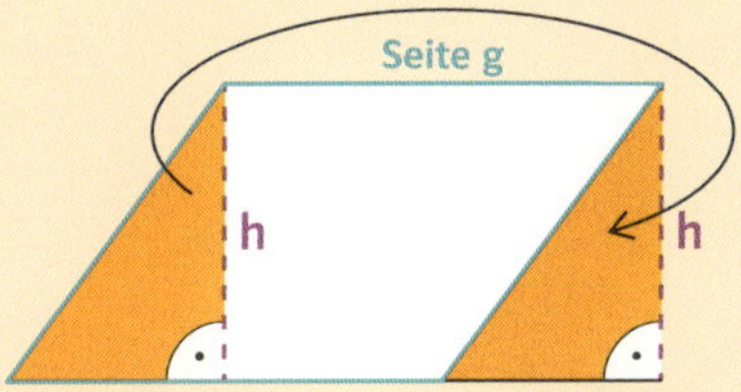

A = Seite g · Höhe h

A = 3 cm · 2,5 cm = **7,5 cm^2**

u = 2 · 3 cm + 2 · 2,9 cm
= **11,8 cm**

Hinweis:
Die Höhe eines Parallelogramms entspricht dem Abstand von zwei parallelen Seiten. Um die Höhe zu messen, muss man eine Senkrechte dazu einzeichnen.

So kannst du den Flächeninhalt eines Parallelogramms durch Messen bestimmen:

1. Wähle eine Seite und zeichne die zugehörige **Höhe** ein. Achte darauf, dass die Höhe **senkrecht (rechtwinklig)** zur **Seite** bzw. den Parallelen ist.
2. Miss die Seite und die zugehörige Höhe und berechne den **Flächeninhalt**, indem du die Länge der Seite mit der Länge der Höhe multiplizierst.

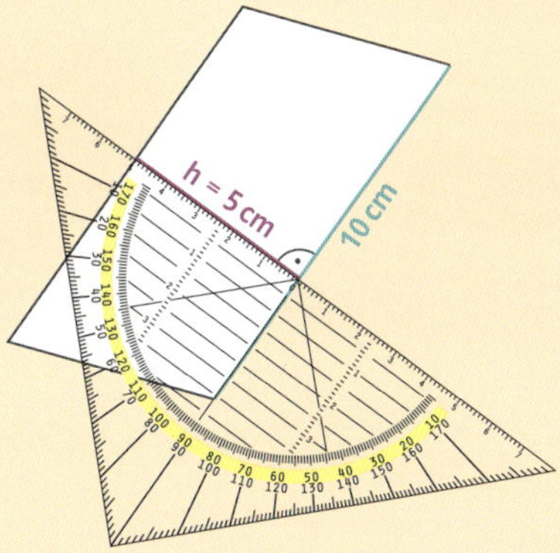

A = 10 cm · 5 cm = 50 cm^2

Hinweis:
Achte darauf, dass das Ergebnis eine Flächeneinheit bekommt.

Beachte: Liegen zwei gegenüberliegende Seiten eines Parallelogramms auf den Kästchenlinien, dann kannst du die Höhe direkt ablesen.

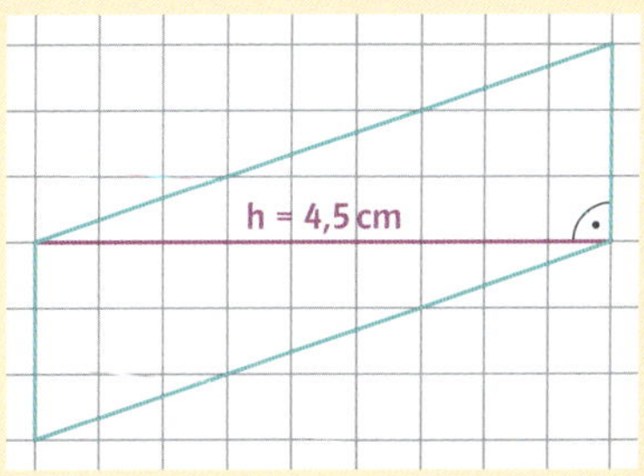

Übungsaufgaben

Aufgabe 35 ●○○
Berechne den Flächeninhalt und Umfang der Parallelogramme.

a)
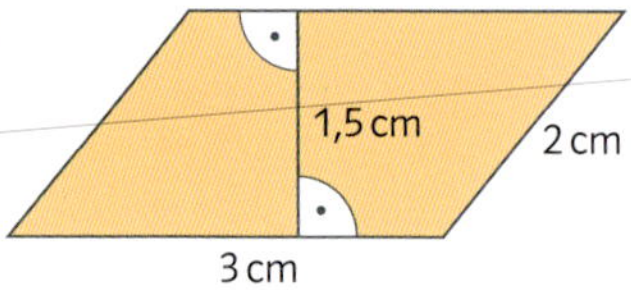

b)
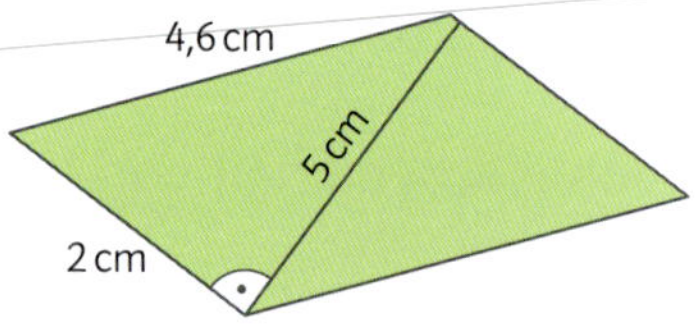

c)
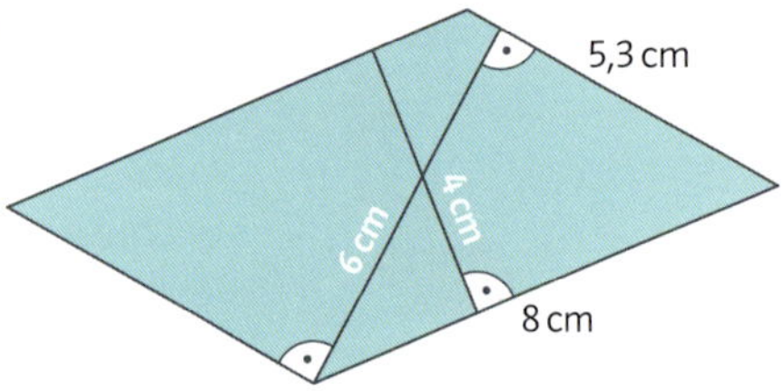

d)
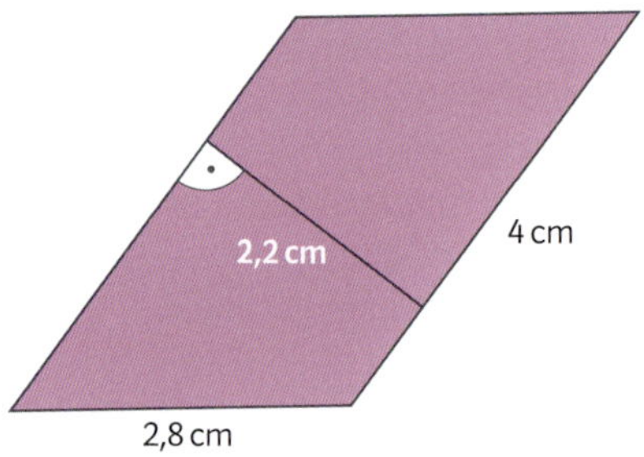

Aufgabe 36 ●○○
Bestimme den Flächeninhalt und Umfang der Parallelogramme.

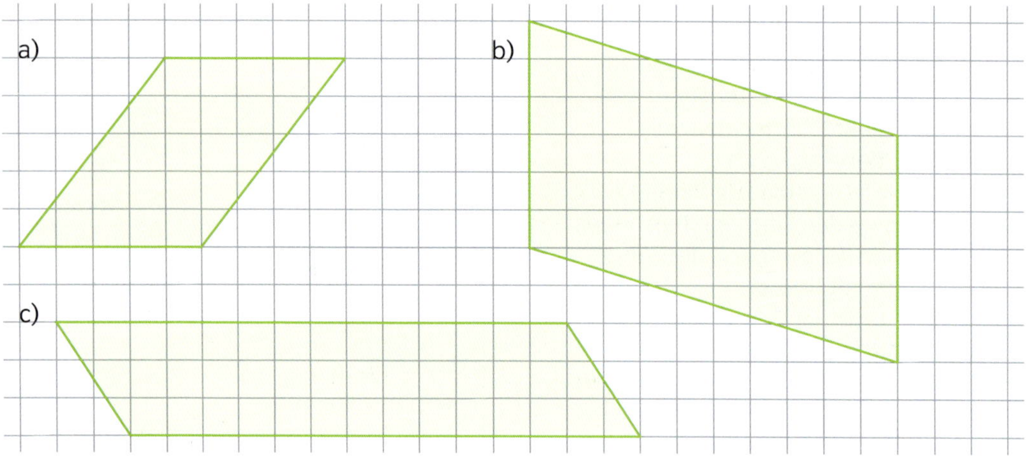

Aufgabe 37 ●○○

Bestimme den Flächeninhalt und Umfang der Parallelogramme.

a)

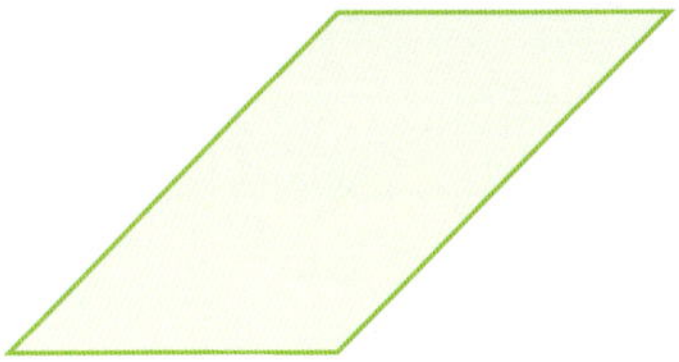

b)

Tipp: Miss dazu die Länge einer Seite und die zugehörige Höhe.

c)

d)

Aufgabe 38 ●○○

Zeichne die Parallelogramme in ein Koordinatensystem mit LE 1 cm und bestimme den Flächeninhalt. Miss die dazu benötigten Größen.

a) A(3 | 2); B(7 | 5); C(7 | 8); D(3 | 5)
b) A(1 | 1); B(6 | 1); C(8 | 4); D(3 | 4)
c) A(5 | 1); B(7 | 4); C(3 | 4); D(1 | 1)

Aufgabe 39 ●●○

Berechne die fehlenden Größen der Parallelogramme.

	a)	b)	c)	d)
g	4 cm		15 dm	15 dm
h	5 cm	5 cm	12 dm	
A		30 cm^2		0,9 m2

Aufgabe 40 ●●●

a) Zeichne zwei verschiedene Parallelogramme mit dem Flächeninhalt 20 cm^2.
b) Zeichne ein Parallelogramm mit dem Umfang 16 cm und dem Flächeninhalt 10 cm^2.

Flächeninhalt und Umfang von Dreiecken

Kompetenzcheck

Ich kann …	Aufgabe	Ergebnis
… den Flächeninhalt und Umfang eines Dreiecks bestimmen.	**Aufgabe 1** a) Berechne den Flächeninhalt der Dreiecke. 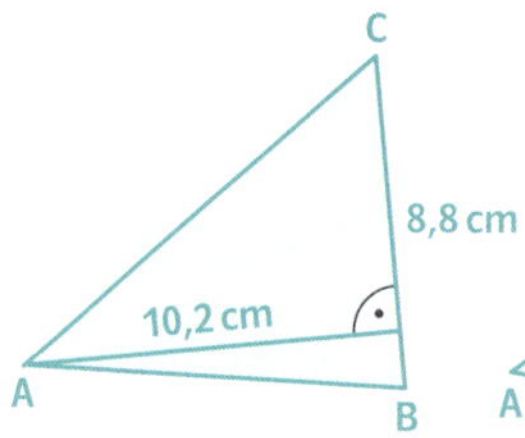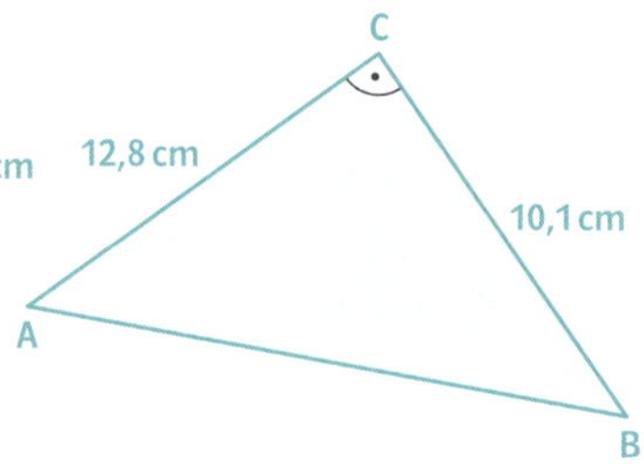 A = ______ A = ______ b) Miss die benötigten Größen und bestimme den Flächeninhalt und Umfang der Dreiecke. ① 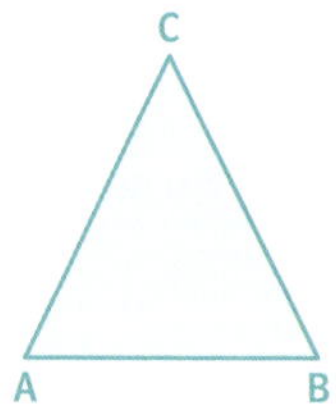 A = ______ u = ______ ② 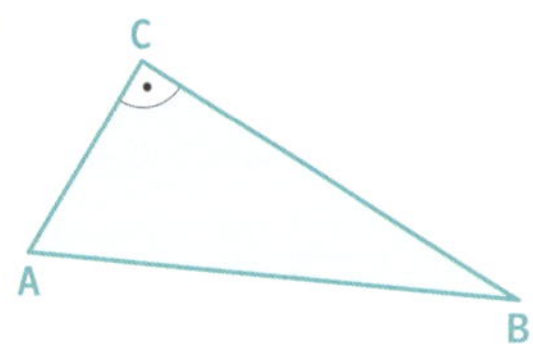 A = ______ u = ______ ③ 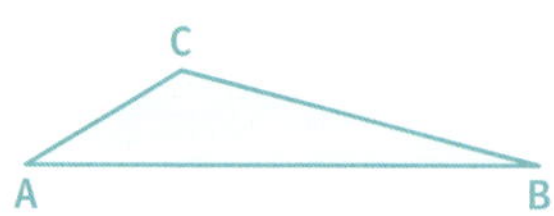 A = ______ u = ______	→ S. 197

Schritt-für-Schritt-Erklärung

Die Formel für die Berechnung des Flächeninhalts von Dreiecken kann man mit der Formel zur Berechnung des Flächeninhalts von Rechtecken herleiten.

So gehst du vor

So kannst du den Flächeninhalt und Umfang eines Dreiecks bestimmen:

Ein Dreieck kann man zu einem Rechteck ergänzen, indem man eine Seite als Rechteckseite wählt und die andere Rechteckseite so ergänzt, dass die gegenüberliegende Spitze auf dieser Seite liegt. Der **Flächeninhalt des Rechtecks** ist also **doppelt so groß wie der des Dreiecks**.
Für den Flächeninhalt eines Dreiecks gilt damit:
Flächeninhalt Dreieck
= Flächeninhalt des Rechtecks : 2
= Seite g · zugehörige Höhe h : 2,
kurz **A = g · h : 2**

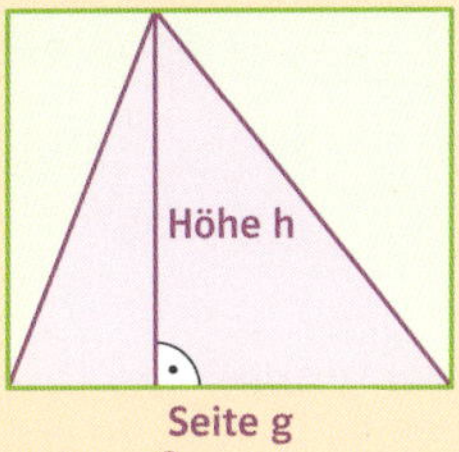

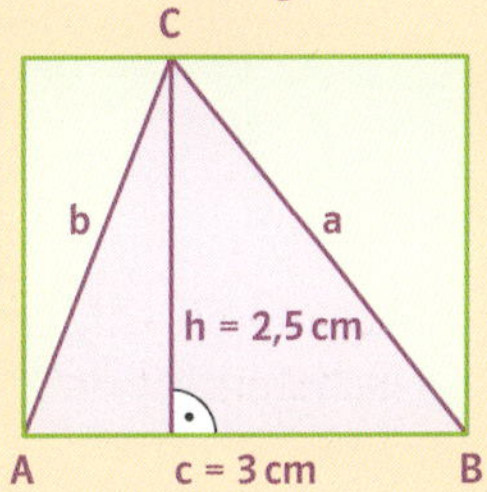

Hinweis:
Die Höhe eines Dreiecks entspricht dem Abstand einer Ecke zur gegenüberliegenden Seite.
Um die Höhe zu messen, muss man eine Senkrechte durch eine Ecke zur gegenüberliegenden Seite einzeichnen.

Der **Umfang** besteht aus der Gesamtlänge aller Seiten, kurz
u = a + b + c.

A = 3 cm · 2,5 cm : 2
= $7{,}5\,cm^2$: 2 = **$3{,}75\,cm^2$**
u = 3,2 cm + 2,7 cm + 3 cm = **8,9 cm**

So gehst du vor

So kannst du den Flächeninhalt eines Dreiecks durch Messen bestimmen:

1. Wähle eine Seite und zeichne die zugehörige **Höhe** ein. Achte darauf, dass die Höhe **senkrecht (rechtwinklig) zur Seite** ist und durch die gegenüberliegende Ecke geht.
2. Miss die Seite und die zugehörige Höhe.

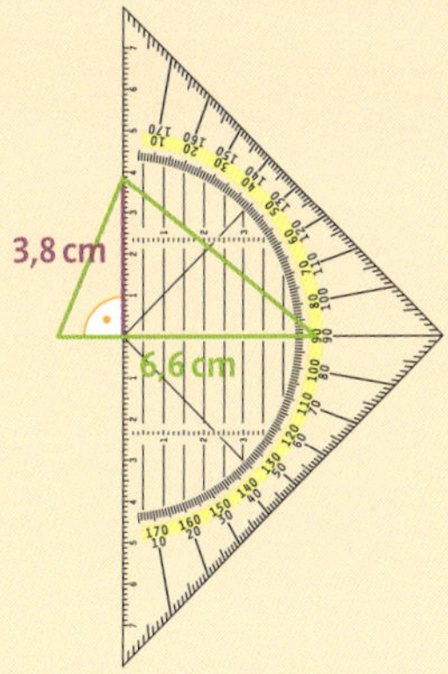

Beachte:
Ist das Dreieck rechtwinklig, kannst du den Flächeninhalt direkt berechnen. Nimm eine Seite des rechten Winkels als Grundseite und die andere Seite als Höhe.

3. Berechne den Flächeninhalt, indem du die Länge der Seite mit der Länge der Höhe multiplizierst und das Ergebnis durch 2 dividierst.

A = 6,6 cm · 3,8 cm : 2
= 66 mm · 38 mm : 2
= $2508\,mm^2$: 2
= $1254\,mm^2$ = $12{,}54\,cm^2$

Übungsaufgaben

Aufgabe 41 ●○○

Berechne den Flächeninhalt der Dreiecke. Die Längenangaben sind alle in cm.

a)

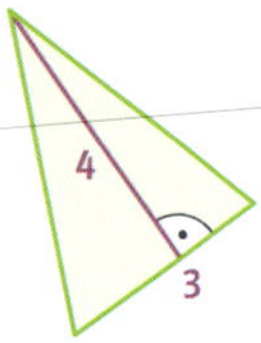

b)

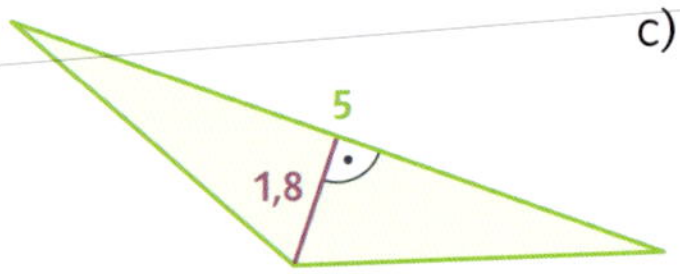

c)

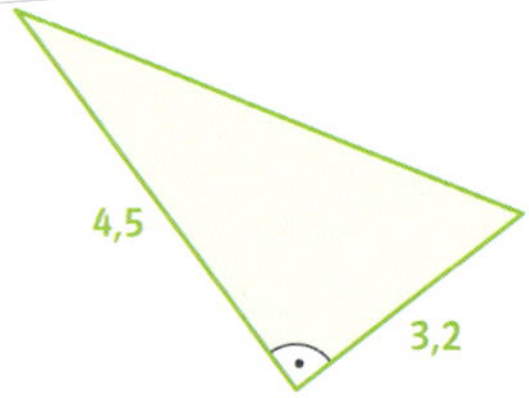

Aufgabe 42 ●○○

Berechne den Flächeninhalt und Umfang der Dreiecke. Die Längenangaben sind alle in cm.

a)

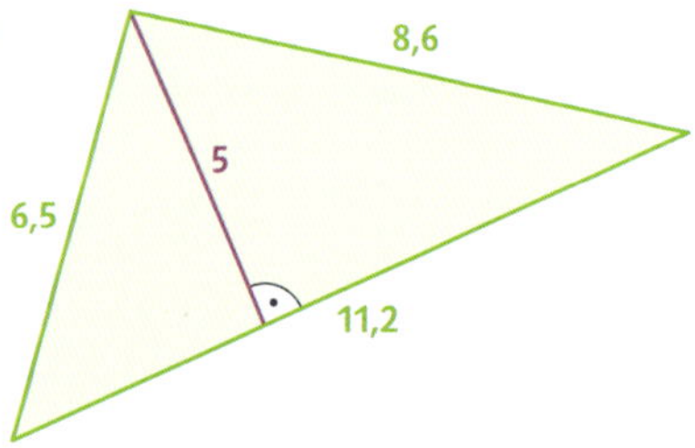

b)

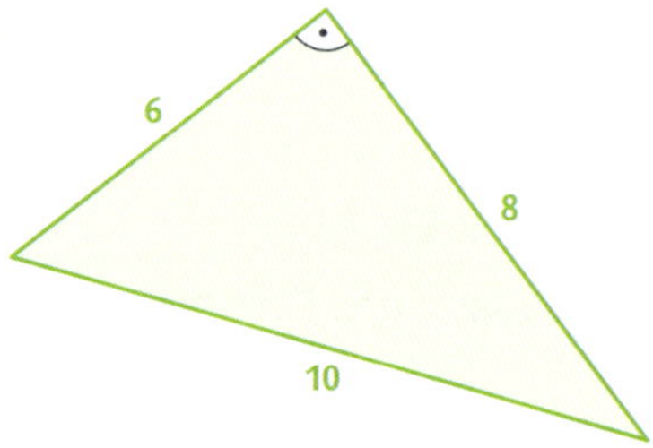

c)

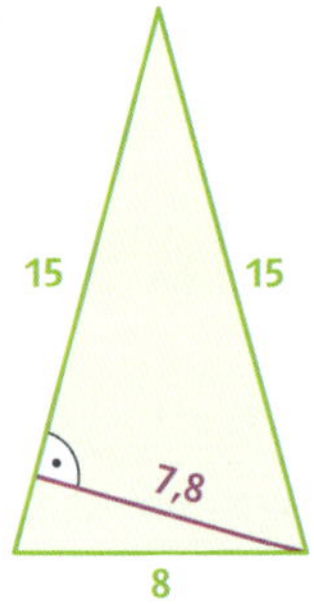

d)

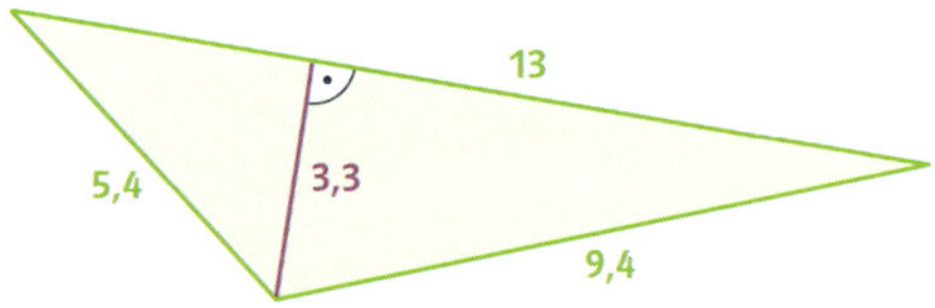

Aufgabe 43 ●●○

Bestimme den Flächeninhalt und Umfang der Dreiecke.

a)

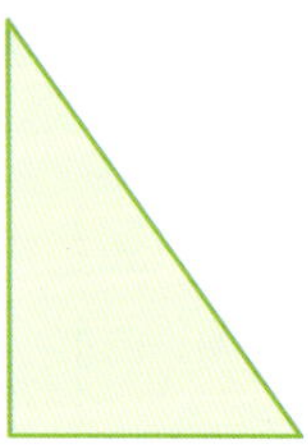

b)

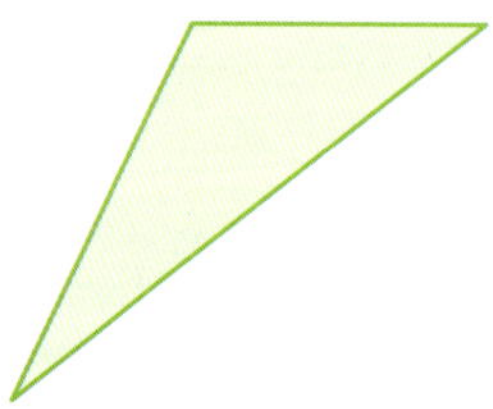

c)

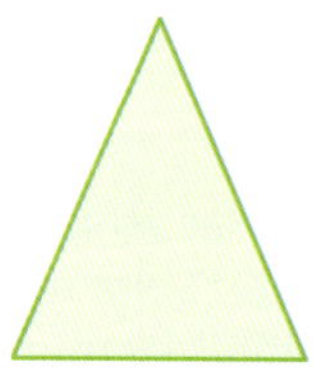

Aufgabe 44 ●●○
Zeichne die folgenden Dreiecke in ein Koordinatensystem, miss die benötigten Größen und bestimme ihren Flächeninhalt.

a) A(2 | 3); B(6 | 3); C(4 | 5)
b) A(1 | 4); B(6 | 2); C(6 | 6)
c) A(6 | 3); B(9 | 4); C(8 | 7)

Aufgabe 45 ●●○
Gegeben ist ein Dreieck mit

a) Seitenlänge 6 cm, zugehörige Höhe 5 cm. Berechne den Flächeninhalt.
b) Seitenlänge 4,2 cm; zugehörige Höhe 2,5 cm. Berechne den Flächeninhalt.
c) Flächeninhalt 10 cm^2; Höhe 2 cm. Berechne die zugehörige Seite.
d) Flächeninhalt 16 cm^2; Höhe 8 cm. Berechne die zugehörige Seite.

Aufgabe 46 ●●○
Zeichne zwei verschiedene Dreiecke mit einem Flächeninhalt von 16 cm^2.

Aufgabe 47 ●●○
Bestimme den Umfang und berechne den Flächeninhalt.

a)
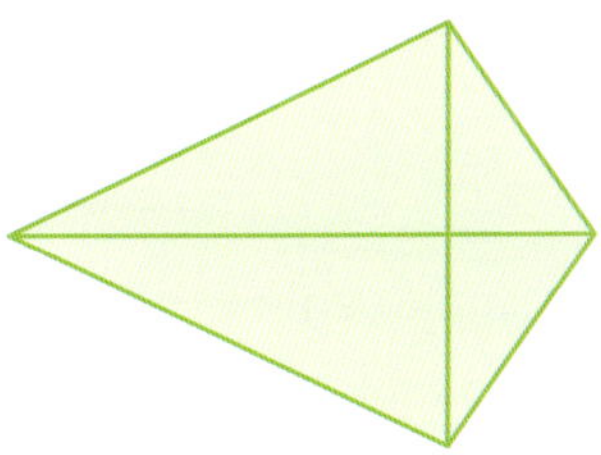

b)
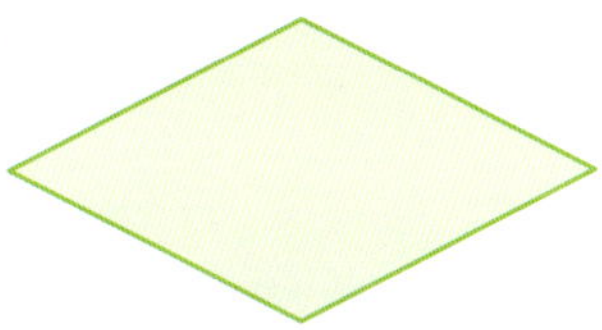

Aufgabe 48 ●●●
Die Außenfassade eines Fabrikgebäudes soll gestrichen werden.
Wie teuer ist die benötigte Farbe?

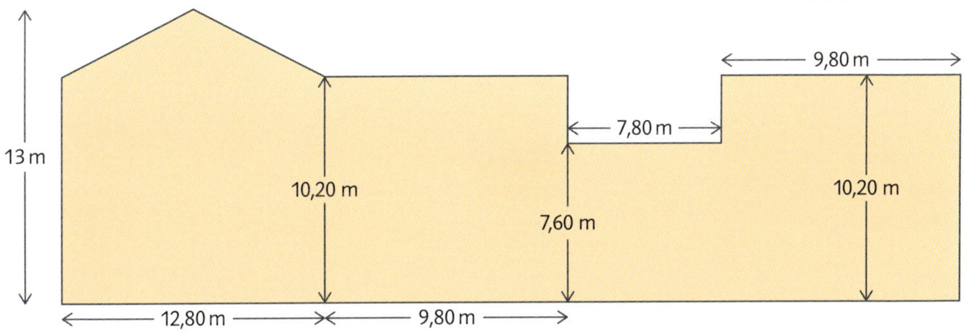

Flächeninhalt und Umfang von Trapezen

Kompetenzcheck

Ich kann …	Aufgabe	Ergebnis
… den Flächeninhalt und Umfang eines Trapezes bestimmen.	**Aufgabe 1** a) Berechne den Flächeninhalt der Trapeze. 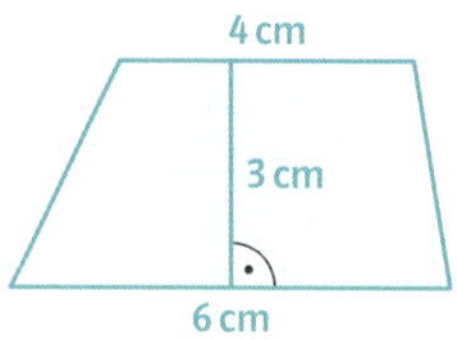 A = ________ 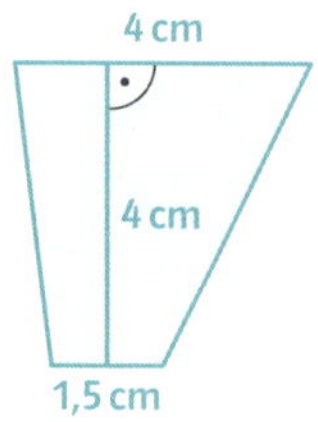 A = ________ 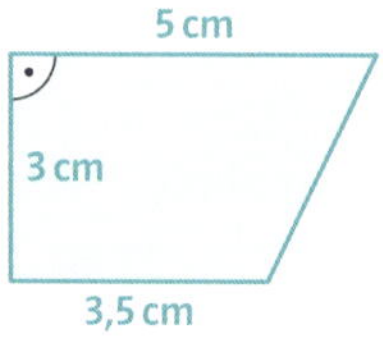 A = ________ b) Miss die benötigten Größen und bestimme den Flächeninhalt und Umfang der Trapeze. 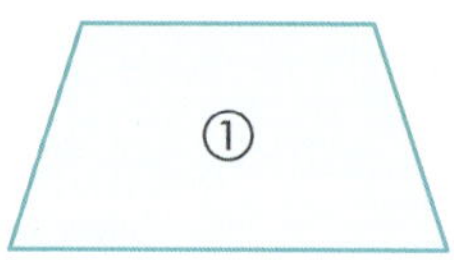 A = ________ u = ________ 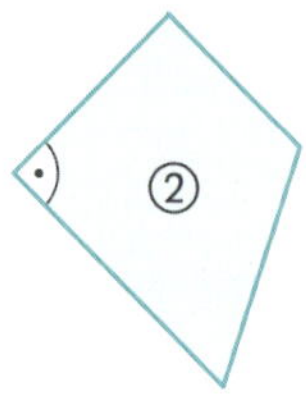 A = ________ u = ________	→ S. 197

Schritt-für-Schritt-Erklärung

Die Formel für die Berechnung des Flächeninhalts eines Trapezes kann man mithilfe der Formel zur Berechnung des Flächeninhalts eines Parallelogramms herleiten.

So gehst du vor

So kannst du den Flächeninhalt und Umfang eines Trapezes bestimmen:

Zwei Trapeze kann man so aneinander legen, dass ein **Parallelogramm** entsteht. Dabei ist eine Seite des Parallelogramms so lang wie zwei Seiten des Trapezes, kurz $g = a + c$. Außerdem ist der Flächeninhalt des Parallelogramms genau doppelt so groß wie der des Trapezes, der Flächeninhalt des Trapezes ist also halb so groß wie der des Parallelogramms.
Damit gilt:
Flächeninhalt Trapez
A = Flächeninhalt Parallelogramm : 2
$= g \cdot h : 2$
$= \mathbf{(a + c) \cdot h : 2}$ oder $\mathbf{A = \frac{(a + c) \cdot h}{2}}$

Der **Umfang** besteht aus der **Gesamtlänge aller Seiten**, kurz
$\mathbf{u = a + b + c + d}$

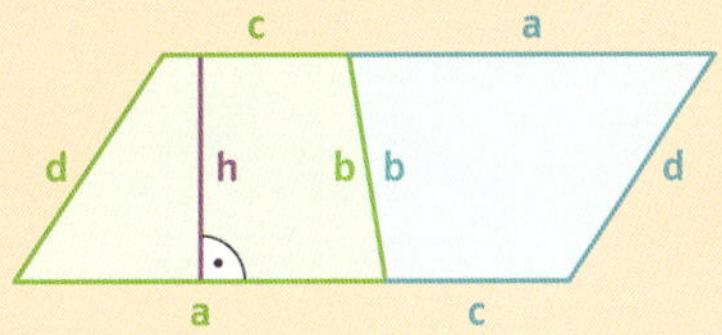

$\mathbf{A = (a + c) \cdot h : 2}$

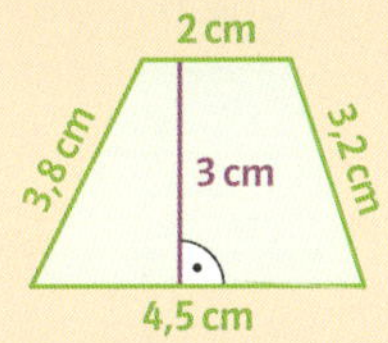

$\mathbf{A = (a + c) \cdot h : 2}$
$= (4{,}5\,\text{cm} + 2\,\text{cm}) \cdot 3\,\text{cm} : 2$
$= 6{,}5\,\text{cm} \cdot 3\,\text{cm} : 2$
$= 19{,}5\,\text{cm}^2 : 2 = \mathbf{9{,}75\,cm^2}$

$\mathbf{u} = 4{,}5\,\text{cm} + 3{,}2\,\text{cm} + 2\,\text{cm} + 3{,}8\,\text{cm}$
$= \mathbf{13{,}5\,cm}$

Hinweis:
Die Höhe eines Trapezes entspricht dem Abstand der beiden parallelen Seiten.
Um die Höhe zu messen, muss man eine Senkrechte dazu einzeichnen.

Hinweis:
Achte darauf, dass das Ergebnis eine Flächeneinheit bekommt.

So gehst du vor

So kannst du den Flächeninhalt eines Trapezes durch Messen bestimmen:

1. Zeichne die **Höhe** ein. Achte darauf, dass die Höhe **senkrecht (rechtwinklig) zu den Parallelen** ist.
2. Miss die Längen der parallelen Seiten und die der Höhe und berechne den Flächeninhalt, indem du die Längen der Seite addierst, das Ergebnis mit der Länge der Höhe multiplizierst und dann durch 2 dividierst.

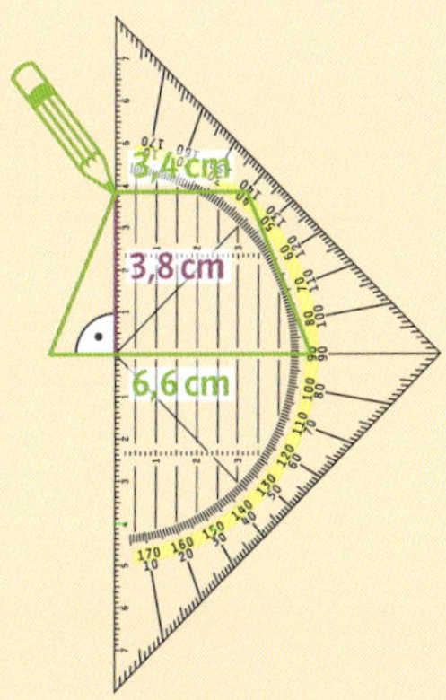

$\mathbf{A} = (6{,}6\,\text{cm} + 3{,}4\,\text{cm}) \cdot 3{,}8\,\text{cm} : 2$
$= 10\,\text{cm} \cdot 3{,}8\,\text{cm} : 2$
$= 38\,\text{cm}^2 : 2 = \mathbf{19\,cm^2}$

Übungsaufgaben

Aufgabe 49 ●○○

Berechne den Flächeninhalt der Trapeze.

a)

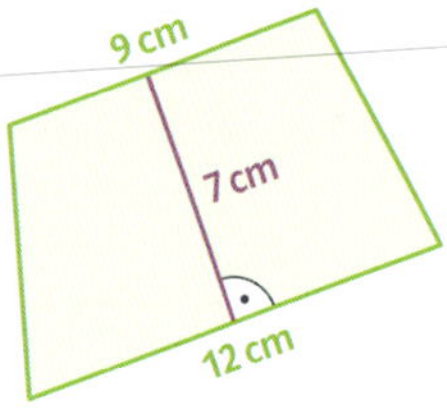

b)

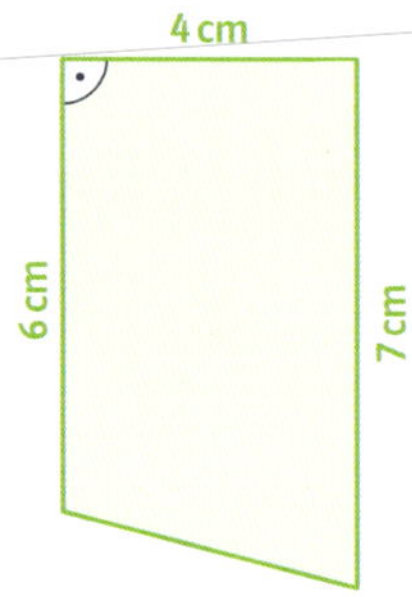

c)

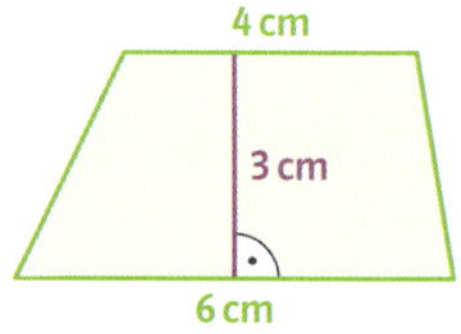

Aufgabe 50 ●○○

Berechne den Flächeninhalt und Umfang der Trapeze.

a)

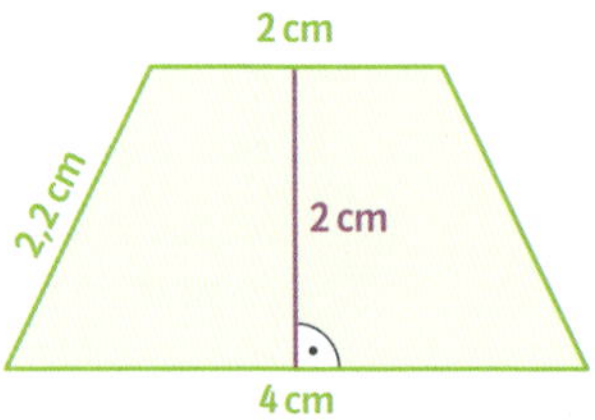

b)

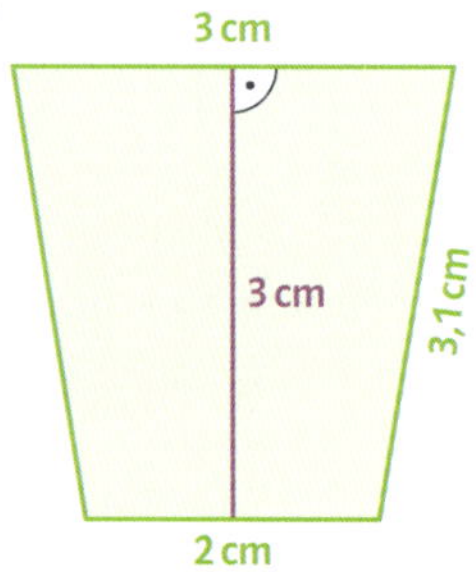

c)

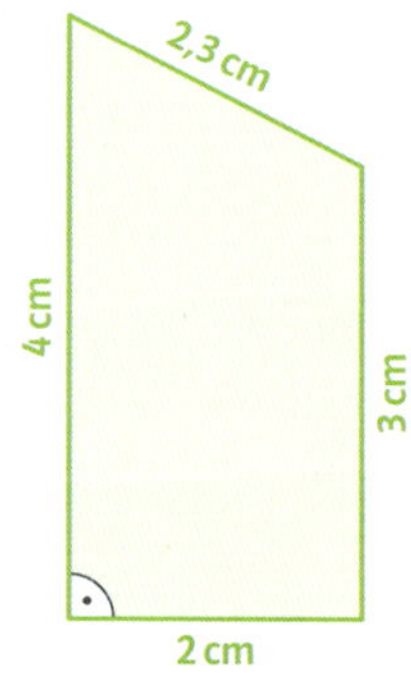

Aufgabe 51 ●●○

Bestimme den Flächeninhalt und Umfang der Trapeze.

a)

b)

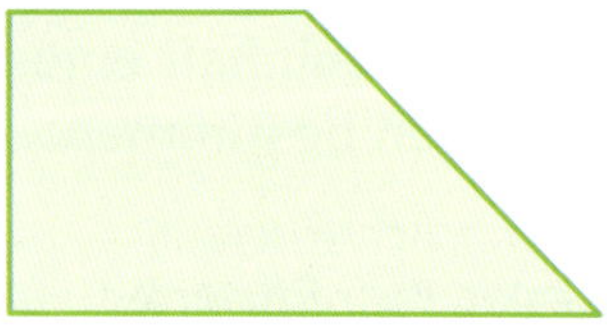

Aufgabe 52 ●●○

Zeichne die Trapeze in ein Koordinatensystem (LE 1 cm) und bestimme den Flächeninhalt und den Umfang.

a) A (0 | 2), B (7 | 2), C (5 | 5), D (3 | 5)
b) A (3 | 2), B (9 | 5), C (8 | 8), D (4 | 6)

Abschlusskompetenzcheck

	Ich kann …	✓
1	**… die Eigenschaften von besonderen Vierecken nennen und damit Vierecke beschreiben.** Gib an, um welches Viereck es sich handelt. a) 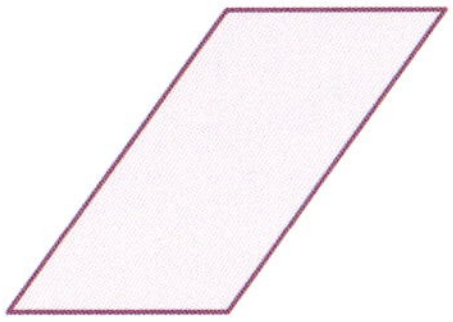 b) 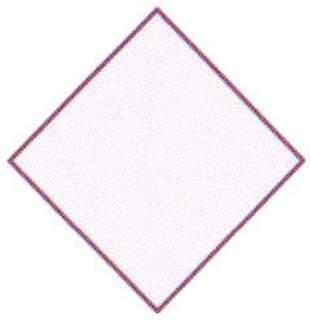 c) 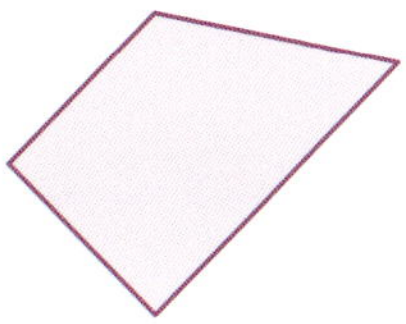 d) 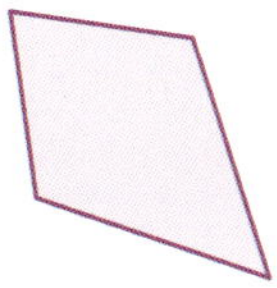	
2	**… besondere Vierecke zeichnen.** a) Ergänze die Strecke zu einem Quadrat. 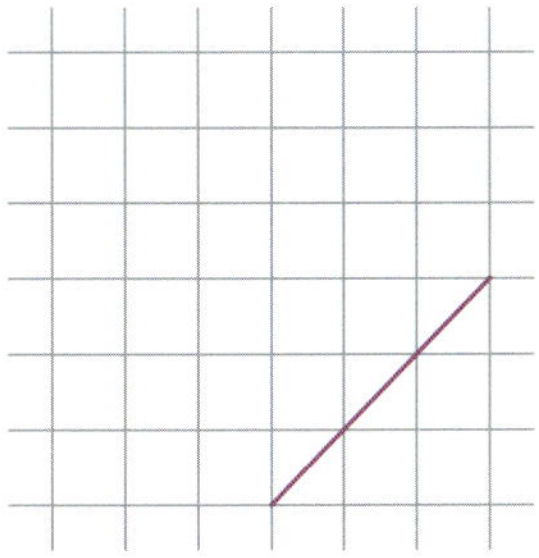 b) Ergänze die Punkte ABC so, dass ein Parallelogramm ABCD entsteht. 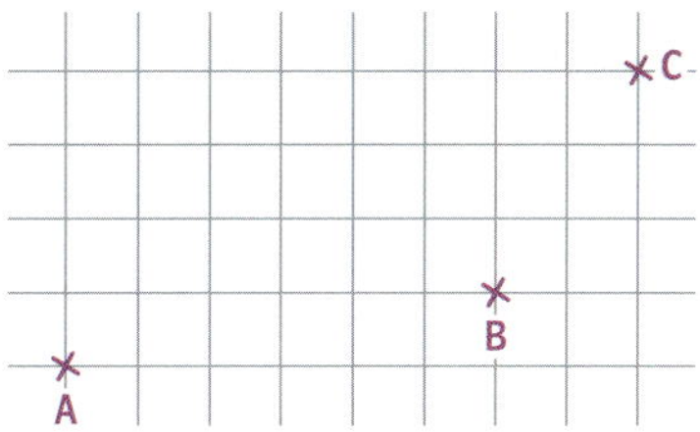	
3	**… Vierecke in ein Koordinatensystem zeichnen.** Zeichne die Punkte A(4|2), B(8|7) und C(4|8) in ein Koordinatensystem mit LE 1 cm. Ergänze einen Punkt D so, dass das Viereck ABCD ein Parallelogramm ist. Gib die Koordinaten des Schnittpunktes der Diagonalen an.	

	Ich kann ...	✓
4	**... die Größe von Flächen durch Auslegen vergleichen.** Begründe, welche Figuren den gleichen Flächeninhalt haben. 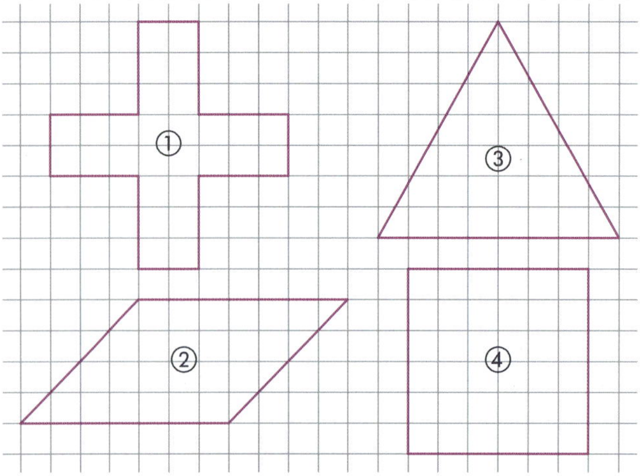 	
5	**... Einheiten für den Flächeninhalt verwenden.** a) Größe eines Zimmers: ________ b) Größe eines Feldes: ________ c) Größe eines Blatts Papier ________	
6	**... Einheiten für den Flächeninhalt in benachbarte Einheiten umwandeln.** Schreibe in der nächstgrößeren Einheit. a) $400\,mm^2$ = ________ b) $1000\,dm^2$ = ________ c) 1500 a = ________ d) 20 000 ha = ________	
7	**... Einheiten für den Flächeninhalt in benachbarte Einheiten umwandeln.** Schreibe in der nächstkleineren Einheit. a) 2 ha = ________ b) 14 m2 = ________ c) 70 a = ________ d) $101\,dm^2$ = ________	
8	**... Einheiten für den Flächeninhalt umwandeln.** Schreibe in der gemischten Schreibweise. a) 154 m2 = ________ b) $9471\,cm^2$ = ________ c) 12,93 km2 = ________ d) 92,01 a = ________	

	Ich kann …	✓

9 **… Einheiten für den Flächeninhalt umwandeln.**
Schreibe in einer Einheit.

a) $5\,m^2\ 72\,dm^2$ = ____________ b) 1 ha 24 a = ____________

c) $5\,km^2$ 8 ha = ____________ d) $5\,cm^2\ 20\,mm^2$ = ____________

10 **… Einheiten für den Flächeninhalt umwandeln.**
Schreibe in der angegebenen Einheit.

a) 2,5 m2 = ________ a b) 0,2 ha = ________ a

c) $0{,}15\,cm^2$ = ________ mm^2 d) $10{,}3\,mm^2$ = ________ cm^2

11 **… den Flächeninhalt und Umfang eines Quadrats und eines Rechtecks berechnen.**
Berechne den Flächeninhalt und Umfang des Rechtecks mit den angegebenen Seitenlängen.

a)
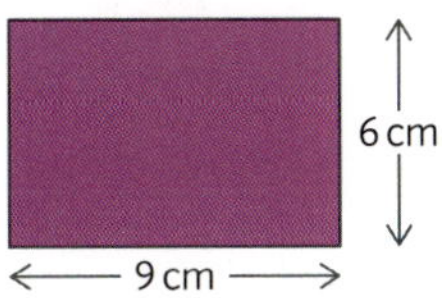

A = ____________

u = ____________

b) a = 5 cm
b = 12 dm

A = ____________

u = ____________

12 **… die fehlende Seite eines Rechtecks berechnen, wenn der Umfang oder Flächeninhalt gegeben sind.**
Bestimme die fehlenden Größen der Rechtecke. Fülle dazu die Tabelle aus.

Rechteck	a)	b)
Länge	6 cm	
Breite		2 m
Flächeninhalt	$42\,cm^2$	
Umfang		84 dm

	Ich kann …	✓
13	**… den Flächeninhalt und Umfang von aus Rechtecken zusammengesetzten Figuren berechnen.** Berechne den Flächeninhalt und Umfang des Grundstücks. 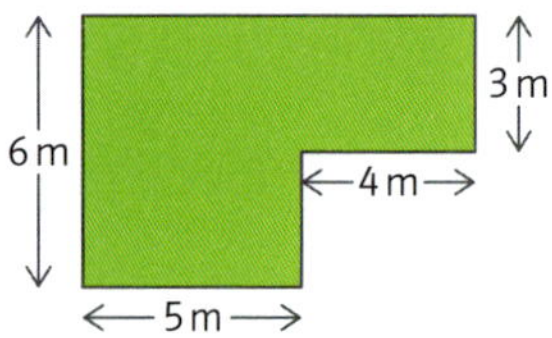 A = ____________ u = ____________	
14	**… den Flächeninhalt und Umfang von Parallelogrammen bestimmen.** Bestimme den Flächeninhalt und Umfang des Parallelogramms. Miss dazu die benötigten Längen. A = ____________ u = ____________ 	
15	**… den Flächeninhalt eines Dreiecks bestimmen.** Bestimme den Flächeninhalt des Dreiecks. A = ____________ 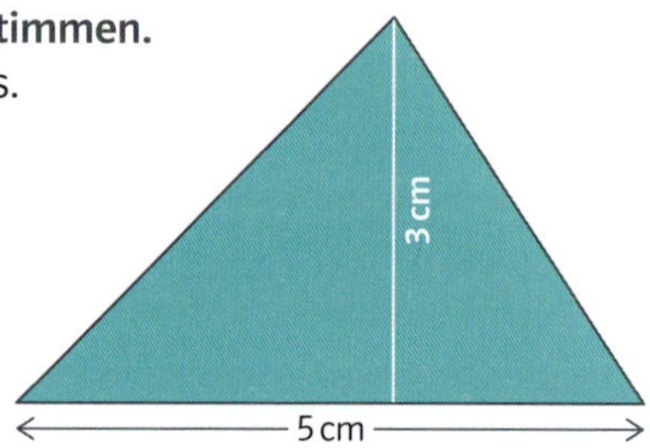	
16	**… den Flächeninhalt und Umfang eines Trapezes bestimmen.** Miss die benötigten Größen und bestimme den Flächeninhalt und Umfang des Trapezes. A = ____________ u = ____________ 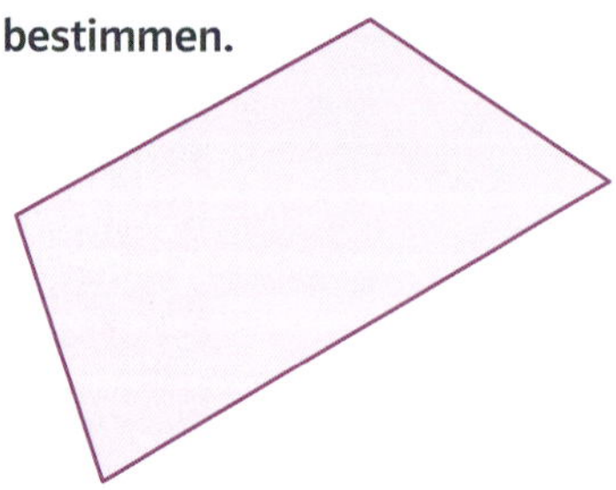	

Figure text for image 1:

Figure text for image 3:

4 Körper und Volumen

Körper und ihre Eigenschaften

Kompetenzcheck

Ich kann … | **Aufgabe** | **Ergebnis**

… geometrische Körper erkennen und benennen.

Aufgabe 1
Gib an, um welchen mathematischen Körper es sich jeweils handelt.

a) 

c) 

d) 

b) 

e) 

→ S. 209

Aufgabe 2
Wer bin ich? Nenne einen Körper…

a) … mit 6 Flächen, 12 Kanten und 8 Ecken.

____

b) … mit 5 Flächen, 8 Kanten und 5 Ecken.

____

c) … mit 3 Flächen, 2 gewölbten Kanten, keiner Ecke.

____

d) … ohne Kanten und Ecken.

____

→ S. 209

… Fachbegriffe zur Beschreibung eines Körpers verwenden.

Aufgabe 3
Ergänze die Tabelle.

Körper	Anzahl der Flächen	Anzahl der Kanten	Anzahl der Ecken
Quader			
Kegel			
Prisma (sechseckige Grundfläche)			

→ S. 209

Schritt-für-Schritt-Erklärung

Im Alltag kommen Körper in vielen geometrischen Formen vor, die sich beispielsweise durch ihre Größe, Farbe oder ihr Gewicht unterscheiden. In der Geometrie kommt es nur auf die **Form** an. Aus den geometrischen Grundobjekten Punkt und Strecke kannst du Körper bilden.

Fachbegriffe

Was ist ein geometrischer Körper?

Im Gegensatz zu einer Fläche oder ebenen Figur nimmt ein **Körper** einen **Raum** ein. Man sagt auch, ein Körper ist **dreidimensional** (räumlich).

Körper werden von ebenen oder gekrümmten **Flächen** begrenzt. Zwei aneinander stoßende Flächen bilden eine **Kante**. Aufeinander treffende Kanten bilden eine **Ecke**.

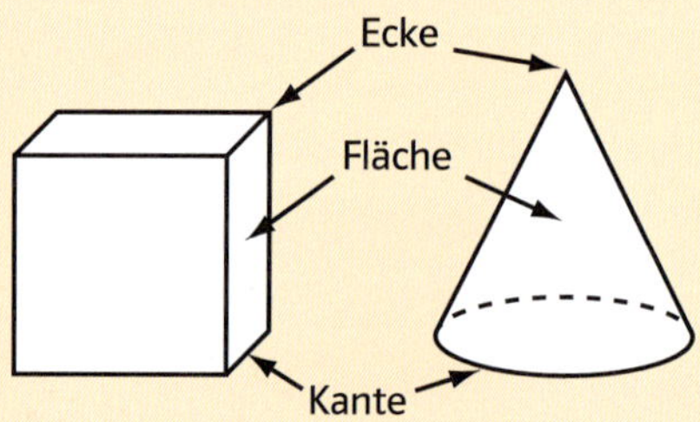

Diese mathematischen Körper werden auch als **Grundkörper** bezeichnet:

Prismen

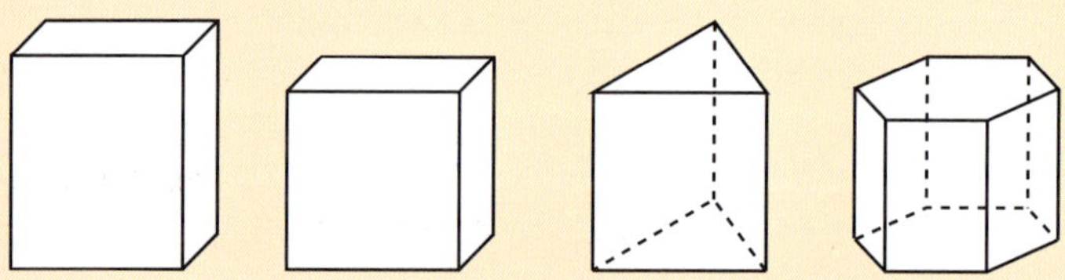

Quader | Würfel | Prisma (dreieckige Grundfläche) | Prisma sechseckige Grundfläche)

Ein Prisma mit dreieckiger Grundfläche wird auch Dreiecksprisma oder dreiseitiges Prisma genannt.

Begrenzungsflächen	6 Rechtecke	6 Quadrate	2 Dreiecke, 3 Rechtecke	2 Sechsecke, 6 Rechtecke
Kanten	12	12 (gleich lang)	9 Kanten	18
Ecken	8	8	6	12

Schritt-für-Schritt-Erklärung

Pyramiden

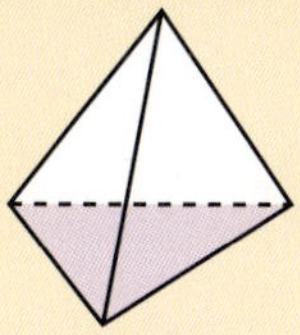

Pyramide (dreieckige Grundfläche)

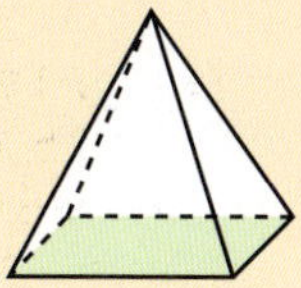

Pyramide (viereckige Grundfläche)

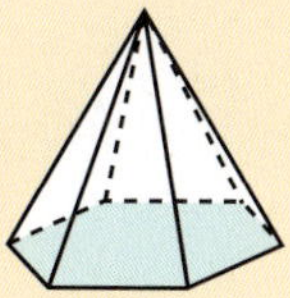

Pyramide (sechseckige Grundfläche)

Begrenzungsflächen	4 Dreiecke	1 Viereck, 4 Dreiecke	1 Sechseck, 6 Dreiecke
Kanten	6	8	12
Ecken	4	5	7

Sonstige

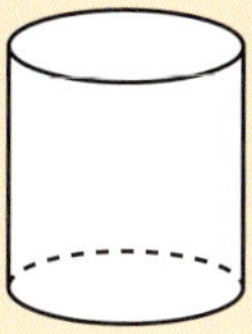

Zylinder

Kegel

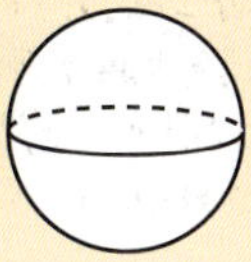

Kugel

Begrenzungsflächen	2 Kreise, 1 gekrümmtes Rechteck	1 Kreis, 1 gewölbte Fläche	1 gewölbte Fläche
Kanten	2	1	0
Ecken	0	1	0

Fachbegriffe

Eine Pyramide mit dreieckiger Grundfläche wird auch Dreieckspyramide oder dreiseitige Pyramide genannt. Sind alle Kanten gleich lang, heißt eine Dreieckspyramide auch Tetraeder.

Im Alltag kommen diese Körper oft nicht in der idealen Form vor.

Übungsaufgaben

Aufgabe 1 ●○○

Gib die Namen der zugehörigen Körper an.

a) 

b) 

c) 

d) 

e) 

f) 

g) 

Aufgabe 2 ●○○

Gib für jeden Körper die Anzahl der Flächen, Kanten und Ecken an. Ergänze die Tabelle.

Körper	Anzahl der Flächen	Anzahl der Kanten	Anzahl der Ecken
Würfel			
Prisma (dreieckige Grundfläche)			
Prisma (sechseckige Grundfläche)			
Pyramide (dreieckige Grundfläche)			
Pyramide (viereckige Grundfläche)			
Pyramide (sechseckige Grundfläche)			
Zylinder			
Kugel			

Aufgabe 3 ●○○

Körper gesucht! Gib einen Körper an, der die angegebenen Eigenschaften hat.

a) 4 Flächen, 6 Kanten, 4 Ecken

b) keine Ecken und keine Kanten

c) 3 Flächen und 2 Kanten

d) 2 Flächen und 1 Ecke

e) 10 Flächen, 24 Kanten, 16 Ecken

f) 5 Flächen, 8 Kanten, 5 Ecken

Körpernetze erkennen und zeichnen

Kompetenzcheck

Ich kann …	Aufgabe	Ergebnis
… ein vorgegebenes Netz (von einem Quader, Würfel, Zylinder, einer Pyramide oder einem Kegel) dem entsprechenden Körper zuordnen.	**Aufgabe 1** Gib an, zu welchem geometrischen Körper das Netz gehört. 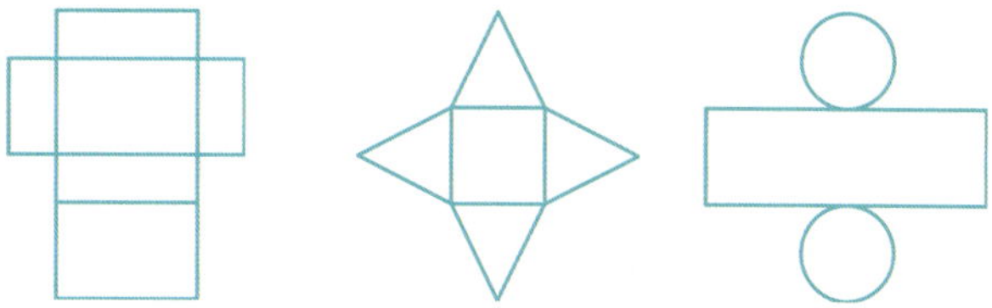 __________ __________ __________	→ S. 209
… ein Netz zu einem Körpernetz ergänzen.	**Aufgabe 2** Ergänze das Netz so, dass ein vollständiges Körpernetz entsteht. 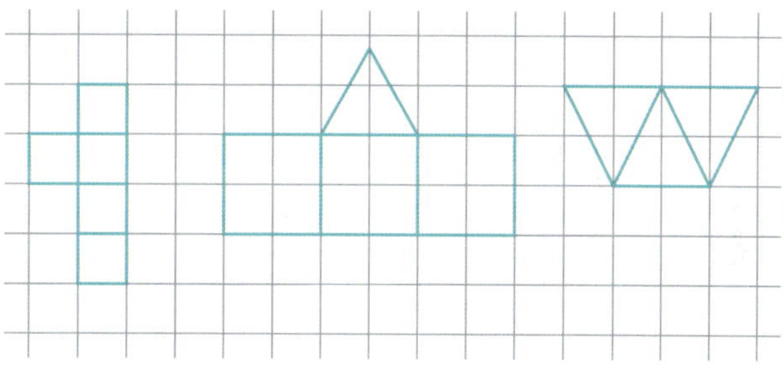	→ S. 209
… Netze von Würfeln und Quadern zeichnen.	**Aufgabe 3** a) Zeichne das Netz eines Würfels mit der Kantenlänge 2 cm. b) Zeichne das Netz eines Quaders mit den Kantenlängen 3 cm, 4 cm, 5 cm. c) Zeichne ein Netz des abgebildeten Quaders. Gegenüberliegende Flächen sind jeweils gleich gefärbt. 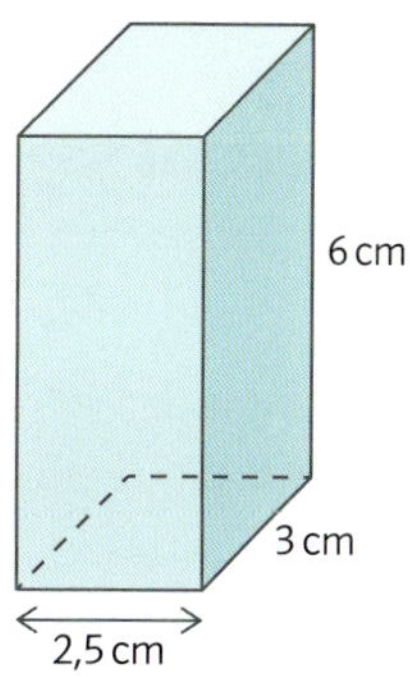	→ S. 209

Schritt-für-Schritt-Erklärung

Fachbegriffe

Was ist ein Körpernetz?

Wird ein Körper entlang seiner Kanten aufgeschnitten und können alle Begrenzungsflächen in die Ebene ausgebreitet werden, so erhält man sein **Netz**.

Beispiele:

Netz eines Quaders

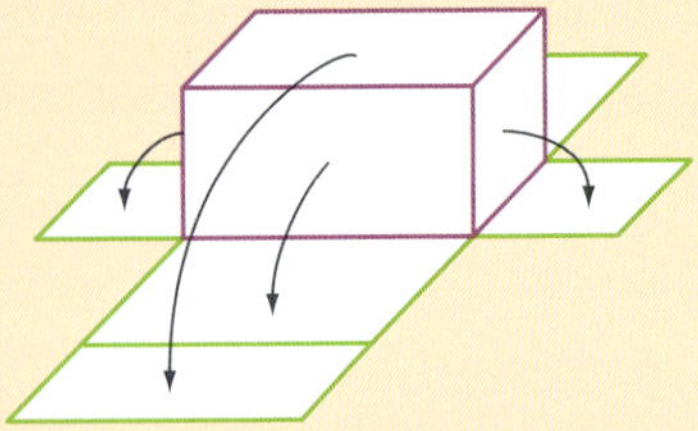

Netz eines Zylinders

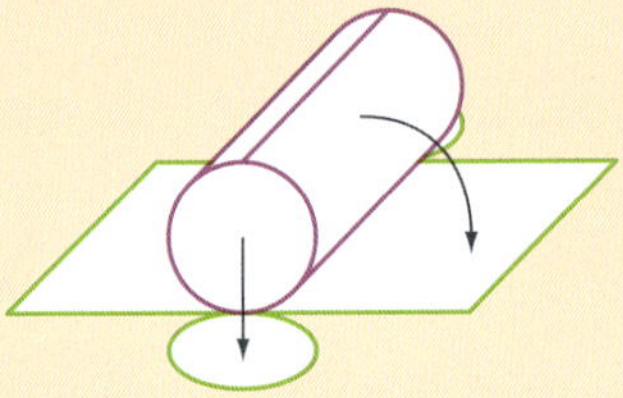

Tipp:
Normalerweise werden Körpernetze wie die Figuren dargestellt, aus denen sie zusammengesetzt sind.

Netz einer Pyramide
(viereckige Grundfläche)

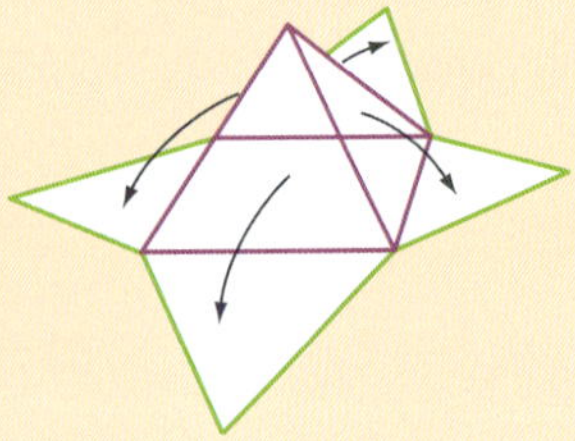

Netz eines Prismas
(dreieckige Grundfläche)

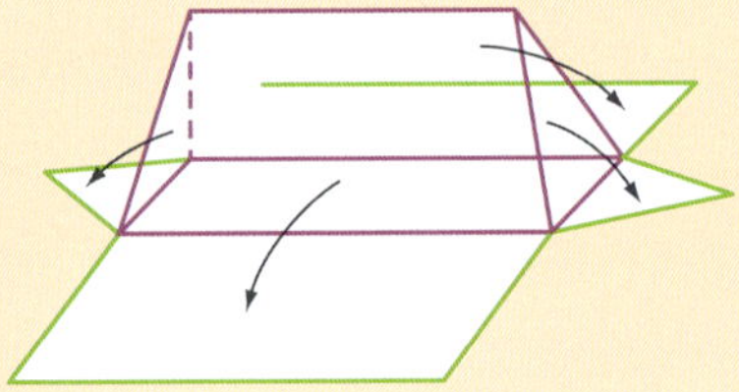

Schritt-für-Schritt-Erklärung

Fachbegriffe

So sehen die Netze der Grundkörper aus; gegenüberliegende Flächen sind jeweils gleich gefärbt.

Körper	Quader	Würfel	Prisma (dreieckige Grundfläche)	Prisma (sechseckige Grundfläche)
Netz	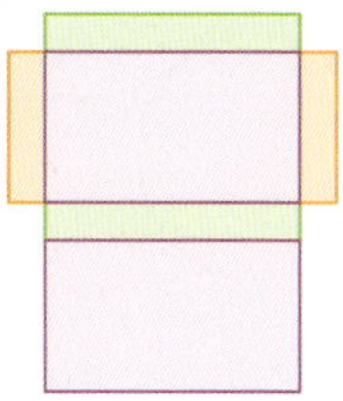		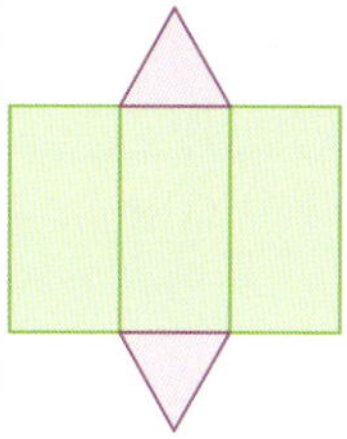	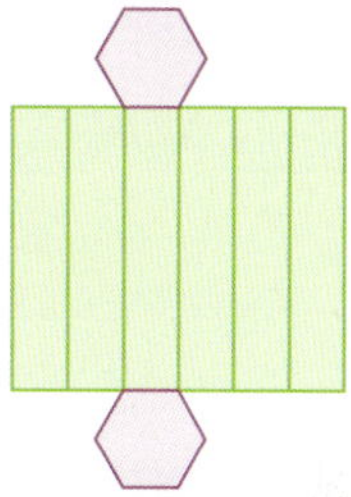
Körper	**Pyramide (dreieckige Grundfläche)**	**Pyramide (viereckige Grundfläche)**	**Zylinder**	**Kegel**
Netz	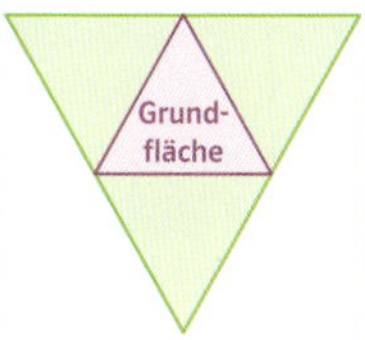			

Beachte: Musst du ein Netz zeichnen, dann sind die Flächen bzw. Figuren alle original groß.

So gehst du vor

So kannst du einem Netz den zugehörigen Körper zuordnen:

Hast du umgekehrt ein Körpernetz und willst dir den zugehörigen Körper gedanklich vorstellen, so suchst du dir zuerst eine möglichst zentral gelegene Fläche. Klappe dann in Gedanken die übrigen Flächen zu dieser Fläche hin.

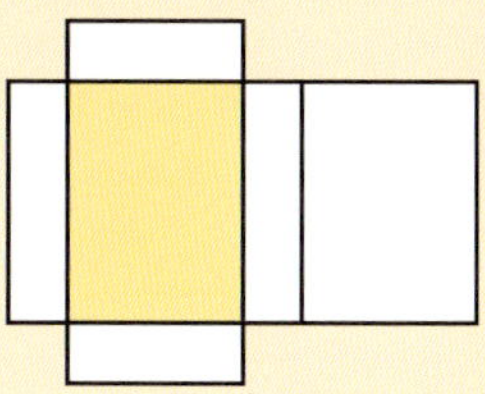

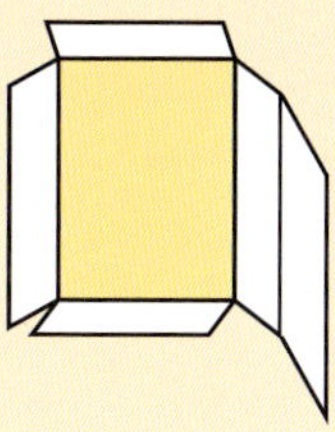

Übungsaufgaben

Aufgabe 4 ●○○

Gib an, zu welchem Körper die Netze gehören.

a)

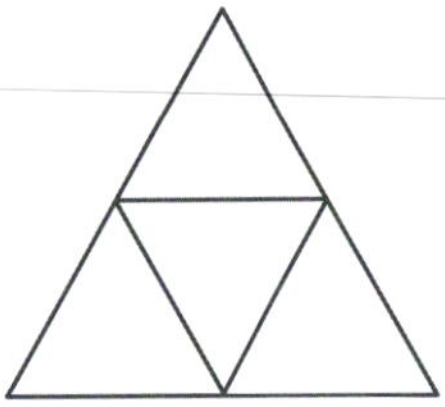

b)

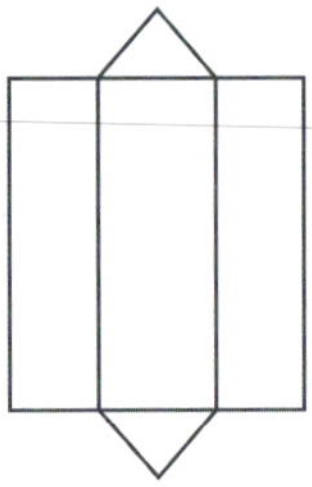

c)

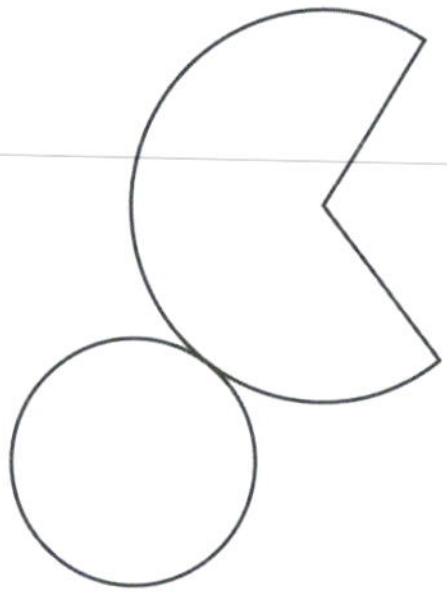

Aufgabe 5 ●○○

Gib an, welche Netze zu einem Würfel gehören.

a)

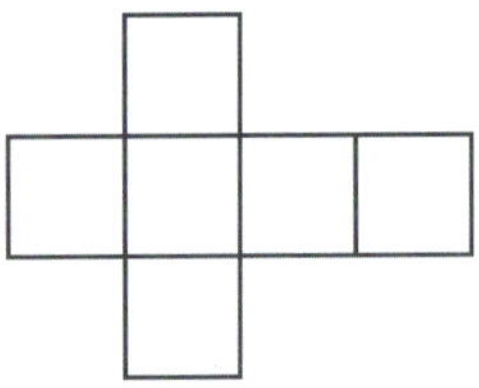

b)

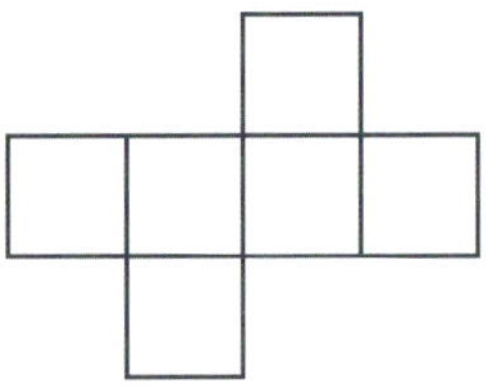

c)

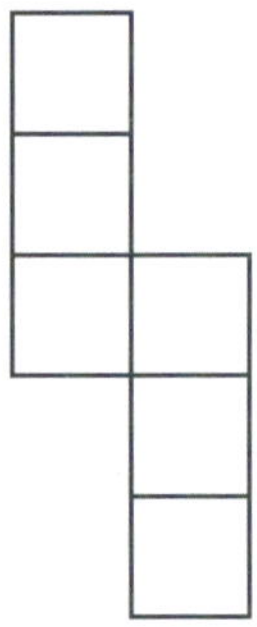

d)

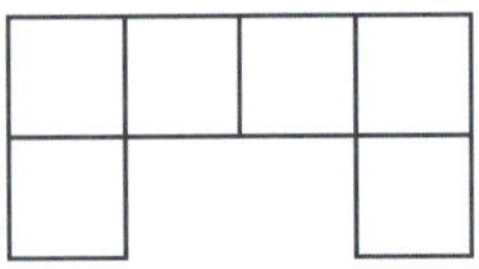

e)

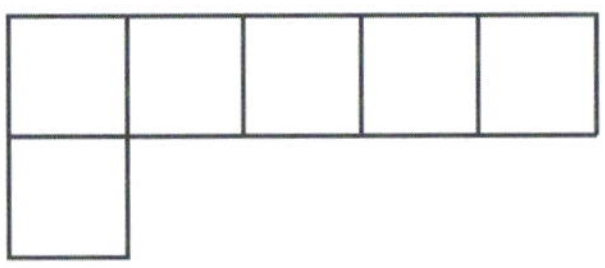

Aufgabe 6 ●○○

Die abgebildeten Netze gehören zu Quadern. Trage auf die entsprechenden Flächen jeweils v (vorne), h (hinten), l (links), r (rechts), u (unten) und o (oben) ein.

a)

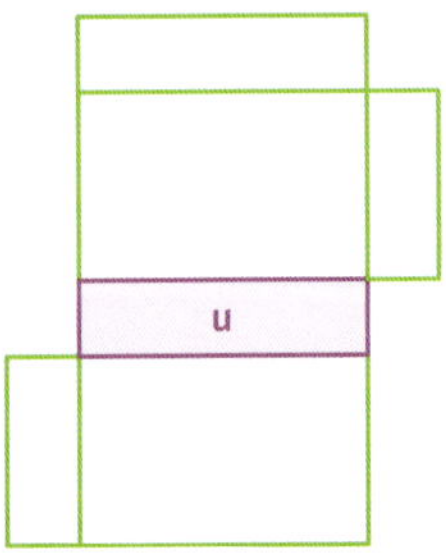

b)

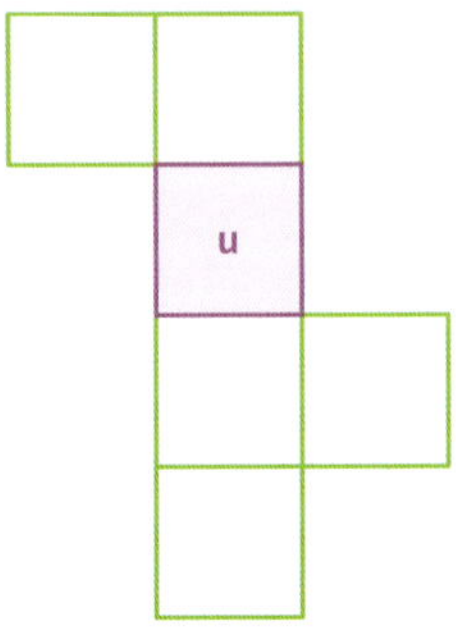

c)

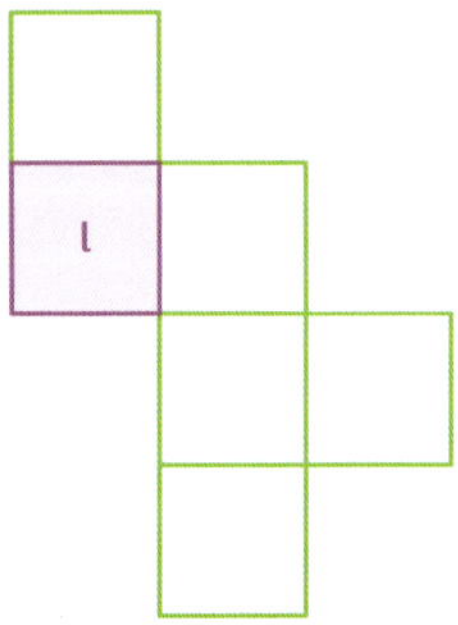

Aufgabe 7 ●○○

Übertrage die Eckpunkte des Würfels auf die Eckpunkte des Netzes.

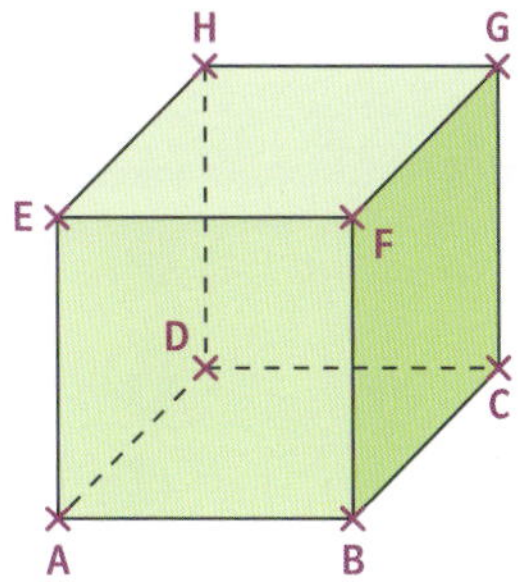

a)

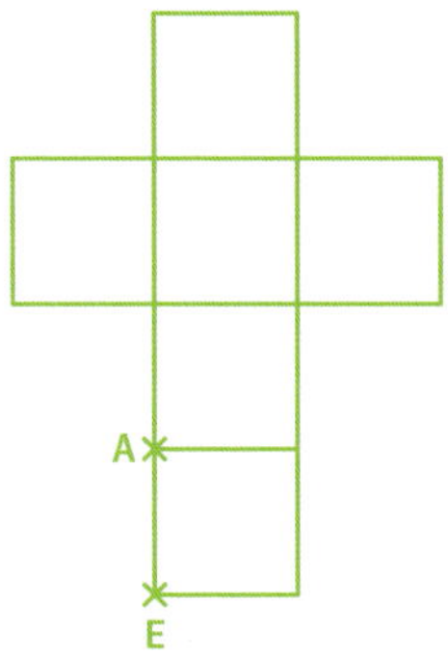

b)

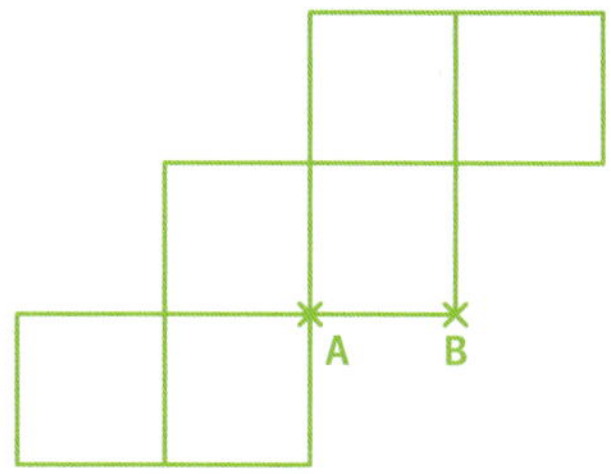

Aufgabe 8 ●○○

Zeichne zwei verschiedene Netze eines Würfels mit Kantenlänge 1 cm.

Aufgabe 9 ●●○

Zeichne das Netz

a) eines Quaders mit den Kantenlängen 2 cm, 3 cm und 5 cm.
b) eines Quaders mit Breite 4 cm, Höhe 1 cm und Länge 4 cm.

Aufgabe 10 ●●○

Zeichne die Netze der Quader und übertrage die Linie in die Netze.

a)

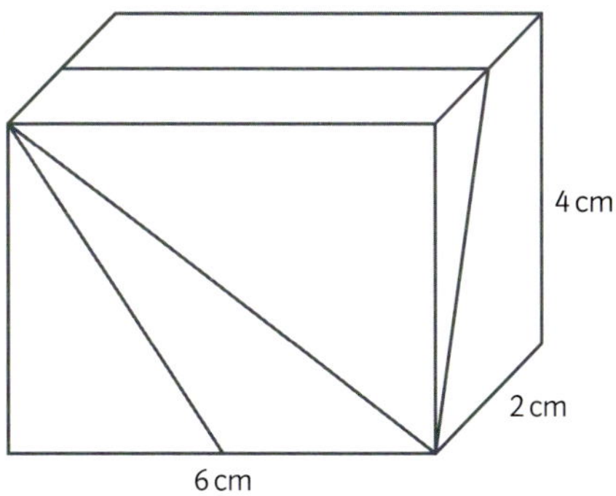

b)

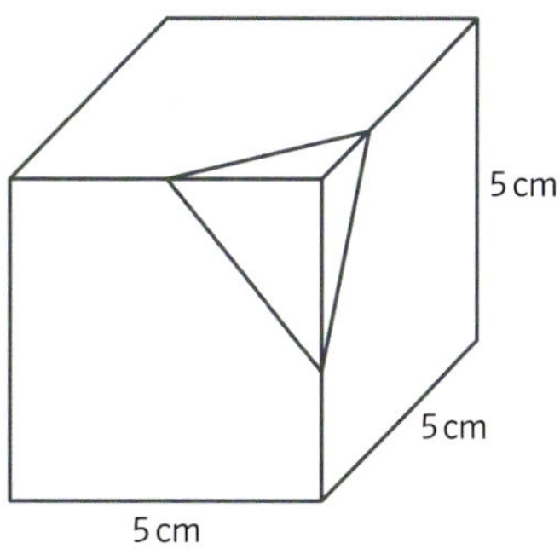

Schrägbild, Grund- und Aufriss von Würfeln und Quadern

Kompetenzcheck

Ich kann …	Aufgabe	Ergebnis
… Schrägbilder von Würfeln und Quadern zeichnen.	**Aufgabe 1** Zeichne das Schrägbild a) eines Würfels mit Kantenlänge 3 cm. b) eines Quaders mit Länge 6 cm, Breite 3 cm und Höhe 4 cm.	→ S. 210
… Grund- und Aufrisse lesen und beschreiben.	**Aufgabe 2** Die Abbildungen zeigen verschiedene Ansichten eines Würfelgebäudes. 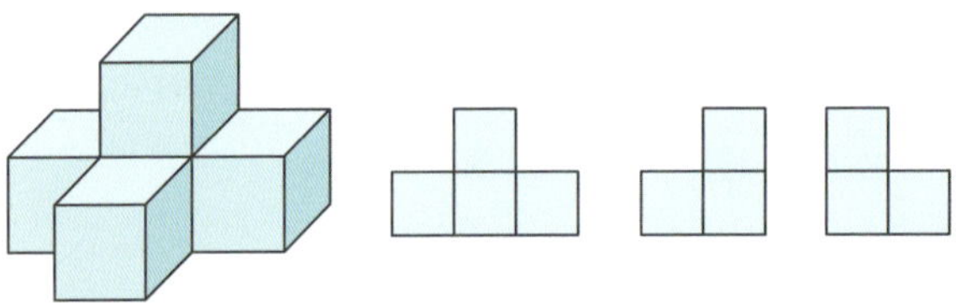 Schrägbild ________ ________ ________ a) Beschrifte, welche Abbildung den Aufriss, die Ansicht von links und die Ansicht von rechts zeigt. b) Zeichne den Grundriss.	→ S. 210
… Schrägbilder, Grund- und Aufrisse von aus Würfeln und Quadern zusammengesetzten Körpern zeichnen.	**Aufgabe 3** Die Abbildung zeigt den Grundriss von drei gleich großen Quadern. Zeichne den zugehörigen Aufriss. 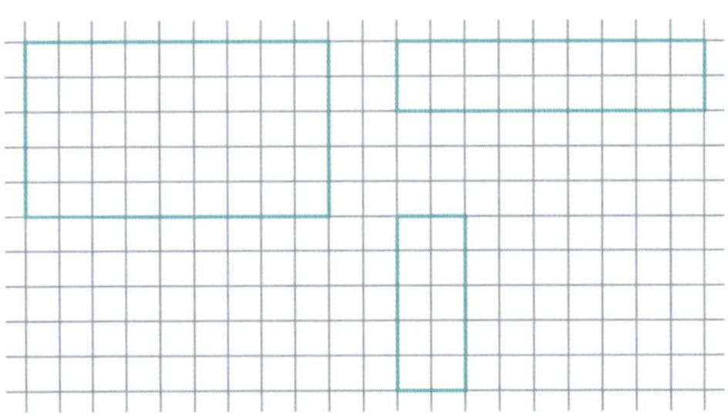	→ S. 210

Schritt-für-Schritt-Erklärung

Fachbegriffe

Was ist ein Schrägbild eines Quaders?

Damit du dir auch auf dem Papier eine Vorstellung eines Körpers machen kannst, kannst du den Körper als **Schrägbild** darstellen. In einem Schrägbild werden die Kanten, die nach hinten verlaufen, in einem **Winkel von 45°** auf die Hälfte oder auf eine **Kästchendiagonale** pro cm verkürzt und von vorne nach rechts oben gezeichnet.

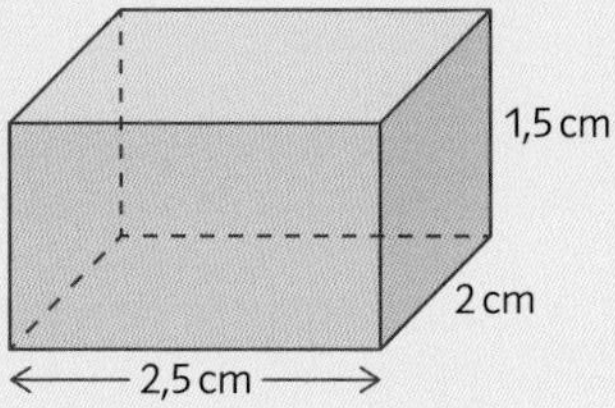

So gehst du vor

So kannst du ein Schrägbild eines Quaders zeichnen:

1. Zeichne die **vordere Begrenzungsfläche** mit den richtigen Maßen.

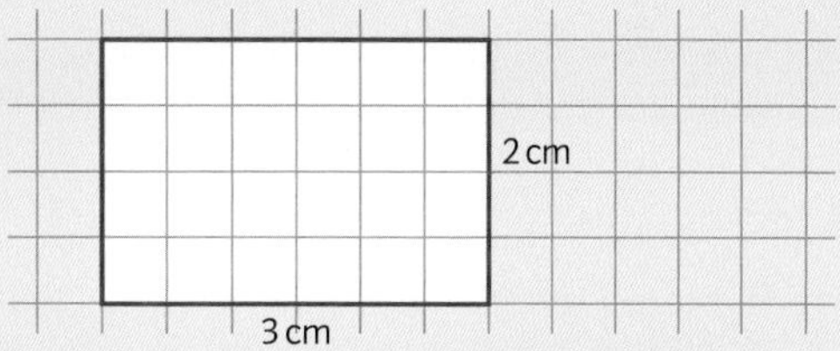

2. Zeichne die nach hinten verlaufenden Kanten schräg nach rechts oben und verkürzt (für 1 cm jeweils 1 Kästchendiagonale).
   Nicht sichtbare Kanten zeichnest du sehr dünn oder gestrichelt.

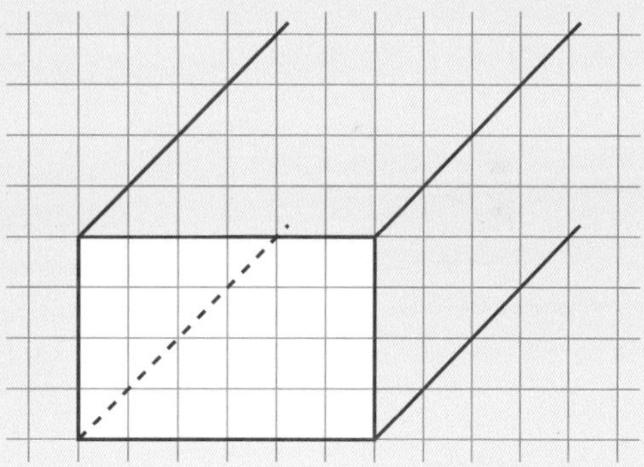

3. Vervollständige das Schrägbild, indem du die fehlenden Kanten immer **parallel** zu den bereits gezeichneten Kanten zeichnest.
   Soll der Quader undurchsichtig sein, radierst du die verdeckten Kanten aus.

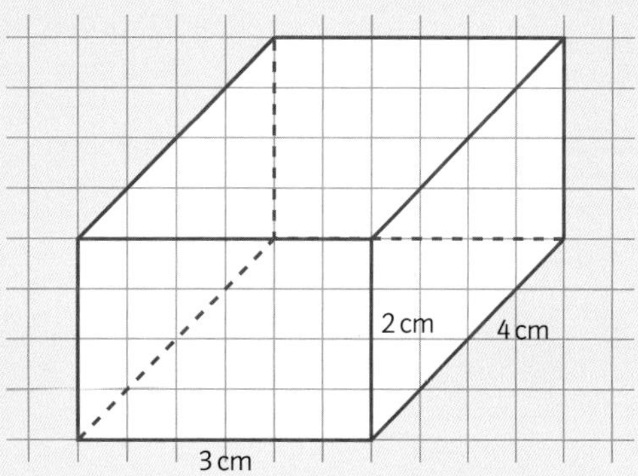

Übungsaufgaben

Aufgabe 11 ●○○

Ergänze die Figuren zu einem vollständigen Schrägbild eines Quaders.

a) 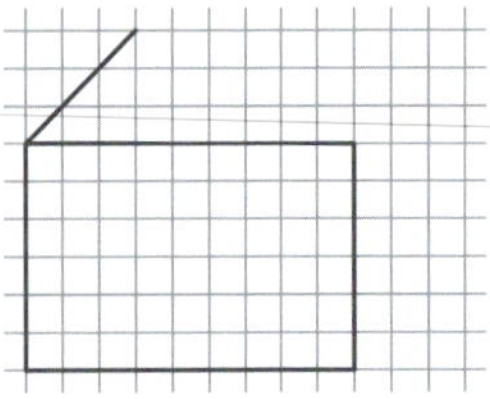

b) 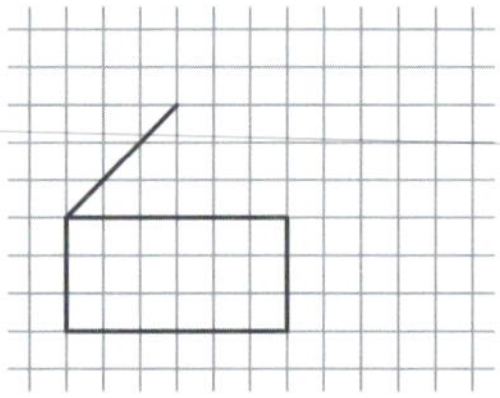

c) 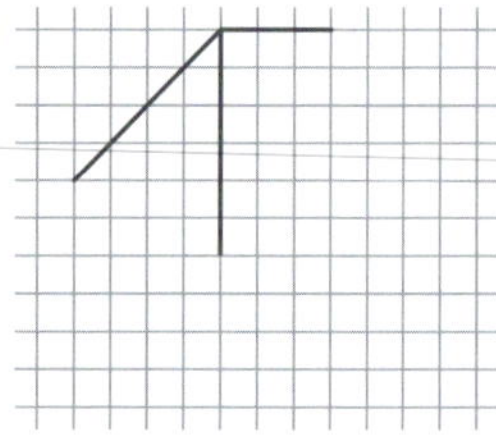

Aufgabe 12 ●○○

Zeichne das Schrägbild

a) eines Würfels mit Kantenlänge 4 cm.
b) eines Quaders mit den Kantenlängen 2 cm, 3 cm und 5 cm.
c) eines Quaders mit Breite 4 cm, Höhe 1 cm und Länge 4 cm.

Aufgabe 13 ●○○

Zeichne Schrägbilder der Figuren.

a) 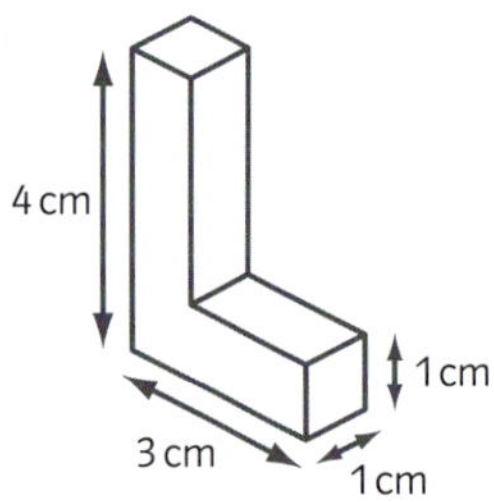

b) 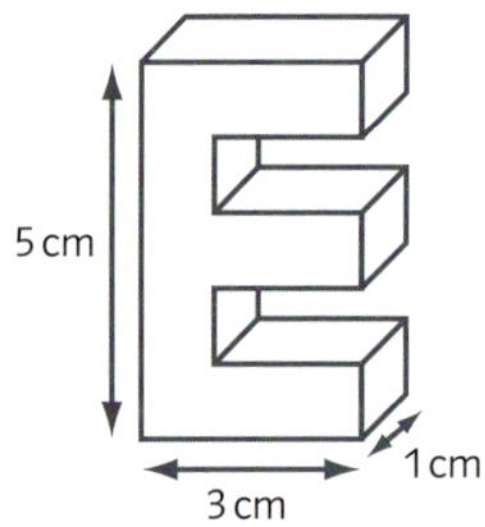

c) 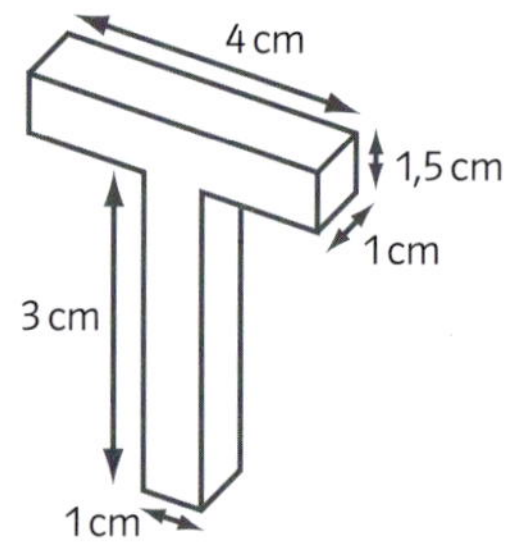

Aufgabe 14 ●●●

a) Zeichne die Schrägbilder der Würfelfiguren in Originalgröße.
b) Zeichne die Schrägbilder nun so, dass sich der gefärbte Würfel hinten rechts befindet.

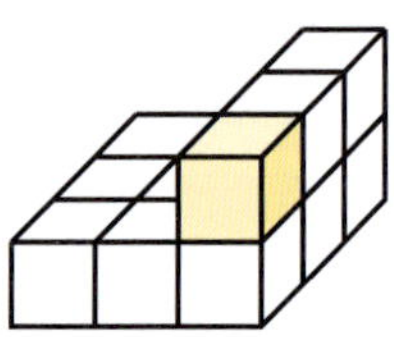

Schritt-für-Schritt-Erklärung

Fachbegriffe

Was sind Grundriss, Aufriss und Seitenansicht?

Betrachtet man einen Körper genau von einer Seite aus, entsteht ein flaches Bild dieser Ansicht.
Die Ansicht eines Körpers von oben nennt man **Grundriss**, die Ansicht von vorn **Aufriss** und von der Seite **Seitenansicht**.

Beispiel: Darstellung von 2 Quadern

> Den Grundriss kennst du vielleicht von der Darstellung von Wohnungen oder deinem Zimmer.

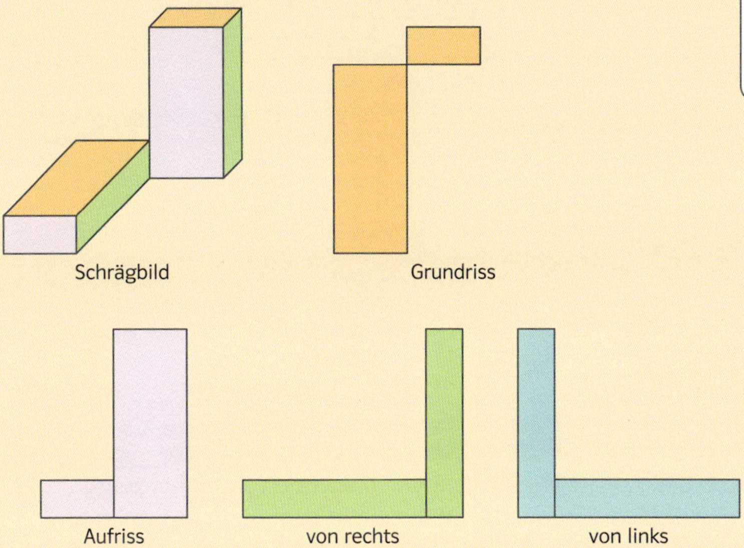

Beispiel: Darstellung eines Würfelgebäudes

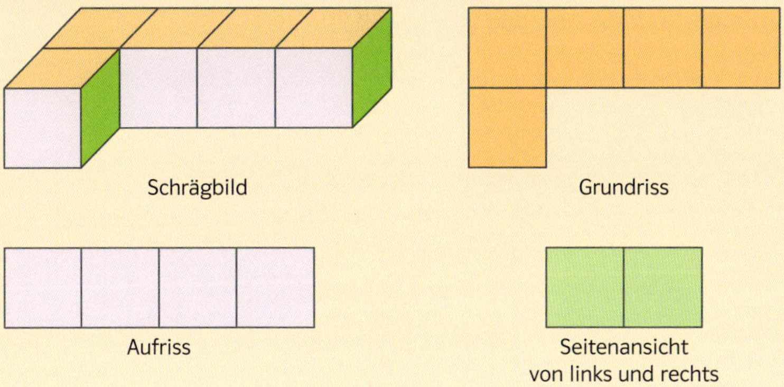

> Tipp:
> Beim Zeichnen von Grund- oder Aufriss kann es dir helfen, wenn du die einzelnen Seiten in der gleichen Farbe ausmalst, also z. B. wie im Beispiel alles von oben gelb, von vorn lila und von rechts grün.

Übungsaufgaben

Aufgabe 15 ●○○

Die Abbildungen zeigen verschiedene Ansichten eines Würfelgebäudes.

Schrägbild

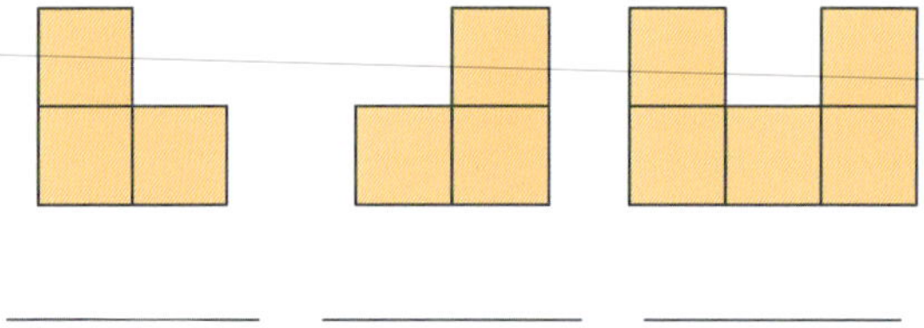

a) Ergänze, welche Abbildung den Aufriss, die Ansicht von links und von rechts zeigt.
b) Zeichne den Grundriss.

Aufgabe 16 ●●○

Die Abbildungen zeigen verschiedene Ansichten eines Würfelgebäudes.

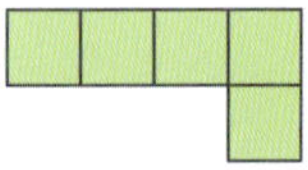

Grundriss

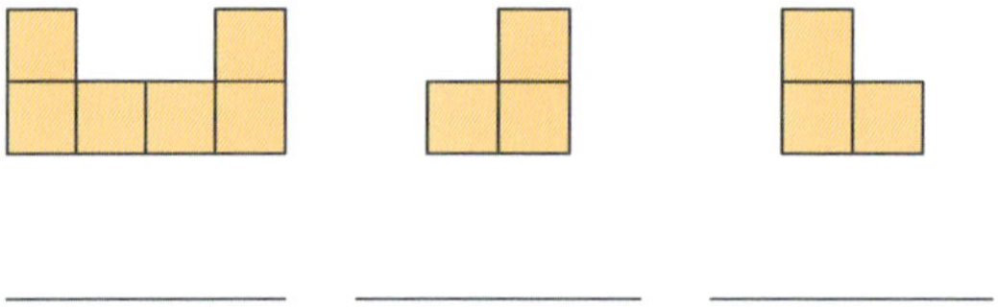

a) Ergänze, welche Abbildung den Aufriss, die Ansicht von links und von rechts zeigt.
b) Zeichne das zugehörige Schrägbild. Ein Würfel soll dabei die Kantenlänge 1 cm haben.

Aufgabe 17 ●●○

Die Abbildungen zeigen den Grundriss und die Seitenansichten von drei gleich großen Quadern. Zeichne den zugehörigen Aufriss und das Schrägbild von vorn.

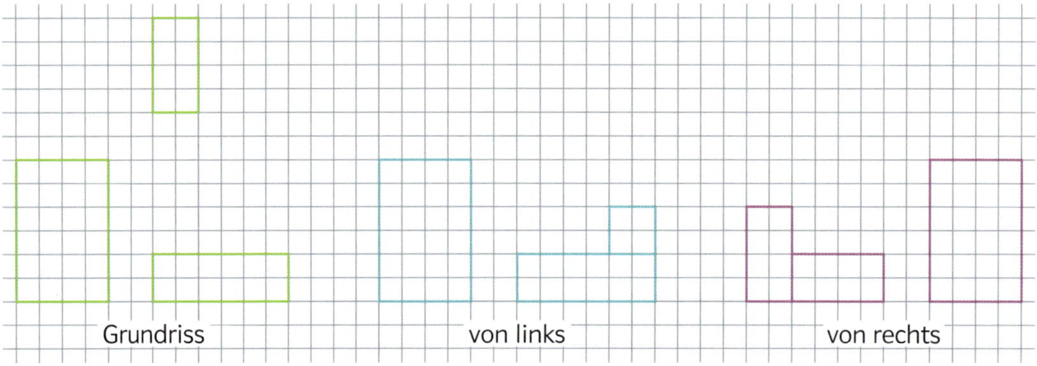

Volumen und Volumeneinheiten

Kompetenzcheck

Ich kann …	Aufgabe	Ergebnis
… Volumeneinheiten verwenden.	Aufgabe 1	☺ 😐 ☹ → S. 211

Aufgabe 1

a) Welche Volumenangaben gehören zu welchem Gegenstand? Ordne zu.

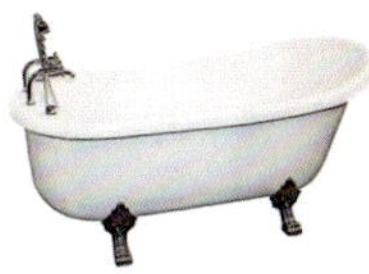

5,8 l

1 l

290 cm³

1 cm³

220 l

80 m³

b) Gib an, welche Maßeinheit zur Angabe des Volumens sinnvoll ist.

Wasserflasche	
Klassenzimmer	
Postpaket	
Vesperdose	
Eimer	

c) Ergänze die passende Volumeneinheit.

Stück Würfelzucker: 1 ______

Tablette: 20 ______

Scheibe Toastbrot: 100 ______

Geräteschuppen: 12 ______

Kompetenzcheck

Ich kann …	Aufgabe	Ergebnis
… Volumeneinheiten in benachbarte Einheiten umwandeln.	**Aufgabe 2** Schreibe in der nächstgrößeren Einheit. a) 2000 cm^3 = ______ b) 5000 mm^3 = ______ c) 15 000 dm^3 = ______ d) 40 000 mm^3 = ______ e) 7000 ml = ______ f) 421 cm^3 = ______	→ S. 211
	Aufgabe 3 Schreibe in der nächstkleineren Einheit. a) 5 cm^3 = ______ b) 2 m^3 = ______ c) 70 dm^3 = ______ d) 5 l = ______ e) 12,6 dm^3 = ______ f) 5,02 cm^3 = ______	→ S. 211
… Volumeneinheiten umwandeln.	**Aufgabe 4** Schreibe in der gemischten Schreibweise. a) 5079 dm^3 = ______ b) 39 581 cm^3 = ______ c) 93 020 ml = ______ d) 26,97 m^3 = ______ e) 46,8 l = ______ f) 80,003 dm^3 = ______	→ S. 211
	Aufgabe 5 Schreibe in der kleineren Einheit. a) 3 dm^3 779 cm^3 = ______ b) 12 m^3 250 dm^3 = ______ c) 2 cm^3 715 mm^3 = ______ d) 1 l 354 ml = ______ e) 3 l 75 ml = ______ f) 20 m^3 2 dm^3 = ______	→ S. 211
	Aufgabe 6 Schreibe in der angegebenen Einheit. a) 12 000 000 mm^3 = ______ dm^3 b) 2 m3 = ______ cm^3 c) 5 dm^3 = ______ l d) 72 000 cm^3 = ______ l	→ S. 211

Schritt-für-Schritt-Erklärung

Rauminhalte kann man mit Würfeln und Auszählen bestimmen. Zum Vergleichen und genauen Messen von Rauminhalten braucht man verschiedene **Maßeinheiten**.
Die Längeneinheiten reichen zur Bestimmung von Rauminhalten nicht aus, da ein Körper aus drei „Richtungen" besteht, beim Quader z. B. aus einer Länge, einer Breite und einer Höhe. Deshalb werden aus Längeneinheiten durch Multiplikation **Volumeneinheiten**.

Den Rauminhalt eines Körpers nennt man auch Volumen.

Fachbegriffe

Diese Volumeneinheiten musst du kennen:

Die Grundeinheit bei Längen ist Meter, bei Volumeneinheiten ist die Grundeinheit Meter mal Meter mal Meter, kurz **m^3** (sprich **Kubikmeter** oder **Meter hoch 3**).
Das Volumen von **$1\,m^3$** entspricht dabei einem **Würfel mit Seitenlänge 1 m**.
Nach dem gleichen Prinzip funktionieren die weiteren Rauminhalte.
Ein Würfel mit Seitenlänge 1 cm hat den Rauminhalt bzw. das **Volumen $1\,cm^3$** (sprich 1 **Kubikzentimeter**).
Einem Kubikzentimeter entspricht ein Würfel mit $10\,mm \cdot 10\,mm \cdot 10\,mm = \mathbf{1000\,mm^3}$.

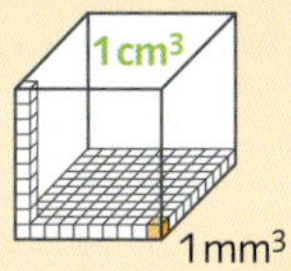

Zum Messen des **Volumens von Flüssigkeiten** verwendet man oft die Einheit **Liter (l)**.
Es gilt: **$1\,l = 1\,dm^3$**.

Das heißt: 1 l passt genau in einen hohlen Würfel mit $V = 1\,dm^3 = 1000\,cm^3$.

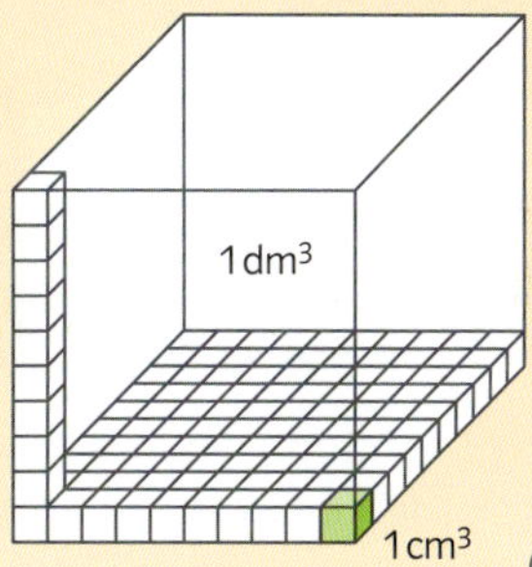

Entsprechend erhält man die Zusammenhänge zwischen den anderen Volumeneinheiten:

Merke: Die Umrechnungszahl bei Volumeneinheiten ist 1000.

1 m³	:1000 →	1 dm³	:1000 →	1 cm³ = 1 ml	:1000 →	1 mm³
= 1000 dm³		= 1000 cm³		= 1000 mm³		
1 Kubikmeter		1 Kubikdezimeter = 1 Liter		1 Kubikzentimeter = 1 Milliliter		1 Kubikmillimeter

Steck-nadelkopf

Übungsaufgaben

Aufgabe 18 ●○○

Welche Rauminhalte gehören zu welchem Gegenstand? Ordne zu.

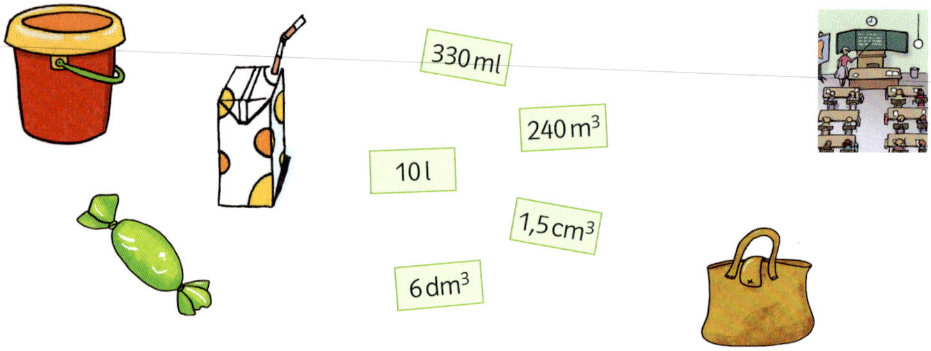

Aufgabe 19 ●○○

Gib an, welche Maßeinheit zur Angabe des Volumens sinnvoll ist.

Aufgabe 20 ●○○

Die Kanten der Würfel sind jeweils 1 cm lang.
Bestimme das Volumen der abgebildeten Körper.

a)

b)

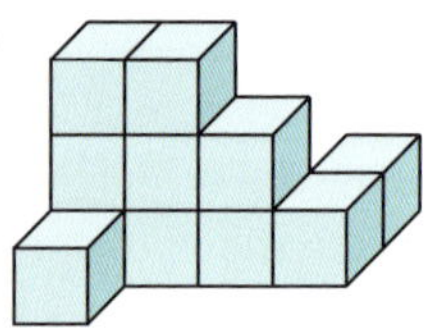

Schritt-für-Schritt-Erklärung

So gehst du vor

So kannst du Volumeneinheiten umwandeln:

Da die Umwandlungszahl für Volumeneinheiten **1000** ist, gilt für das Umwandeln in benachbarte Einheiten:

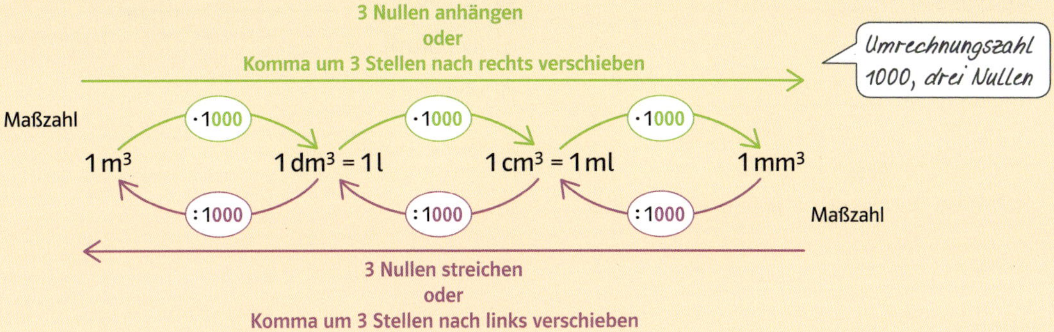

Beispiele: Umwandeln mit der Umrechnungszahl

a) Schreibe in der nächstgrößeren Einheit.

8~~000~~ cm^3 = 8 dm^3 **3 Nullen streichen**

9753 ml = 9,753 l **Komma 3 Stellen nach links**

b) Schreibe in der nächstkleineren Einheit.

2 l = 2000 ml **3 Nullen dazu**

0,75 m^3 = 750 dm^3 **Komma 3 Stellen nach rechts**

Beachte: Lücken müssen mit Nullen aufgefüllt werden.

So gehst du vor

Wie beim Umwandeln von Größen kann dir auch beim Umwandeln von Volumeneinheiten eine **Stellenwerttafel** helfen.
Trage dazu die Maßzahl in die Stellenwerttabelle ein. Die Einheit gibt an, wohin du die Zahl schreiben musst.

Beachte: Da die Umrechnungszahl 1000 ist, stehen bei jeder Größe Einer, Zehner und Hunderter.

Beispiel: Umwandeln mit der Stellenwerttafel

m^3			dm^3 = l			cm^3 = ml			mm^3			gemischt	Einheit (mit und ohne Komma)
H	Z	E	H	Z	E	H	Z	E	H	Z	E		
	1	0	0	0	0								10 m^3 = 10 000 dm^3
					4	6	8	0				4 l 680 ml	4680 ml = 4,680 l
							2	3	0	5	0	23 cm^3 50 mm^3	23,050 cm^3 = 23 050 mm^3
		3	0	0	2							3 m^3 2 dm^3	3002 dm^3 = 3,002 m^3

Beachte: Auch hier gilt: Lücken müssen mit Nullen aufgefüllt werden.

Übungsaufgaben

Aufgabe 21 ●○○
Schreibe in der nächstgrößeren Einheit.

a) $3000\,cm^3$ = ____________
b) $63\,000\,dm^3$ = ____________
c) $538\,000\,mm^3$ = ____________
d) 82 000 ml = ____________
e) 12 000 ml = ____________
f) 4000 l = ____________

Aufgabe 22 ●●○
Schreibe in der nächstgrößeren Einheit.

a) $1490{,}1\,cm^3$ = ____________
b) $321\,dm^3$ = ____________
c) $743{,}1\,mm^3$ = ____________
d) $50\,cm^3$ = ____________
e) $6\,dm^3$ = ____________
f) $42{,}01\,mm^3$ = ____________
g) 120 ml = ____________
h) $0{,}1\,cm^3$ = ____________
i) 12,67 ml = ____________
j) $63\,dm^3$ = ____________

Aufgabe 23 ●○○
Schreibe in der nächstkleineren Einheit.

a) $5\,cm^3$ = ____________
b) $34\,m^3$ = ____________
c) $201\,dm^3$ = ____________
d) $17\,cm^3$ = ____________
e) 91 l = ____________
f) 8 l = ____________

Aufgabe 24 ●●○
Schreibe in der nächstkleineren Einheit.

a) $2{,}014\,dm^3$ = ____________
b) $0{,}041\,cm^3$ = ____________
c) 0,008 m3 = ____________
d) 3,5 m3 = ____________
e) $0{,}7\,dm^3$ = ____________
f) 0,08 l = ____________
g) $2{,}08\,cm^3$ = ____________
h) $0{,}0876\,dm^3$ = ____________
i) 0,0205 l = ____________
j) $0{,}34\,m^3$ = ____________

Aufgabe 25 ●○○

Schreibe in der gemischten Schreibweise.

a) $7654\,cm^3$ = ______________ b) $5039\,dm^3$ = ______________

c) 12 204 ml = ______________ d) $4{,}576\,cm^3$ = ______________

e) $24{,}63\,m^3$ = ______________ f) 9,4 l = ______________

Aufgabe 26 ●○○

Schreibe in der kleineren Einheit.

a) $4\,m^3\;112\,dm^3$ = ______________ b) $10\,dm^3\;23\,cm^3$ = ______________

c) 34 l 750 ml = ______________ d) $3\,cm^3\;25\,mm^3$ = ______________

e) $10\,m^3\;3\,dm^3$ = ______________ f) 50 l 50 ml = ______________

Aufgabe 27 ●●○

Schreibe mit Komma und in einer Einheit ohne Komma.

a) $4\,cm^3\;862\,mm^3$ b) 76 l 540 ml c) $23\,m^3\;54\,dm^3$

d) $5\,dm^3\;30\,cm^3$ e) $56\,cm^3\;7\,mm^3$ f) 3 l 75 ml

Aufgabe 28 ●●○

Schreibe in der angegebenen Einheit.

a) 50 m3 = ______________ dm^3 b) $17\,000\,cm^3$ = ______________ l

c) $9{,}7\,dm^3$ = ______________ cm^3 d) $800\,000\,cm^3$ = ______________ m^3

e) $3{,}75\,cm^3$ = ______________ mm^3 f) $52\,610\,000\,mm^3$ = ______________ l

g) 0,45 l = ______________ ml h) $4\,701\,000\,cm^3$ = ______________ m^3

i) $123\,000\,000\,mm^3$ = ______________ m^3 j) $420\,dm^3$ = ______________ m^3

Volumen und Oberflächeninhalt von Quadern und Würfeln

Kompetenzcheck

Ich kann …	Aufgabe	Ergebnis
… den Oberflächeninhalt eines Würfels und eines Quaders bestimmen.	**Aufgabe 1**	→ S. 212

Aufgabe 1

a) Bestimme den Oberflächeninhalt der Würfel.

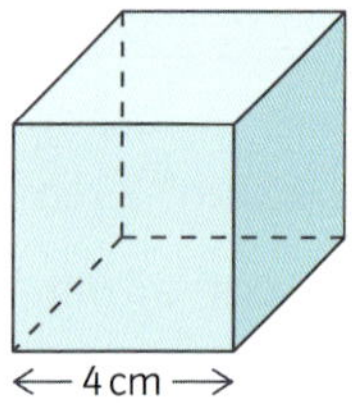

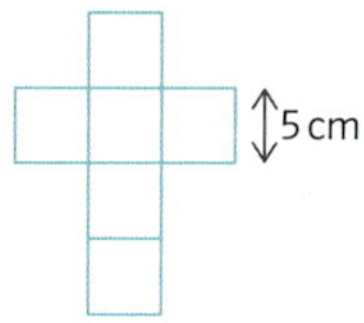

O = ____________ O = ____________

b) Bestimme den Oberflächeninhalt der Quader.

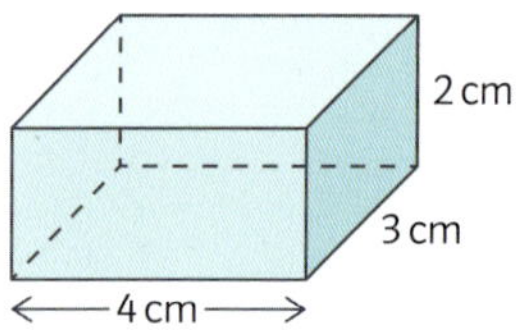

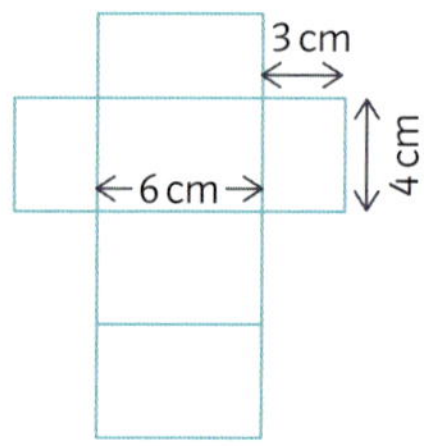

O = ____________ O = ____________

c) Muss man das Volumen oder den Oberflächeninhalt berechnen? Kreuze an.

	Volumen	Oberfläche
Wie viel Geschenkpapier wird benötigt?	☐	☐
Wie viel Kaffee ist drin?	☐	☐
Wie viel Farbe benötigt man zum Streichen?	☐	☐

→ S. 212

Kompetenzcheck

Ich kann …	Aufgabe	Ergebnis
… das Volumen eines Würfels und eines Quaders berechnen.	**Aufgabe 2** Berechne das Volumen des Würfels. Kantenlänge a = 3 cm; V = ________	→ S. 212
	Aufgabe 3 Berechne das Volumen des Quaders mit den gegebenen Kantenlängen. a) 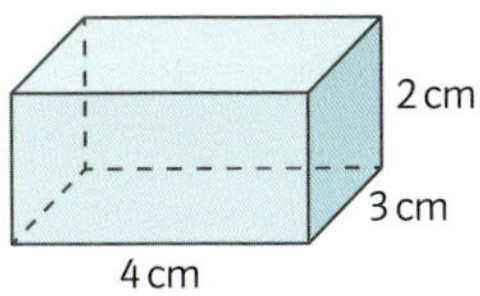 V = ________ b) a = 2,5 cm; b = 0,4 cm; c = 1,2 cm V = ________	→ S. 212
… fehlende Größen von Quadern berechnen.	**Aufgabe 4** a) Berechne die Grundfläche eines Quaders mit Volumen $V = 50\,cm^3$ und der Höhe c = 5 cm. b) In ein Aquarium mit einer Grundfläche von 8 dm × 6 dm passen $240\,dm^3$ Wasser. Wie hoch ist das Aquarium?	→ S. 212
… das Volumen von aus Quadern zusammengesetzten Figuren bestimmen.	**Aufgabe 5** Bestimme das Volumen der Körper. a) 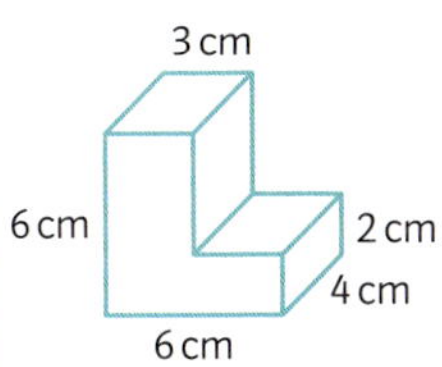 b) 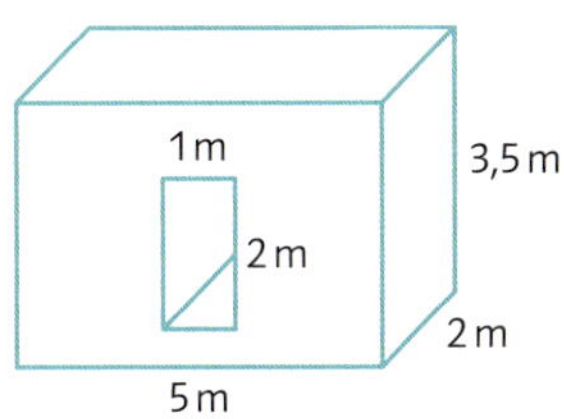	→ S. 212

Schritt-für-Schritt-Erklärung

Fachbegriffe

Was ist die Oberfläche eines Quaders?

Wenn man einen Quader mit Farbe streichen würde, dann streicht man die Oberfläche des Quaders.

Mit der Oberfläche bezeichnet man **alle Begrenzungsflächen** eines Körpers. Sie kann durch das **Netz** veranschaulicht werden. Die Oberfläche eines **Quaders** besteht also aus **sechs Rechtecken**.

Oberfläche eines Quaders

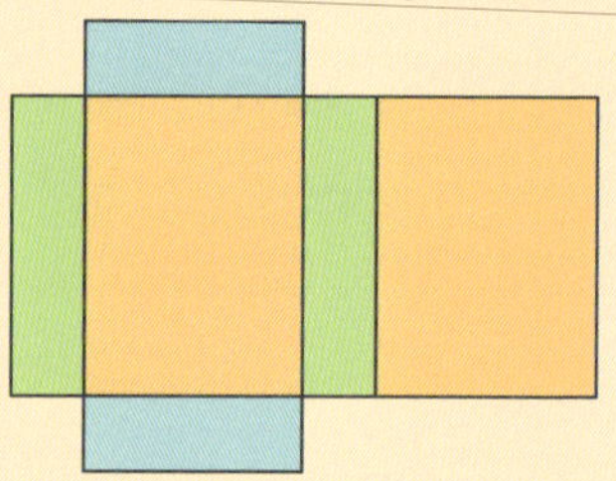

Die Oberfläche eines **Würfels** besteht aus **sechs Quadraten**.

Oberfläche eines Würfels

Den Oberflächeninhalt von Quadern muss man nicht messen; für den Oberflächeninhalt eines Quaders gibt es eine Formel, mit der du den Oberflächeninhalt berechnen kannst.

So gehst du vor

So kann man den Oberflächeninhalt eines Quaders berechnen:

Beispiel:
Berechne den Oberflächeninhalt des Quaders.

1. Berechne den Flächeninhalt der Grundfläche, der Vorderseite und der Seitenfläche.
2. Nimm jeden Flächeninhalt doppelt und addiere dann.

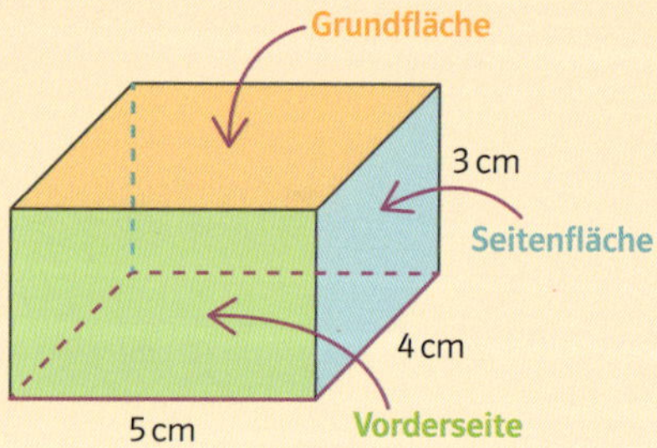

Du musst nur 3 Rechtecke berechnen, da jede Seite doppelt vorkommt.

Schritt-für-Schritt-Erklärung

So gehst du vor

Für den **Oberflächeninhalt** gilt also:
O = 2 · Grundfläche
+ 2 · Vorderseite
+ 2 · Seitenfläche
oder kurz als Formel:
$\mathbf{O = 2 \cdot a \cdot b + 2 \cdot a \cdot c + 2 \cdot b \cdot c}$
$\mathbf{= 2 \cdot (a \cdot b + a \cdot c + b \cdot c)}$

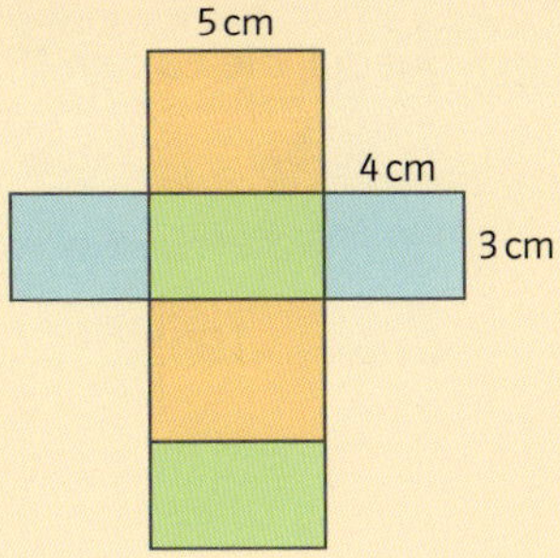

$O = 2 \cdot 5\,cm \cdot 4\,cm + 2 \cdot 4\,cm \cdot 3\,cm + 2 \cdot 5\,cm \cdot 3\,cm$
$= 40\,cm^2 + 24\,cm^2 + 30\,cm^2$
$= 94\,cm^2$

So gehst du vor

So kannst du den Oberflächeninhalt eines Würfels berechnen:

Beispiel:
Berechne den Oberflächeninhalt des Würfels.

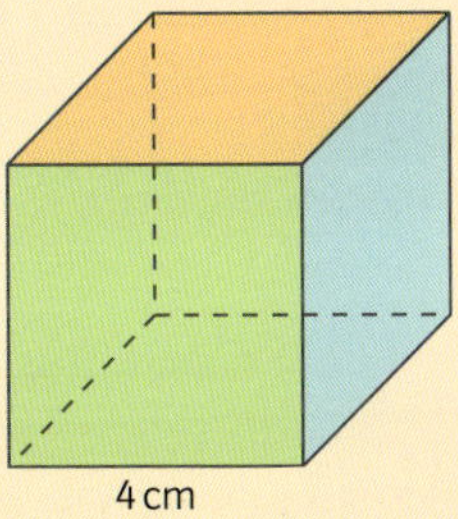

1. Berechne den Flächeninhalt **einer** Seitenfläche.
2. Für den Oberflächeninhalt eines Würfels gilt:
   O = 6 · Seitenfläche
   $\mathbf{= 6 \cdot a \cdot a}$
   $\mathbf{= 6 \cdot a^2}$

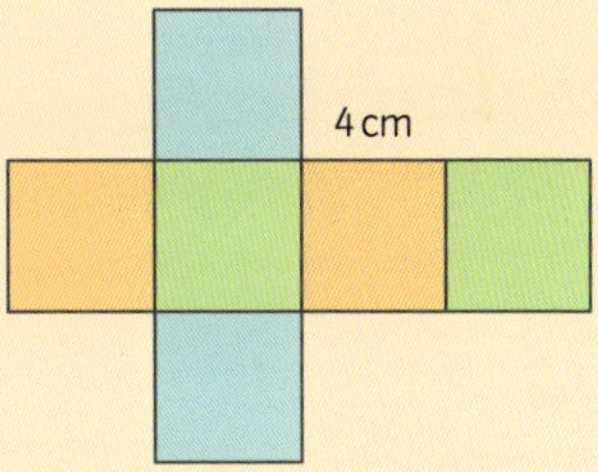

$O = 6 \cdot 4\,cm \cdot 4\,cm = 6 \cdot 16\,cm^2 = 96\,cm^2$

Übungsaufgaben

Aufgabe 29 ●○○

Berechne den Oberflächeninhalt O der Quader, die zu den Netzen gehören.

a)

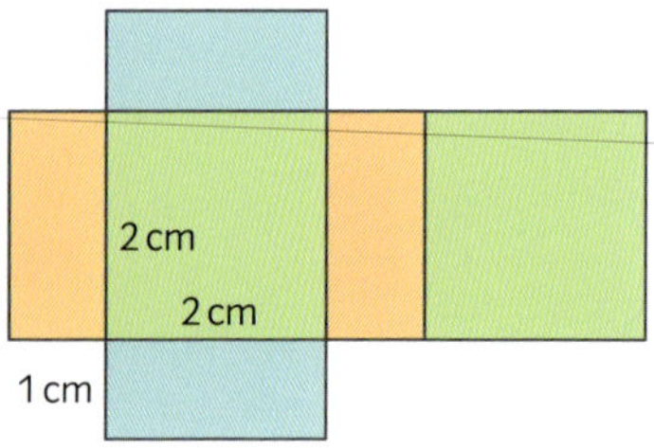

b)

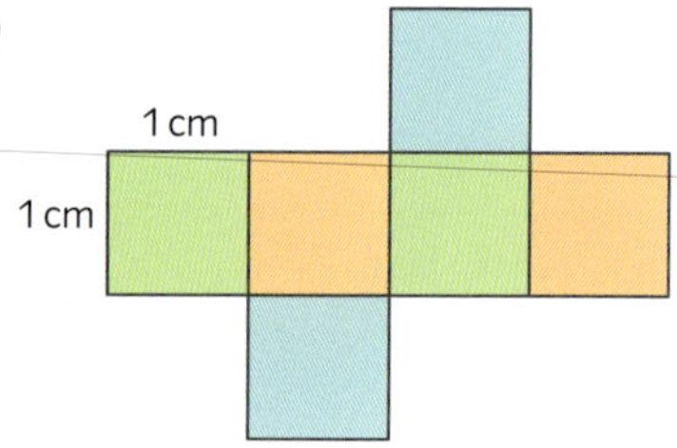

Aufgabe 30 ●○○

Berechne den Oberflächeninhalt O der Quader.

a)

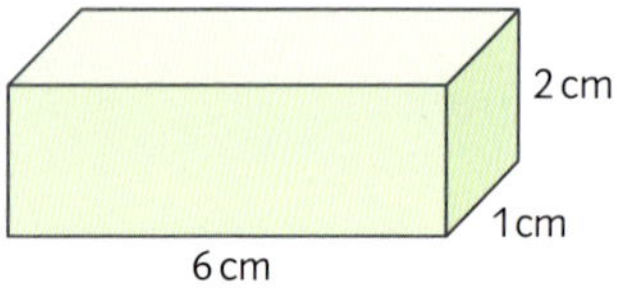

b)

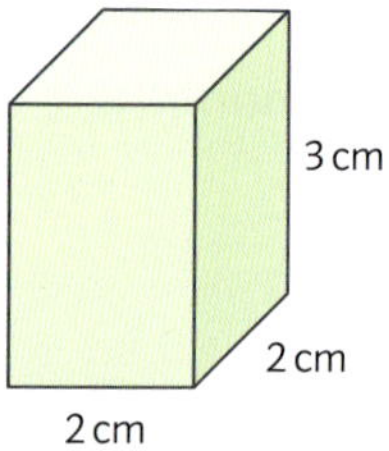

c)

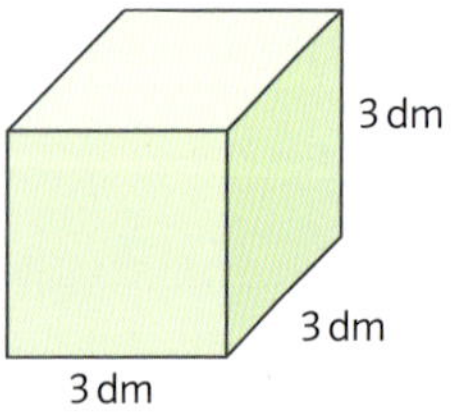

d)

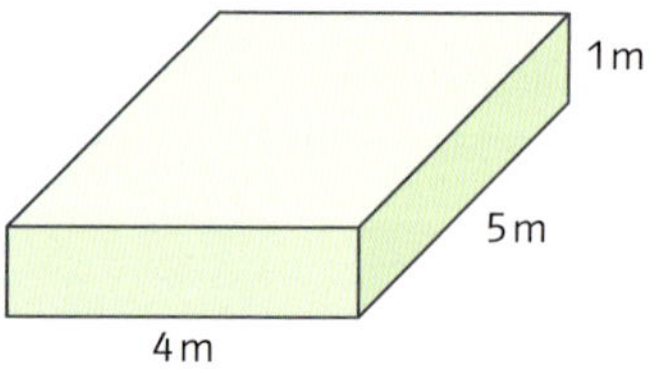

Aufgabe 31 ●○○

Berechne den Oberflächeninhalt O der Quader mit den Kantenlängen a, b und c.

a) a = 8 cm; b = 5 cm; c = 4 cm

b) a = 3 m; b = 6 m; c = 6 m

c) a = 4 cm; b = 4 cm; c = 4 cm

d) a = 9 dm; b = 1 dm; c = 2 dm

Aufgabe 32 ●●○

Berechne den Oberflächeninhalt O der Quader mit den Kantenlängen a, b und c.

a) a = 3 dm; b = 15 cm; c = 1 dm

b) a = 5 m; b = 0,2 m; c = 4 dm

c) a = 8 dm; b = 1,2 m; c = 0,5 m

d) a = 35 cm; b = 20 cm; c = 15 cm

Schritt-für-Schritt-Erklärung

Einen Quader muss man nicht mit Würfeln auslegen und diese zählen, um das Volumen zu bestimmen; auch für das **Volumen V** eines Quaders gibt es eine Formel, mit der du das Volumen berechnen kannst.

So gehst du vor

Wie kann man das Volumen eines Quaders bestimmen?

Gegeben ist ein **Quader** mit der Länge a, der Breite b und der Höhe c.

Stell dir vor, du legst den Quader mit Würfeln aus. Eine Reihe besteht dann aus a Würfeln und eine Schicht besteht aus b Reihen. Es passen c Schichten hinein.

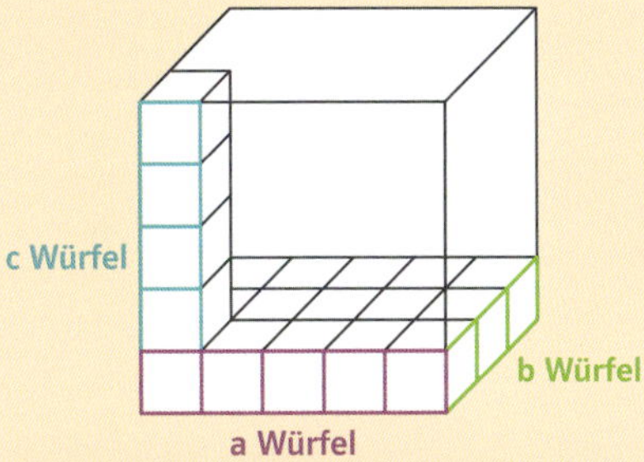

Für das **Volumen V** gilt dann:

V = Länge · Breite · Höhe
oder kurz
$\mathbf{V = a \cdot b \cdot c}$

Ein **Würfel** ist ein Quader, bei dem alle Seiten gleich lang sind.
Für das **Volumen V** eines Würfels mit Seitenlänge a gilt dann:

$\mathbf{V = a \cdot a \cdot a = a^3}$
sprich: „a hoch 3"

Hinweis:
Beachte, dass Länge, Breite und Höhe die gleichen Einheiten haben. Aus der Multiplikation von drei Längeneinheiten entsteht eine Volumeneinheit, z. B. $m \cdot m \cdot m = m^3$.

Beispiele:

Volumen berechnen

1. Einsetzen von Länge, Breite und Höhe in die Formel $V = a \cdot b \cdot c$
2. Antwortsatz schreiben

Berechne das Volumen eines Quaders mit Länge 5 cm, Breite 4 cm und Höhe 3 cm.
$V = 5\,cm \cdot 4\,cm \cdot 3\,cm = 60\,cm^3$
Das Volumen des Quaders beträgt $60\,cm^3$.

Tipp:
Du kannst zum Rechnen die Einheiten weglassen. Beachte dann aber, dass du bei der Antwort die richtige Volumeneinheit ergänzen musst.

Quader mit vorgegebenem Volumen zeichnen.

0. Sind zwei Kanten gegeben, dann teilt man das Volumen durch das Produkt der beiden Längen. Du erhältst die Länge der fehlenden Kante.
1. Oder wähle Länge, Breite und Höhe so, dass sie multipliziert das Volumen ergeben.
2. Zeichne den Quader.

Zeichne einen Quader mit dem Volumen $30\,cm^3$.
$30 = 3 \cdot 10 = 3 \cdot 5 \cdot 2$
Wähle Länge 5 cm, Breite 3 cm, dann ist die Höhe 2 cm.

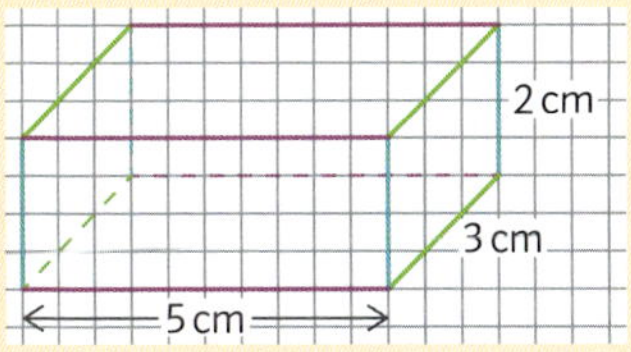

Übungsaufgaben

Aufgabe 33 ●○○

Berechne das Volumen V der Quader.

a)

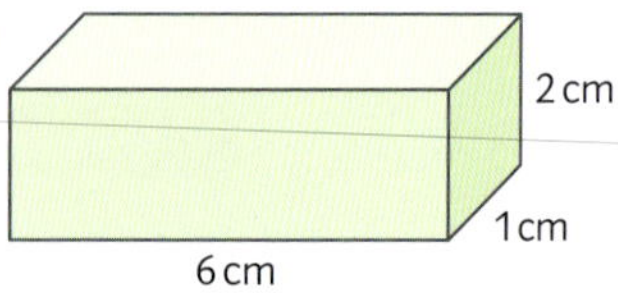

b)

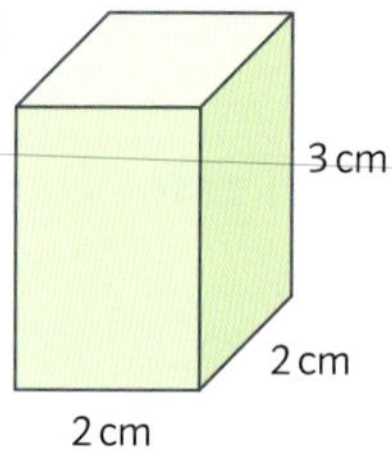

c)

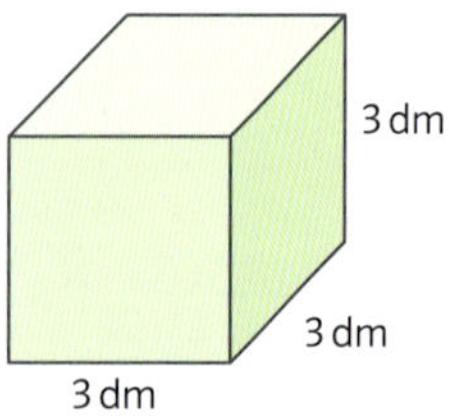

d)

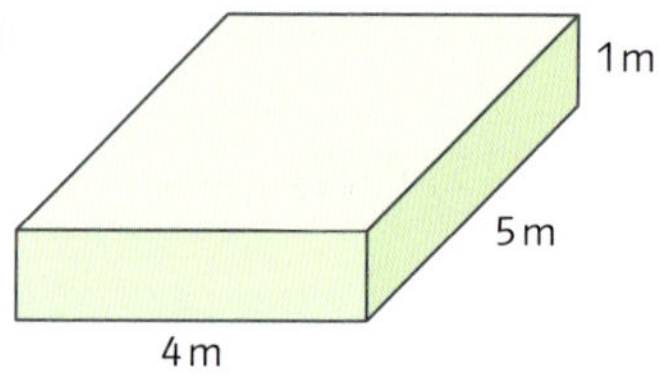

Aufgabe 34 ●○○

Berechne das Volumen V der Quader mit den Kantenlängen a, b und c.

a) a = 8 cm; b = 5 cm; c = 4 cm
b) a = 3 m; b = 6 m; c = 6 m
c) a = 4 cm; b = 4 cm; c = 4 cm
d) a = 9 dm; b = 1 dm; c = 2 dm

Aufgabe 35 ●●○

Berechne das Volumen V der Quader mit den Kantenlängen a, b und c.

a) a = 3 dm; b = 15 cm; c = 1 dm
b) a = 5 m; b = 0,2 m; c = 4 dm
c) a = 8 dm; b = 1,2 m; c = 0,5 m
d) a = 35 cm; b = 20 cm; c = 15 cm

Aufgabe 36 ●●○

Zeichne

a) einen Würfel mit einem Volumen von 27 cm^3.
b) einen Quader mit einem Volumen von 36 cm^3.

Schritt-für-Schritt-Erklärung

So gehst du vor

So kannst du fehlende Größen bei Quadern berechnen:

I. Das Volumen und eine Kantenlänge sind gegeben

Beispiel: Gegeben ist ein Quader mit $V = 32\,cm^3$ und Höhe $c = 4\,cm$. Berechne die Grundfläche A.

Dividiere das Volumen durch die Kantenlänge. Das Ergebnis ist der **Flächeninhalt** einer Seitenfläche.

kurz: $\mathbf{V : c = \underbrace{a \cdot b}_{A_{Grundfläche}}}$

$A = 32\,cm^3 : 4\,cm$
$= (32 : 4)\,cm^2 = 8\,cm^2$

$V = a \cdot b \cdot c$,
also
$V : c = \underbrace{a \cdot b}_{Grundfläche}$

II. Das Volumen und zwei Kantenlängen (bzw. eine Fläche) sind gegeben

Beispiel: Gegeben ist ein Quader mit $V = 40\,cm^3$, Länge $4\,cm$ und Breite $2\,cm$. Berechne die Höhe.

1. Berechne die (Grund-)Fläche A. — $A = 4\,cm \cdot 2\,cm = 8\,cm^2$
2. Dividiere das Volumen durch die Fläche A. — $c = 40\,cm^3 : 8\,cm^2 = (40 : 8)\,cm = 5\,cm$

Das Ergebnis ist eine Kanten**länge**.
kurz: $\mathbf{V : A = c}$

$V = \underbrace{a \cdot b}_{A_{Grundfläche}} \cdot c$,
also
$V : A = c$

Übungsaufgaben

Aufgabe 37 ●●○

Berechne die Grundfläche der Quader.

Grundfläche	Höhe	Volumen
$24\,cm^2$	8 cm	
	12 m	120 m3
	15 cm	$450\,cm^3$
	20 cm	$0{,}18\,dm^3$
	2 dm	84 l

Aufgabe 38 ●●○

Berechne die fehlenden Größen der Quader.

	Länge	Breite	Höhe	Volumen	Oberfläche
a)	5 cm	12 cm	8 cm		
b)	3 dm	15 cm	10 cm		
c)	5 m	12 m		$120\,m^3$	
d)	7 dm	2 dm		84 l	
e)	5 cm		12 cm	$2{,}4\,dm^3$	

Schritt-für-Schritt-Erklärung

So gehst du vor

So kannst du das Volumen von aus Quadern zusammengesetzten Körpern berechnen:

Möglichkeit I:

1. **Zerlege** den Körper in Quader.
2. Bestimme die Kantenlängen der Quader und berechne die Rauminhalte.
3. Addiere die Rauminhalte.

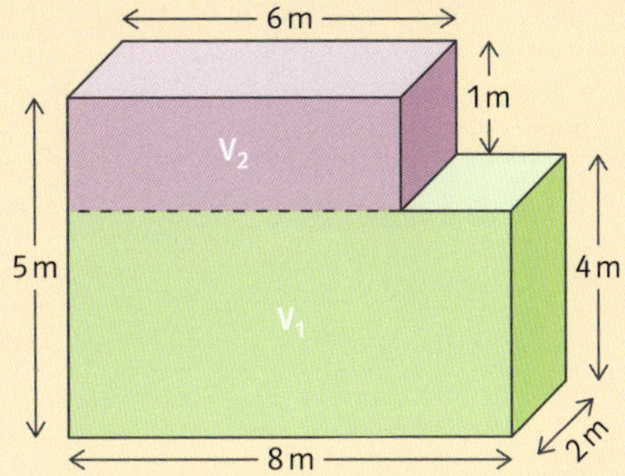

$V_2 = 6\,m \cdot 1\,m \cdot 2\,m = 12\,m^3$

$V_1 = 8\,m \cdot 4\,m \cdot 2\,m = 64\,m^3$

$V = V_2 + V_1$

$= 12\,m^3 + 64\,m3 = 76\,m3$

Möglichkeit II:

1. **Ergänze** den Körper zu einem großen Quader.
2. Berechne das Volumen des großen Quaders und des ergänzten kleinen Quaders.
3. Subtrahiere das Volumen des kleinen Quaders vom Volumen des großen Quaders.

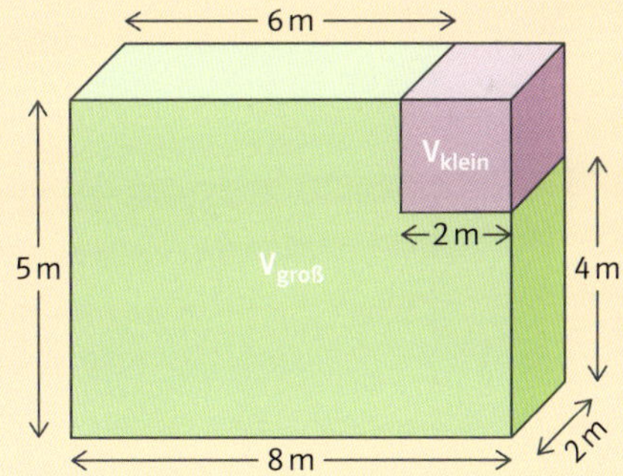

$V_{klein} = 2\,m \cdot 1\,m \cdot 2\,m = 4\,m^3$

$V_{groß} = 8\,m \cdot 2\,m \cdot 5\,m = 80\,m^3$

$V = V_{groß} - V_{klein}$

$= 80\,m^3 - 4\,m3 = 76\,m3$

Übungsaufgaben

Aufgabe 39 ●●○

Berechne das Volumen dieser Körper.

a)

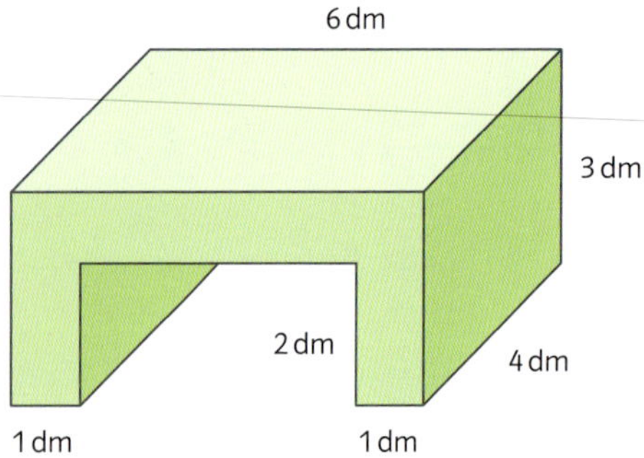

V = ______________________

b)

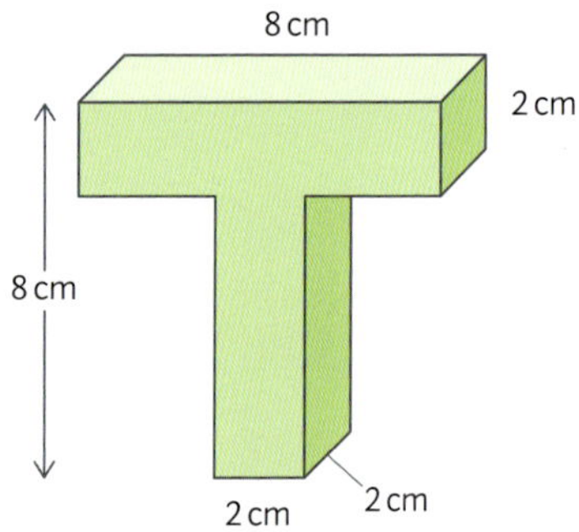

V = ______________________

c)

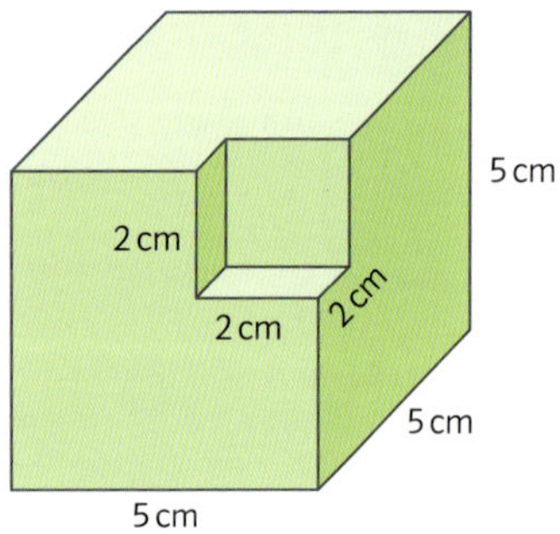

V = ______________________

Aufgabe 40 ●●○

Berechne das Volumen und den Oberflächeninhalt der Quader.

Quader	a)	b)	c)
Länge	5 cm	8 cm	1 dm
Breite	6 cm	2,5 cm	6 cm
Höhe	3 cm	4 cm	3 cm
Volumen			
Oberflächeninhalt			

Aufgabe 41 ●●○

Berechne Volumen und Oberfläche der Pakete.

a) 35 cm × 25 cm × 12 cm
b) 40 cm × 25 cm × 15 cm
c) 20 cm × 30 cm × 50 cm
d) 13 cm × 13 cm × 35,5 cm

Aufgabe 42 ●●○

Es regnet. An diesem Tag fällt etwa 1 l Regen pro Quadratmeter. Familie Schmid sammelt das Regenwasser, das auf das Dach ihres Flachbungalows fällt, in einer Regentonne. Wie viel l Wasser kann Familie Schmid an diesem Tag sammeln?

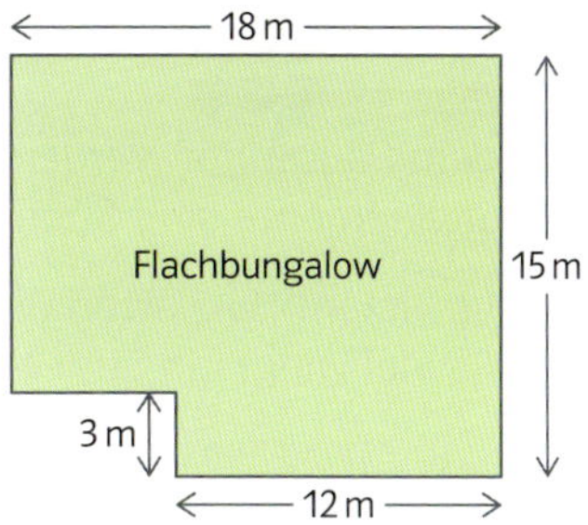

Aufgabe 43 ●●○

Tim hat ein neues Aquarium bekommen. Es ist 1,5 m lang, 60 cm breit und 80 cm hoch. Der Zoohändler empfiehlt ihm, bei kleinen Fischen ca. 5 l Wasser pro Fisch einzurechnen.

a) Wie viele Fische kann Tim für sein Aquarium kaufen?
b) Welche Annahme hast du bei deiner Rechnung gemacht?

Übungsaufgaben

Aufgabe 44 ●●●
Im Unterricht präsentiert der Lehrer einen 25 cm langen, 6 cm breiten und 8 cm hohen Goldbarren. Mia fragt, ob sie den Goldbarren einmal halten dürfe. Sie hat nämlich gelesen, dass 1 cm^3 Gold 19 g wiegt. Prüfend nimmt sie den Barren in die Hand, gibt ihn dem Lehrer zurück und lacht: „Es ist eben nicht alles Gold, was glänzt."
Was meint sie damit? Begründe.

Aufgabe 45 ●●●
Die Schule soll ein neues Schwimmbecken erhalten.

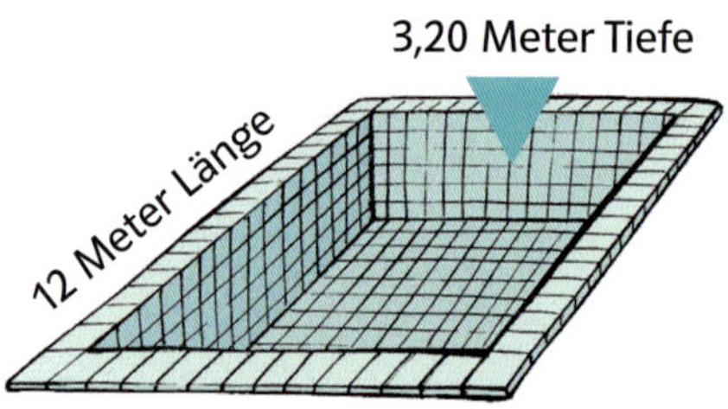

a) Zuerst muss das Becken gefliest werden.
1 m^2 Fliesen kostet 10 €.
Wie teuer werden die Fliesen?
b) Das Schwimmbecken wird bis 20 cm unter den Rand mit Wasser gefüllt.
Wie viel l Wasser kommen in das Becken?

Aufgabe 46 ●●●
Das neue Haus von Familie Casa hat eine rechteckige Grundfläche von 8 m × 10 m. Die Baugrube wurde 2 m tief ausgegraben. Die Erde will Familie Casa gleichmäßig im Garten (Fläche 5 a) verteilen.
Wie viel höher wird dadurch der Garten?

Aufgabe 47 ●●●
Auf dem Pausenhof werden neue Sitzelemente aus Stein gebaut. Die Sitzelemente sind 80 cm hoch.

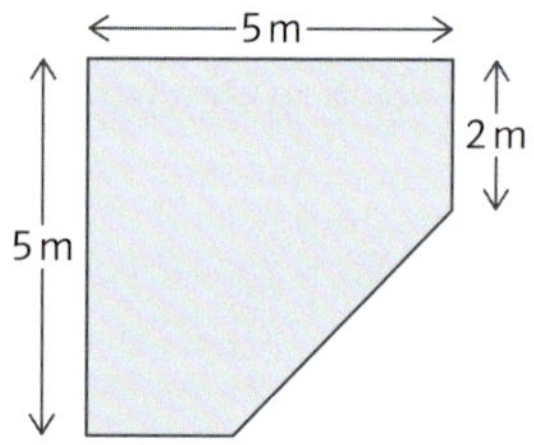

a) Wie viel m^2 Holzlatten werden für die Sitzfläche benötigt?
b) Wie viel wiegt ein Sitzelement, wenn 1 dm^3 Stein 2400 g wiegt?

Aufgabe 48 ●●○
Der Bodensee hat eine Fläche von 536 km^2 und eine mittlere Tiefe von 90 m.
Wie viel l Wasser befinden sich etwa im Bodensee?

Abschlusskompetenzcheck

	Ich kann ...	✓

1 **... geometrische Körper erkennen und benennen.**
Wer bin ich? Nenne einen Körper...
a) ... mit 6 Flächen, 12 Kanten und 8 Ecken.
b) ... 2 Flächen und 1 Ecke.
c) ... 8 Flächen, 18 Kanten und 12 Ecken.
d) ... der nur aus einer Fläche besteht.

2 **... Fachbegriffe zur Beschreibung eines Körpers verwenden.**
Gib für jeden Körper die Anzahl an Ecken, Kanten und Flächen an. Ergänze die Tabelle.

Körper	Anzahl der Flächen	Anzahl der Kanten	Anzahl der Ecken
Zylinder			
Prisma (dreieckige Grundfläche)			
Pyramide (viereckige Grundfläche)			

3 **... ein vorgegebenes Netz (von einem Quader, Würfel, Zylinder, einer Pyramide oder einem Kegel) dem entsprechenden Körper zuordnen.**
Gib an, zu welchem geometrischen Körper das Netz gehört.

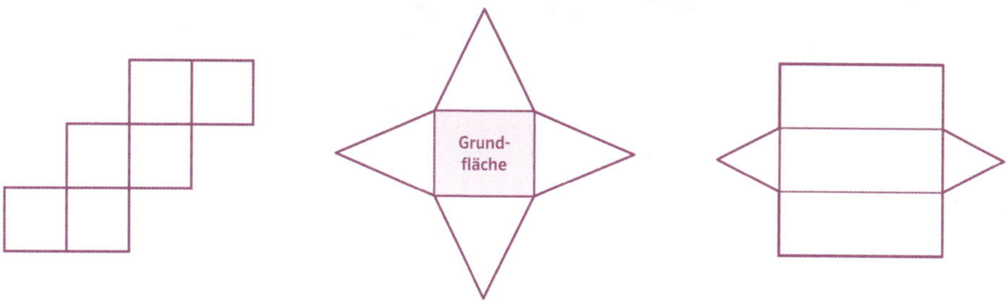

4 **... Netze von Würfeln und Quadern zeichnen.**
a) Zeichne das Netz eines Würfels mit der Kantenlänge 4 cm.
b) Zeichne das Netz eines Quaders mit den Kantenlängen 5 cm, 3 cm, 1 cm.

5 **... Schrägbilder von Würfeln und Quadern zeichnen.**
Zeichne das Schrägbild
a) eines Würfels mit Kantenlänge 2 cm.
b) eines Quaders mit Länge 5 cm, Breite 1 cm und Höhe 3 cm.

	Ich kann …	✓

6 **… Schrägbilder, Grund- und Aufrisse von aus Würfeln und Quadern zusammengesetzten Körpern zeichnen.**
Zeichne Grundriss, Aufriss, die Seitenansichten von links und rechts und ein Schrägbild des Würfelgebildes. Dabei soll ein Würfel die Kantenlänge 1 cm haben.

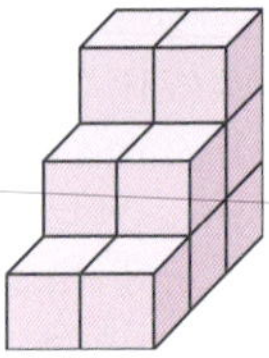

7 **… Volumeneinheiten sachgerecht verwenden.**
Ergänze die passende Volumeneinheit.

a) Erbse: 100 ________

b) Tennisball: 134 ________

c) Fußball: 5,78 ________

d) Rauminhalt eines olympischen Schwimmbeckens: 2000 ________

8 **… Volumeneinheiten (in beliebige Einheiten) umwandeln.**
Gib in der angegebenen Einheit an.

a) $3\,m^3$ = ________ dm^3

b) $20\,000\,mm^3$ = ________ cm^3

c) $0{,}35\,cm^3$ = ________ mm^3

d) $5\,m^3\ 12\,dm^3$ = ________ m^3

e) 750 l = ________ m^3

f) 4,25 l = ________ l ________ ml

9 **… den Oberflächeninhalt eines Quaders bestimmen.**
Berechne die Oberfläche O des Quaders.

a)

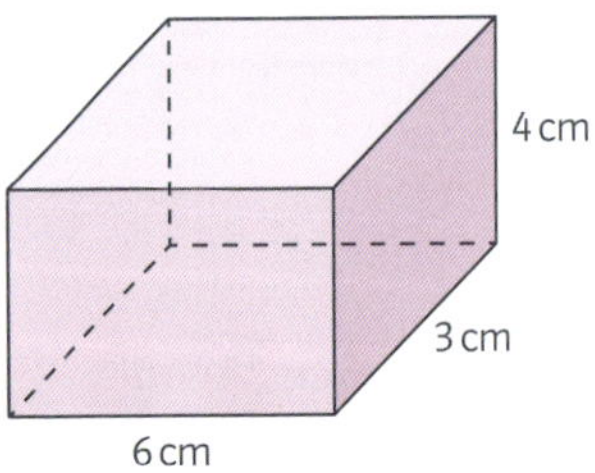

O = ________________

b) Länge: 6 dm
Breite: 15 cm
Höhe: 2 dm

O = ________________

Ich kann ... ✓

10 ... das Volumen eines Quaders berechnen.

Berechne das Volumen V des Quaders.

a)

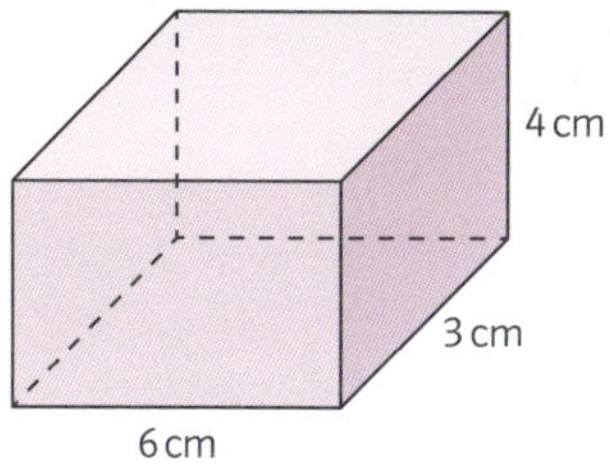

V = ____________________

b) Länge: 6 dm
Breite: 15 cm
Höhe: 2 dm

V = ____________________

11 ... fehlende Größen von Quadern berechnen.

a) Berechne die Höhe h eines Quaders mit
Volumen $V = 72\,cm^3$ und Grundfläche $G = 24\,cm^2$.

h = ____________________

b) Berechne die Grundfläche G eines Quaders mit
Volumen $V = 104\,m^3$ und Höhe $h = 8\,m$.

G = ____________________

12 ... das Volumen von aus Quadern zusammengesetzten Figuren bestimmen.

Bestimme das Volumen des Körpers.

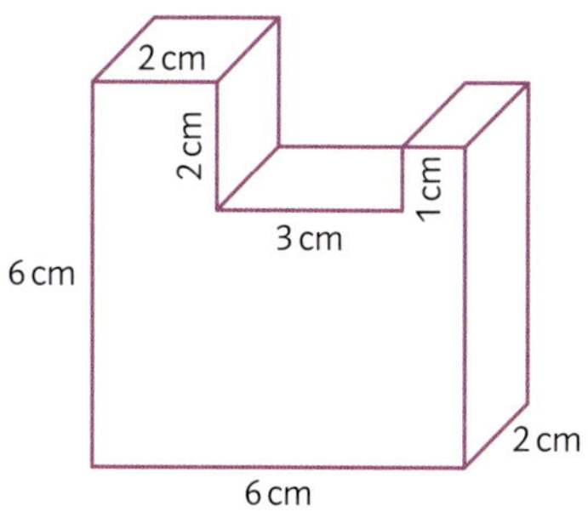

1 Geometrische Grundbegriffe

Kompetenzcheck
Punkt, Strecke, Strahl/Halbgerade, Gerade

Aufgabe 1

Beispiele
Strecken: $\overline{PS}$; $\overline{PQ}$; $\overline{PR}$; $\overline{SQ}$ (oder Anfangs- und Endpunkt umgekehrt)
Halbgeraden: RQ; RP
Gerade: PS

Aufgabe 2

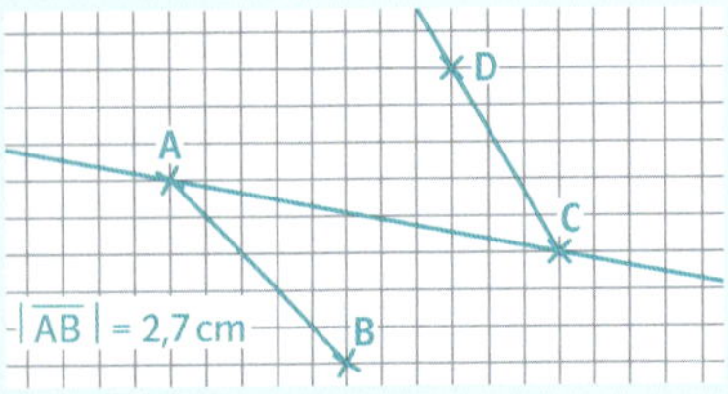

Kompetenzcheck
Das Koordinatensystem

Aufgabe 1

A(3|2), B(6|4), C(8|0), D(7|3), E(0|6), F(4|5)

Aufgabe 2

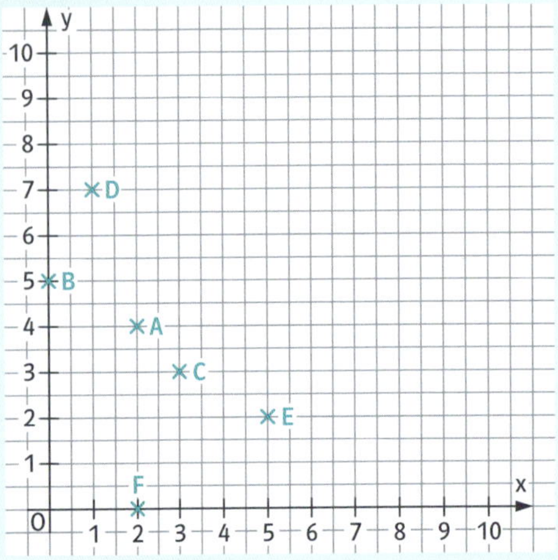

Aufgabe 3

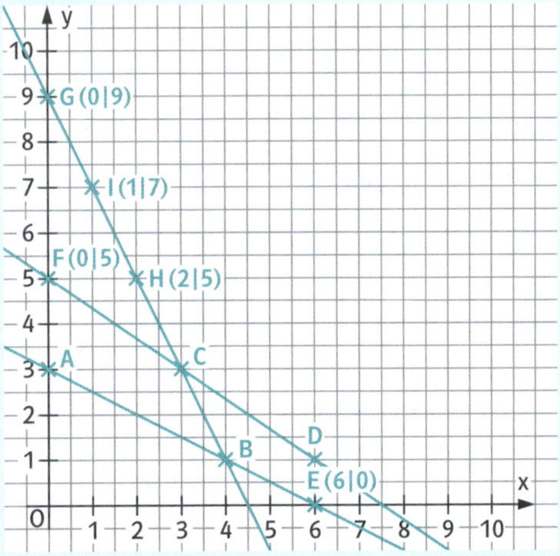

G, H und I sind Punkte auf der Geraden BC.

Kompetenzcheck
Parallele und zueinander senkrechte Geraden

Aufgabe 1

j ∥ k, m ∥ n, h ∥ i, f ∥ g
m ⊥ h, n ⊥ h, m ⊥ i, n ⊥ i, f ⊥ l, g ⊥ l

Aufgabe 2

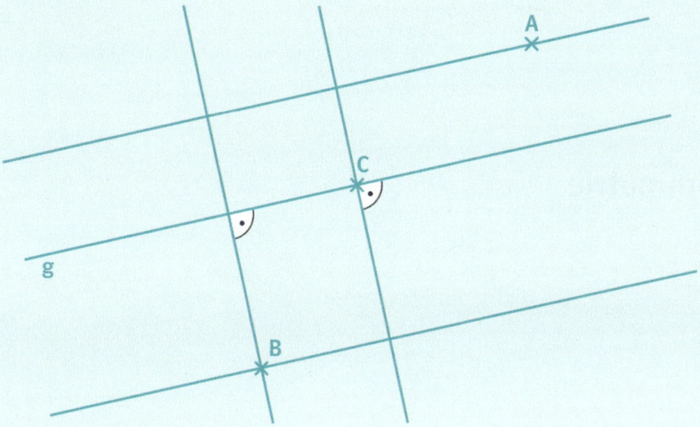

Kompetenzcheck
Abstände

Aufgabe 1

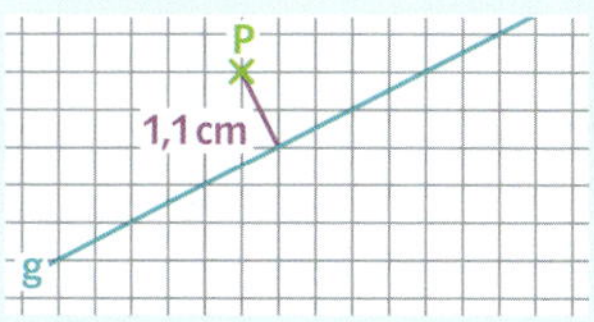

Aufgabe 2

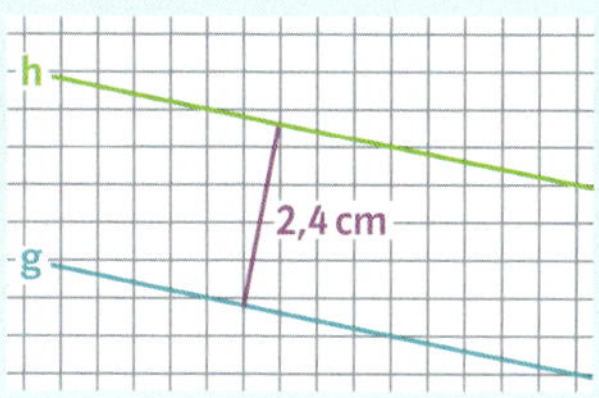

Aufgabe 3

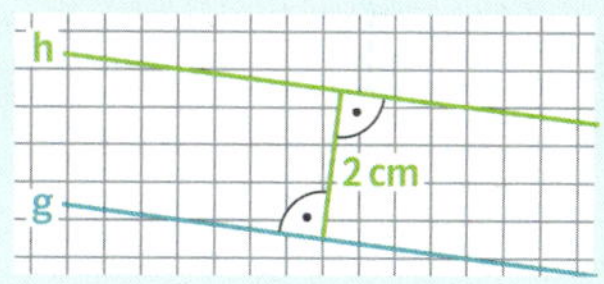

Kompetenzcheck
Achsensymmetrie und Achsenspiegelung

Aufgabe 1

a) nicht achsensymmetrisch

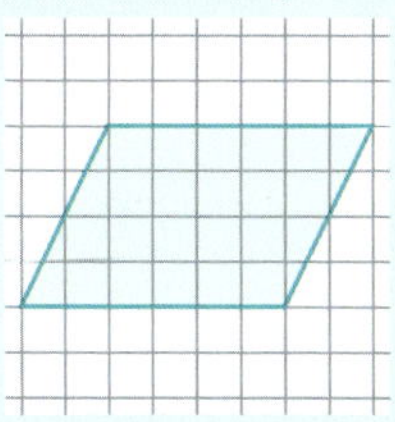

b) achsensymmetrisch, eine Symmetrieachse

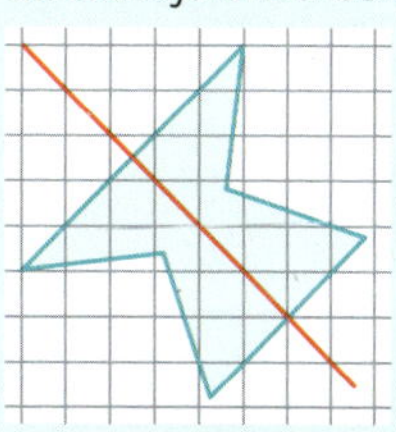

Aufgabe 2

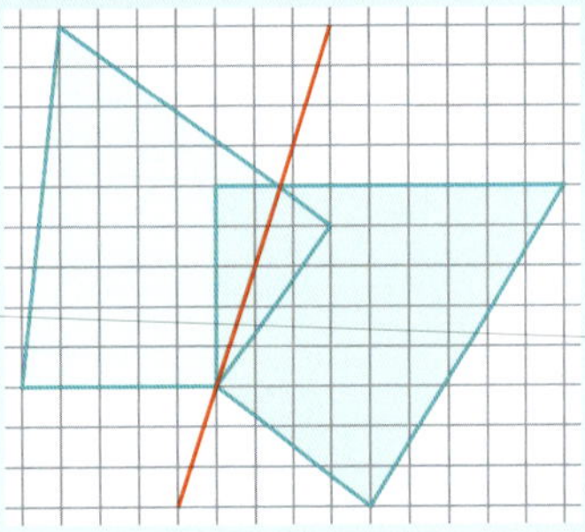

Aufgabe 3

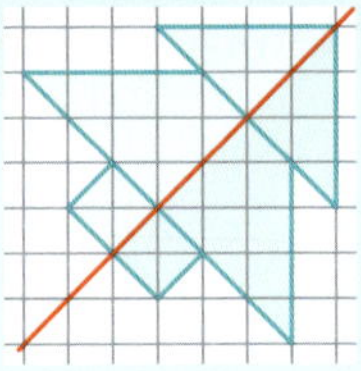

Kompetenzcheck
Punktspiegelung und Punktsymmetrie

Aufgabe 1

a) punktsymmetrisch

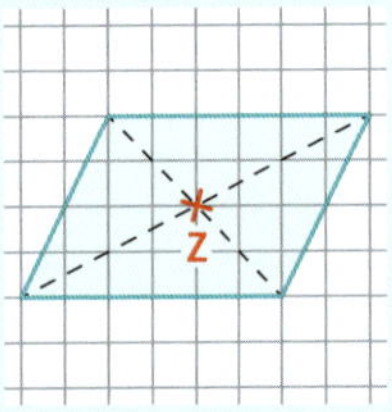

b) nicht punktsymmetrisch

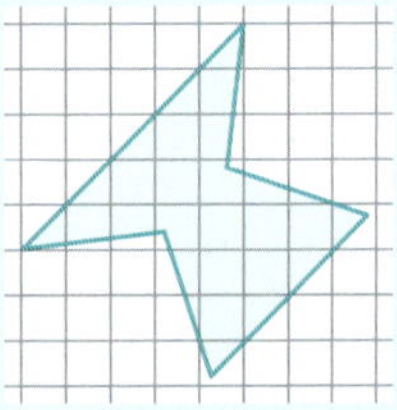

Aufgabe 2

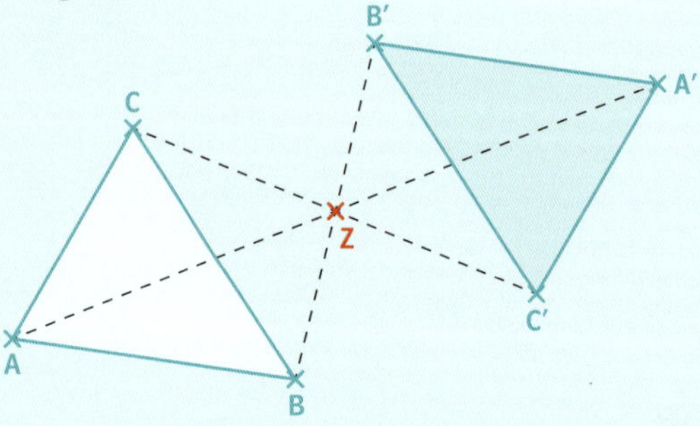

Aufgabe 3

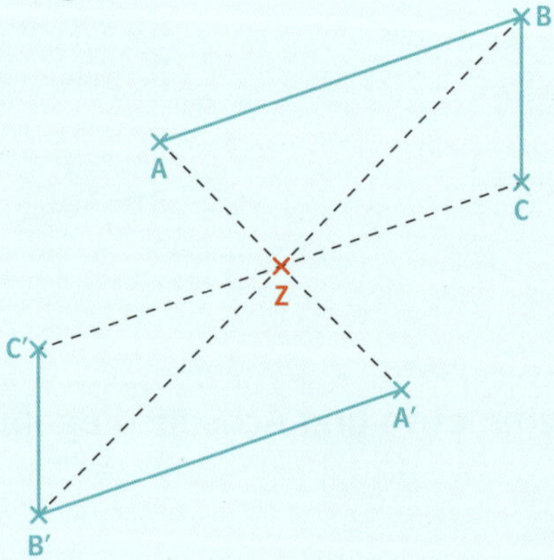

Beachte: Einige Abbildungen sind aus Platzgründen verkleinert dargestellt.

Aufgabe 1

a) Gerade a; kein Anfang und kein Ende
b) Halbgerade BA; ein Anfangspunkt, kein Endpunkt
c) Keines der angegebenen Objekte, da nicht geradlinig
d) Gerade PQ; kein Anfang und kein Ende
e) Strecke $\overline{PQ}$; Verbindung zwischen zwei Punkten; Anfangs- und Endpunkt
f) Keines der angegebenen Objekte, da nicht geradlinig

Aufgabe 2

Strecken: $\overline{AB}$; $\overline{AC}$; $\overline{BC}$; $\overline{CD}$; $\overline{BD}$ (oder Anfangs- und Endpunkt umgekehrt)
Halbgerade: BA
Geraden: BC; BD

Aufgabe 3

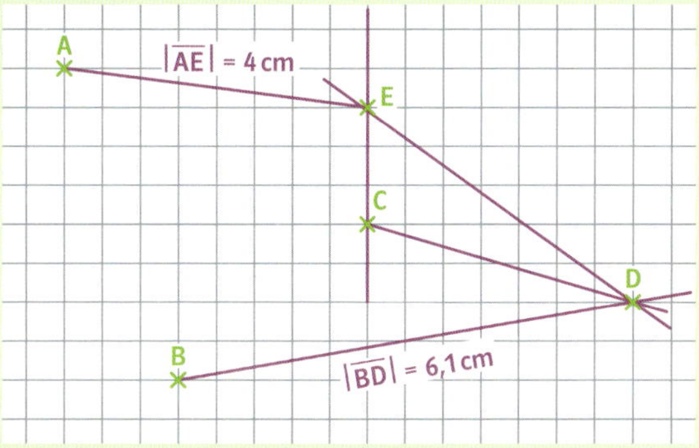

Aufgabe 4

Strecken: $\overline{AB}$; $\overline{AD}$; $\overline{BC}$; $\overline{CD}$ (oder Anfangs- und Endpunkt umgekehrt)
Geraden: BD; AC

Aufgabe 5

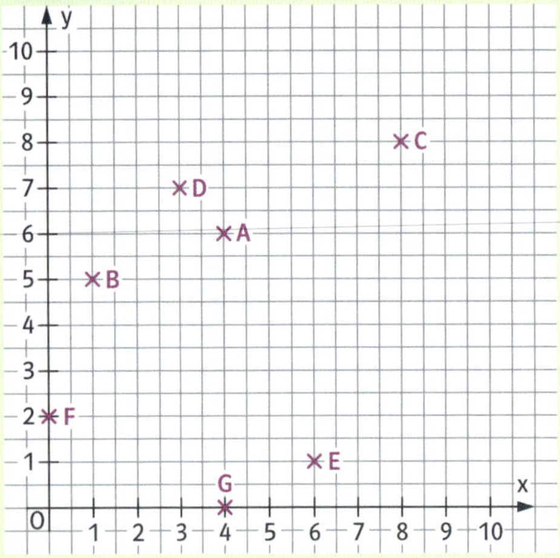

Aufgabe 6

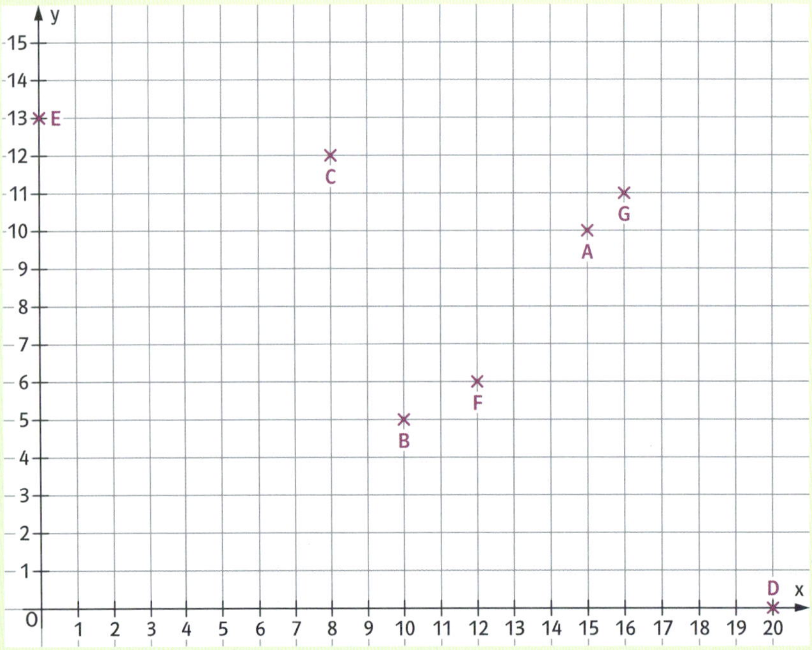

Aufgabe 7

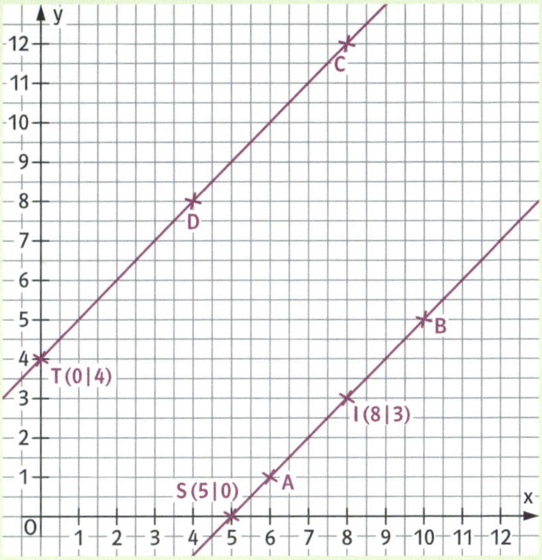

Aufgabe 8

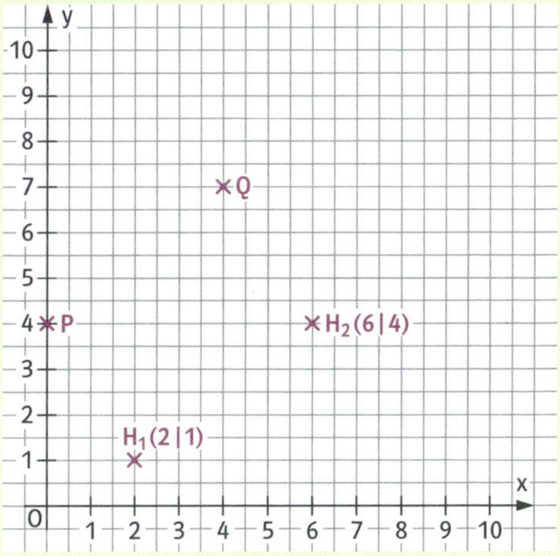

Aufgabe 9

A(4|1), B(5|3), C(8|1), D(9|0), E(3|9), F(9|9), G(1|8), H(0|4), I(2|6)

Aufgabe 10

A(10|15), B(15|5), C(5|5), D(3|12), E(14|11), F(7|13), G(12|4), H(18|10)

Aufgabe 11

f ⊥ j, f ⊥ i, g ⊥ j, g ⊥ i, h ⊥ k

Aufgabe 12

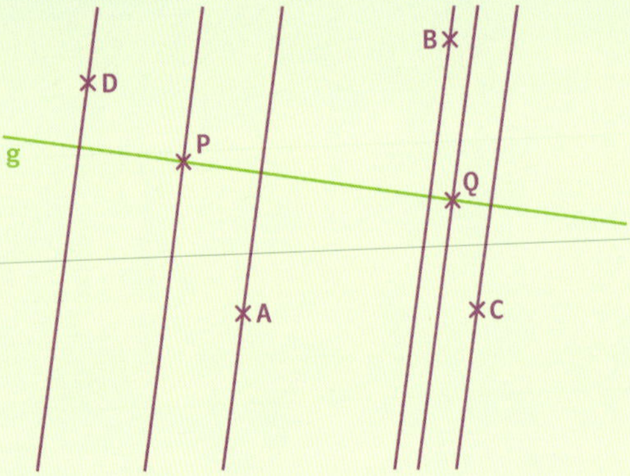

Aufgabe 13

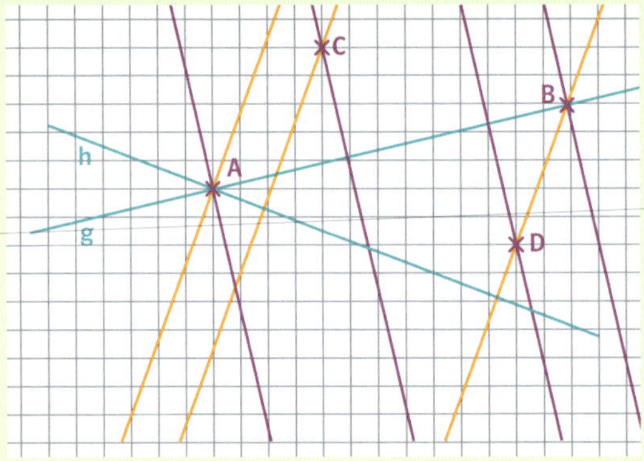

Aufgabe 14

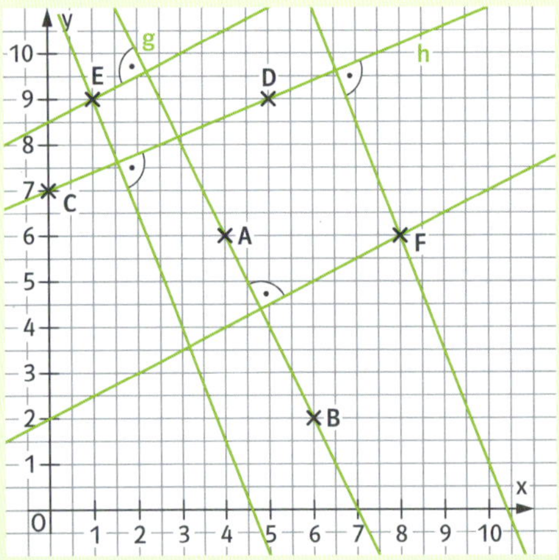

Aufgabe 15

j ∥ i, f ∥ g

Aufgabe 16

a) Das stimmt. Wenn die Geraden parallel sind, haben sie keinen Schnittpunkt, sonst einen.
b) Das ist falsch. Drei parallele Geraden haben keinen Schnittpunkt.
c) Das stimmt.

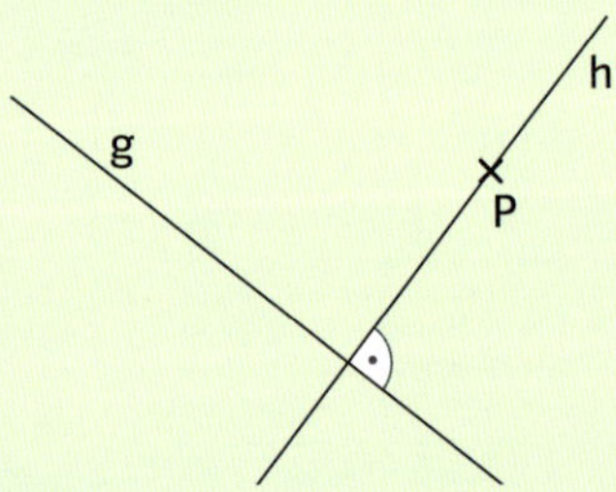

Aufgabe 17

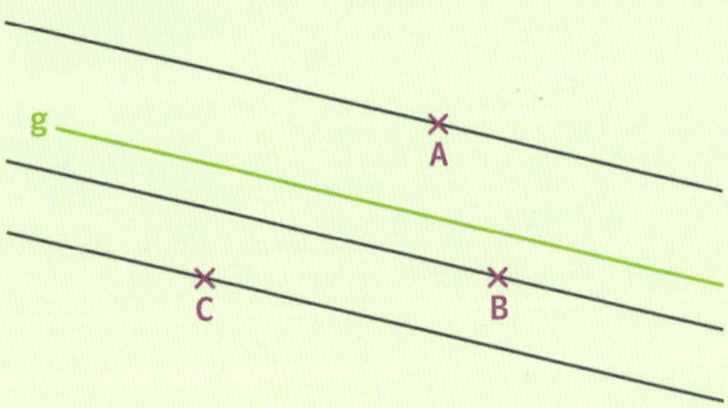

Aufgabe 18

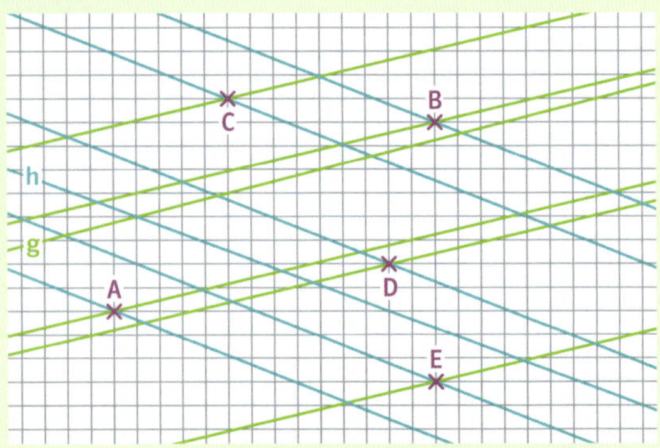

Aufgabe 19

m ∥ n, i ∥ h, f ∥ g, j ∥ l
k ⊥ l, k ⊥ j, i ⊥ f, i ⊥ g, h ⊥ f, h ⊥ g

Aufgabe 20

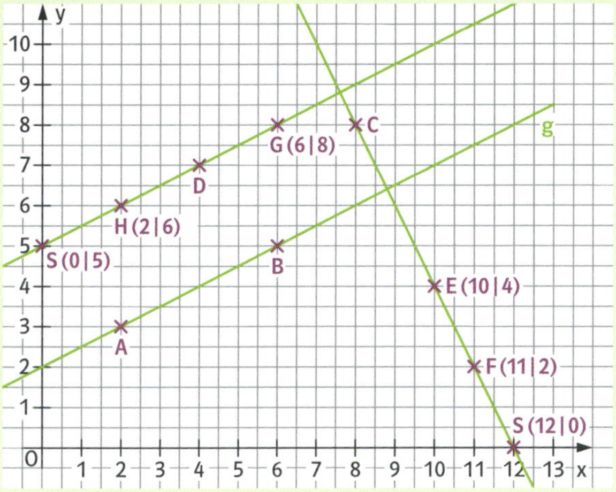

Aufgabe 21

a) 3,5 cm b) 4,3 cm

Aufgabe 22

a) 1,8 cm b) 2,1 cm c) 2 cm d) 1,2 cm

Aufgabe 23

a) 1,7 cm b) 2,2 cm

Aufgabe 24

Beachte: Die parallele Gerade kann auf beiden Seiten der gegebenen Gerade liegen.

Aufgabe 25

Zeichne die senkrechte Strecke zwischen die beiden Geraden und miss deren Länge.

a) 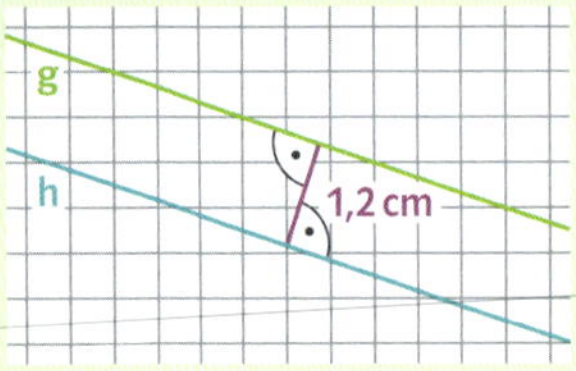

b) 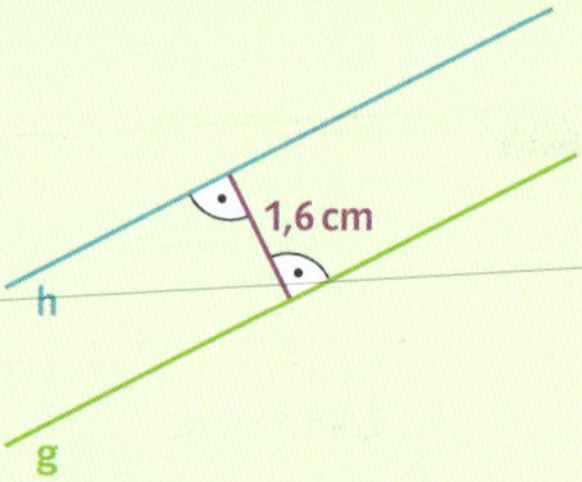

Aufgabe 26

Miss den Abstand der beiden Geraden und markiere die Mitte, also den halben Abstand.

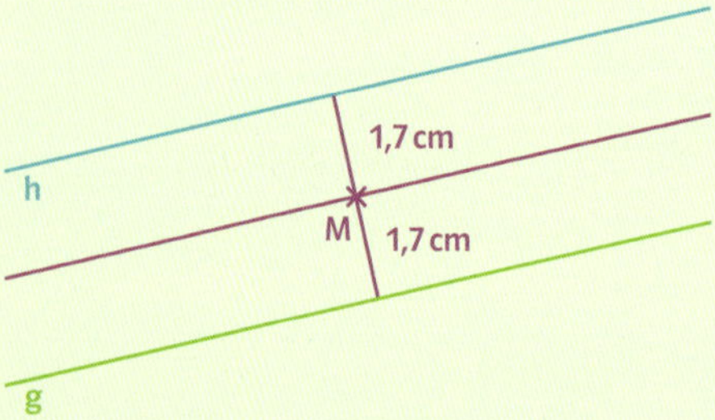

Aufgabe 27

Tipp: Zeichne die Parallelen zu g und h mit dem Abstand 2 cm.

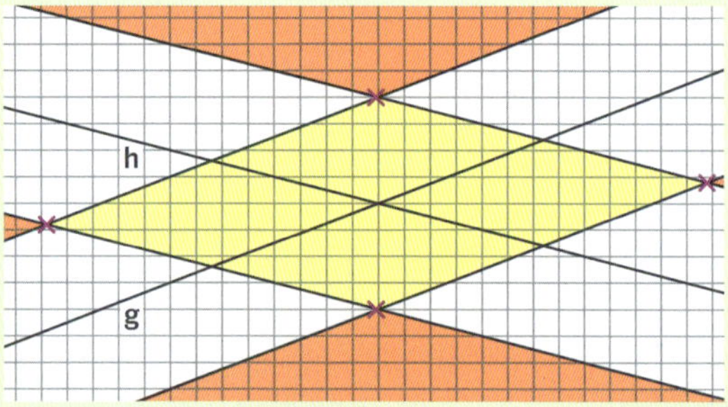

Aufgabe 28

a) achsensymmetrisch

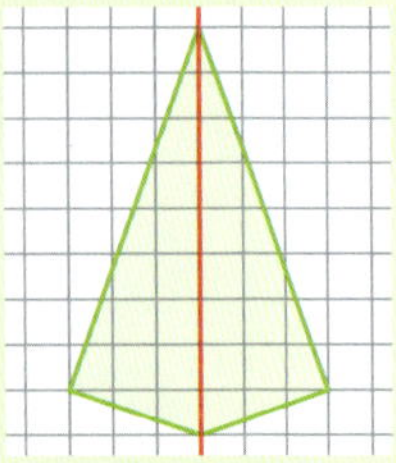

b) achsensymmetrisch

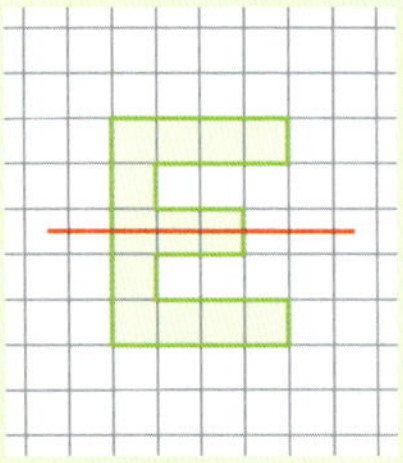

c) achsensymmetrisch

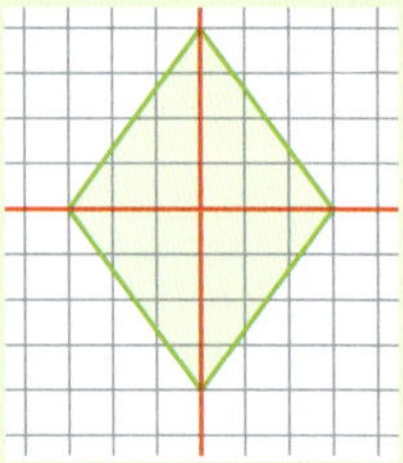

d) achsensymmetrisch

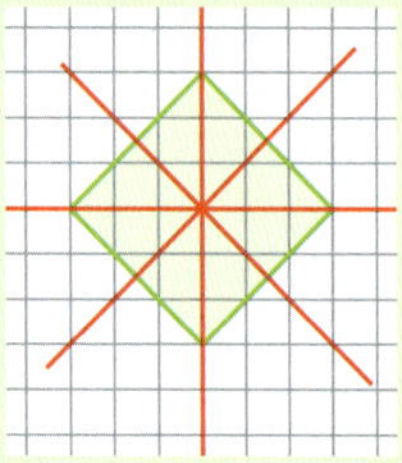

Aufgabe 29

nicht achsensymmetrisch

achsensymmetrisch

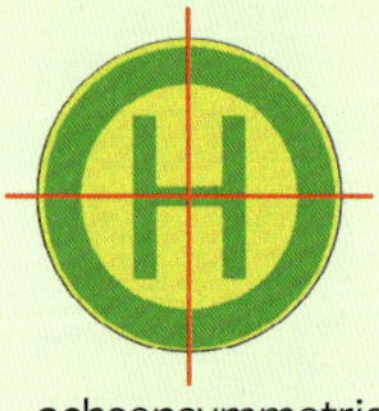

achsensymmetrisch

Aufgabe 30

Alle Flaggen sind achsensymmetrisch.

a) Deutschland

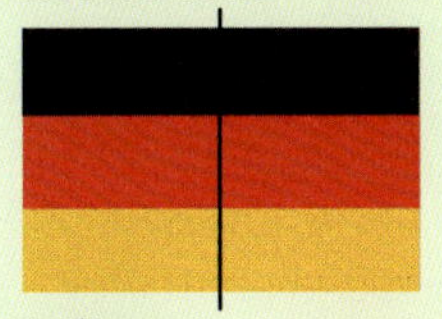

b) Österreich

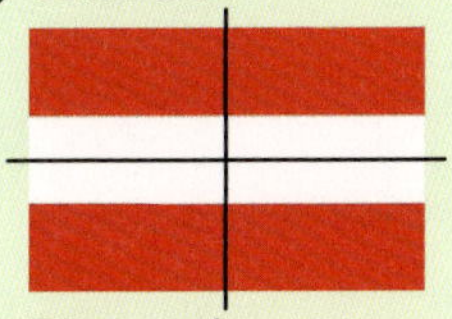

c) Kanada

d) Italien

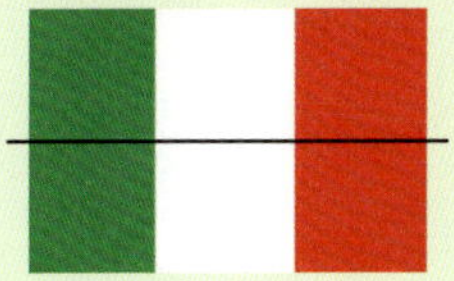

e) Dänemark

f) Schweiz

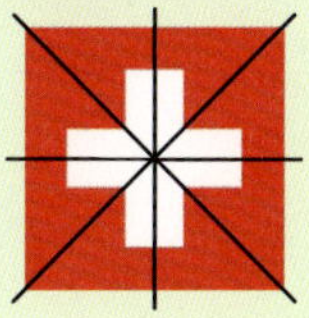

Aufgabe 31

Achsensymmetrisch sind A, C, D, E, H, I, K, M, O, T, U, V, W, X, Y.
Anmerkung: Das B ist nur dann achsensymmetrisch, wenn die beiden Bögen gleich sind.

Aufgabe 32

a) OT|TO

b) ~~ICH~~

c) ~~DIE~~

d) OMA
nicht achsen-symmetrisch

e) ~~CHIC~~

Aufgabe 33

a) Peter hat Recht. Da beim Spiegeln rechte Winkel entstehen, müssen die beiden Spiegelachsen senkrecht aufeinander stehen.
b) Peter hat nicht Recht. Ein Quadrat hat z. B. 4 Spiegelachsen.

Aufgabe 34

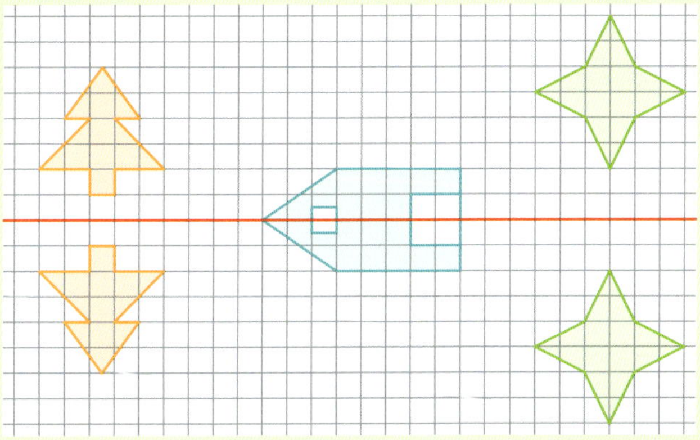

Aufgabe 35

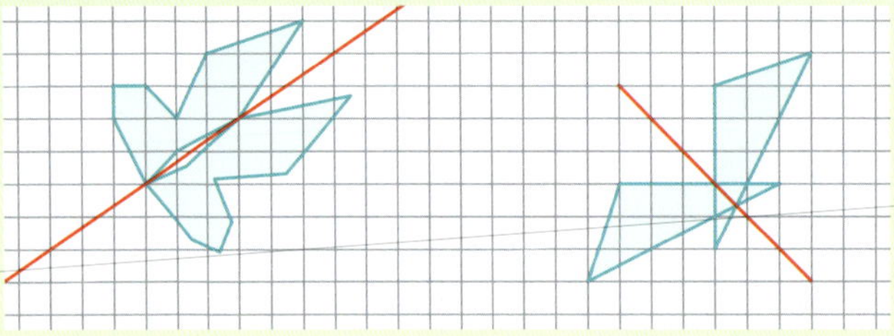

Aufgabe 36

Die Koordinaten des Bildes von ABCD lauten:
A′(7,5 | 2); B′(6,5 | −3,5);
C′(1,5 | −3); D′(3 | 5,5)

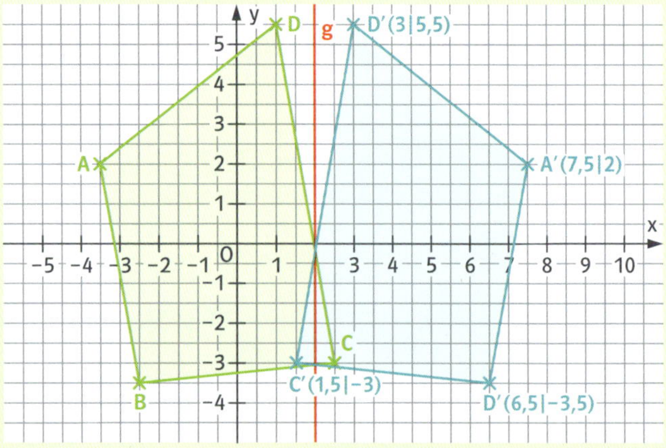

Aufgabe 37

Aufgabe 38

Im rechten Bild sind fünf Fehler:

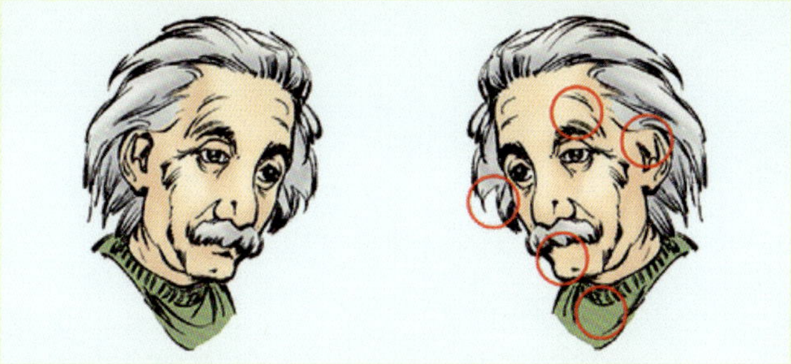

Aufgabe 39

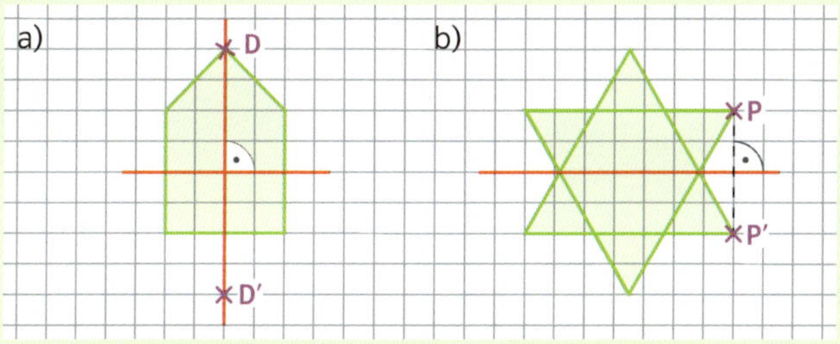

a) Die Gerade ist nicht Symmetrieachse der Figur, da z. B. das Dach des Hauses nicht gespiegelt wurde.
b) Die Gerade ist die Spiegelachse. Die beiden Hälften des Sternes sind deckungsgleich.

Aufgabe 40

Bei jedem der Vierecke gibt es zwei Diagonalen, hier sind die Lösungen für beide Fälle dargestellt:

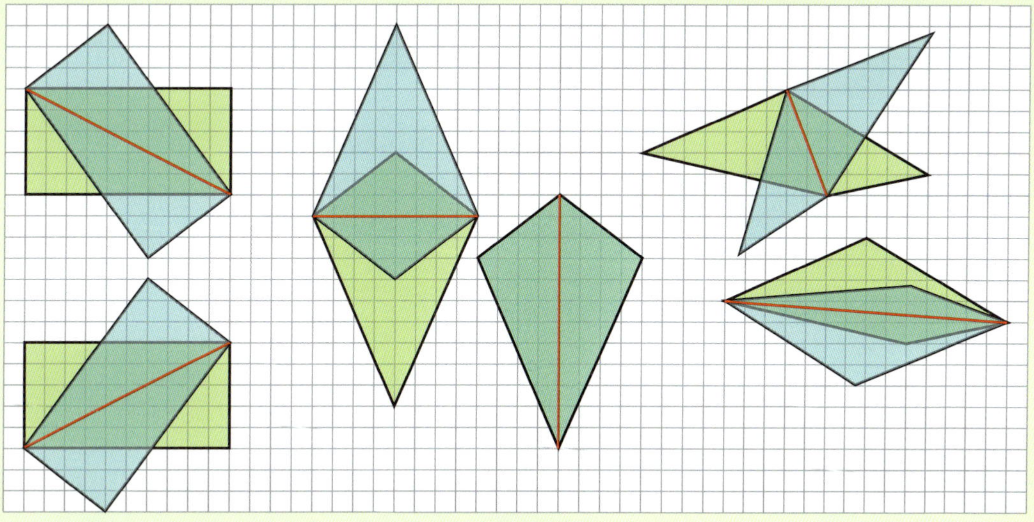

Aufgabe 41

1. Spiegle den Mittelpunkt des Kreises an der Spiegelachse. Man erhält M'.
2. Bestimme den Radius des Kreises und zeichne einen Kreis um M' mit diesem Radius (mit demselben Radius wie der ursprüngliche Kreis).

Aufgabe 42

a)

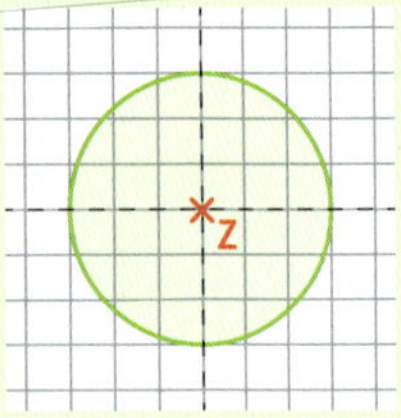

b)

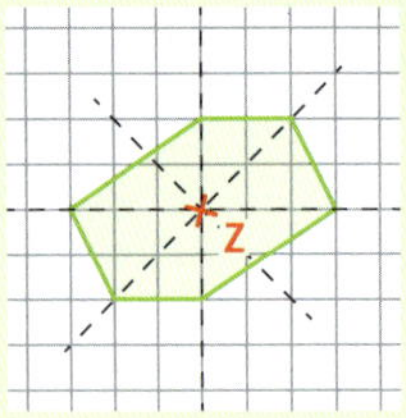

c)

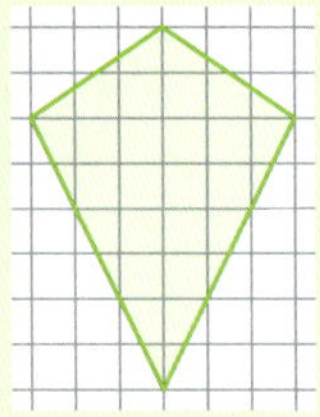

nicht punkt-
symmetrisch

d)

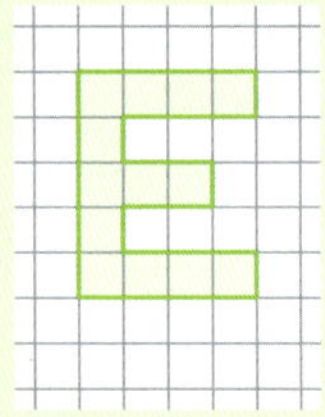

nicht punkt-
symmetrisch

Aufgabe 43

nicht punkt-
symmetrisch

nicht punkt-
symmetrisch

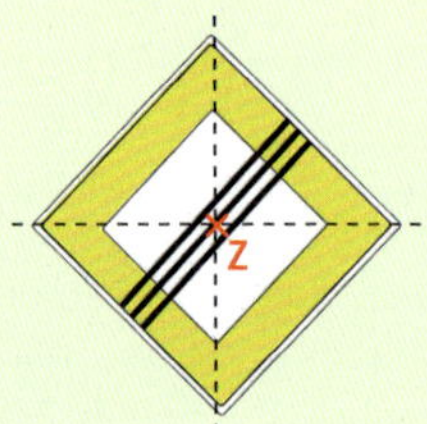

punktsymmetrisch

Aufgabe 44

a) Deutschland
wegen der Farben
nicht punktsymmetrisch

b) Österreich

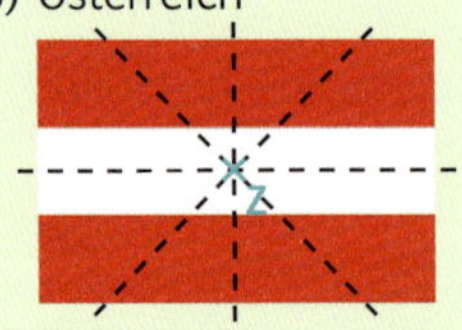

c) Kanada
nicht punktsymmetrisch

d) Italien
wegen der Farben
nicht punktsymmetrisch

e) Dänemark
nicht punktsymmetrisch

f) Schweiz

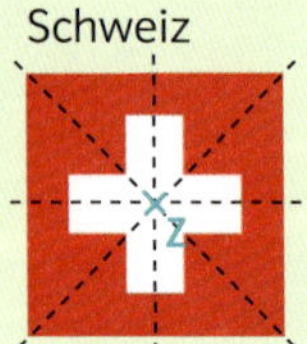

Aufgabe 45

Die Buchstaben H, I, N, O, S, X, Z sind punktsymmetrisch.

Aufgabe 46

Es ist nicht leicht, mathematisch korrekte punktsymmetrische Wörter bzw. Buchstabenkombinationen zu finden. OHO, WM oder XOX sind z. B. punktsymmetrisch. Die Buchstaben für diese Wörter müssen sowohl achsen- als auch punktsymmetrisch sein, und das sind nur die Buchstaben H, I, M, O, W und X.

Aufgabe 47

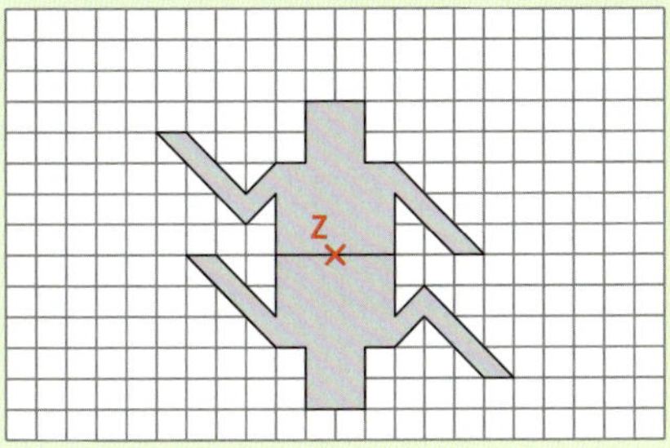

Aufgabe 48

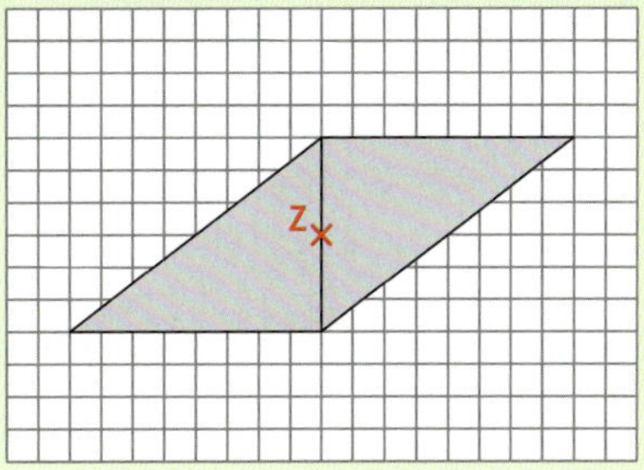

Aufgabe 49

a) Feyza hat Recht. Der Buchstabe H ist z. B. punkt- und achsensymmetrisch.
b) Nein, Feyza hat nicht Recht. Eine punktsymmetrische Figur kann nur ein Symmetriezentrum haben. Würde es zwei Symmetriezentren geben, dann wäre die gesamte Figur nicht mehr punktsymmetrisch. Die Definition dafür, was punktsymmetrisch ist, sagt, dass es nur ein Symmetriezentrum geben darf.

Aufgabe 50

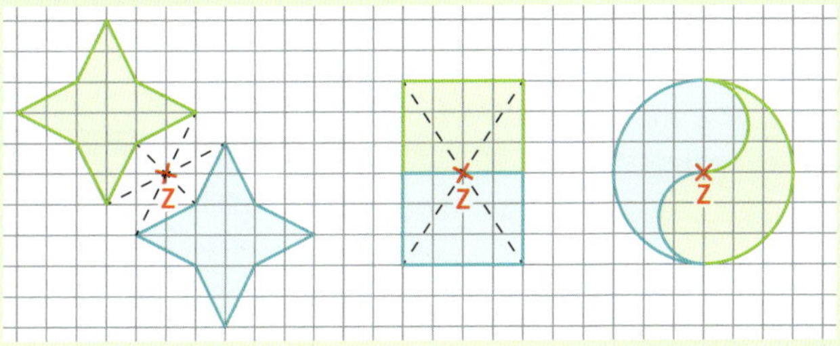

Aufgabe 51

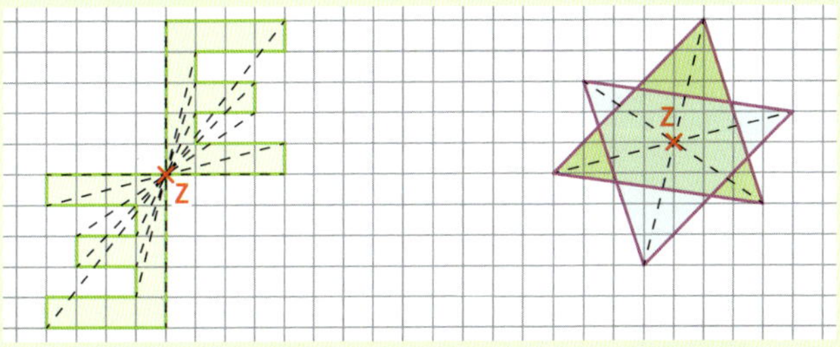

Aufgabe 52

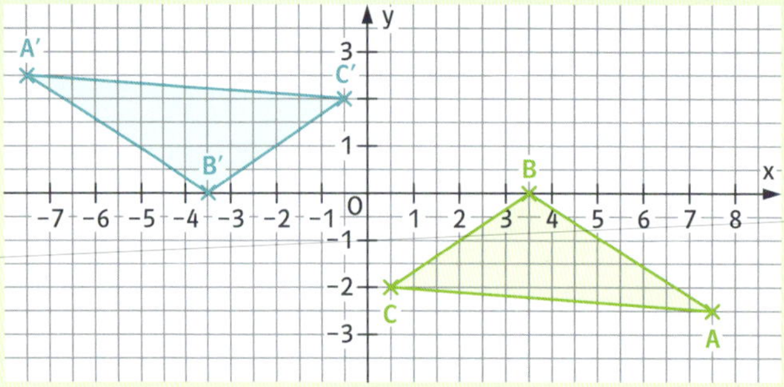

Aufgabe 53

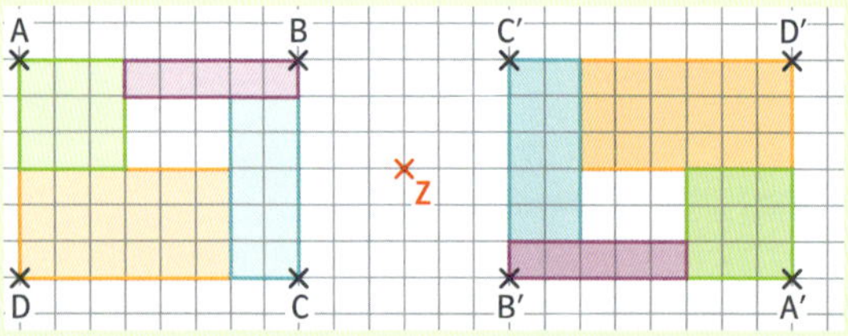

Aufgabe 54

a)

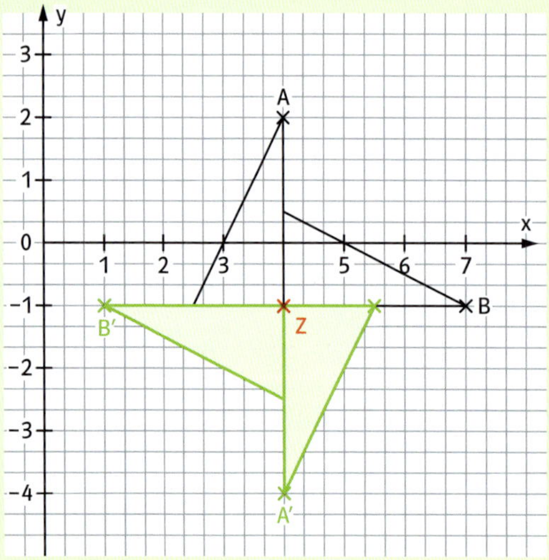

b) A′(4 | −4)
B′(1 | −1)

Aufgabe 55

Begründen geht in dieser Aufgabe zeichnerisch.

a)

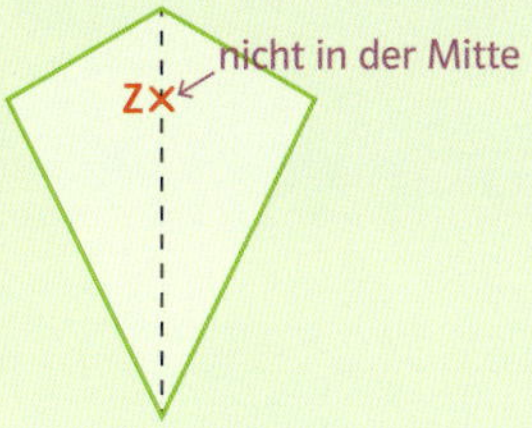

nicht punktsymmetrisch

b)

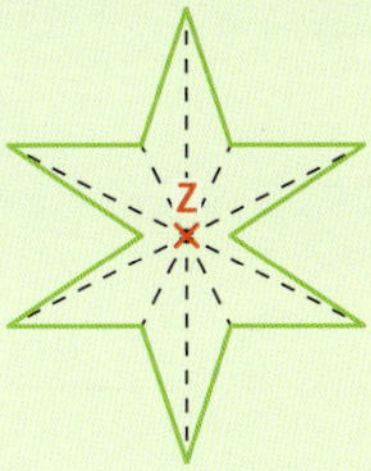

punktsymmetrisch

c)

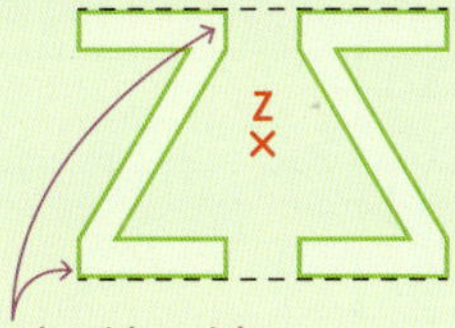

nicht punktsymmetrisch

d)

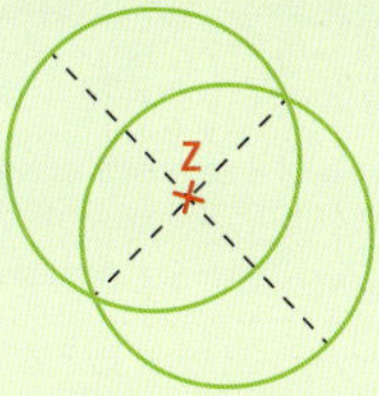

punktsymmetrisch

Aufgabe 56

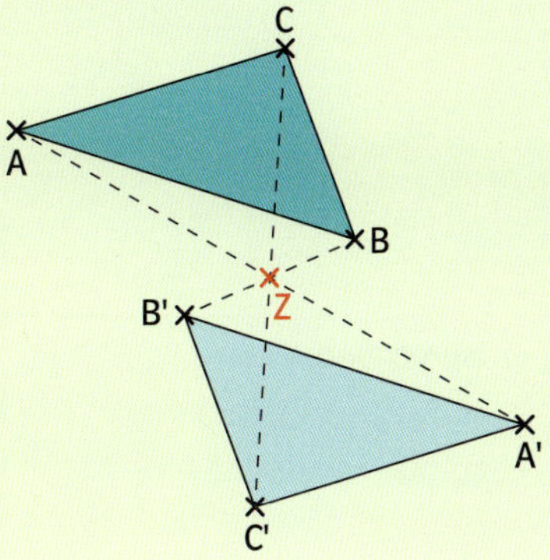

Aufgabe 57

a) Z hat die Koordinaten (3 | 2).

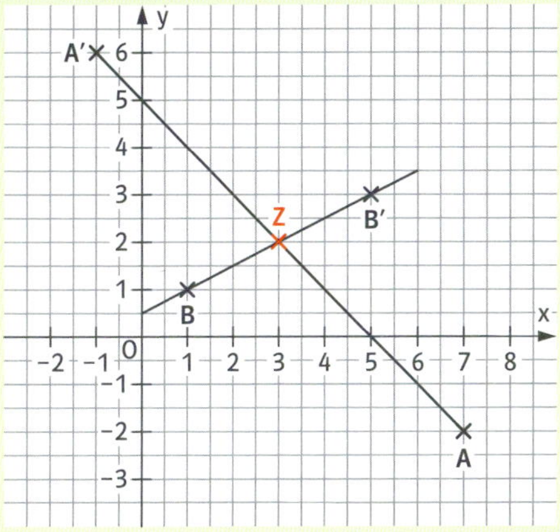

b) Addiert man die x-Werte entsprechender Punkte und dividiert das Ergebnis durch 2, so erhält man den x-Wert von Z.
Beispiel: Da A (7 | −2) und A′ (−1 | 6) ist, gilt für den x-Wert von Z:
(7 + (−1)) : 2 = 3.
Natürlich hätte man auch B nehmen können.
B (1 | 1) und B′ (5 | 3), also ist der x-Wert von Z:
(1 + 5) : 2 = 3.
Für den y-Wert von Z geht man genauso vor.

	Lösung
1	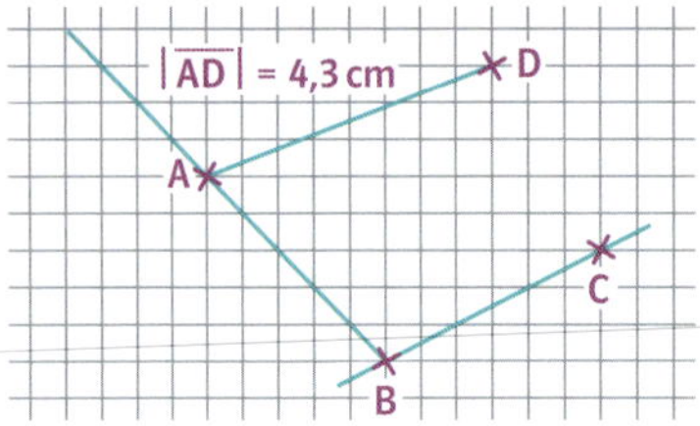
2	A(5 | 1), B(2 | 0), C(2 | 4), D(0 | 5), E(3 | 3), F(4 | 5)
3	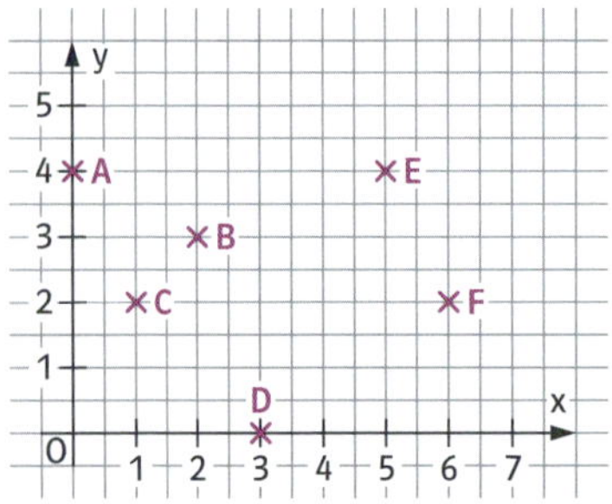
4	c) Die Punkte G und H sind Beispiele. Überprüfe deine Lösung entsprechend. 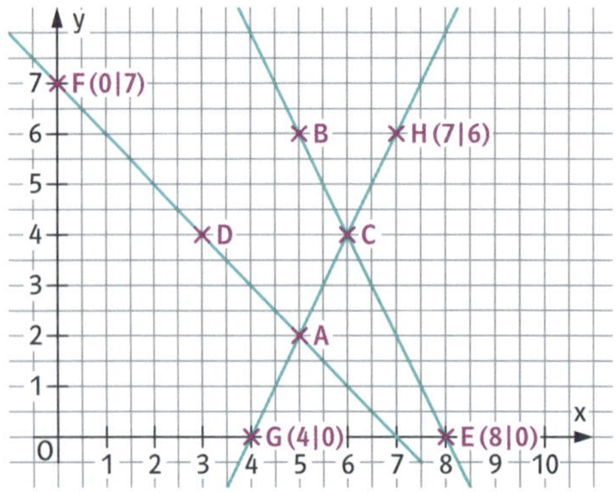
5	$h \parallel i$; $f \parallel l$; $j \parallel k$; $m \parallel n$ $m \perp h$; $m \perp i$; $g \perp f$; $g \perp l$; $n \perp h$; $n \perp i$
6	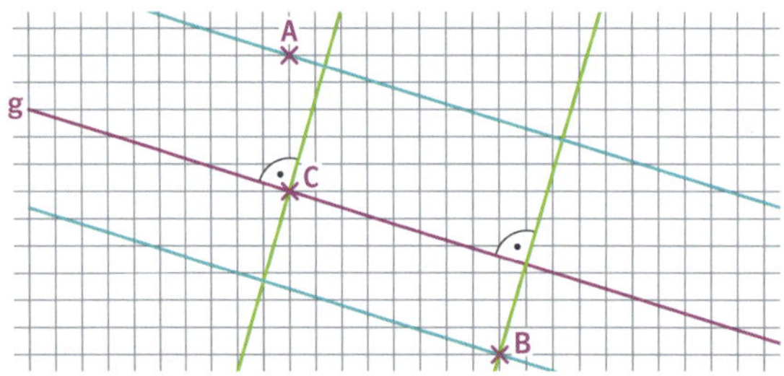

	Lösung
7	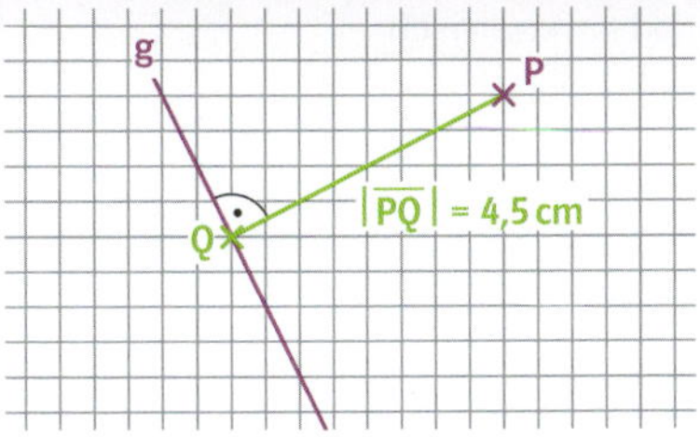
8	Die Gerade f schneidet die Geraden g und h, deshalb kann man von f zu den beiden anderen Geraden keinen Abstand messen. 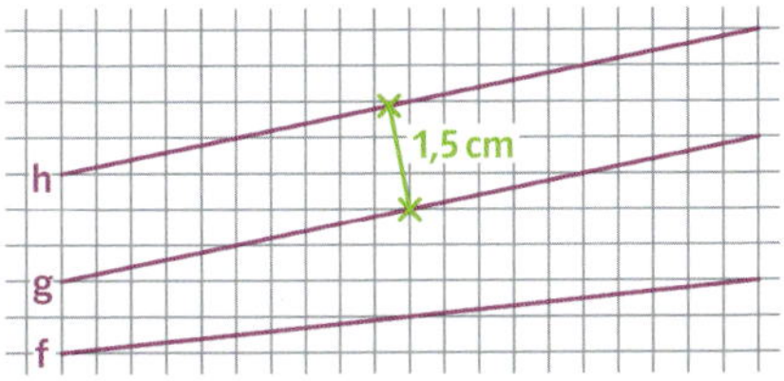
9	Es gibt zwei mögliche Lösungen. 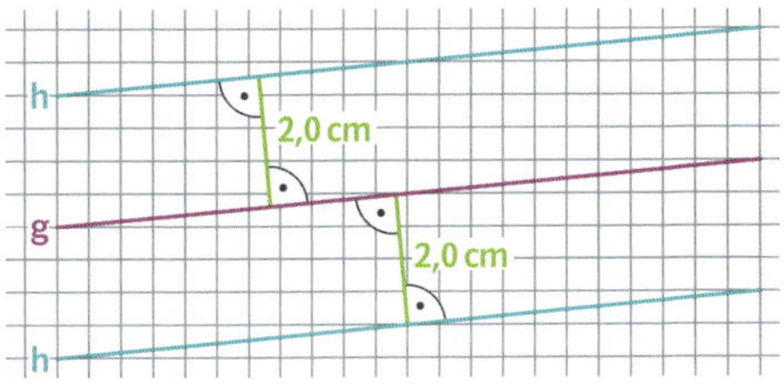
10	a) achsensymmetrisch 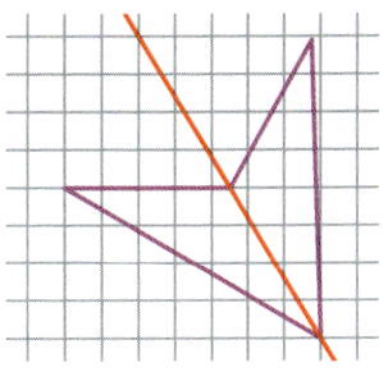 b) nicht achsensymmetrisch
11	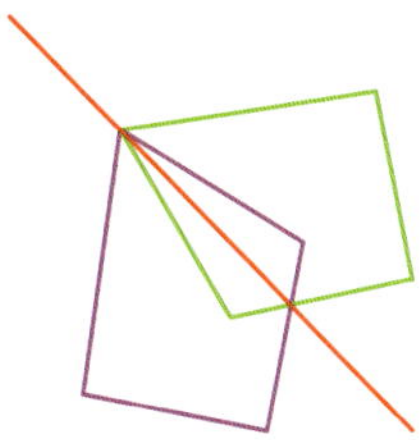

	Lösung	
12	a) nicht punktsymmetrisch	b) punktsymmetrisch 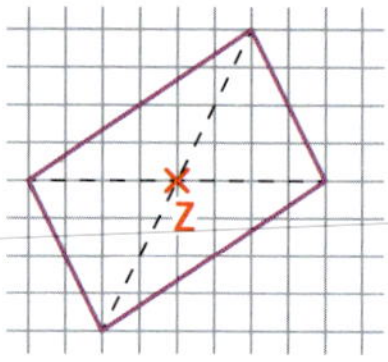
13	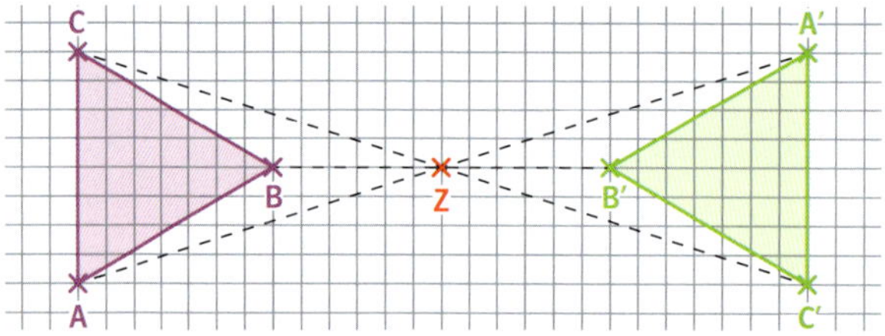 	

2 Kreise und Winkel

Kompetenzcheck
Kreise und Kreisfiguren

Aufgabe 1

a) d = 5 cm. Überprüfe deine Zeichnung, indem du den Durchmesser mit dem Lineal oder Geodreieck nachmisst.
b) r = 2 cm. Überprüfe deine Zeichnung, indem du den Durchmesser mit dem Lineal oder Geodreieck nachmisst.
c) Die Mittelpunkte müssen genau 5 cm auseinander liegen.
Deine Zeichnung müsste ungefähr so aussehen:

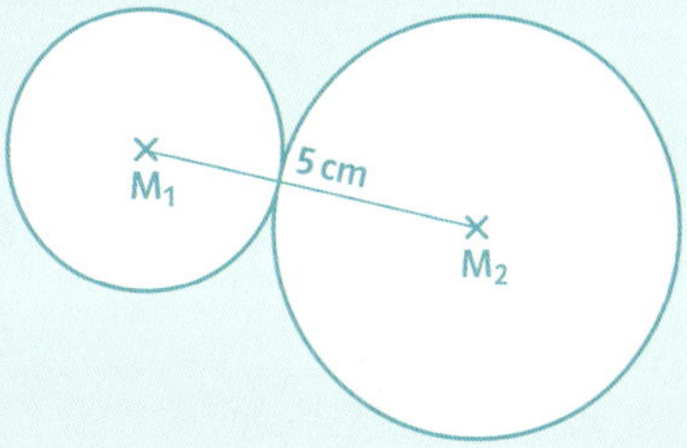

Aufgabe 2

In der Abbildung sind die Radien der Kreise und die Mittelpunkte markiert.

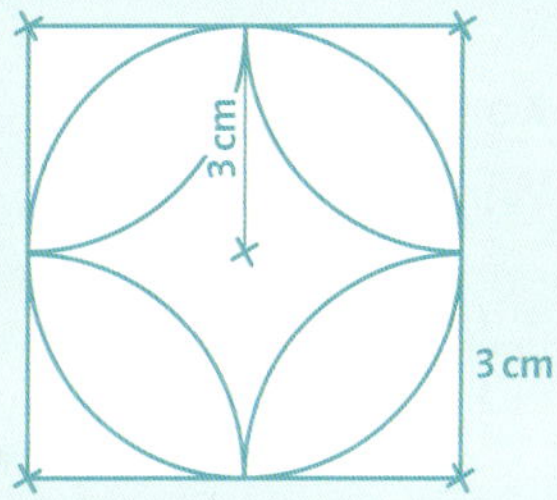

Kompetenzcheck
Winkel

Aufgabe 1

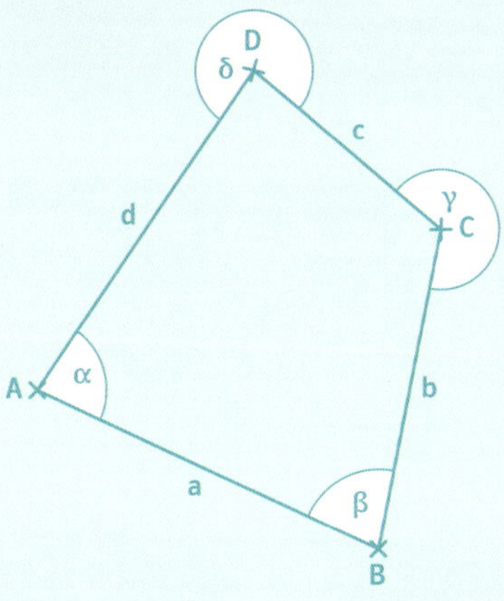

Aufgabe 2

$\varepsilon = \sphericalangle a, b$; $\eta = \sphericalangle d, c$; $\mu = \sphericalangle a, d$

Kompetenzcheck
Winkelarten

Aufgabe 1

α: spitzer Winkel
β: überstumpfer Winkel
γ: stumpfer Winkel

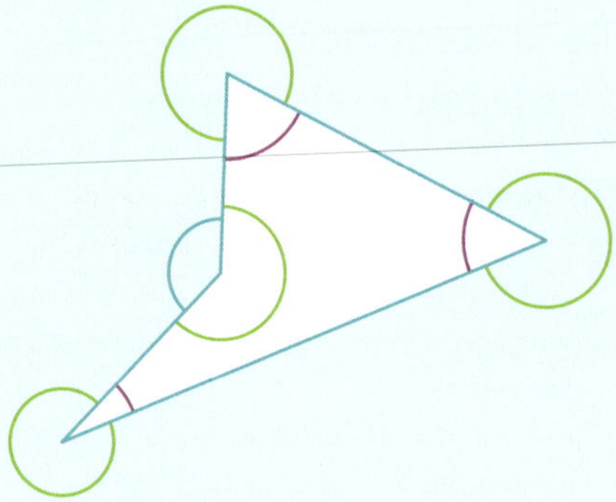

Aufgabe 2

spitz: lila, stumpf: blau und überstumpf: grün

Kompetenzcheck
Winkel schätzen und messen

Aufgabe 1

$\alpha = 45°$; $\beta = 130°$; $\gamma = 90°$

Aufgabe 2

$\alpha = 240°$; $\beta = 315°$; $\gamma = 270°$

Kompetenzcheck
Winkel zeichnen

Aufgabe 1

a) Kontrolliere deine Lösung, indem du den Winkel nachmisst.

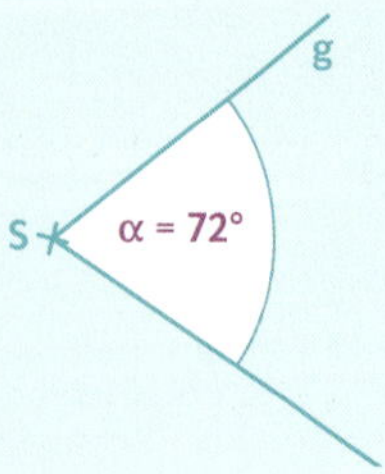

b)

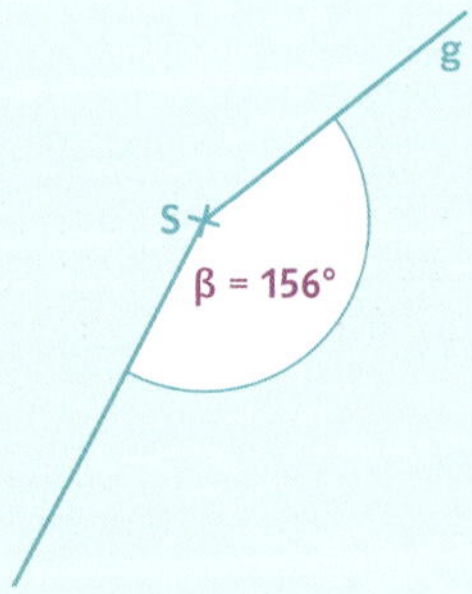

Aufgabe 2

a) Kontrolliere deine Lösung, indem du den spitzen Winkel nachmisst. Der spitze Winkel ist 67° groß.

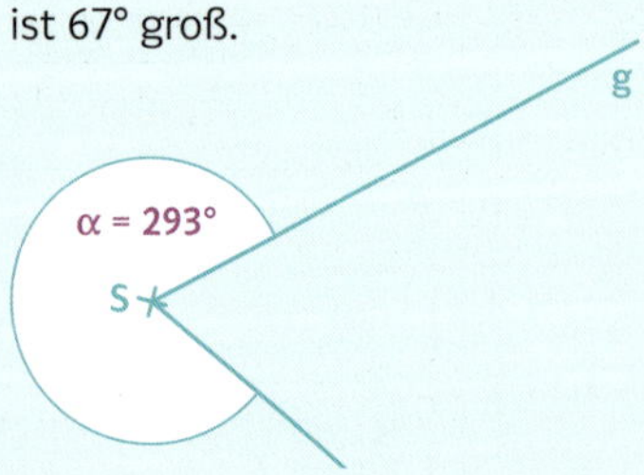

b)

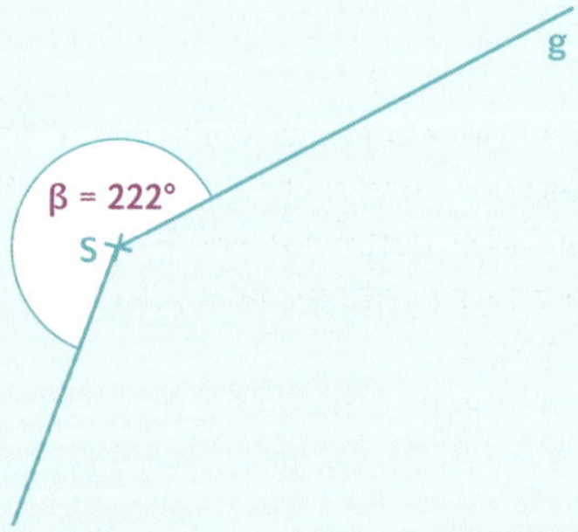

Aufgabe 1

Überprüfe deine Zeichnung, indem du den Radius oder Durchmesser mit dem Lineal oder Geodreieck nachmisst.

a) d = 8 cm b) d = 8,6 cm c) d = 74 mm = 7,4 cm d) d = 5 cm 8 mm = 5,8 cm

Aufgabe 2

Überprüfe deine Zeichnung, indem du den Durchmesser mit dem Lineal oder Geodreieck nachmisst.

a) r = 2,5 cm b) r = 3,6 cm c) r = 24 mm = 2,4 cm d) r = 5 cm 3 mm = 5,3 cm

Aufgabe 3

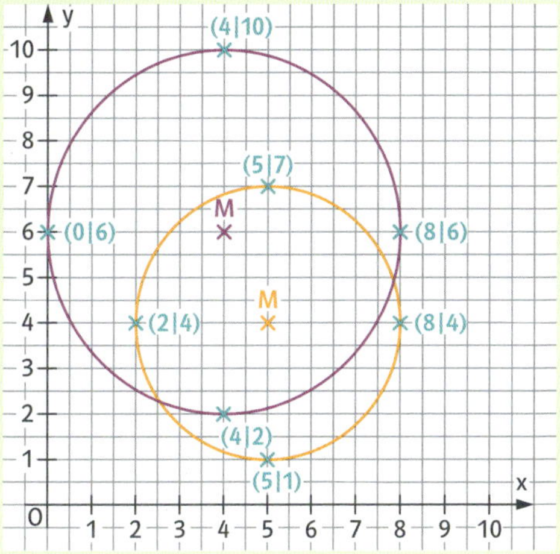

Aufgabe 4

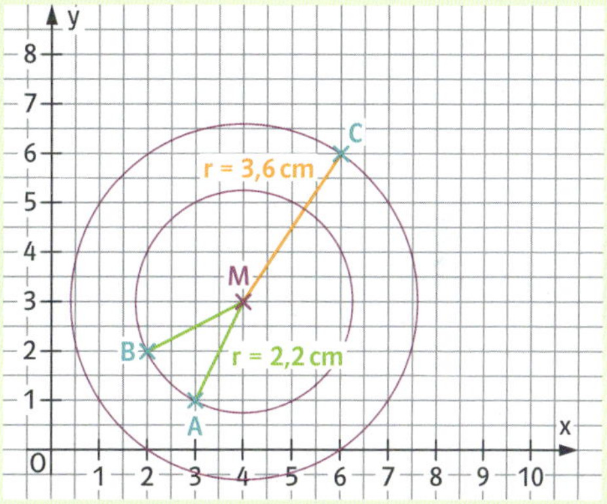

Der Radius ist der Abstand des Mittelpunkts von den anderen Punkten, also jeweils die Länge der Strecke $\overline{MA}$, $\overline{MB}$, $\overline{MC}$.

Aufgabe 5

a), b) Zeichne einen Kreis, bei dem die 100 km maßstäblich der Radius sind, um den Mittelpunkt Köln.

a) Düsseldorf, Bonn b) Wesel, Dortmund c) Gütersloh

Aufgabe 6

a) M (3 | 4)

b) Die vier Punkte bilden die Eckpunkte eines Rechtecks. Der Mittelpunkt des Kreises, der durch diese Eckpunkte geht, ist der Schnittpunkt der Diagonalen.

Aufgabe 7

a) Markiere einen Punkt auf dem Kreis und zeichne eine 4 cm lange Strecke so, dass der Endpunkt auch auf dem Kreis liegt (Punkt kann auch mit Zirkel gefunden werden). Ergänze die anliegenden Seiten des Rechtecks orthogonal dazu und die fehlende letzte Seite des Rechtecks.

b) Die fehlende anliegende Seite ist 4,4 cm lang.

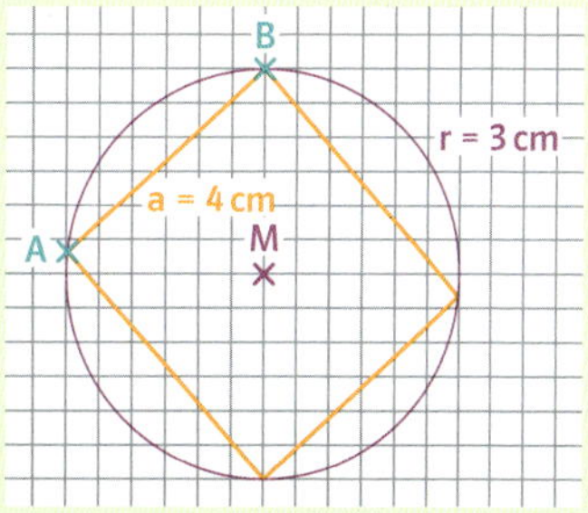

Aufgabe 8

a) Der Abstand der beiden Mittelpunkte muss größer als 7 cm sein.
b) Der Abstand der beiden Mittelpunkte muss kleiner als 7 cm und größer als 1 cm sein.
c) Der Abstand der beiden Mittelpunkte muss genau 7 cm sein.

Aufgabe 9

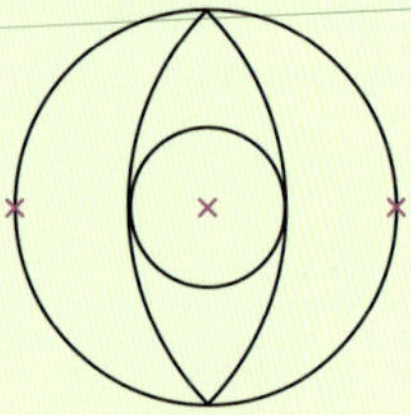

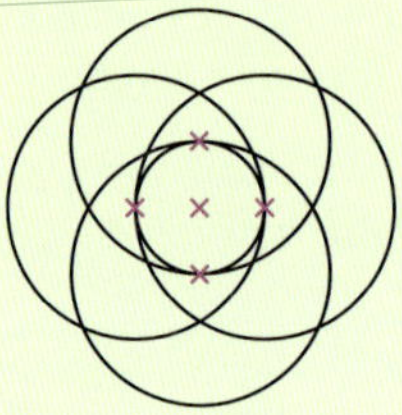

Aufgabe 10

a) Die Abbildung bei der Aufgabe zeigt dir, wie du die Figur konstruieren musst.

b) Du erhältst diesen Stern:

Aufgabe 11

Bei vielen der Kreisteile erkennst du aus der Abbildung, wo du den Zirkel einstechen musst, z. B. in den Eckpunkten des Quadrats. In anderen Fällen musst du es praktisch ausprobieren.

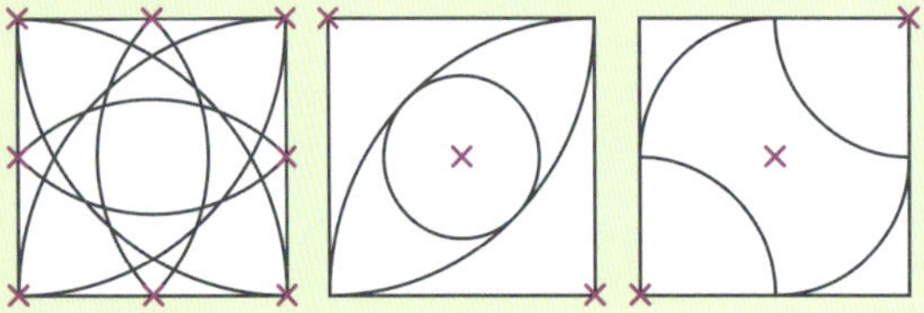

Aufgabe 12

a) $\alpha = \sphericalangle ASB$ b) $\beta = \sphericalangle PSQ$ c) $\gamma = \sphericalangle ESF$ d) $\delta = \sphericalangle ESD$

Aufgabe 13

a) $\alpha = \sphericalangle a, b$ b) $\gamma = \sphericalangle c, d$ c) $\beta = \sphericalangle b, a$ d) $\mu = \sphericalangle n, m$

Aufgabe 14

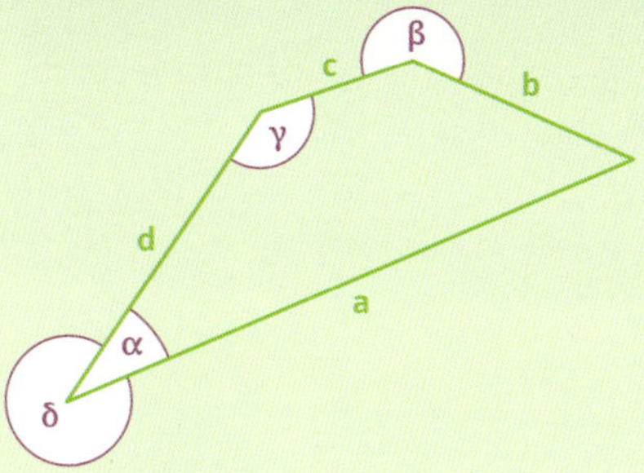

Aufgabe 15

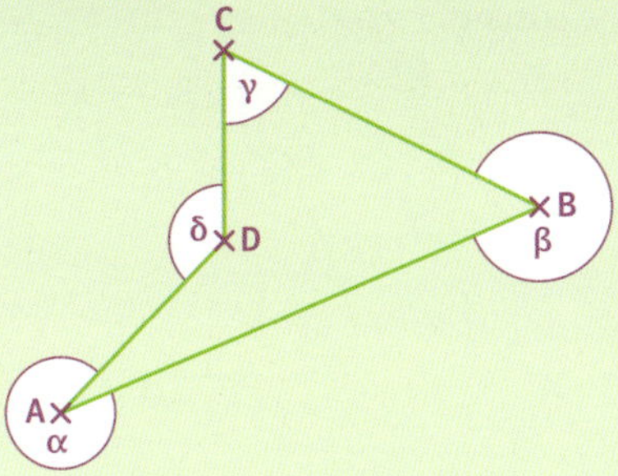

Aufgabe 16

α: überstumpf; β: überstumpf; γ: stumpf; γ < α < β

Aufgabe 17

Überprüfe deine Lösung selbst, indem du mit den Winkelarten in der Erklärung vergleichst.

Aufgabe 18

spitzer Winkel stumpfer Winkel überstumpfer Winkel Vollwinkel

Aufgabe 19

a) α und β spitze; γ rechter Winkel; α < β < γ
b) α stumpfer, β und γ spitze Winkel; β < γ < α
c) drei spitze Winkel; α = β = γ

Aufgabe 20

Vergleiche deine Lösungen mit den Abbildungen.

a)

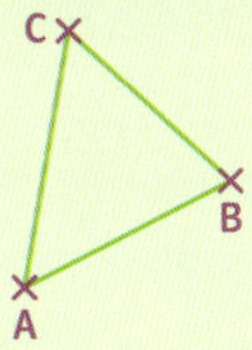

b)

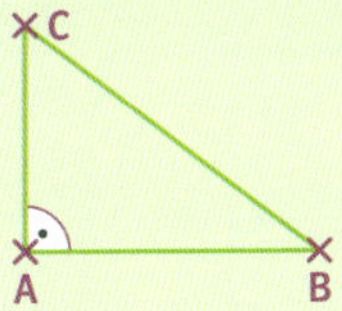

c)

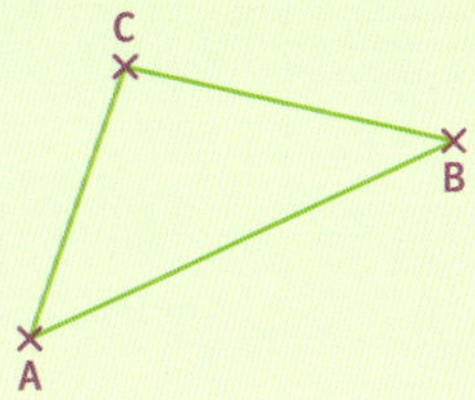

d) nicht möglich

Aufgabe 21

α, β spitzer Winkel; γ, δ stumpfer Winkel; α < β < γ < δ

Aufgabe 22

Überprüfe deine Lösung.

a)

b)

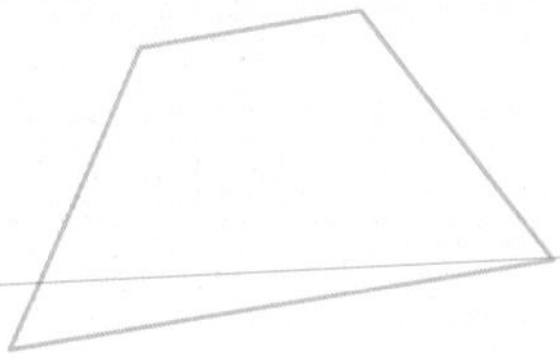

c)

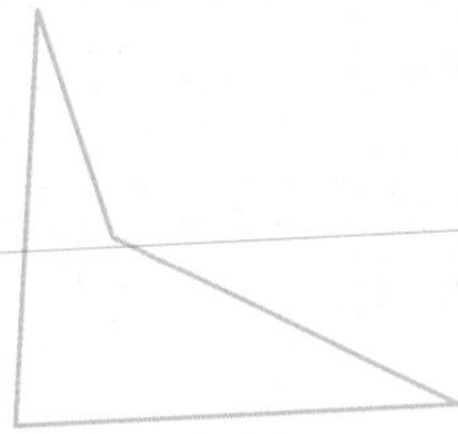

d) nicht möglich

e) Hier geht z. B. auch ein Rechteck oder Quadrat.

Aufgabe 23

a) $\alpha = 60°$ b) $\beta = 120°$

Aufgabe 24

$\alpha = 35°$ $\beta = 45°$ $\gamma = 135°$ $\delta = 160°$

Aufgabe 25

$\alpha \approx 6°$; $\beta \approx 14°$

Aufgabe 26

a) $\alpha = 40°$; $\beta = 60°$; $\gamma = 80°$ b) $\alpha = 60°$; $\beta = 90°$; $\gamma = 30°$ c) $\alpha = 40°$; $\beta = 125°$; $\gamma = 15°$

Aufgabe 27

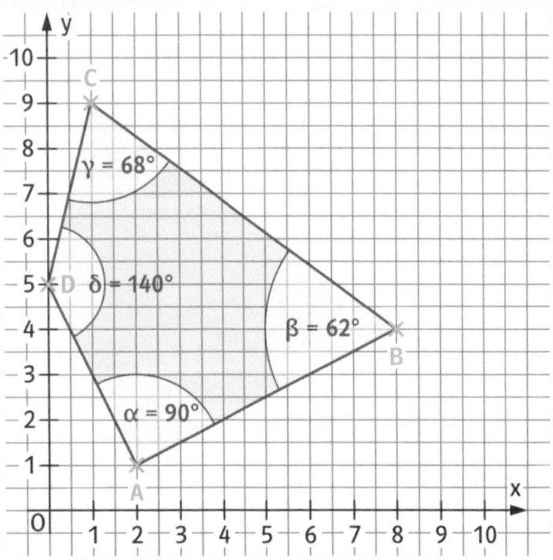

Aufgabe 28

a)

Winkelgröße	$\alpha = 30°$	$\beta = 120°$	$\gamma = 115°$
Winkelart	spitz	stumpf	stumpf

b)

Winkelgröße	$\alpha = 45°$	$\beta = 225°$	$\gamma = 320°$
Winkelart	spitz	überstumpf	überstumpf

Aufgabe 29

$\alpha = 70°$;
$\beta = 150°$;
$\gamma = 135°$;
$\delta = 270°$;
$\varepsilon = 30°$;
$\zeta = 210°$;
$\nu = 25°$;
$\mu = 250°$;
$\omega = 120°$

Aufgabe 30

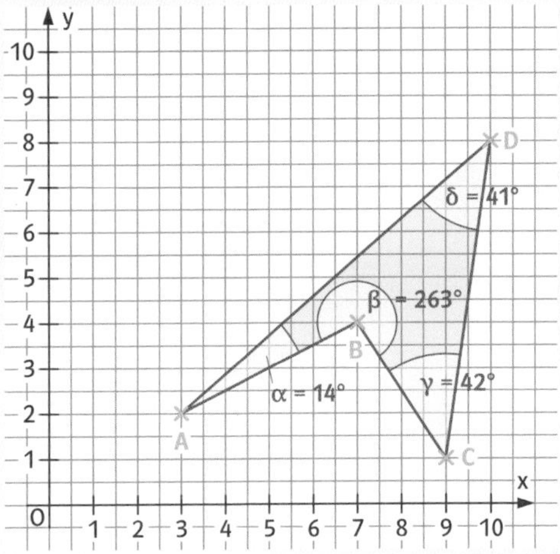

Aufgabe 31

Kontrolliere dich selbst. Ein spitzer Winkel ist zwischen 0° und 90° groß und ein stumpfer zwischen 90° und 180°.

Aufgabe 32

Zeichne die Winkel. Überlege dir vorher, um was für einen Winkel es sich handelt.

a) spitz

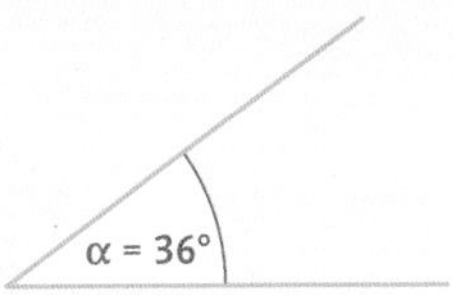

b) spitz

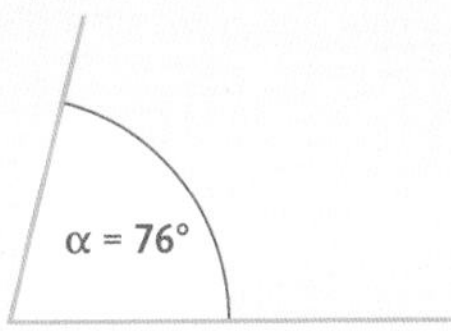

c) stumpf

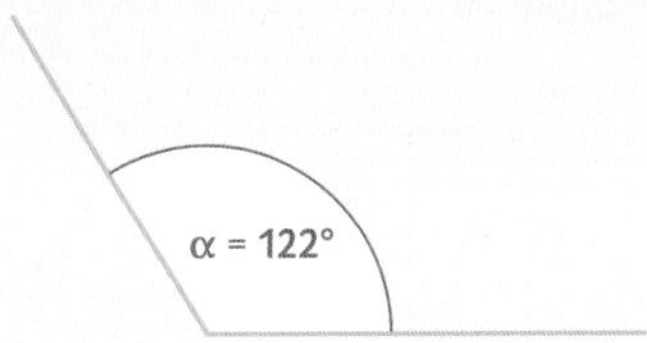

d) spitz

e) spitz

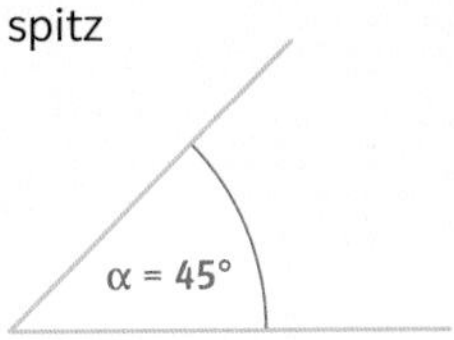

f) stumpf

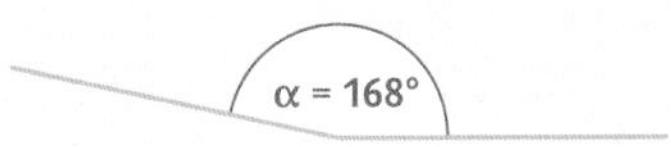

Aufgabe 33

a)

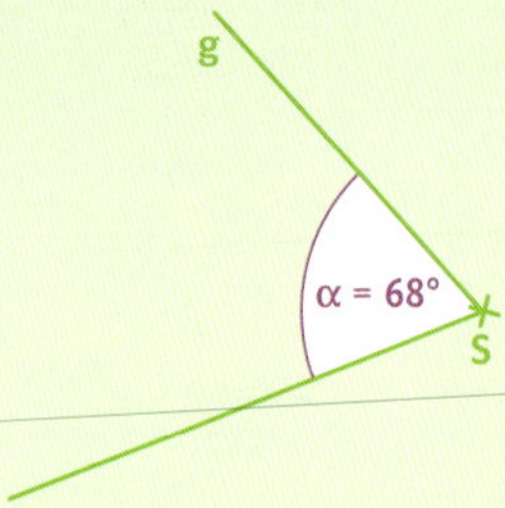

b)

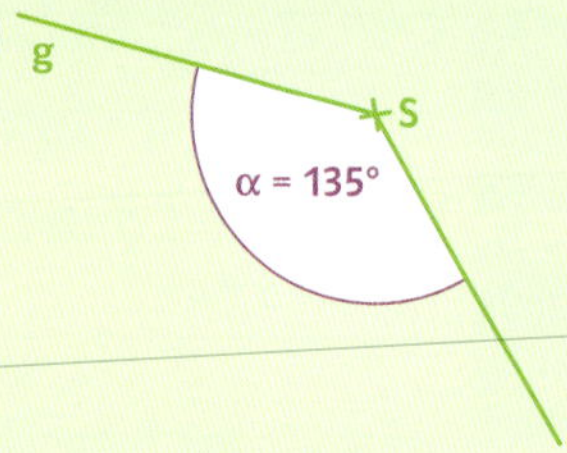

Aufgabe 34

Deine Dreiecke müssten so aussehen wie in der Lösung. **Beachte:** Die Dreiecke sind hier verkleinert.

a)

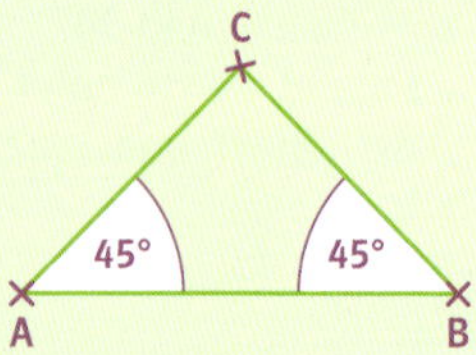

b)

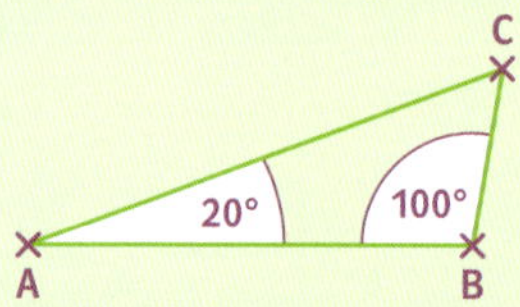

c)

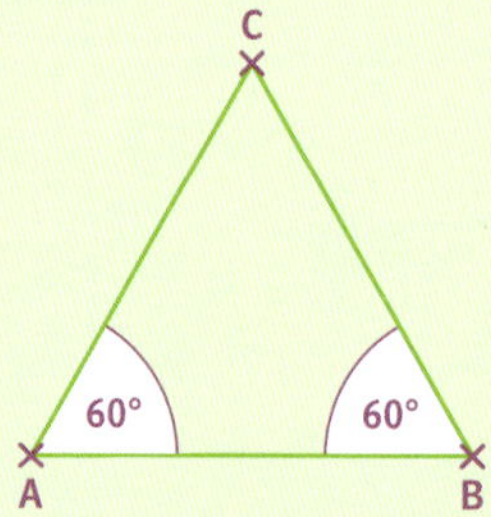

d)

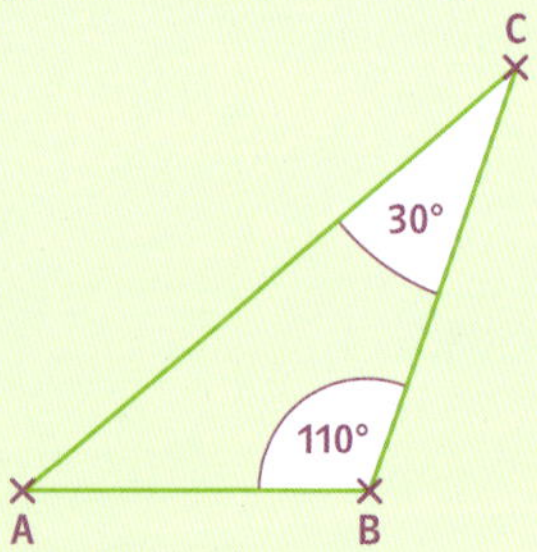

e)

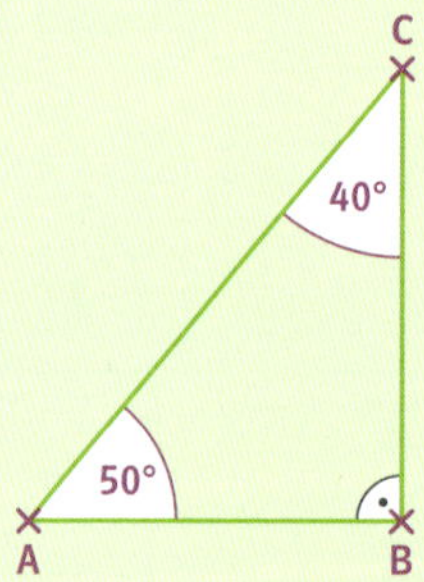

Aufgabe 35

Kontrolliere dich selbst. Ein überstumpfer Winkel ist zwischen 180° und 360° weit.

Aufgabe 36

a) überstumpf

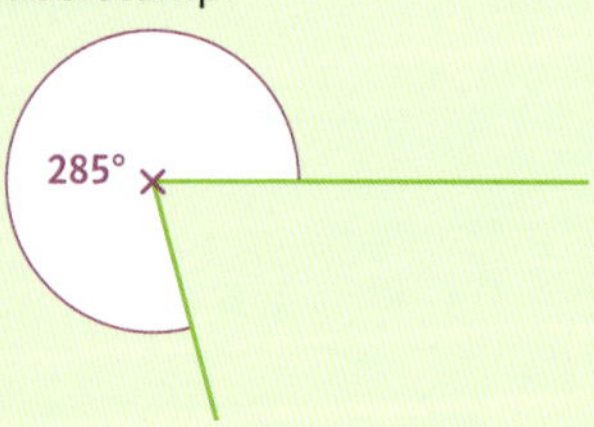

b) überstumpf

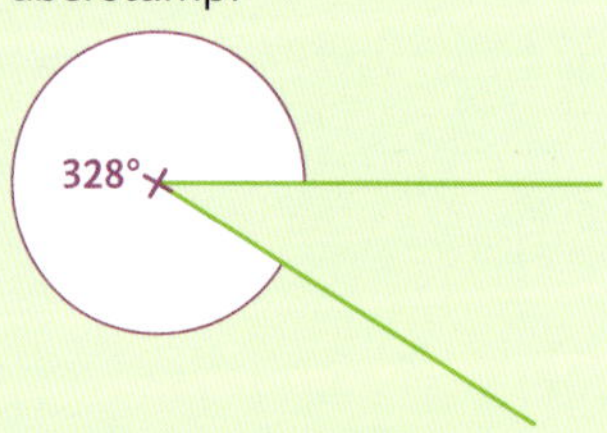

c) überstumpf

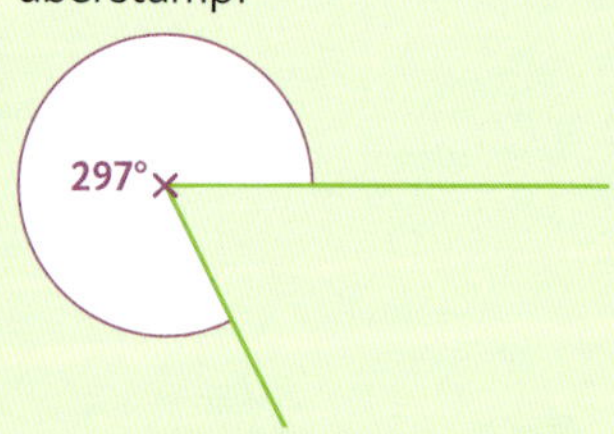

d) stumpf

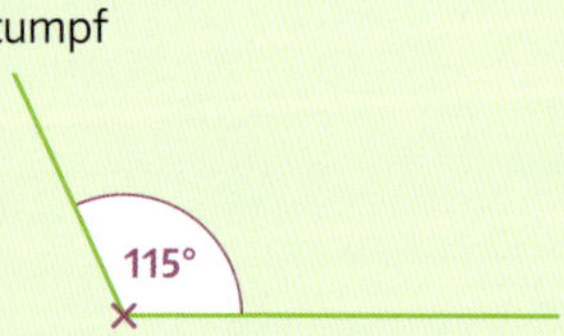

e) spitz

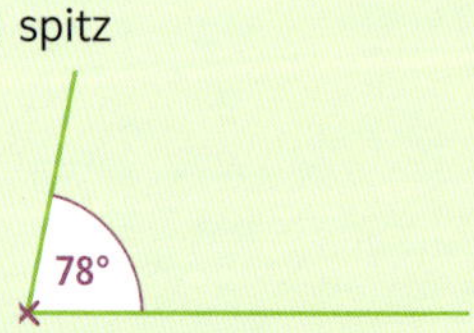

f) überstumpf

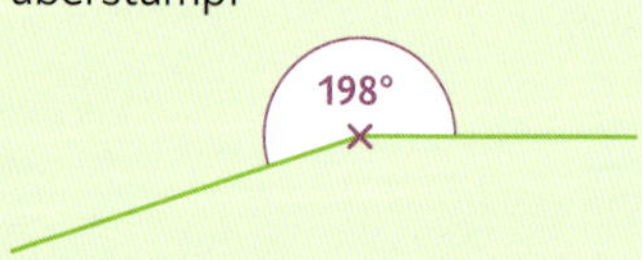

Aufgabe 37

a)

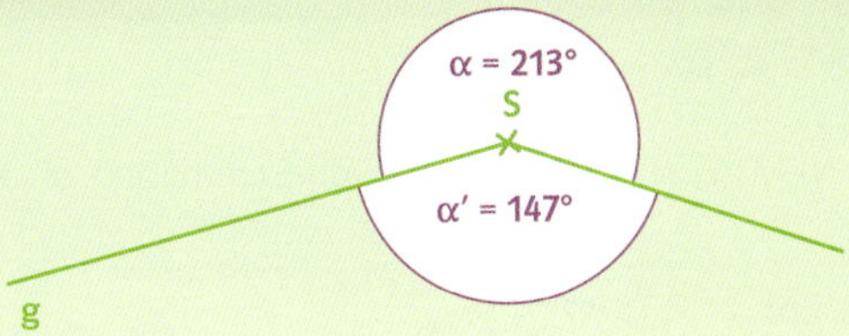

b)

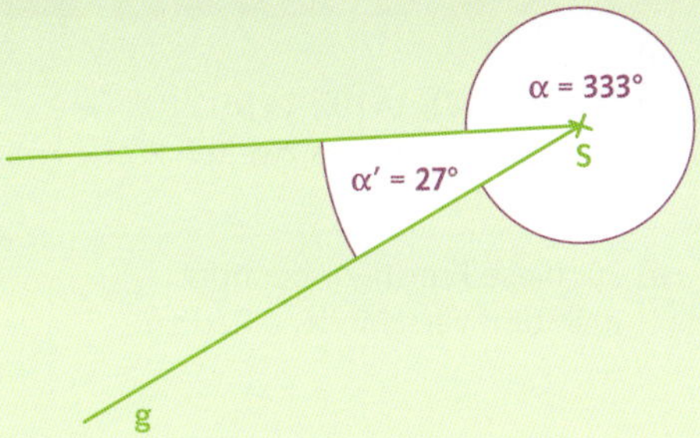

Aufgabe 38

a)

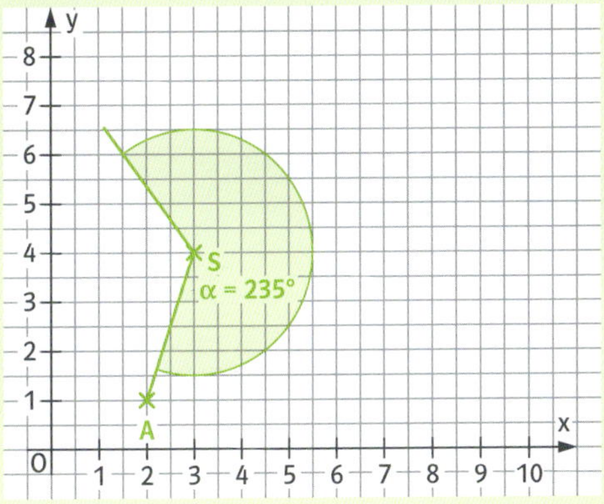

b)

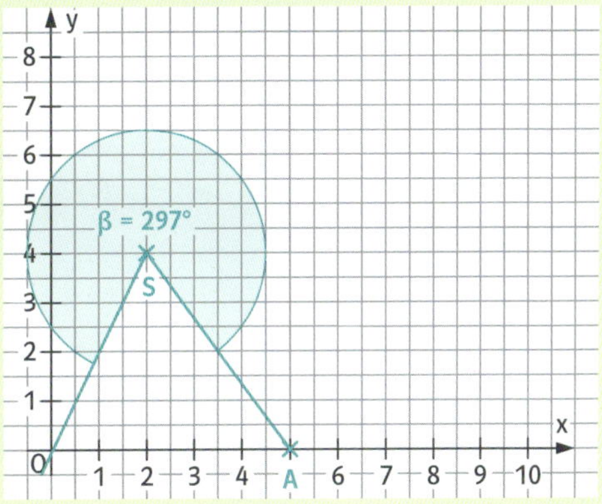

c)

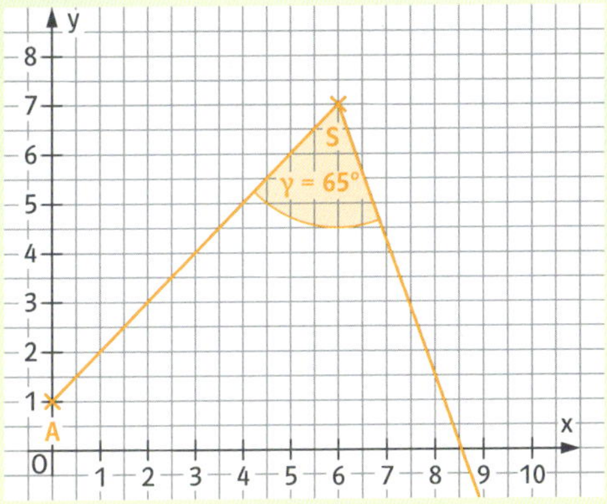

	Lösung
1	a) r = 3 cm b) (1 | 3); (7 | 3); (4 | 0); (4 | 6) c) Der Mittelpunkt des zweiten Kreises muss von M (4 | 3) einen Abstand von 5 cm haben, also z. B. M (9 | 3).
2	a) Für diese Kreisfigur benötigt man fünf verschiedene Radien. b) 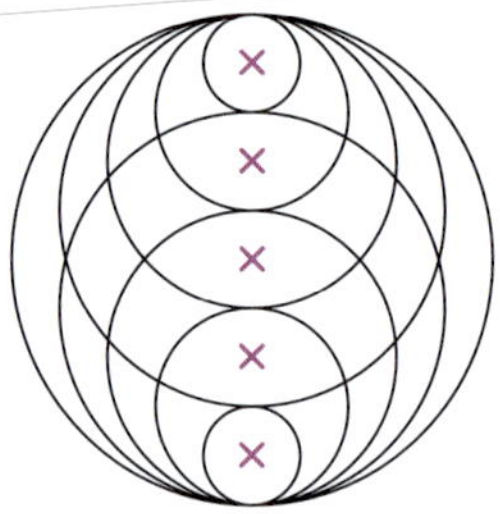
3	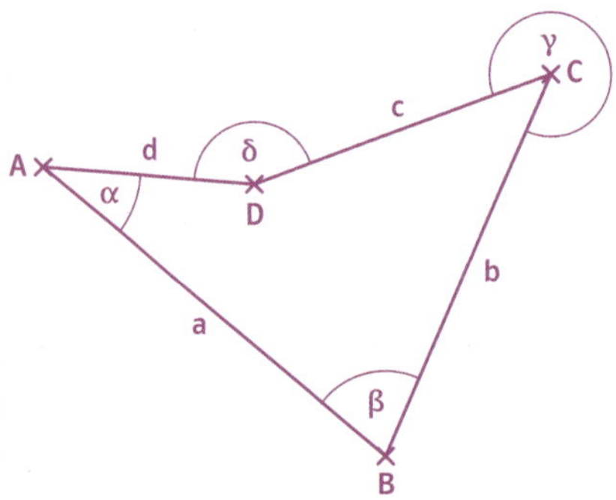
4	a) stumpf b) überstumpf c) spitz
5	Du kannst z. B. die Winkel von der Spitze ausgehend mit α, β usw. bezeichnen. Dann ist α ein spitzer Winkel (60°), β ein stumpfer (150°). Die weiteren Winkel haben die Werte 210°, 150°, 30°, 240°, 240° 30°, 150°, 210°, 150°.
6	α = 30° β = 135° γ = 15°
7	α = 74°, β = 254° und γ = 106°
8	a) 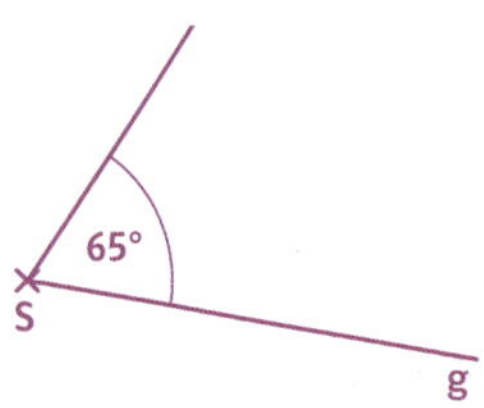 b) 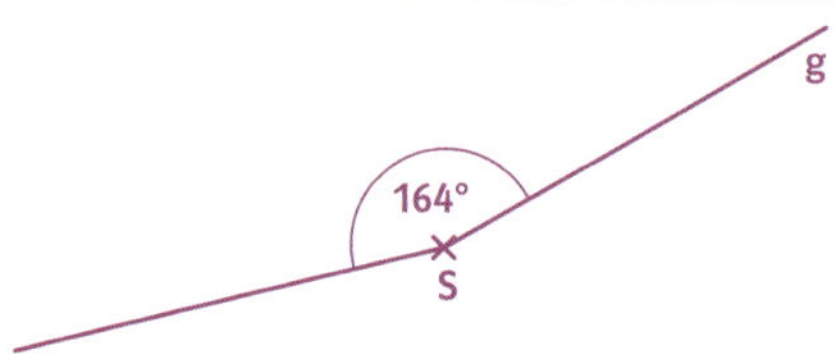
9	a) 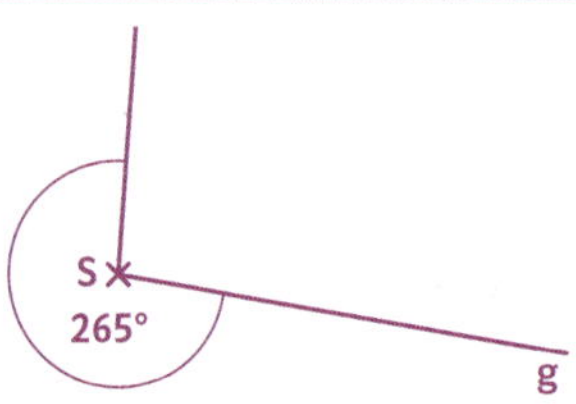 b) 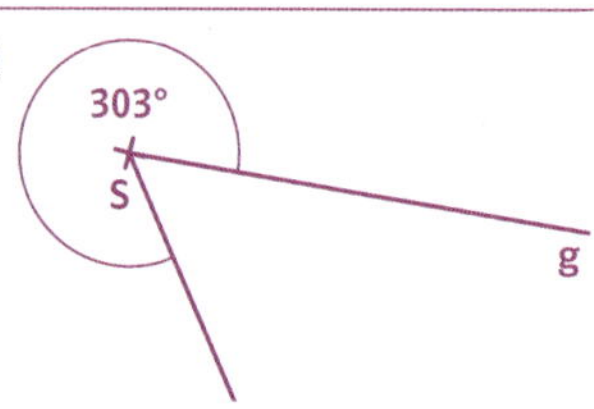

3 Figuren und Flächeninhalte

Kompetenzcheck
Vierecke und ihre speziellen Eigenschaften beschreiben

Aufgabe 1

a) ein Paar gegenüberliegende Seiten sind parallel: Trapez
b) gegenüberliegende Seiten sind parallel: Parallelogramm
c) 4 gleich lange Seiten, die zueinander orthogonal sind: Quadrat
d) aneinanderliegende Seiten sind gleich lang: Drachen

Aufgabe 2

a) Überprüfe deine Lösung selbst.

b) Die vier Seiten dürfen nicht alle gleich lang sein und es darf keinen rechten Winkel geben, also z. B.

c)

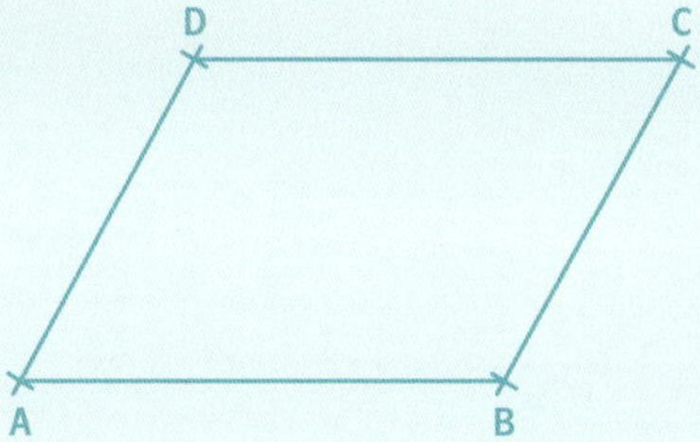

Aufgabe 3

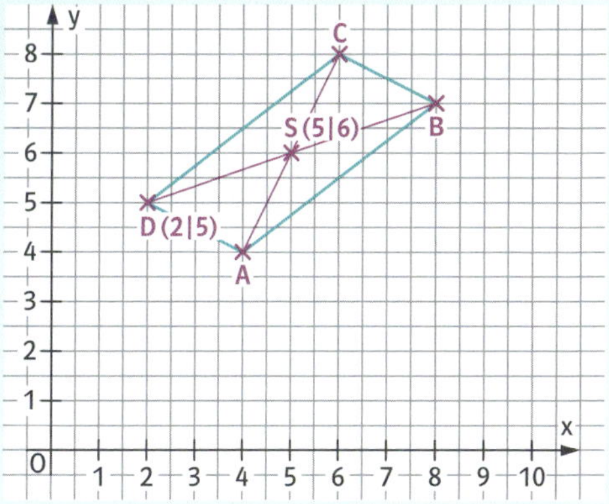

Kompetenzcheck
Flächen und Flächenmessung

Aufgabe 1

a) 30 Kästchen b) 33 Kästchen c) 32 Kästchen d) 12 Kästchen

Aufgabe 2

Die Figuren a) und c) sind gleich groß; sie haben einen Flächeninhalt von 20 Kästchen.
Die Figuren b) und d) sind auch gleich groß; sie haben einen Flächeninhalt von 18 Kästchen.

Kompetenzcheck
Maßeinheiten für Flächeninhalte

Aufgabe 1

a)

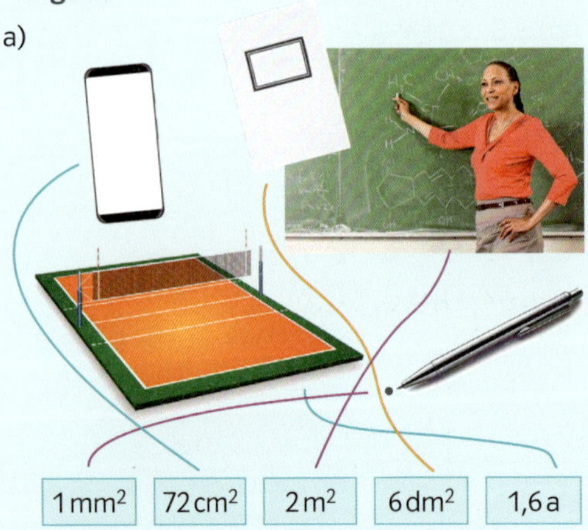

b) Hier kann es mehrere sinnvolle Antworten geben.

Fußballfeld	ha oder a (manchmal m^2)
Wohnzimmer	m^2
Buchseite	dm^2 oder cm^2
Größe einer Stadt	km^2
Taste auf der Computertastatur	cm^2 oder mm^2
Buchstabe im Buch	mm^2

Aufgabe 2

a) $200\,cm^2 = 2\,dm^2$ b) $400\,ha = 4\,km^2$ c) $1500\,m^2 = 15\,a$
d) $140\,dm^2 = 1{,}4\,m^2$ e) $5432\,a = 54{,}32\,ha$ d) $72\,mm^2 = 0{,}72\,cm^2$

Aufgabe 3

a) $5\,m^2 = 500\,dm^2$ b) $2\,ha = 200\,a$ c) $93\,dm^2 = 9300\,cm^2$
d) $12{,}6\,km^2 = 1260\,ha$ e) $0{,}6\,a = 60\,m^2$ d) $1{,}03\,cm^2 = 103\,mm^2$

Aufgabe 4

a) $246\,dm^2 = 2\,m^2\ 46\,dm^2$
b) $7531\,mm^2 = 75\,cm^2\ 31\,mm^2$
c) $502\,m^2 = 5\,a\ 2\,m^2$
d) $26{,}97\,cm^2 = 26\,cm^2\ 97\,mm^2$
e) $46{,}8\,ha = 46\,ha\ 80\,a$
f) $4{,}02\,a = 4\,a\ 2\,m^2$

Aufgabe 5

a) $3\,dm^2\ 12\,cm^2 = 312\,cm^2$
b) $4\,m^2\ 25\,dm^2 = 425\,dm^2$
c) $62\,km^2\ 75\,ha = 6275\,ha$
d) $2\,cm^2\ 3\,mm^2 = 203\,mm^2$
e) $50\,ha\ 2\,a = 5002\,a$
f) $20\,a\ 20\,cm^2 = 2020\,m^2$

Aufgabe 6

a) $30\,000\,cm^2 = 3\,m^2$ b) $4000\,a = 0{,}4\,km^2$ c) $6200\,cm^2 = 0{,}62\,ha$
d) $0{,}02\,dm^2 = 200\,mm^2$ e) $3\,m^2\ 57\,cm^2 = 30\,057\,cm^2$ d) $12\,ha = 120\,000\,m^2$

Kompetenzcheck
Flächeninhalt und Umfang von Rechtecken und Quadraten

Aufgabe 1

Rechteck	a)	b)	c)
Länge	5 cm	12 m	2 dm = 20 cm
Breite	4 cm	12 m	15 cm
Flächeninhalt	$20\,cm^2$	$144\,m^2$	$300\,cm^2 = 3\,dm^2$
Umfang	18 cm	48 m	70 cm = 7 dm

Aufgabe 2

Rechteck	a)	b)	c)
Länge	8 cm	3 dm	6 m
Breite	5 cm	7 dm	6 m
Flächeninhalt	$40\,cm^2$	$21\,dm^2$	$36\,m^2$
Umfang	26 cm	20 dm	24 m

Aufgabe 3

a) $A_{\text{groß}} = 20\,\text{cm} \cdot 15\,\text{cm} = 300\,\text{cm}^2$
$A_{\text{klein}} = 8\,\text{cm} \cdot 8\,\text{cm} = 64\,\text{cm}^2$
$A_{\text{Figur}} = A_{\text{groß}} - A_{\text{klein}} = 300\,\text{cm}^2 - 64\,\text{cm}^2 = 236\,\text{cm}^2$

$u = 2 \cdot 20\,\text{cm} + 2 \cdot 15\,\text{cm}$
$= 70\,\text{cm}$

b) $A_{\text{oben}} = 10\,\text{cm} \cdot 1\,\text{cm} = 10\,\text{cm}^2$
$A_{\text{Mitte}} = 10\,\text{cm} \cdot 5\,\text{cm} = 50\,\text{cm}^2$
$A_{\text{unten}} = 7\,\text{cm} \cdot 1\,\text{cm} = 7\,\text{cm}^2$
$A_{\text{Figur}} = A_{\text{oben}} + A_{\text{Mitte}} + A_{\text{unten}}$
$= 10\,\text{cm}^2 + 50\,\text{cm}^2 + 7\,\text{cm}^2 = 67\,\text{cm}^2$

$u = 10\,\text{cm} + 12\,\text{cm} + 7\,\text{cm} + 1\,\text{cm}$
$+ 2\,\text{cm} + 10\,\text{cm} + 5\,\text{cm} + 1\,\text{cm}$
$= 48\,\text{cm}$

Kompetenzcheck
Flächeninhalt und Umfang von Parallelogrammen

Aufgabe 1

a) $A = 2\,\text{cm} \cdot 5\,\text{cm} = 10\,\text{cm}^2$
$A = 5\,\text{cm} \cdot 3\,\text{cm} = 15\,\text{cm}^2$
$A = 4{,}2\,\text{cm} \cdot 2{,}6\,\text{cm} = 10{,}92\,\text{cm}^2$ oder $A = 3{,}1\,\text{cm} \cdot 3{,}5\,\text{cm} = 10{,}85\,\text{cm}^2$
Beachte: Eigentlich sollte der Flächeninhalt gleich groß sein; die Länge von Seite und Höhe sind aber gerundet, daher die Abweichung.

b) **Beachte:** Wenn die berechneten Werte von der Lösung etwas abweichen, dann kann das an abweichenden Messergebnissen liegen.

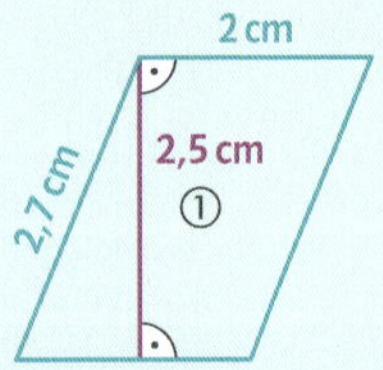

$A = 5\,\text{cm}^2$
$u = 9{,}4\,\text{cm}$

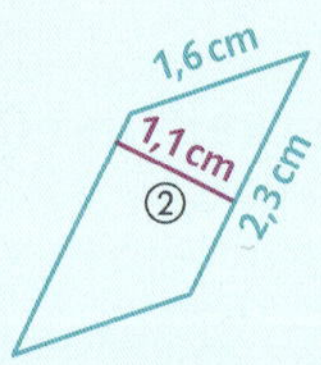

$A = 2{,}53\,\text{cm}^2$
$u = 7{,}8\,\text{cm}$

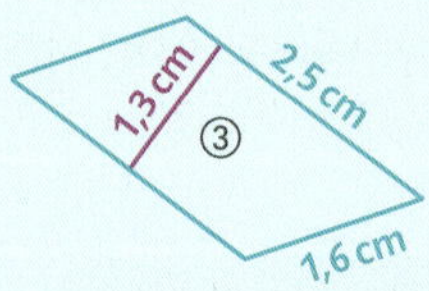

$A = 3{,}25\,\text{cm}^2$
$u = 8{,}2\,\text{cm}$

Kompetenzcheck
Flächeninhalt und Umfang von Dreiecken

Aufgabe 1

a) $A = 8{,}8\,cm \cdot 10{,}2\,cm : 2 = 44{,}88\,cm^2 = 4488\,mm^2$
$A = 12{,}8\,cm \cdot 10{,}1\,cm : 2 = 64{,}64\,cm^2 = 6464\,mm^2$

b)

① 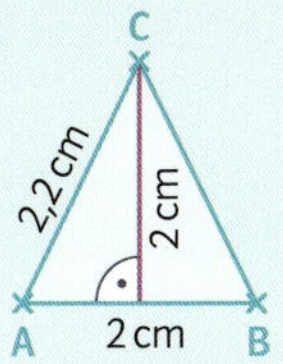

$A = 2\,cm \cdot 2\,cm : 2 = 2\,cm^2$
$u = 2{,}2\,cm + 2{,}2\,cm + 2\,cm = 6{,}4\,cm$

② 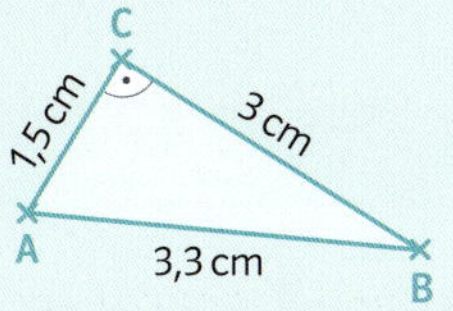

$A = 3\,cm \cdot 1{,}5\,cm : 2 = 2{,}25\,cm^2$
$u = 1{,}5\,cm + 3\,cm + 3{,}3\,cm = 7{,}8\,cm$

③ 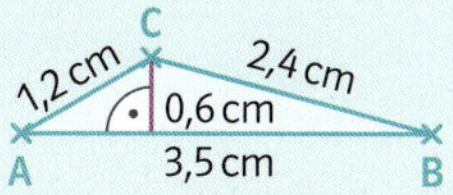

$A = 3{,}5\,cm \cdot 0{,}6\,cm : 2 = 1{,}05\,cm^2$
$u = 1{,}2\,cm + 2{,}4\,cm + 3{,}5\,cm = 7{,}1\,cm$

Kompetenzcheck
Flächeninhalt und Umfang von Trapezen

Aufgabe 1

a) $A = (6\,cm + 4\,cm) \cdot 3\,cm : 2 = 15\,cm^2$
$A = (1{,}5\,cm + 4\,cm) \cdot 4\,cm : 2 = 11\,cm^2$
$A = (3{,}5\,cm + 5\,cm) \cdot 3\,cm : 2 = 12{,}75\,cm^2 = 1275\,mm^2$

b)

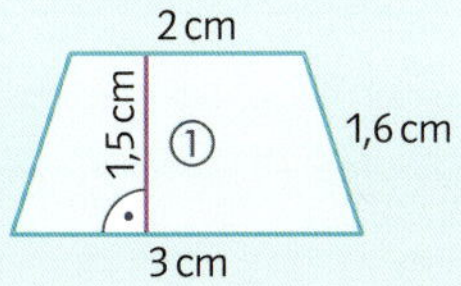

$A = (3\,cm + 2\,cm) \cdot 1{,}5\,cm : 2 = 3{,}75\,cm^2$
$u = 3\,cm + 2\,cm + 1{,}6\,cm + 1{,}6\,cm = 8{,}2\,cm$

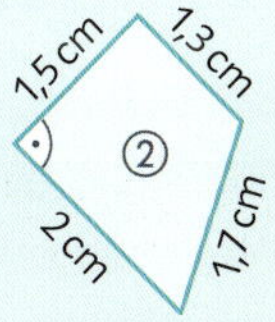

$A = (2\,cm + 1{,}3\,cm) \cdot 1{,}5\,cm : 2 \approx 2{,}48\,cm^2$
$u = 2\,cm + 1{,}5\,cm + 1{,}3\,cm + 1{,}7\,cm = 6{,}5\,cm$

Aufgabe 1

a) Raute b) Trapez c) Kreis d) Dreieck
e) Quadrat f) Parallelogramm g) Fünfeck

Aufgabe 2

Alle Figuren bis auf e) sind Parallelogramme, da gegenüberliegende Seiten parallel sind.

Aufgabe 3

	wahr	falsch	Gegenbeispiel
Jedes Quadrat ist ein Rechteck.	☒	☐	
Jedes Parallelogramm mit vier gleich langen Seiten ist ein Quadrat.	☐	☒	Eine Raute ist ein Parallelogramm mit vier gleich langen Seiten, aber kein Quadrat.
Bei einem Trapez sind alle Seiten gleich lang.	☐	☒	Bei einem gleichseitigen Trapez ist nur ein Paar Seiten gleich lang.
Bei jeder Raute sind die Diagonalen gleich lang.	☐	☒	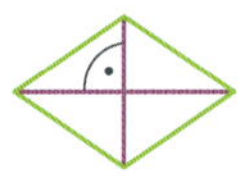
Bei jedem Rechteck sind die beiden Diagonalen unterschiedlich lang.	☐	☒	Bei einem Rechteck sind die Diagonalen gleich lang. 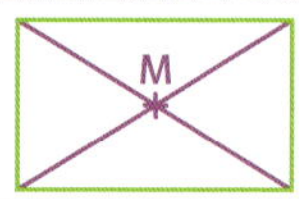
Jedes Viereck, bei dem sich die Diagonalen senkrecht schneiden, ist ein Quadrat.	☐	☒	Bei einem Drachen oder einer Raute schneiden sich die Diagonalen auch senkrecht.

Aufgabe 4

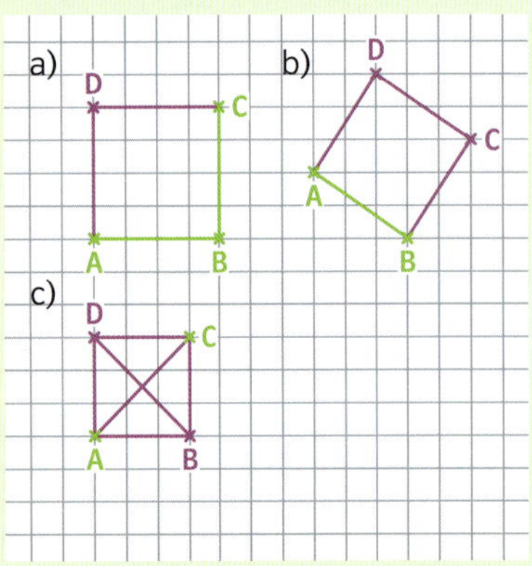

Aufgabe 5

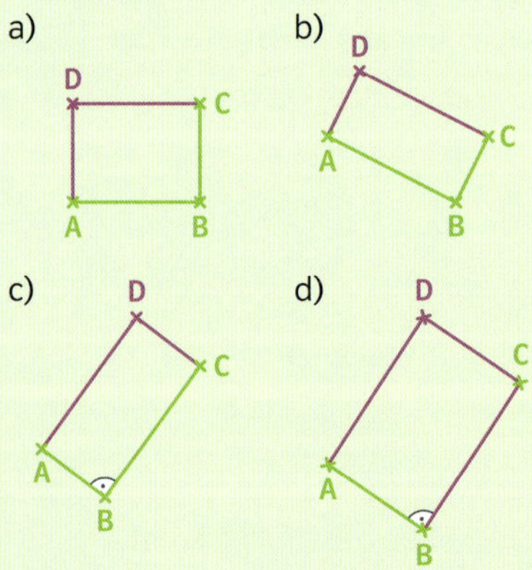

Aufgabe 6

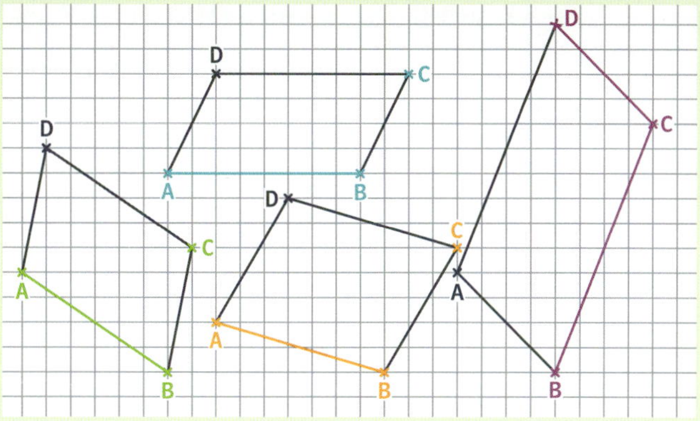

Aufgabe 7

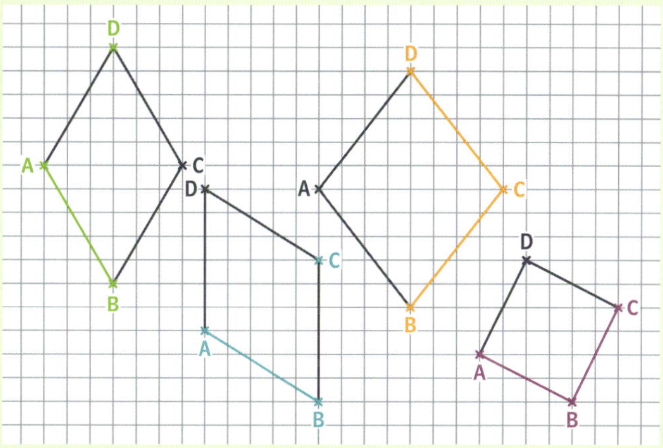

Aufgabe 8

a) Überprüfe deine Lösung selbst.

b) Die Diagonalen schneiden sich in der Mitte und stehen senkrecht aufeinander.

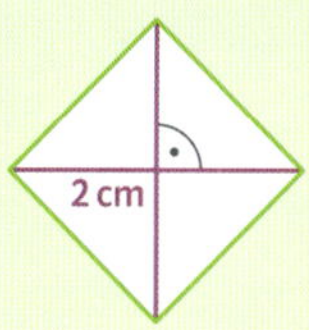

c)

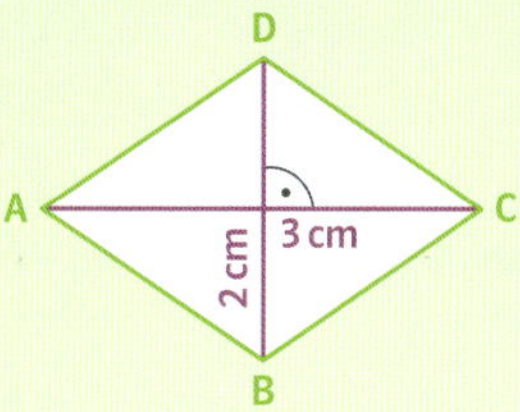

Aufgabe 9

a) Quadrat
b) Parallelogramm
c) Trapez
d) Parallelogramm
e) Rechteck

Aufgabe 10

a) 4 Kästchen b) 5 Kästchen c) 4 Kästchen d) 3 Kästchen

Aufgabe 11

a) 32 K. b) 25 K. c) 17 K. d) 22 K. also c) < d) < b) < a)

Aufgabe 12

a) Alle Figuren haben einen Flächeninhalt von 8 Kästchen.
b) Überprüfe deine Lösung selbst.
Beispiele:

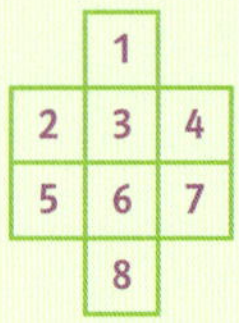

Aufgabe 13

a) 50 Kästchen b) 48 Kästchen c) 12 Kästchen

Aufgabe 14

Fingernagel: $1\,cm^2$; Briefmarke: $6\,cm^2$; Spielkarte: $51\,cm^2$; Buch: $6\,dm^2$; Tablet: $12\,dm^2$

Aufgabe 15

a) m^2 b) m^2 c) cm^2 d) cm^2 e) m^2
f) a oder ha g) km^2 h) m^2 i) m^2 oder a

Aufgabe 16

Tischtennisplatte: $4{,}5\,m^2$; Wohnzimmer: $25\,m^2$; DIN-A4-Blatt: $6{,}25\,dm^2$;
1-Cent-Münze: $1\,cm^2$; Parkplatz: $10\,m^2$

Aufgabe 17

a) Blatt Toilettenpapier: $120\,cm^2$ b) 5-€-Schein: $72\,cm^2$
c) Bauplatz 1: $1000\,cm^2 = 10\,a$ d) Bauplatz 2: $1000\,cm^2 = 10\,a$

Aufgabe 18

Baden-Württemberg hat einen Flächeninhalt von rund $35\,000\,m^2$. Du kannst den Umriss der Abbildung auf kariertes Papier durchpausen und die Kästchen auszählen. Der Maßstab gibt dir an, wie groß ein Kästchen in der Wirklichkeit ist.

Aufgabe 19

a) $4\,cm^2$ b) $9\,a$ c) $10\,m^2$ d) $50\,km^2$
e) $7\,ha$ f) $30\,dm^2$ g) $200\,m^2$ h) $3\,a$

Aufgabe 20

Endnullen nach dem Komma darf man weglassen. Es gilt z.B. 2,40 = 2,4.

a) 2,4 m^2 b) 4,32 km^2 c) 24,6 dm^2 d) 98,07 km^2
e) 0,6 ha f) 0,42 cm^2 g) 246,8 a h) 0,7 dm^2

Aufgabe 21

a) 700 dm^2 b) 900 a c) 4200 cm^2 d) 5600 ha
e) 56 700 m^2 f) 200 mm^2 g) 2000 cm^2 h) 30 000 ha

Aufgabe 22

a) 543 cm^2 b) 720 a c) 503 ha d) 45 m^2
e) 1230 dm^2 f) 50 mm^2 g) 6 dm^2 h) 98,7 mm^2

Aufgabe 23

a) 765 cm^2 = 7 dm^2 65 cm^2 b) 686 dm^2 = 6 m^2 86 dm^2 c) 204 ha = 2 km^2 4 ha
d) 4576 m^2 = 45 a 76 m^2 e) 24,63 a = 24 a 63 m^2 f) 9,40 m^2 = 9 m^2 40 dm^2
g) 4,06 km^2 = 4 km^2 6 ha h) 0,468 dm^2 = 46 cm^2 80 mm^2

Aufgabe 24

a) 5 ha 12 a = 512 a b) 12 dm^2 2 cm^2 = 1202 cm^2 c) 21 km^2 98 ha = 2198 ha
d) 4 cm^2 1 mm^2 = 401 mm^2 e) 10 m^2 3 dm^2 = 1003 dm^2 f) 50 a 5 m^2 = 5005 m^2

Aufgabe 25

a) 4,56 cm^2 = 456 mm^2 b) 54,91 ha = 5491 a c) 23,3 km^2 = 2330 ha
d) 15,11 dm^2 = 1511 cm^2 e) 6,4 m^2 = 640 dm^2 f) 45,06 cm^2 = 4506 mm^2
g) 3,05 a = 305 m^2 h) 70,05 km^2 = 7005 ha

Aufgabe 26

a) 5 dm^2 b) 23 ha c) 30 000 m^2 d) 3,4 ha e) 5000 cm^2 f) 3750 m^2
g) 0,951 a h) 69 000 000 000 mm^2 i) 9802 m^2

Aufgabe 27

Rechteck	Länge	Breite	Flächeninhalt	Umfang
a)	20 cm	20 cm	400 cm^2	80 cm
b)	5 m	12 m	60 m^2	34 m
c)	12 mm	8 mm	96 mm^2	40 mm

Aufgabe 28

Rechteck	Länge	Breite	Flächeninhalt	Umfang
a)	12 cm	2,5 cm	$30\,cm^2$ [$= 3000\,mm^2$]	29 cm
b)	8 cm	2 dm = 20 cm	$160\,cm^2 = 1{,}6\,dm^2$	56 cm = 5,6 dm
c)	1,5 m = 15 dm	6 dm	$90\,dm^2$	42 dm

Aufgabe 29

Die Lösungen hier sind Beispiele. Weitere Lösungen sind möglich. Überprüfe deine Lösung, indem du die Seiten misst und den Flächeninhalt berechnest.

a) Die Rechtecke können z. B. eine Länge von 20 cm und eine Breite von 1 cm oder eine Länge von 10 cm und eine Breite von 2 cm oder eine Länge von 5 cm und eine Breite von 4 cm haben.
b) Das Quadrat hat eine Seitenlänge von 6 cm. Hier gibt es nur die eine Lösung.
c) Länge 3 cm und Breite 7 cm oder Länge 4 cm und Breite 6 cm. Wichtig ist, dass Länge und Breite zusammen 10 cm lang sind. Das Quadrat hat eine Seitenlänge von 5 cm, denn $5\,cm \cdot 4 = 20\,cm$.
d) Rechteck mit den Seiten 3 cm und 6 cm (Flächeninhalt $18\,cm^2$) oder 4 cm und 5 cm (Flächeninhalt $20\,cm^2$). Der Flächeninhalt der „neuen" Rechtecke muss größer als $14\,cm^2$ sein.

Aufgabe 30

Rechteck	Länge	Breite	Flächeninhalt	Umfang
a)	8 cm	9 cm	$72\,cm^2$	34 cm
b)	10 dm	5 dm	$50\,dm^2$	30 dm
c)	700 dm	7 dm	$49\,m^2$	1414 dm

Aufgabe 31

a) $A = 100\,m \cdot 68\,m = 6800\,m2$; $u = 2 \cdot 100\,m + 2 \cdot 68\,m = 336\,m$
b) $A = 105\,m \cdot 68\,m = 7140\,m2$; $u = 2 \cdot 105\,m + 2 \cdot 68\,m = 346\,m$
c) $A = 102\,m \cdot 64\,m = 6528\,m2$; $u = 2 \cdot 102\,m + 2 \cdot 64\,m = 332\,m$

Das Spielfeld in München ist das größte Spielfeld, das Spielfeld von Madrid ist etwas kleiner als das Spielfeld von Freiburg.

Aufgabe 32

a) Beispiel: alt: $a = 3\,\text{cm}$, $b = 5\,\text{cm}$; $A = 3\,\text{cm} \cdot 5\,\text{cm} = 15\,\text{cm}^2$
neu: $a = 2 \cdot 3\,\text{cm} = 6\,\text{cm}$; $b = 5\,\text{cm}$; $A = 6\,\text{cm} \cdot 5\,\text{cm} = 30\,\text{cm}^2$
Der Flächeninhalt wird auch verdoppelt.

b) Beispiel: alt: $a = 3\,\text{cm}$, $b = 5\,\text{cm}$; $A = 3\,\text{cm} \cdot 5\,\text{cm} = 15\,\text{cm}^2$
neu: $a = 2 \cdot 3\,\text{cm} = 6\,\text{cm}$; $b = 2 \cdot 5\,\text{cm} = 10\,\text{cm}$; $A = 2 \cdot 3\,\text{cm} \cdot 2 \cdot 5\,\text{cm} = 4 \cdot 3\,\text{cm} \cdot 5\,\text{cm} = 60\,\text{cm}^2$
Der Flächeninhalt wird also vervierfacht.

c) Beispiel: alt: $a = 3\,\text{cm}$, $b = 5\,\text{cm}$; $A = 3\,\text{cm} \cdot 5\,\text{cm} = 15\,\text{cm}^2$
neu: $a = 3\,\text{cm} : 2 = 1{,}5\,\text{cm}$; $b = 2 \cdot 5\,\text{cm} = 10\,\text{cm}$; $A = 1{,}5\,\text{cm} \cdot 10\,\text{cm} = 15\,\text{cm}^2$

Der Flächeninhalt bleibt gleich.

Aufgabe 33

a)

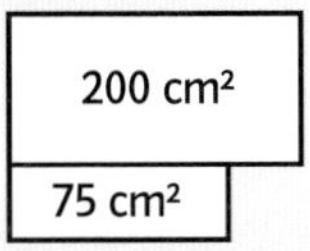

Die Figur hat einen Flächeninhalt von $275\,\text{cm}^2$.

b)

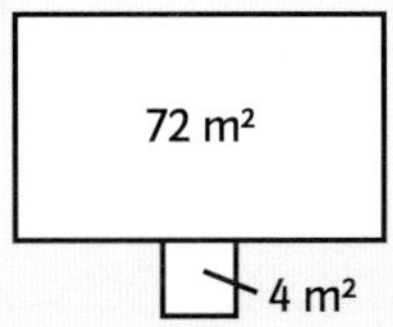

Die Figur hat einen Flächeninhalt von $76\,\text{m}^2$.

Aufgabe 34

a) $A_{\text{groß}} = 11\,\text{cm} \cdot 5\,\text{cm} = 55\,\text{cm}^2$; $A_{\text{klein}} = 5\,\text{cm} \cdot 3\,\text{cm} = 15\,\text{cm}^2$; $A_{\text{Figur}} = 55\,\text{cm}^2 - 15\,\text{cm}^2 = 40\,\text{cm}^2$

b) $A_{\text{groß}} = 6\,\text{cm} \cdot 4\,\text{cm} = 24\,\text{cm}^2$; $A_{\text{klein}} = 2\,\text{cm} \cdot 2\,\text{cm} = 4\,\text{cm}^2$; $A_{\text{Figur}} = 24\,\text{cm}^2 - 4\,\text{cm}^2 = 20\,\text{cm}^2$

c) Hier ergänzt du die Figur zuerst zu einem Reckteck und ziehst dann die Lücken ab,
also $A = 6\,\text{cm} \cdot 5 \cdot 2\,\text{cm} - 2 \cdot 4\,\text{cm} \cdot 2\,\text{cm} = 60\,\text{cm}^2 - 16\,\text{cm}^2 = 44\,\text{cm}^2$

d) Hier ziehst du von der Fläche des äußeren Quadrats die des inneren ab, also
$A = 5\,\text{cm} \cdot 5\,\text{cm} - 3\,\text{cm} \cdot 3\,\text{cm} = 25\,\text{cm}^2 - 9\,\text{cm}^2 = 16\,\text{cm}^2$

Aufgabe 35

a) $A = 30\,\text{mm} \cdot 15\,\text{mm} = 450\,\text{mm}^2 = 4{,}5\,\text{cm}^2$; $u = 2 \cdot 3\,\text{cm} + 2 \cdot 2\,\text{cm} = 10\,\text{cm}$

b) $A = 2\,\text{cm} \cdot 5\,\text{cm} = 10\,\text{cm}^2$; $u = 2 \cdot 2\,\text{cm} + 2 \cdot 4{,}6\,\text{cm} = 13{,}2\,\text{cm}$

c) $A = 53\,\text{mm} \cdot 60\,\text{mm} = 3180\,\text{mm}^2 = 31{,}8\,\text{cm}^2$
oder
$A = 8\,\text{cm} \cdot 4\,\text{cm} = 32\,\text{cm}^2$
(Der Unterschied kommt vom Runden der Seitenlängen.);
$u = 2 \cdot 8\,\text{cm} + 2 \cdot 5{,}3\,\text{cm} = 26{,}6\,\text{cm}$

d) $A = 40\,\text{mm} \cdot 22\,\text{mm} = 880\,\text{mm}^2 = 8{,}8\,\text{cm}^2$; $u = 2 \cdot 4\,\text{cm} + 2 \cdot 2{,}8\,\text{cm} = 13{,}6\,\text{cm}$

Aufgabe 36

Bei dieser Aufgabe kann man eine Seitenlänge und die zugehörige Höhe direkt ablesen.

a) $A = 2{,}5\,\text{cm} \cdot 2{,}5\,\text{cm} = 6{,}25\,\text{cm}^2 = 625\,\text{mm}^2$; $u = 2 \cdot 2{,}5\,\text{cm} + 2 \cdot 3{,}2\,\text{cm} = 11{,}4\,\text{cm}$

b) $A = 3\,\text{cm} \cdot 5\,\text{cm} = 15\,\text{cm}^2$; $u = 2 \cdot 3\,\text{cm} + 2 \cdot 5{,}2\,\text{cm} = 16{,}4\,\text{cm}$

c) $A = 7\,\text{cm} \cdot 1{,}5\,\text{cm} = 10{,}5\,\text{cm}^2 = 105\,\text{mm}^2$; $u = 2 \cdot 7\,\text{cm} + 2 \cdot 1{,}8\,\text{cm} = 17{,}6\,\text{cm}$

Aufgabe 37

Unterschiede kommen vom ungenauen Messen.

a) $A = 2{,}2\,\text{cm} \cdot 2{,}2\,\text{cm} = 4{,}84\,\text{cm}^2$ oder $A = 3{,}2\,\text{cm} \cdot 1{,}6\,\text{cm} = 5{,}12\,\text{cm}^2$
$u = 2 \cdot 2{,}2\,\text{cm} + 2 \cdot 3{,}2\,\text{cm} = 10{,}8\,\text{cm}$

b) $A = 2{,}7\,\text{cm} \cdot 2{,}5\,\text{cm} = 6{,}75\,\text{cm}^2$ oder $A = 2{,}6\,\text{cm} \cdot 2{,}6\,\text{cm} = 6{,}76\,\text{cm}^2$
$u = 2 \cdot 2{,}7\,\text{cm} + 2 \cdot 2{,}6\,\text{cm} = 10{,}6\,\text{cm}$

c) $A = 2{,}3\,\text{cm} \cdot 2{,}7\,\text{cm} = 6{,}21\,\text{cm}^2$ oder $A = 3\,\text{cm} \cdot 2{,}1\,\text{cm} = 6{,}3\,\text{cm}^2$
$u = 2 \cdot 3\,\text{cm} + 2 \cdot 2{,}3\,\text{cm} = 10\,\text{cm}$

d) $A = 4{,}5\,\text{cm} \cdot 3\,\text{cm} = 13{,}5\,\text{cm}^2$ oder $A = 3{,}6\,\text{cm} \cdot 3{,}7\,\text{cm} = 13{,}32\,\text{cm}^2$
$u = 2 \cdot 4{,}5\,\text{cm} + 2 \cdot 3{,}6\,\text{cm} = 16{,}2\,\text{cm}$

Aufgabe 38

a) $|\overline{AD}| = |\overline{BC}| = 3\,\text{cm}$; Höhe = 4 cm; $A = 3\,\text{cm} \cdot 4\,\text{cm} = 12\,\text{cm}^2$
b) $|\overline{AB}| = |\overline{CD}| = 5\,\text{cm}$; Höhe = 3 cm; $A = 5\,\text{cm} \cdot 3\,\text{cm} = 15\,\text{cm}^2$
c) $|\overline{DA}| = |\overline{CB}| = 4\,\text{cm}$; Höhe = 3 cm; $A = 4\,\text{cm} \cdot 3\,\text{cm} = 12\,\text{cm}^2$

Aufgabe 39

g	4 cm	**6 cm**	15 dm	15 dm
h	5 cm	5 cm	12 dm	**6 dm**
A	**20 cm²**	30 cm²	**180 dm²**	0,9 m2 = 90 dm²

Aufgabe 40

Die Lösungen hier sind Beispiele. Weitere Lösungen sind möglich. Überprüfe deine Lösung, indem du eine Seite und die zugehörige Höhe misst und den Flächeninhalt berechnest.

a) Die Parallelogramme können z. B. folgende Maße haben: Seite 20 cm und zugehörige Höhe 1 cm; Seite 10 cm und zugehörige Höhe 2 cm; Seite 5 cm und zugehörige Höhe 4 cm.

b) Zeichne zuerst eine Seite z. B. mit Länge 5 cm und Höhe 2 cm. Zeichne dann mit dem Geodreieck ausgehend von einer Ecke eine Seite mit 3 cm so, dass sie die Höhe schneidet.
Skizze:

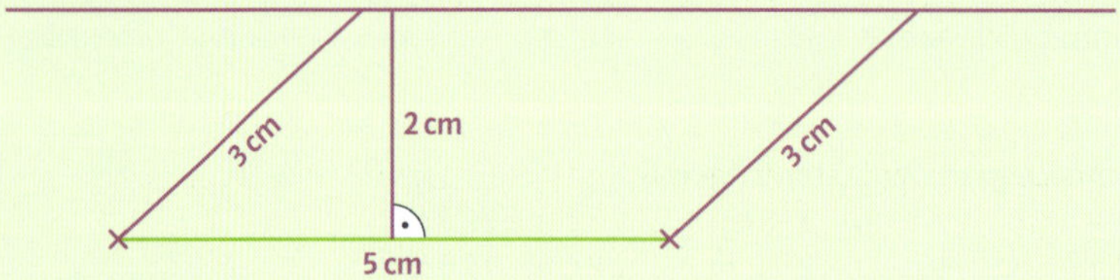

Aufgabe 41

a) $A = 3\,\text{cm} \cdot 4\,\text{cm} : 2 = 6\,\text{cm}^2$
b) $A = 5\,\text{cm} \cdot 1{,}8\,\text{cm} : 2 = 4{,}5\,\text{cm}^2 = 450\,\text{mm}^2$
c) $A = 4{,}5\,\text{cm} \cdot 3{,}2\,\text{cm} : 2 = 45\,\text{mm} \cdot 32\,\text{mm} : 2 = 720\,\text{mm}^2 = 7{,}2\,\text{cm}^2$

Aufgabe 42

a) $A = 11{,}2\,cm \cdot 5\,cm : 2 = 28\,cm^2$; $u = 11{,}2\,cm + 6{,}5\,cm + 8{,}6\,cm = 26{,}3\,cm$
b) $A = 6\,cm \cdot 8\,cm : 2 = 24\,cm^2$; $u = 10\,cm + 8\,cm + 6\,cm = 24\,cm$
c) $A = 15\,cm \cdot 7{,}8\,cm : 2 = 58{,}5\,cm^2 = 5850\,mm^2$; $u = 15\,cm + 15\,cm + 8\,cm = 38\,cm$
d) $A = 13\,cm \cdot 3{,}3\,cm : 2 = 21{,}45\,cm^2 = 2145\,mm^2$; $u = 13\,cm + 5{,}4\,cm + 9{,}4\,cm = 27{,}8\,cm$

Aufgabe 43

a)

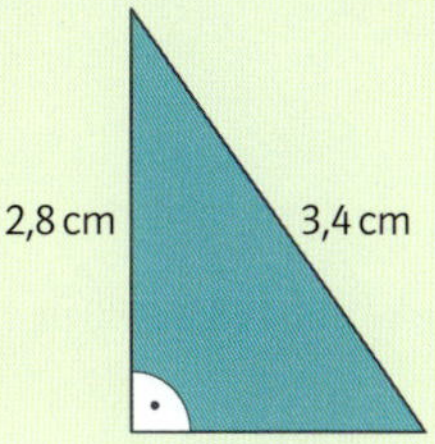

$A = 2{,}8\,cm \cdot 2\,cm : 2$
$= 2{,}8\,cm^2$
$u = 2{,}8\,cm + 3{,}4\,cm + 2\,cm$
$= 8{,}2\,cm$

b)

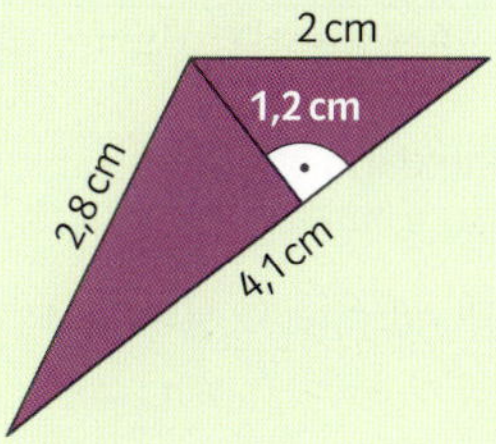

$A = 1{,}2\,cm \cdot 4{,}1\,cm : 2$
$= 2{,}46\,cm^2$
$u = 2{,}8\,cm + 4{,}1\,cm + 2\,cm$
$= 8{,}9\,cm$

c)

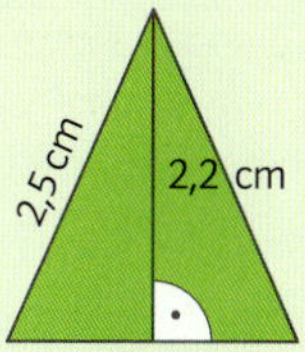

$A = 2\,cm \cdot 2{,}2\,cm : 2$
$= 2{,}2\,cm^2$
$u = 2{,}5\,cm + 2{,}5\,cm + 2\,cm$
$= 7\,cm$

Aufgabe 44

a) $A = 4\,cm \cdot 2\,cm : 2 = 4\,cm^2$
b) $A = 4\,cm \cdot 5\,cm : 2 = 10\,cm^2$
c) $A = 32\,mm \cdot 32\,mm : 2 = 512\,mm^2 = 5{,}12\,cm^2$

Aufgabe 45

a) $A = 6\,cm \cdot 5\,cm : 2 = 15\,cm^2$
b) $A = 525\,mm^2 = 5{,}25\,cm^2$
c) Hier musst du den Flächeninhalt mit 2 multiplizieren und das Ergebnis durch die Höhe dividieren, damit du die fehlende Seite erhältst, also Seite $g = 10\,cm^2 \cdot 2 : 2\,cm = 10\,cm$.
d) Multipliziere den Flächeninhalt mit 2 und dividiere durch die Höhe. Seite: 4 cm

Aufgabe 46

Achte darauf, dass die Seite und zugehörige Höhe miteinander multipliziert **32 cm²** ergeben, also z. B. Seite = 8 cm, Höhe = 4 cm.

Aufgabe 47

a) $A = 4\,cm \cdot 1{,}4\,cm : 2 \cdot 2 = 5{,}6\,cm^2$
$u = 2 \cdot 3{,}3\,cm + 2 \cdot 1{,}8\,cm = 10\,cm$

b) $A = 4\,cm \cdot 1\,cm : 2 \cdot 2 = 4\,cm^2$
$u = 2{,}3\,cm \cdot 4 = 9{,}2\,cm$

Aufgabe 48

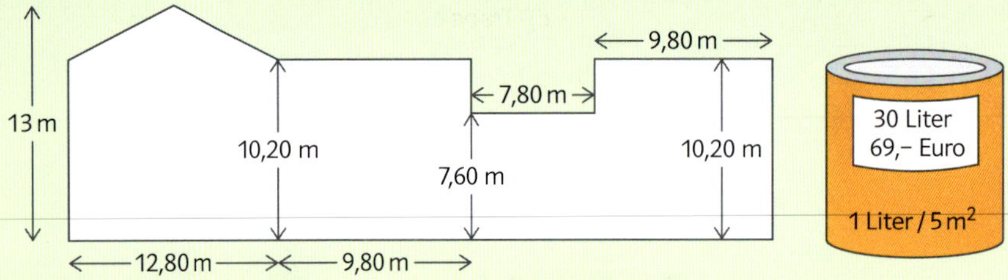

Zerlege in geeignete Teilflächen und rechne dann.

Beispiel:
Das Dreieck in der linken Fläche hat die Grundseite 12,80 m und die Höhe 13 m − 10,20 m = 2,80 m, seine Fläche ist dann 12,80 m · 2,80 m : 2.

1. Außenfläche berechnen:
   A = 12,80 m · 10,20 m
   + 6,40 m · 2,80 m
   + 2 · 10,20 m · 9,80 m
   + 7,60 m · 7,80 m
   = 407,68 m²
2. Benötigte l Farbe: 408 m² : 5 m² ≈ 82 [l]
3. Anzahl der Eimer: 82 l : 30 l ≈ 2,7, also etwa 3 Eimer
4. Kosten berechnen: 3 · 69 € = 207 € Die benötigte Farbe kostet 207 €.

Aufgabe 49

a) $A = (12\,cm + 9\,cm) \cdot 7\,cm : 2 = 73{,}5\,cm^2$
b) $A = (6\,cm + 7\,cm) \cdot 4\,cm : 2 = 26\,cm^2$
c) $A = (6\,cm + 4\,cm) \cdot 3\,cm : 2 = 15\,cm^2$

Aufgabe 50

a) $A = (4\,cm + 2\,cm) \cdot 2\,cm : 2 = 6\,cm^2$; $u = 4\,cm + 2\,cm + 2{,}2\,cm + 2{,}2\,cm = 10{,}4\,cm$
b) $A = (2\,cm + 3\,cm) \cdot 3\,cm : 2 = 7{,}5\,cm^2$; $u = 2\,cm + 3\,cm + 3{,}1\,cm + 3{,}1\,cm = 11{,}2\,cm$
c) $A = (4\,cm + 3\,cm) \cdot 2\,cm : 2 = 7\,cm^2$; $u = 2\,cm + 3\,cm + 2{,}3\,cm + 4\,cm = 11{,}3\,cm$

Aufgabe 51

a) $A = (4\,cm + 2\,cm) \cdot 2\,cm : 2 = 6\,cm^2$
$u = 4\,cm + 2{,}2\,cm + 2\,cm + 2{,}2\,cm = 10{,}4\,cm$

b) $A = (4\,cm + 2\,cm) \cdot 2\,cm : 2 = 6\,cm^2$
$u = 4\,cm + 2{,}8\,cm + 2\,cm + 2\,cm = 10{,}8\,cm$

Aufgabe 52

a) $A = (7\,cm + 2\,cm) \cdot 3\,cm : 2 = 13{,}5\,cm^2$; $u = 7\,cm + 3{,}6\,cm + 2\,cm + 4{,}2\,cm = 16{,}8\,cm$
b) $A = (6{,}7\,cm + 4{,}5\,cm) \cdot 3{,}3\,cm : 2 = 18{,}48\,cm^2$; $u = 6{,}7\,cm + 3{,}2\,cm + 4{,}5\,cm + 4{,}1\,cm = 18{,}5\,cm$

	Lösung			
1	a) Parallelogramm	b) Quadrat	c) Trapez	d) Drachen
2	a) 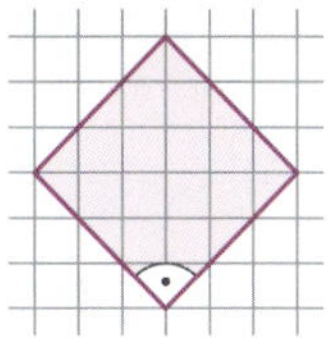	b) 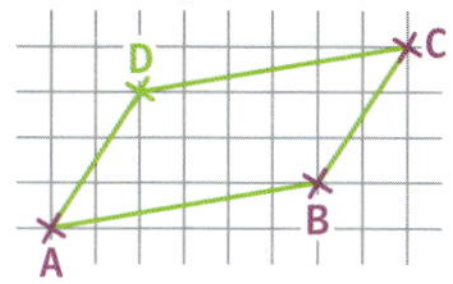		
3	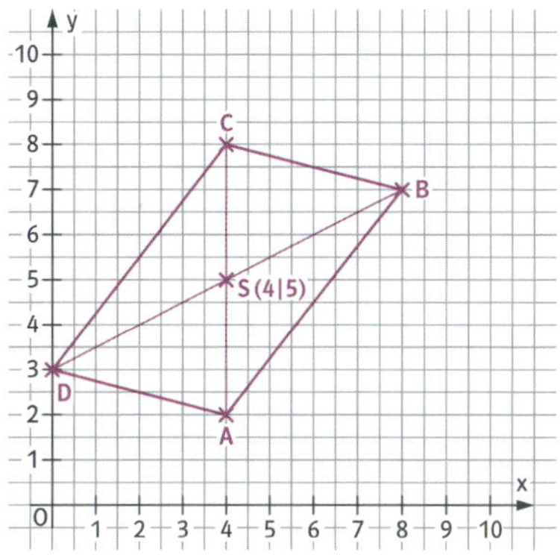			
4	Figur 1, 2 und 3 haben den gleichen Flächeninhalt mit 28 Kästchen. Figur 4 hat einen Flächeninhalt von 36 Kästchen.			
5	a) m^2	b) a/ha	c) cm^2/dm^2	
6	a) $4\,cm^2$	b) 10 m2	c) 15 ha	d) $200\,km^2$
7	a) 200 a	b) $1400\,dm^2$	c) 7000 m2	d) $10\,100\,cm^2$
8	a) $154\,m^2 = 1\,a\ 54\,m^2$ c) $12{,}93\,km^2 = 12\,km^2\ 93\,ha$		b) $9471\,cm^2 = 94\,dm^2\ 71\,cm^2$ d) $92{,}01\,a = 92\,a\ 1\,m^2$	
9	a) $5\,m^2\ 72\,dm^2 = 572\,dm^2$ c) $5\,km^2\ 8\,ha = 508\,ha$		b) $1\,ha\ 24\,a = 124\,a$ d) $5\,cm^2\ 20\,mm^2 = 520\,mm^2$	
10	a) 0,025 a	b) 20 a	c) $15\,mm^2$	d) $0{,}103\,cm^2$
11	a) $A = 9\,cm \cdot 6\,cm = 54\,cm^2$; $u = 2 \cdot 9\,cm + 2 \cdot 6\,cm = 30\,cm$ b) $A = 5\,cm \cdot 120\,cm = 600\,cm^2 = 6\,dm^2$; $u = 2 \cdot 5\,cm + 2 \cdot 120\,cm = 250\,cm = 2{,}5\,m = 25\,dm$			

12

Rechteck	a)	b)
Länge	6 cm	22 dm
Breite	7 cm	2 m = 20 dm
Flächeninhalt	$42\,cm^2$	$440\,dm^2$
Umfang	26 cm	84 dm

	Lösung
13	$A_{groß}$ = 9 m · 6 m = 54 m2 A_{klein} = 4 m · 3 m = 12 m2 A = $A_{groß}$ − A_{klein} = 54 m2 − 12 m2 = 42 m2 u = 6 cm + 5 cm + 3 cm + 4 cm + 3 cm + 9 cm = 30 cm
14	A = 5 cm · 3 cm = 15 cm^2; u = 2 · 5 cm + 2 · 3,4 cm = 16,8 cm
15	A = 5 cm · 3 cm : 2 = 7,5 cm^2
16	A = (4,5 cm + 3,1 cm) · 2 cm : 2 = 7,6 cm^2; u = 4,5 cm + 2,2 cm + 3,1 cm + 2,1 cm = 11,9 cm

4 Körper und Volumen

Kompetenzcheck
Körper und ihre Eigenschaften

Aufgabe 1
a) Zylinder
b) Prisma (dreieckige Grundfläche)
c) Quader
d) Pyramide
e) Kugel

Aufgabe 2
a) Würfel oder Quader
b) Pyramide (viereckige Grundfläche)
c) Zylinder
d) Kugel

Aufgabe 3

Körper	Anzahl der Flächen	Anzahl der Kanten	Anzahl der Ecken
Quader	6	12	8
Kegel	2	1	1
Prisma (sechseckige Grundfläche)	8	18	12

Kompetenzcheck
Körpernetze erkennen und zeichnen

Aufgabe 1
Quader, Pyramide (viereckige Grundfläche), Zylinder

Aufgabe 2
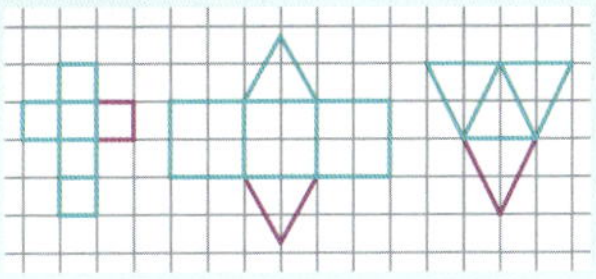

Aufgabe 3
a)
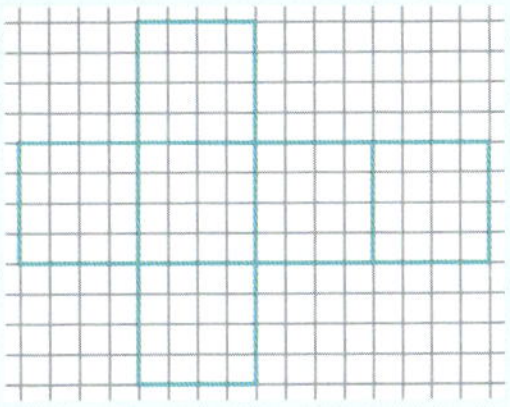

b)
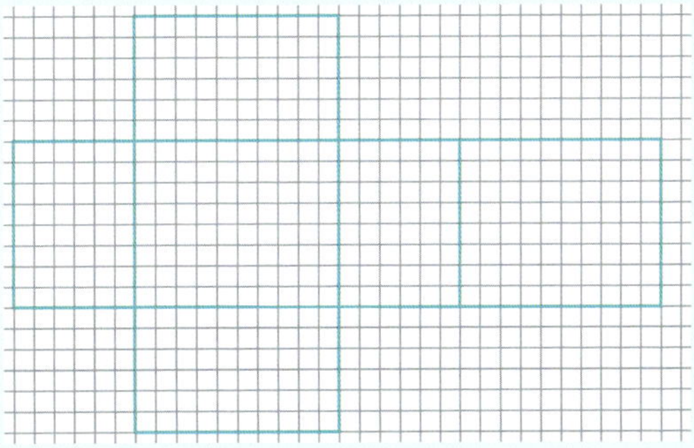

c)

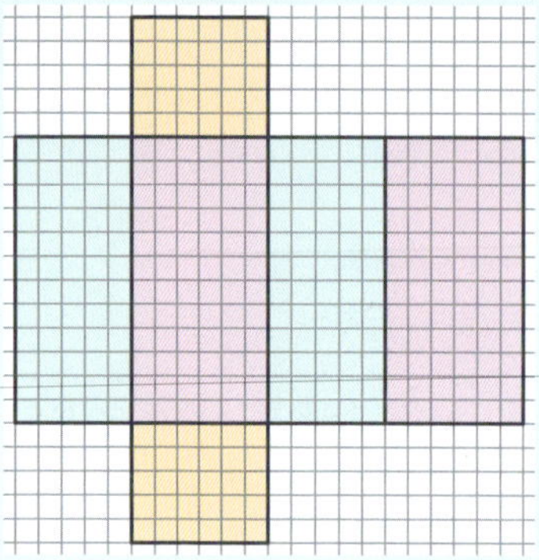

Kompetenzcheck
Schrägbild, Grund- und Aufriss von Würfeln und Quadern

Aufgabe 1

a)

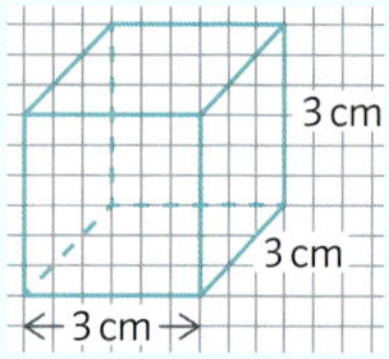

b)

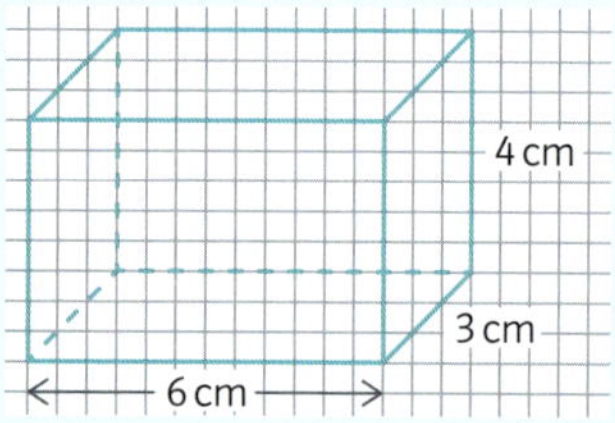

Aufgabe 2

a)

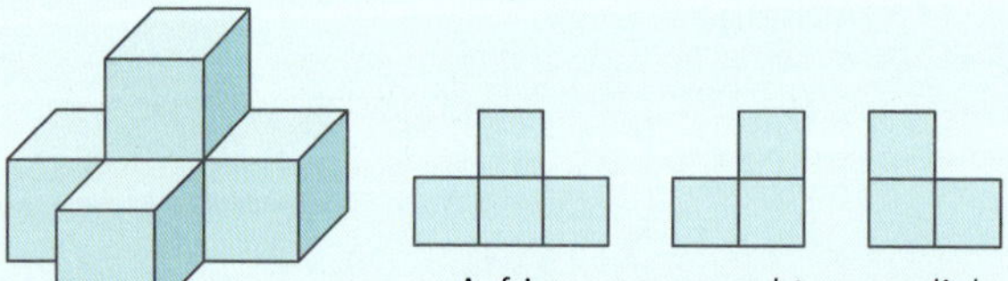

b)

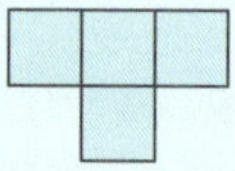

Aufgabe 3

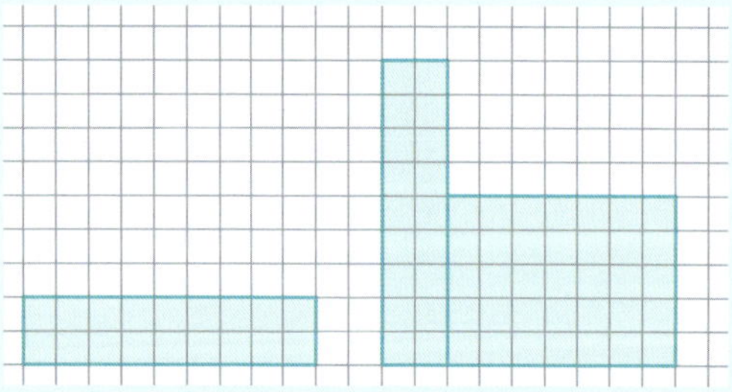

Kompetenzcheck
Volumen und Volumeneinheiten

Aufgabe 1

a)

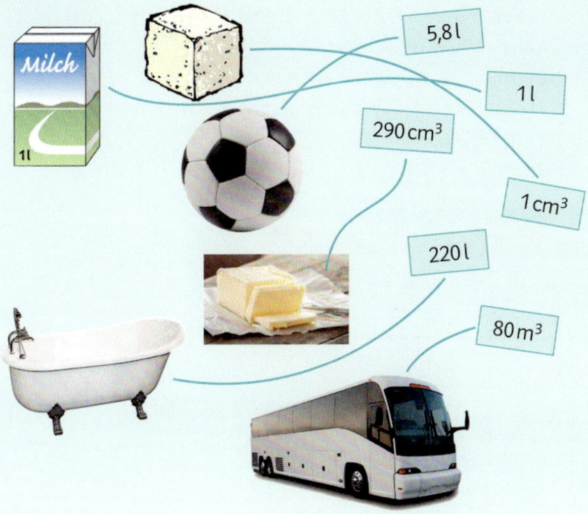

b)

Wasserflasche	l
Klassenzimmer	m^3
Postpaket	cm^3 oder dm^3
Vesperdose	cm^3 oder ml
Eimer	l

c) Stück Würfelzucker: 1 cm^3
Tablette: 20 mm^3
Scheibe Toastbrot: 100 cm^3
Geräteschuppen: 12 m3

Aufgabe 2

a) 2000 cm^3 = 2 dm^3
b) 5000 mm^3 = 5 cm^3
c) 15 000 dm^3 = 15 m^3
d) 40 000 m = 40 cm^3
e) 7000 ml = 7 l
f) 421 cm^3 = 0,421 dm^3

Aufgabe 3

a) 5 cm^3 = 5000 mm^3
b) 2 m^3 = 2000 dm^3
c) 70 dm^3 = 70 000 cm^3
d) 5 l = 5000 ml
e) 12,6 dm^3 = 12 600 cm^3
f) 5,02 cm^3 = 5020 mm^3

Aufgabe 4

a) 5079 dm^3 = 5 m^3 79 dm^3
b) 39 581 cm^3 = 39 dm^3 581 cm^3
c) 93 020 ml = 93 l 20 ml
d) 26,97 m^3 = 26 m^3 970 dm^3
e) 46,8 l = 46 l 800 ml
f) 80,003 dm^3 = 80 dm^3 3 cm^3

Aufgabe 5

a) 3 dm^3 779 cm^3 = 3779 cm^3
b) 12 m^3 250 dm^3 = 12 250 dm^3
c) 2 cm^3 715 mm^3 = 2715 mm^3
d) 1 l 354 ml = 1354 ml
e) 3 l 75 ml = 3075 ml
f) 20 m^3 2 dm^3 = 20 002 dm^3

Aufgabe 6

a) 12 000 000 mm^3 = 12 dm^3
b) 2 m3 = 2 000 000 cm^3
c) 5 dm^3 = 5 l
d) 72 000 cm^3 = 72 l

Kompetenzcheck
Volumen und Oberflächeninhalt von Quadern und Würfeln

Aufgabe 1

a) $O = 6 \cdot \text{Grundfläche}$
$= 6 \cdot (4\,cm)^2 = 6 \cdot 16\,cm^2$
$= 96\,cm^2$

$O = 6 \cdot \text{Grundfläche}$
$= 6 \cdot (5\,cm)^2 = 6 \cdot 25\,cm^2$
$= 150\,cm^2$

b) $O = 2 \cdot (4\,cm \cdot 3\,cm) + 2 \cdot (3\,cm \cdot 2\,cm) + 2 \cdot (4\,cm \cdot 2\,cm)$
$= 24\,cm^2 + 12\,cm^2 + 16\,cm^2$
$= 52\,cm^2$

$O = 2 \cdot (6\,cm \cdot 4\,cm) + 2 \cdot (4\,cm \cdot 3\,cm) + 2 \cdot (6\,cm \cdot 3\,cm)$
$= 48\,cm^2 + 24\,cm^2 + 36\,cm^2$
$= 108\,cm^2$

c)

	Volumen	Oberfläche
Wie viel Geschenkpapier wird benötigt?	☐	☒
Wie viel Kaffee ist drin?	☒	☐
Wie viel Farbe benötigt man zum Streichen?	☐	☒

Aufgabe 2

$V = (3\,cm)^3 = 27\,cm^3$

Aufgabe 3

a) $V = 2\,cm \cdot 3\,cm \cdot 4\,cm$
$= 2 \cdot 3 \cdot 4\,cm^3$
$= 24\,cm^3$

b) $V = 2{,}5\,cm \cdot 0{,}4\,cm \cdot 1{,}2\,cm$
$= 25\,mm \cdot 4\,mm \cdot 12\,mm$
$= 25 \cdot 4 \cdot 12\,mm^3$
$= 1200\,mm^3 = 1{,}2\,cm^3$

Aufgabe 4

a) $A = 50\,cm^3 : 5\,cm = 10\,cm^2$

b) Grundfläche: $A = 8\,dm \cdot 6\,dm = 48\,dm^2$
Höhe: $h = 240\,dm^3 : 48\,dm^2 = 5\,dm$
Das Aquarium ist 5 dm hoch.

Aufgabe 5

a) $V_{links} = 6\,cm \cdot 3\,cm \cdot 4\,cm = 72\,cm^3$
$V_{rechts} = 3\,cm \cdot 4\,cm \cdot 2\,cm = 24\,cm^3$
$V = V_{links} + V_{rechts} = 72\,cm^3 + 24\,cm^3 = 96\,cm^3$

b) $V_{groß} = 5\,m \cdot 2\,m \cdot 3{,}5\,m = 35\,m^3$
$V_{klein} = 1\,cm \cdot 2\,cm \cdot 2\,cm = 4\,m^3$
$V = V_{groß} - V_{klein} = 35\,m^3 - 4\,m^3 = 31\,m^3$

Aufgabe 1

a) Prisma (sechseckige Grundfläche) b) Kegel c) Zylinder
d) Kugel e) Würfel f) Quader g) Pyramide

Aufgabe 2

Körper	Anzahl der Flächen	Anzahl der Kanten	Anzahl der Ecken
Würfel	6	12	8
Prisma (dreieckige Grundfläche)	5	9	6
Prisma (sechseckige Grundfläche)	8	18	12
Pyramide (dreieckige Grundfläche)	4	6	4
Pyramide (viereckige Grundfläche)	5	8	5
Pyramide (sechseckige Grundfläche)	7	12	7
Zylinder	3	2	0
Kugel	1	0	0

Aufgabe 3

a) Pyramide (dreieckige Grundfläche) oder Tetraeder b) Kugel c) Zylinder
d) Kegel e) Prisma (achteckige Grundfläche) f) Pyramide (viereckige Grundfläche)

Aufgabe 4

a) Pyramide mit dreieckiger Grundfläche b) Prisma mit dreieckiger Grundfläche
c) Kegel

Aufgabe 5

a), b) und c) sind Würfelnetze.

Aufgabe 6

a)

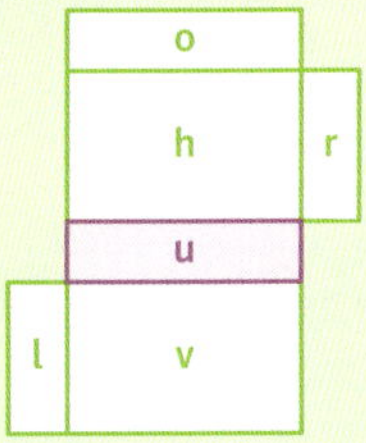

b)

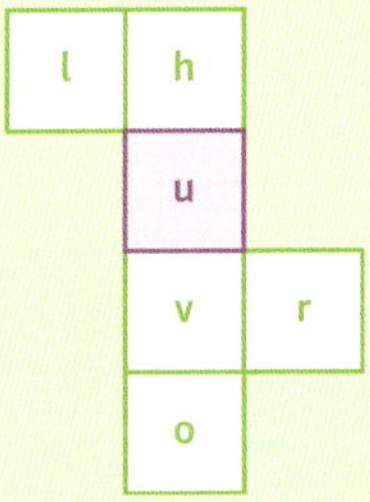

c)

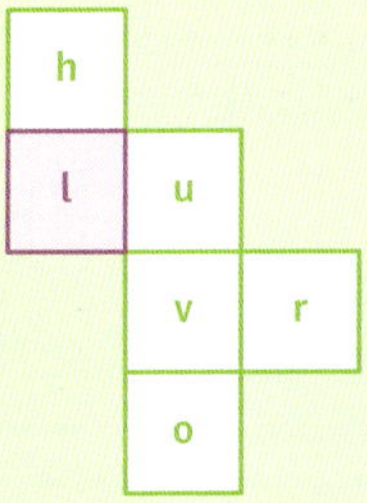

Aufgabe 7

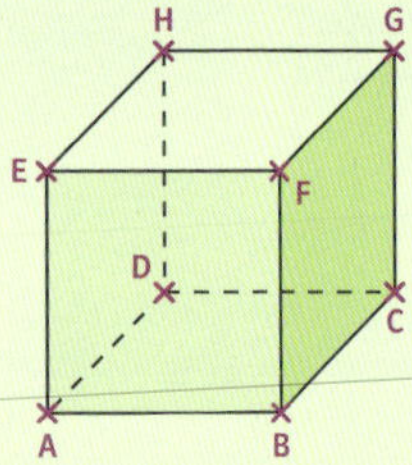

a)

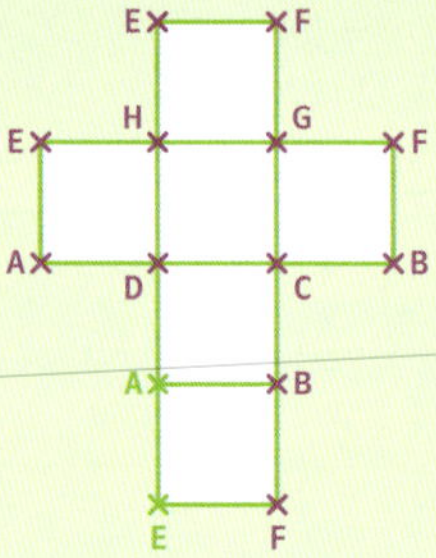

b)

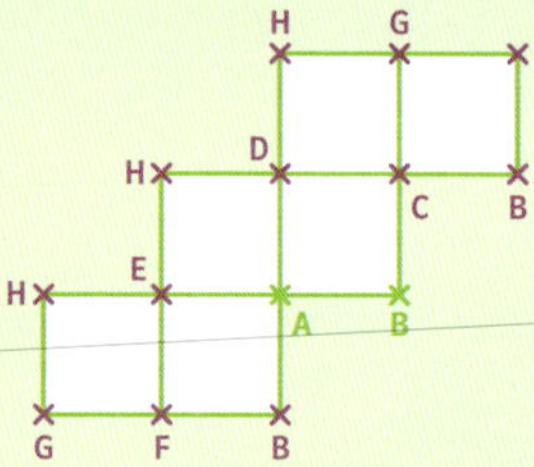

Aufgabe 8

Überprüfe deine Lösung selbst. Mögliche Netze sind

Aufgabe 9

a)

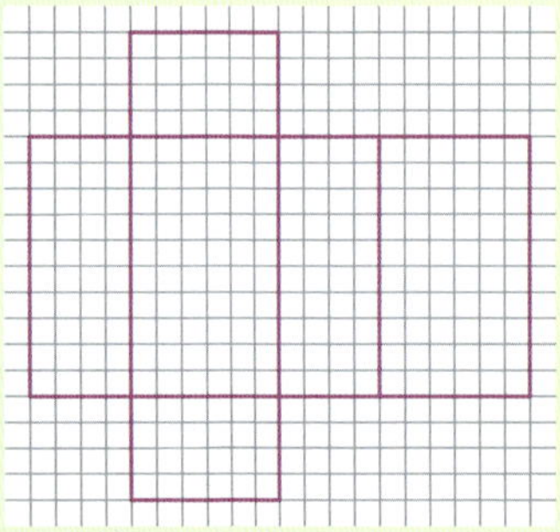

b)

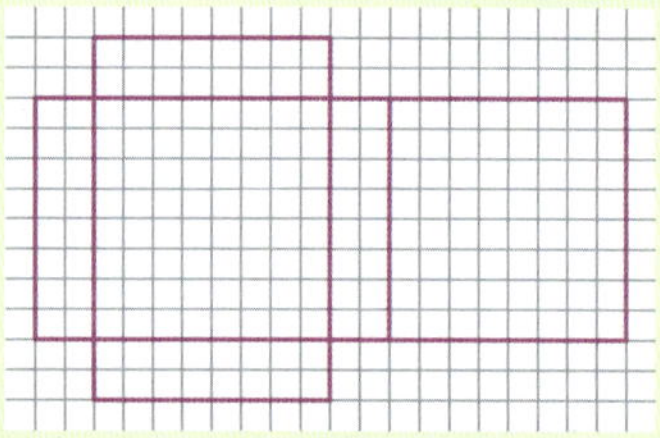

Aufgabe 10

a)

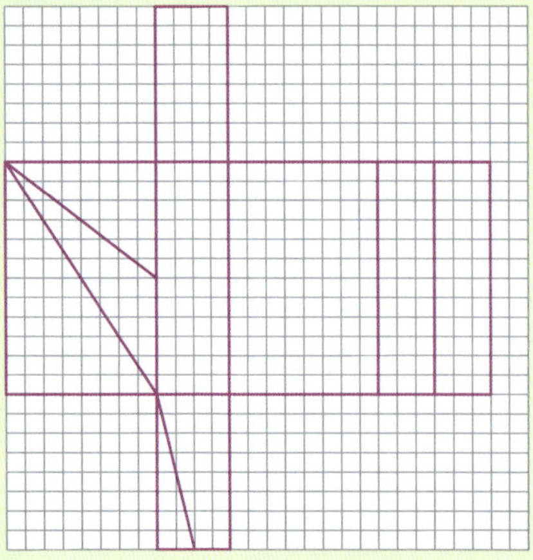

b)

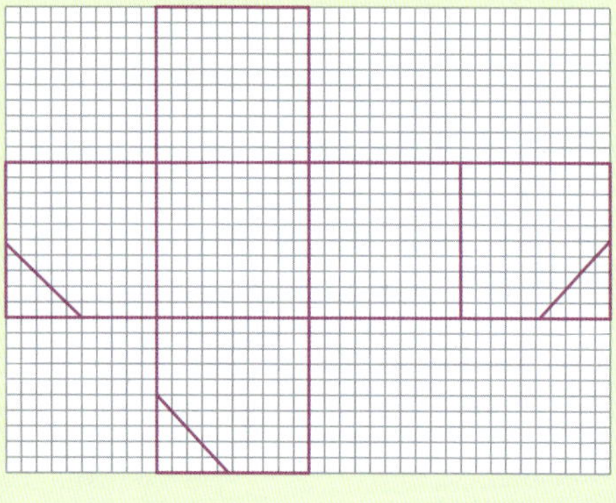

Aufgabe 11

a) 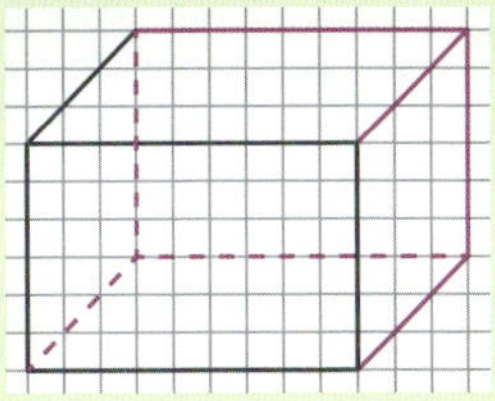

b) 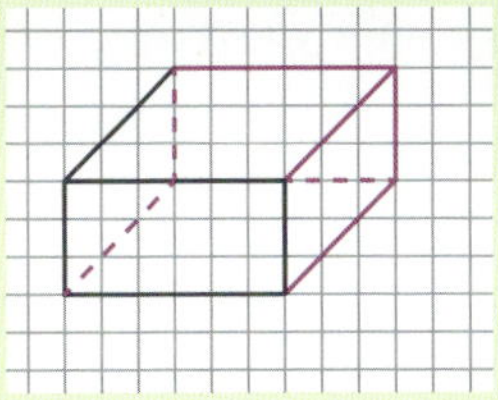

c) 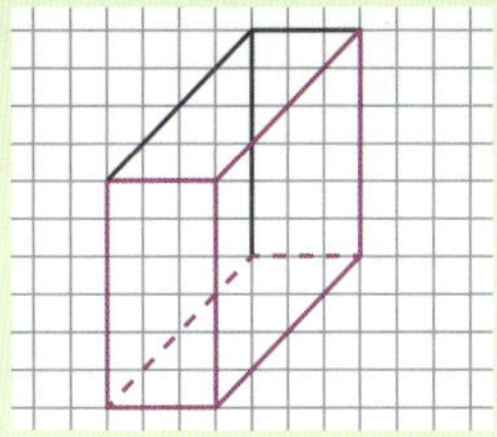

Aufgabe 12

a) 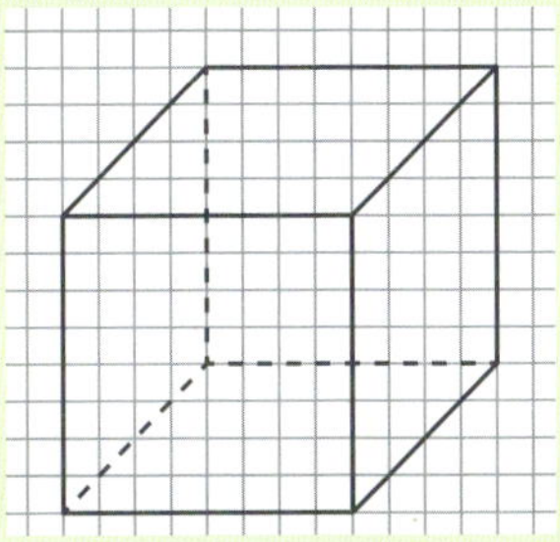

b) 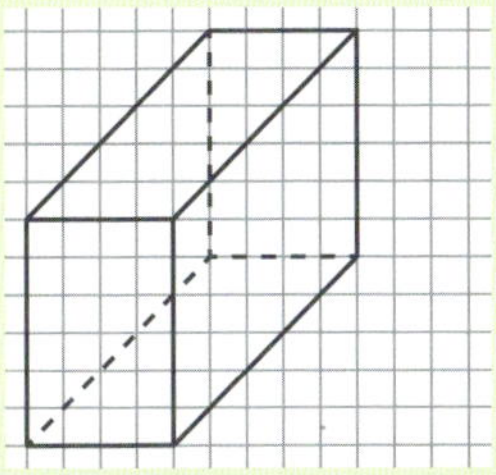

c) 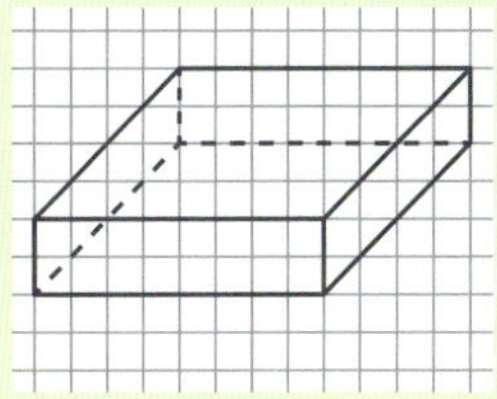

Aufgabe 13 Die Grafiken sind verkleinert.

a) 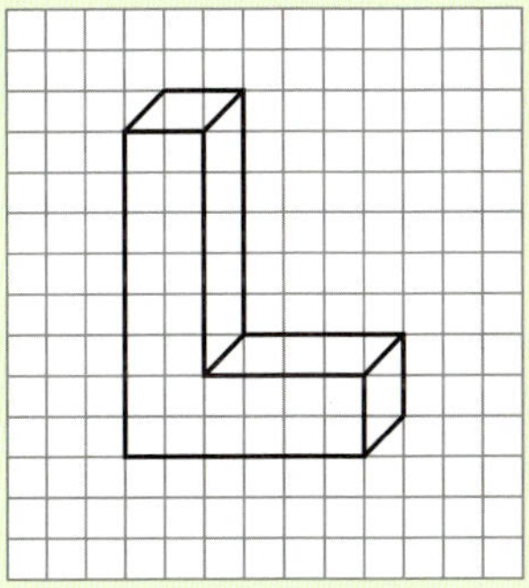

b) 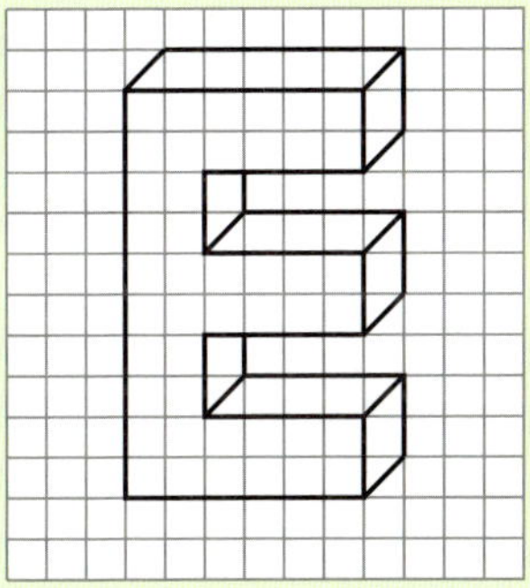

c) 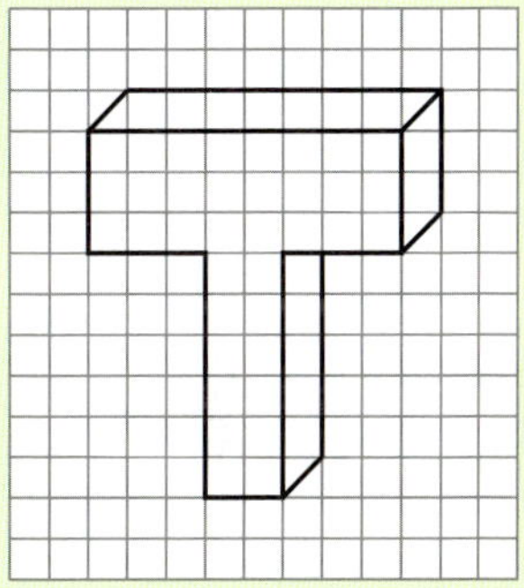

Aufgabe 14 Die Grafiken sind verkleinert dargestellt.

a) 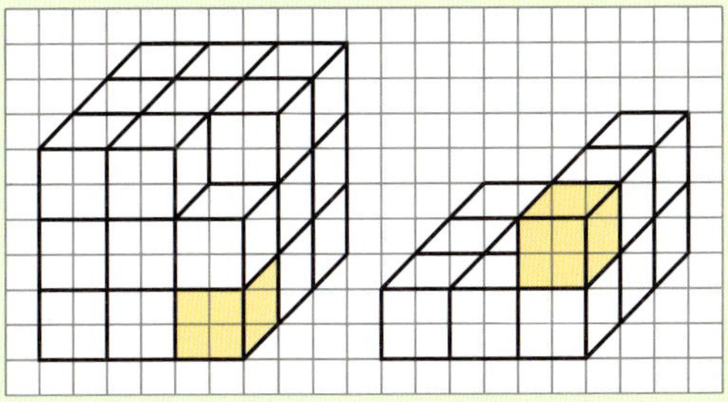

b) 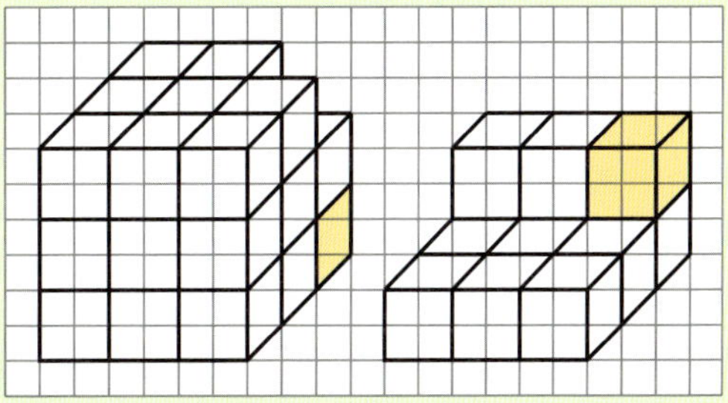

Aufgabe 15

a) Die Abbildungen zeigen die Ansicht von links, von rechts und den Aufriss.

b) 

Grundriss

Aufgabe 16

a) Die Abbildungen zeigen den Aufriss, die Ansicht von rechts und die Ansicht von links.

b) 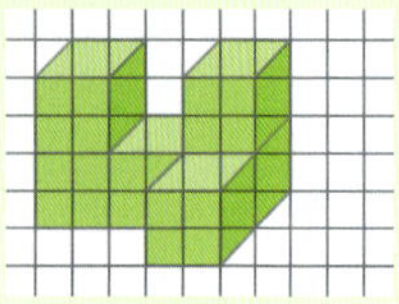

Aufgabe 17

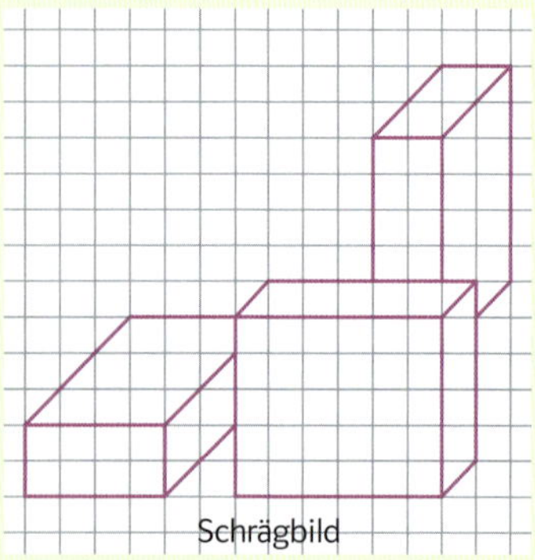

Schrägbild

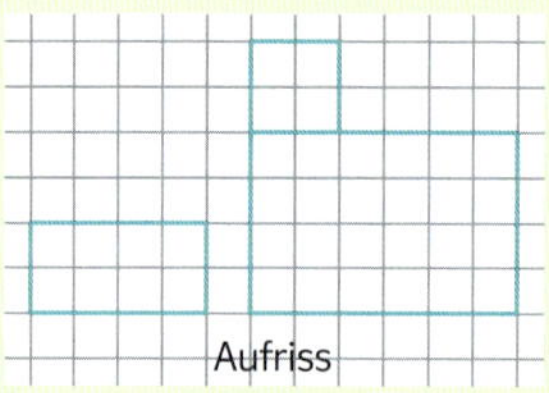

Aufriss

Aufgabe 18

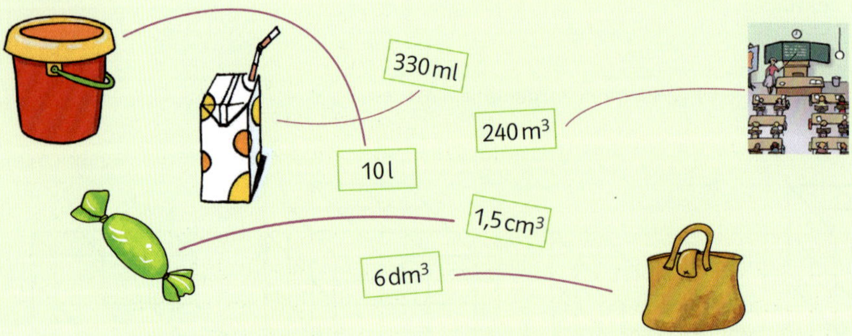

Aufgabe 19

Schwimmbecken: m^3; Schulranzen: dm^3 (l); Tablette: mm^3; Parfümfläschchen: ml; Lkw: m^3; Saftflasche: l

Aufgabe 20

Weil nicht sicher zu bestimmen ist, wie viele Würfel unsichtbar (verdeckt) sind, kann man nur Angaben über die sichtbaren Würfel machen und über die, die als Stütze mindestens nötig sind.

a) Sichtbar sind 22 Würfel, als Unterstützung sind weitere 18 Würfel nötig, also 40 Würfel zu je $1\,cm^3 = 40\,cm^3$.

b) Sichtbar sind 10 Würfel + 1 Würfel = 11 Würfel = $11\,cm^3$.

Aufgabe 21

a) $3\,dm^3$ b) $63\,m^3$ c) $538\,cm^3$ d) 82 l e) 12 l f) $4\,m^3$

Aufgabe 22

a) 1,4901 dm3 b) 0,321 m3 c) $0{,}7431\,cm^3$ d) $0{,}05\,dm^3$
e) 0,006 m3 f) $0{,}04201\,cm^3$ g) 0,12 l h) $0{,}0001\,dm^3$
i) 0,01267 l j) $0{,}063\,m^3$

Aufgabe 23

a) $5000\,mm^3$ b) $34\,000\,dm^3$ c) $201\,000\,cm^3$ d) $17\,000\,mm^3$ e) 91 000 ml f) 8000 ml

Aufgabe 24

a) $2014\,cm^3$ b) $41\,mm^3$ c) $8\,dm^3$ d) $3500\,dm^3$
e) $700\,cm^3$ f) 80 ml g) $2080\,mm^3$ h) $87{,}6\,cm^3$
i) 20,5 ml j) $340\,dm^3$

Aufgabe 25

a) $7654\,cm^3 = 7\,dm^3\;654\,cm^3$ b) $5039\,dm^3 = 5\,m^3\;39\,dm^3$
c) 12204 ml = 12 l 204 ml d) $4{,}576\,cm^3 = 4\,cm^3\;576\,mm^3$
e) $24{,}63\,m^3 = 24\,m^3\;630\,dm^3$ f) 9,4 l = 9 l 400 ml

Aufgabe 26

a) $4\,m^3\;112\,dm^3 = 4112\,dm^3$ b) $10\,dm^3\;23\,cm^3 = 10\,023\,cm^3$
c) 34 l 750 ml = 34 750 ml d) $3\,cm^3\;25\,mm^3 = 3025\,mm^3$
e) $10\,cm^3\;3\,dm^3 = 10\,003\,dm^3$ f) 50 l 50 ml = 50 050 ml

Aufgabe 27

a) $4\,cm^3\;862\,mm^3 = 4{,}862\,cm^3 = 4862\,mm^3$ b) 76 l 540 ml = 76,540 l = 76 540 ml
c) $23\,m^3\;54\,dm^3 = 23{,}054\,m^3 = 23\,054\,dm^3$ d) $5\,dm^3\;30\,cm^3 = 5{,}030\,dm^3 = 5030\,cm^3$
e) $56\,cm^3\;7\,mm^3 = 56{,}007\,cm^3 = 56\,007\,mm^3$ f) 3 l 75 ml = 3,075 l = 3075 ml

Aufgabe 28

a) $50\,000\,dm^3$ b) 17 l c) $9700\,cm^3$ d) 0,8 m3
e) $3750\,mm^3$ f) 52,61 l g) 450 ml h) 4,701 m3
i) 0,123 m3 j) $0{,}42\,m^3$

Aufgabe 29

a) $O = 2 \cdot 2\,cm \cdot 1\,cm + 2 \cdot 2\,cm \cdot 2\,cm + 2 \cdot 2\,cm \cdot 1\,cm = 16\,cm^2$
b) $O = 6\,cm^2$

Aufgabe 30

a) $O = 2 \cdot 6\,cm \cdot 2\,cm + 2 \cdot 2\,cm \cdot 1\,cm + 2 \cdot 6\,cm \cdot 1\,cm = 40\,cm^2$
b) $O = 32\,cm^2$ c) $O = 54\,dm^2$ d) $O = 58\,m^2$

Aufgabe 31

a) $O = 184\,cm^2$ b) $O = 144\,m^2$ c) $O = 96\,cm^2$ d) $O = 58\,dm^2$

Aufgabe 32

a) $O = 2 \cdot 30\,cm \cdot 15\,cm + 2 \cdot 30\,cm \cdot 10\,cm + 2 \cdot 15\,cm \cdot 10\,cm$
$= 900\,cm^2 + 600\,cm^2 + 300\,cm^2 = 1800\,cm^2 = 18\,dm^2$
b) $O = 2 \cdot 50\,dm \cdot 2\,dm + 2 \cdot 50\,dm \cdot 4\,dm + 2 \cdot 2\,dm \cdot 4\,dm$
$= 200\,dm^2 + 400\,dm^2 + 16\,dm^2 = 616\,dm^2$
c) $O = 2 \cdot 8\,dm \cdot 12\,dm + 2 \cdot 8\,dm \cdot 5\,dm + 2 \cdot 12\,dm \cdot 5\,dm$
$= 192\,dm^2 + 192\,dm^2 + 120\,dm^2 = 504\,dm^2$
d) $O = 2 \cdot 35\,cm \cdot 20\,cm + 2 \cdot 35\,cm \cdot 15\,cm + 2 \cdot 20\,cm \cdot 15\,cm$
$= 1400\,cm^2 + 1050\,cm^2 + 600\,cm^2 = 3050\,cm^2 = 30{,}5\,dm^2$

Aufgabe 33

a) $V = 6\,cm \cdot 1\,cm \cdot 2\,cm = 12\,cm^3$ b) $V = 2\,cm \cdot 2\,cm \cdot 3\,cm = 12\,cm^3$
c) $V = (3\,dm)^3 = 27\,dm^3$ d) $V = 4\,m \cdot 5\,m \cdot 1\,m = 20\,m^3$

Aufgabe 34

a) $V = 8\,cm \cdot 5\,cm \cdot 4\,cm = 8 \cdot 5 \cdot 4\,cm^3 = 160\,cm^3$ b) $V = 3\,m \cdot 6\,m \cdot 6\,m = 3 \cdot 6 \cdot 6\,m^3 = 108$ m3
c) $V = 4\,cm \cdot 4\,cm \cdot 4\,cm = 4 \cdot 4 \cdot 4\,cm^3 = 64\,cm^3$ d) $V = 9\,dm \cdot 1\,dm \cdot 2\,dm = 9 \cdot 1 \cdot 2\,dm^3 = 18\,dm^3$

Aufgabe 35

a) $V = 3\,dm \cdot 15\,cm \cdot 1\,dm = 30\,cm \cdot 15\,cm \cdot 10\,cm = 30 \cdot 15 \cdot 10\,cm^3 = 4500\,cm^3 = 4{,}5\,dm^3$
b) $V = 5\,m \cdot 0{,}2\,m \cdot 4\,dm = 50\,dm \cdot 2\,dm \cdot 4\,dm = 50 \cdot 2 \cdot 4\,dm^3 = 400\,dm^3$ $(= 0{,}4\,m^3)$
c) $V = 8\,dm \cdot 1{,}2\,m \cdot 0{,}5\,m = 8\,dm \cdot 12\,dm \cdot 5\,dm = 8 \cdot 12 \cdot 5\,dm^3 = 480\,dm^3$ $(= 0{,}48\,m^3)$
d) $V = 35\,cm \cdot 20\,cm \cdot 15\,cm = 35 \cdot 20 \cdot 15\,cm^3 = 10\,500\,cm^3$ $(= 10{,}5\,dm^3)$

Aufgabe 36

a) Der Würfel hat einen Kantenlänge von 3 cm.
b) Überprüfe deine Lösung selber, indem du das Volumen zur Kontrolle berechnest.
Beispiele: a = 4 cm, b = 9 cm, c = 1 cm oder a = 3 cm, b = 3 cm oder c = 4 cm

Aufgabe 37

Grundfläche	Höhe	Volumen
$24\,cm^2$	8 cm	$192\,cm^3$
10 m2	12 m	120 m3
$30\,cm^2$	15 cm	$450\,cm^3$
$180\,cm^3 : 20\,cm = 9\,cm^2$	20 cm	$0{,}18\,dm^3 = 180\,cm^3$
$42\,dm^2$	2 dm	$84\,l = 84\,dm^3$

Aufgabe 38

a) $V = 480\,cm^3$; $O = 392\,cm^2$
b) $V = 4500\,cm^3$; $O = 1800\,cm^2$
c) $h = V : (a \cdot b) = 120\,m^3 : (5\,m \cdot 12\,m) = 2\,m$; $O = 188\,m^2$
d) $h = 84\,dm^3 : (7\,dm \cdot 2\,dm) = 6\,dm$; $O = 136\,dm^2$
e) $5\,cm \cdot 12\,cm = 60\,cm^2$; $2{,}4\,dm^3 = 2400\,cm^3$
$2400\,cm^3 : 60\,cm^2 = 40\,cm$; $O = 1480\,cm^2$

Aufgabe 39

a) Am besten berechnest du hier erst das Volumen des umschließenden Quaders und ziehst dann das „ausgeschnittene Stück" ab:
$V = 6\,dm \cdot 3\,dm \cdot 4\,dm - 4\,dm \cdot 2\,dm \cdot 4\,dm = 72\,dm^3 - 32\,dm^3 = 40\,dm^3$
b) Den Körper zerlegst zu am besten in zwei Quader:
$V = 8\,cm \cdot 2\,cm \cdot 2\,cm + 6\,cm \cdot 2\,cm \cdot 2\,cm = 32\,cm^3 + 24\,cm^3 = 56\,cm^3$
c) Berechne hier geschickt das Volumen des großen und kleinen Würfels:
$V_{groß} = 5\,cm \cdot 5\,cm \cdot 5\,cm = 125\,cm^3$
$V_{klein} = 2\,cm \cdot 2\,cm \cdot 2\,cm = 8\,cm^3$
$V = V_{groß} - V_{klein} = 125\,cm^3 - 8\,cm^3 = 117\,cm^3$

Aufgabe 40

Quader	a)	b)	c)
Länge	5 cm	8 cm	1 dm = 10 cm
Breite	6 cm	2,5 cm	6 cm
Höhe	3 cm	4 cm	3 cm
Volumen	$90\,cm^3$	$80\,cm^3$	$180\,cm^3$
Oberflächeninhalt	$126\,cm^2$	$124\,cm^2$	$216\,cm^2$

Aufgabe 41

a) $V = 10\,500\,cm^3 = 10{,}5\,dm^3$; $O = 3190\,cm^2 = 31{,}9\,dm^2$
b) $V = 15\,000\,cm^3 = 15\,dm^3$; $O = 3950\,cm^2 = 39{,}5\,dm^2$
c) $V = 30\,000\,cm^3 = 30\,dm^3$; $O = 6200\,cm^2 = 62\,dm^2$
d) $V = 5999{,}5\,cm^3 = 5{,}9995\,dm^3$; $O = 2184\,cm^2 = 21{,}84\,dm^2$

Aufgabe 42

Fläche: $A = 3\,m \cdot 12\,m + 18\,m \cdot 12\,m$
$= 252\,m^2$
1 l pro m^2, also 252 l

Aufgabe 43

a) $V = 15\,dm \cdot 6\,dm \cdot 8\,dm = 720\,dm^3 = 720\,l$
$720\,l : 5\,l = 144$
Tim könnte 144 Fische kaufen.
b) Tim kauft nur kleine Fische.

Aufgabe 44

Der Goldbarren hat ein Volumen von $25\,cm \cdot 6\,cm \cdot 8\,cm = 1200\,cm^3$.
Er müsste $1200 \cdot 19\,g = 22\,800\,g = 22{,}8\,kg$ wiegen, wenn er komplett aus Gold wäre. Und 22,8 kg kann Mia mit einer Hand nicht heben! Der Goldbarren kann nicht aus reinem Gold sein.

Aufgabe 45

a) Fliesen: $2 \cdot 5\,m \cdot 3{,}20\,m + 2 \cdot 12\,m \cdot 3{,}20\,m + 5\,m \cdot 12\,m = 168{,}8\,m^2$
Kosten: $168{,}8 \cdot 10\,€ = 1688\,€$
b) $V_{Wasser} = 5\,m \cdot 12\,m \cdot 3\,m = 180\,m^3 = 180\,000\,l$

Aufgabe 46

$V_{Erde} = 8\,m \cdot 10\,m \cdot 2\,m = 160\,m^3$
$h = 160\,m^3 : 5\,a = 160\,m^3 : 500\,m^2 = 160\,000\,000\,cm^3 : 5\,000\,000\,cm^2 = 32\,cm$
Der Garten wird also 32 cm höher.

Aufgabe 47

a) Grundfläche: $A = A_{groß} - A_{klein} = 5\,m \cdot 5\,m - \frac{1}{2} \cdot 3\,m \cdot 3\,m = 25\,m2 - 4{,}5\,m2 = 20{,}5\,m2$
Es werden 20,5 m2 Holzlatten für die Sitzfläche benötigt.
b) $V = 20{,}5\,m2 \cdot 80\,cm = 2050\,dm^2 \cdot 8\,dm = 16\,400\,dm^3$
$16\,400\,dm^3 \cdot 2400\,\frac{g}{dm^3} = 39\,360\,000\,g = 39\,360\,kg = 39{,}36\,t$
Ein Sitzelement wiegt also etwa 39 t.

Aufgabe 48

$V = 536\,km^2 \cdot 90\,m = 536\,000\,000\,m2 \cdot 90\,m = 48\,240\,000\,000\,m3 = 48\,240\,000\,000\,000\,l$
Im Bodensee befinden sich etwa 48 240 000 000 000 l Wasser.

	Lösung
1	a) Quader oder Würfel b) Kegel c) Prisma (sechseckige Grundfläche) d) Kugel

2

Körper	Anzahl der Flächen	Anzahl der Kanten	Anzahl der Ecken
Zylinder	3	2	0
Prisma (dreieckige Grundfläche)	5	9	6
Pyramide (viereckige Grundfläche)	5	8	5

3 a) Würfel
b) Pyramide (viereckige Grundfläche)
c) Prisma (dreieckige Grundfläche)

4 a) Überprüfe deine Lösung selbst; die Abbildung hier ist verkleinert.

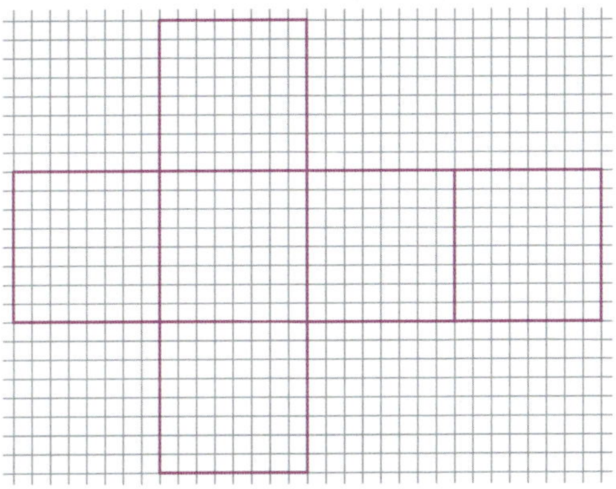

b)

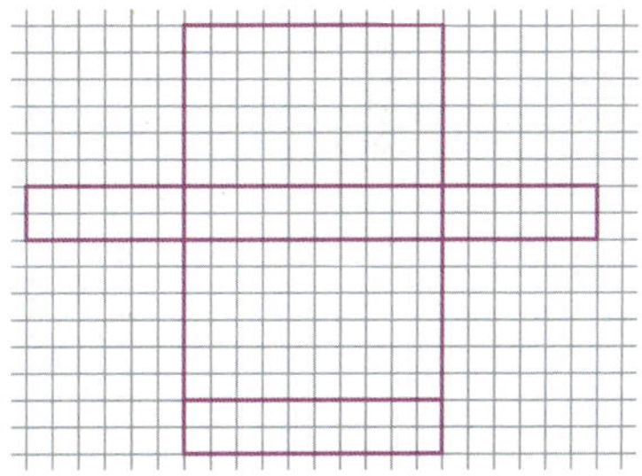

5 a) Überprüfe deine Lösung selbst; die Abbildungen hier sind verkleinert.

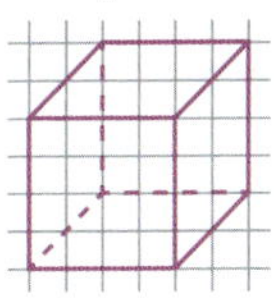

b)

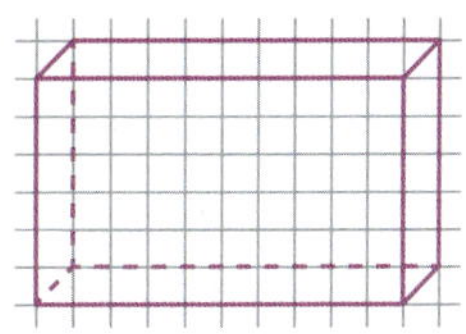

	Lösung
6	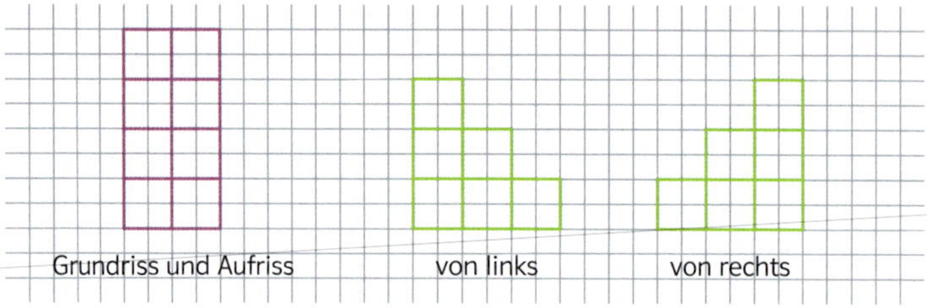  Schrägbild
7	a) Erbse: $100\,mm^3$ b) Tennisball: $134\,cm^3$ c) Fußball: $5{,}78\,dm^3$ d) Rauminhalt eines olympischen Schwimmbeckens: $2000\,m^3$
8	a) $3\,m^3 = 3000\,dm^3$ b) $20\,000\,mm^3 = 20\,cm^3$ c) $0{,}35\,cm^3 = 350\,mm^3$ d) $5\,m^3\ 12\,dm^3 = 5{,}012\,m^3$ e) $750\,l = 0{,}75\,m^3$ f) $4{,}25\,l = 4\,l\ 250\,ml$
9	a) $O = 108\,cm^2$ b) $O = 48\,dm^2$ $(= 4800\,cm^2)$
10	a) $V = 72\,cm^3$ b) $V = 18\,dm^3$ $(= 18\,000\,cm^3)$
11	a) $h = 3\,cm$ b) $G = 13\,m^2$
12	$V_{links} = 6\,cm \cdot 2\,cm \cdot 2\,cm = 24\,cm^3$ $V_{Mitte} = 3\,cm \cdot 4\,cm \cdot 2\,cm = 24\,cm^3$ $V_{rechts} = 1\,cm \cdot 5\,cm \cdot 2\,cm = 10\,cm^3$ $V = 24\,cm^3 + 24\,cm^3 + 10\,cm^3 = 58\,cm^3$

Bildnachweis:

Fotolia, New York: 36.3, 45.6, 173.3 (Route66); 36.5, 45.8, 173.5, 36.2, 45.5, 173.2, 176.4, 36.4, 45.7, 173.4, 36.1, 45.4, 173.1, 36.6, 45.9, 173.6, 176.5 (jokatoons); Getty Images, München: 33.4 (Siberian Photographer); 97.1, 194.1 (Vladyslav Bobuskyi); 97.4, 194.4 (Oleh Svetiukha); 99.5 (sankai); 99.6 (CAP53); 100.2 (Lutsina Tatiana); 127.2 (andegro4ka); 127.3 (kyoshino); 127.4 (MicrovOne); 130.1 (Oleksandr Farber); 130.3 (assalve); 141.4, 211.4 (ttatty); U1 (Inside Creative House); iStockphoto, Calgary, Alberta: 97.5, 194.5 (cezars); 34, 44 (ollo); Jähde, Steffen, Sundhagen: 33.2, 33.3, 35.1, 172.1, 35.3, 43.2, 172.3, 35.2, 172.2, 43.1, 45.2, 176.2, 45.1, 176.1, 45.3, 176.3, 60, 99.1, 99.2, 99.3, 144.4, 216.4, 100.1, 100.3, 100.4, 100.5, 101, 144.6, 160, 40, 175; Klett-Archiv, Stuttgart: 19 (Brüggemann, Vera); 144.5, 216.5 (Reimers, Silke); 59, 130.6, 141.1, 211.1, 130.5, 141.2, 143, 211.2, 141, 143; Palmowski, Sven, Barcelona: 144.2, 216.2; PONS Archiv, Stuttgart: 144.1, 216.1 (Katja Rau); 144.3, 216.3 (Reimers, Silke); PONS Langenscheidt GmbH, Stuttgart: 99.4, 159 (Jähde, Steffen); Shutterstock, New York: 9 ff (phoelixDE); 97.2, 194.2 (goldnetz); 129.2 (Waj); 129.1, 130.2 (M. Unal Ozmen); 129.3 (Barnaby Chambers); U1 (Nadya_Art); Thinkstock, München: 97.3, 194.3 (Jupiterimages); 127.5, 130.4, 141.3, 211.3 (Oleksii Sagitov); 127.1, 130.7 (Pakhnyushchyy); 141.5, 211.5 (funkybg); 141.6, 211.6 (IlexImage)